Heinz Ohff
Theodor Fontane

# Inhalt

1. Von Berlin nach London (1844) — 9
2. Aus französisch-preußischem Geblüt — 18
3. Neuruppin (Rückblende, dann 1819–1826) — 24
4. Swinemünde, vergoldet (1827–1832) — 33
5. Über Neuruppin in die Hauptstadt (1832–1836) — 43
6. Bei Onkel und Tante in Berlin (1833–1836) — 47
7. Beim selbstgefälligen Apotheker (1836–1840) — 55
8. Poet im Vormärz (1840) — 63
9. Zwischenspiel in Burg (1840–1841) — 75
10. Leipzig und Dresden (1841–1843) — 79
11. »Ein zweites Klein-Sibirien« (1843–1844) — 91
12. Beim »Kaiser Franz« (1844–1845) — 99
13. Der Tunnel über der Spree (1843–1844) — 102
14. Der Ehrgeiz und die Lebensangst (1845–1847) — 111
15. Barrikade und Bischof (1848) — 123
16. Zwischenspiel in Bethanien (1848–1849) — 134
17. Das kleine Wunder (1849–1850) — 139
18. Ein Jahr der Not (1850–1851) — 145
19. Ein Sommer in London (1850–1852) — 152
20. Erpicht auf Erwerb (1852–1855) — 165
21. Die englische Feuerprobe (1855–1859) — 177
22. Der falsche Fuß (1859–1869) — 200
23. Kündigung mit Ehekrise, Wanderungen ohne Wanderstab (1859–1888) — 214
24. Ins Theater und nach Frankreich (1864–1870) — 227
25. »Wir hätten Sie erschossen« (1870–1871) — 236
26. Alle die Fäden (1871–1876) — 248

| | |
|---|---:|
| 27. Wie man Akademiesekretär wird, aber nicht bleibt (1874–1876) | 257 |
| 28. Th. F. (1870–1890) | 268 |
| 29. Das Tortur-Büchlein (zeitlos) | 274 |
| 30. Nach dem Sturm (1878) | 284 |
| 31. Grete und Mete (1880–1887) | 292 |
| 32. Der liberale Realist (1852–1898) | 314 |
| 33. Der vergessene Dichter (1840–1884) | 331 |
| 34. Der realistische Liberale (1884–1888) | 338 |
| 35. Potsdamer Straße 134c (1888–1894) | 349 |
| 36. Der Antisemit (1894, 1936) | 363 |
| 37. Leichter Schnupfen der Seele (1890–1898) | 369 |
| 38. Die Krankheit zum Erfolg (1892–1896) | 384 |
| 39. Effi Briest (1889–1895) | 391 |
| 40. Der Reiter über den Bodensee (1891 und Rückblende) | 400 |
| 41. Selbstporträt eines liebenswürdigen Egoisten (1895–1898) | 410 |
| 42. Greisenschönheit und Tod (1896–1898) | 419 |
| 43. Das Nachleben | 427 |
| | |
| Zeittafel | 436 |
| Bibliographie | 448 |
| Register | 453 |

»… ein Apotheker, der anstatt von einer Apotheke von der Dichtkunst leben will, ist so ziemlich das Tollste, was es gibt.«
*Theodor Fontane an seine Frau, am 23. August 1891*

# 1.

# Von Berlin nach London
(1844)

Berlin, 24. Mai 1844. In die Neue Wache an der Prachtstraße Unter den Linden ist eben die wöchentliche Ablösung eingezogen, lauter junge Rekruten des Gardegrenadierregiments Kaiser Franz. Einer von ihnen, ein hochgewachsener Mann, dunkelblond und blauäugig, heißt Theodor Fontane.

Wir würden ihn, so jung und schlank, nicht erkennen, wahrscheinlich nicht einmal, wenn er sich vorstellte. Er spricht seinen Namen nicht auf deutsche Weise aus, Fon-ta-ne, wie wir es gewohnt sind, sondern französisch. Dies – übrigens bis in sein hohes Alter – aus Stolz auf seine hugenottische Herkunft.

Hämische Zungen behaupten freilich – ebenfalls bis in sein hohes Alter –, der Grund sei ein ganz anderer: Französisch ausgesprochen, klinge der Name adlig, nämlich wie »von Tann«. Aber das darf man bezweifeln.

Unser junger Mann ist kein Freund des preußischen Establishments. Er neigt eher den Revolutionären zu, die sich auf Straßen und Plätzen der Hauptstadt tummeln, vor allem aber in den Kaffeehäusern und Hinterstuben der Gaststätten. Die Zeit scheint reif für einen Umschwung, und auch der junge Hugenottenenkel ist liberal gesinnt. Sogar als politischer Leitartikler und Verseschmied nach dem Vorbild Freiligraths und Herweghs hat er sich schon betätigt, wenn auch fern von Berlin im sächsischen Leipzig.

Sein Zivilberuf: Apotheker, wie schon sein Vater. Nach einer in Berlin, Dresden und Leipzig absolvierten Lehrzeit darf er sich »Rezeptar« nennen. Das Staatsexamen und die Approbation zum »Apotheker erster Klasse« liegen aber noch vor ihm. Er hofft auch auf Erfolg in einem anderen Metier, dem literarischen. Kurz vor seinem Einzug als Einjährig-Freiwilliger in die Kaiser-Franz-Kaserne in der Neuen Friedrichstraße hat man ihn in einen Dichterkreis eingeführt, der sich »Tunnel über der Spree« nennt.

Sein sozialrevolutionäres Engagement hindert ihn im übrigen nicht daran, gern Soldat zu sein, eine Tatsache, über die sich viele Nachfahren verwundert haben. Sein Zeitgenosse, der Oberstleutnant Max Jähns, der ihn aus dem »Tunnel« kennt, in einer Rezension: »Fontane ist nicht Berufssoldat; doch ist er Soldat mit dem Herzen und mit dem Auge; er hat das volle Verständnis vom Wesen preußischen Kriegertums; denn er hat es seit seiner Jugend studiert und geübt.«

Solch rückhaltloses Lob aus berufenem Mund muß tatsächlich erstaunen, denn wie Kenneth Attwood versichert, könne man sich »kaum jemanden vorstellen…, der mehr ›Zivilist‹ ist als er, der weiter entfernt ist von dem militärischen ›Schneid‹, den er so souverän belächeln konnte«. Doch auch Attwood kommt zu dem überraschenden Schluß: »Dennoch ist das Urteil Jähns so weit von der Wahrheit nicht entfernt.«

Mag der ältere und alte Fontane alles andere als ein Chauvinist gewesen sein, so hat er sich für Militärisches und Kriegerisches doch bis zu seinem Tod stark interessiert. Er sei prinzipiell »gegensätzlichen Erscheinungen des Lebens gegenüber verständnisvoll« gewesen, erklärt der jeder Parteinahme unverdächtige Attwood. Was beinahe noch untertrieben scheint, denn Fontane besteht aus Gegensätzen, die sich nicht selten schmerzvoll in ihm vereinen. Er ist jemand, der »sowohl – als auch« sein kann, in diesem Fall sowohl Zivilist als auch Soldat.

Kein glattgehobelter Charakter. Herz und Hirn stehen sich bei ihm manchmal antipodisch gegenüber. Auch schwankt er oft in seinen Urteilen, läßt sich vom Gegenteil des bisher Gedachten und Geglaubten überzeugen – alles keine schlechten Voraussetzungen für den zweiten Weg, den er eingeschlagen hat und weitergehen möchte, den eines Dichters und Schriftstellers. Die Feder schwingt er schon seit Kindesbeinen. Übrigens eine Gänsefeder, der er treu bleibt und die er sich auch später noch selbst zurechtschneidet, als sie längst von der industriell gefertigten Metallfeder überholt und uraltmodisch geworden ist.

Einstweilen dient er seine Militärzeit ab, nicht mehr der Jüngste unter den Rekruten, denn wegen der Ausbildung hat er sich mehrfach freistellen lassen und schließlich, da die Zeit drängt, freiwillig gemeldet. Er ist bald fünfundzwanzig, ein Jahr jünger als Schinkels schöne Neue Wache, die eher einem griechischen Tempel als einem militärischen Wachhaus ähnelt. Ein schlichtes, aber selbstbewußtes Gebäude, 1818 erbaut, in dem Fontane vorübergehend Dienst tut. Seit langem und von wechselnden Regimen zum Ehrenmal für die Toten der vielen Kriege des 20. Jahrhunderts umgewidmet, fällt es heute schwer, sich ein Bild vom Leben und Treiben in diesem Tempel zu machen. Wie überhaupt Fontanes eigene Schilderung des fröhlichen preußischen Soldatenlebens von damals überrascht. So hat man es sich gewiß nicht vorgestellt. Hinzuzufügen wäre, daß er die Erinnerung sechzehn Jahre später (in *Jenseit des Tweed*) zu Papier brachte, als die Soldatenzeit längst zur besonnten Vergangenheit geworden ist.

»Ich war Soldat und auf Königswache«, lesen wir. »Der Offizier hatte seine liebe Not mit uns, denn wir waren zwanzig Freiwillige oder mehr... An Disziplin war Mangel, aber Überfluß an guter Laune, und während die einen über Tisch und Bänke sprangen, spielten die anderen Dreikant oder gaben sich durch Vortrag von Hauptmanns- und Kompagnieanekdoten ein möglichst martialisches Ansehen. Es war ein köstlicher Maitag: begierig nach frischer Luft hatte ich eben draußen in der Säulenhalle Platz genommen und blickte, den ungewohnten Helm hin und her schiebend, auf den schönen, breiten Opernplatz, der sonnenbeschienen vor mir lag. Da weckte mich ein leiser Schlag auf die Schulter. Als ich aufblickte, stand ein Freund vor mir, sonnenverbrannt, in Reisekleidern...«

In seinem Tagebuch aus dem betreffenden Jahr 1844 schildert

Fontane die Szene weniger idyllisch. Da trifft ihn sein Freund, den er aus der gemeinsamen Schulzeit kennt, beim Whistspiel in der Wachstube an und begrüßt ihn mit einem vertraulichen: »Wie geht's, altes Kamel?«

Es handelt sich um Hermann Scherz, dessen Vater in der Nähe von Neuruppin ein Rittergut, Kränzlin, besitzt. Er kommt unvermittelt zum Thema: »Willst du mit nach England?« fragt er Fontane. »Ich reise morgen abend.«

»Nach England?, nach dem Königreich Großbritannien, nach dem Lande, wo London die Hauptstadt und Shakespeare geboren ist, wie? Nach *dem* England willst du?«

»Wenn du nichts dagegen hast, ja. Und wenn du was dagegen hast, auch ja. Indes zu meiner Frage: Willst du mit?«

Was kann, laut Tagebuch, der frischgebackene Gardegrenadier seinem Schulkameraden anderes entgegenhalten als tiefe Skepsis? Wie soll er nach so kurzer Dienstzeit Urlaub bekommen, noch dazu derart schnell? Das sei seine Sache, versetzt Scherz.

»Das Gespräch«, fährt die spätere Fassung fort, »gedieh nicht weiter. Der Posten draußen rief uns mit lauter Stimme an die Gewehre. Wir traten an. Ablösung vor. Fünf Minuten später schilderte [wachte] ich schon vor dem Gouvernementsgebäude in der Wallstraße. Niemals wohl hat der alte Müffling eine Schildwache gehabt, der das Herz so hochgeschlagen hätte wie mir an jenem Nachmittage.«

Generalleutnant Karl Freiherr von Müffling ist damals Militärgouverneur von Berlin, so etwas wie ein Stadtkommandant, und neunundsechzig Jahre alt. Der vierundzwanzigjährige Wachsoldat vor dem Amtsgebäude kann sich nur mühsam unter Kontrolle halten. Er verbirgt sich hinter dem Schilderhaus, präsentiert aus Übermut und Freude vor sich selbst, rezitiert laut den Hamlet-Monolog und memoriert bereits englische Vokabeln: »The heaven, der Himmel; the cloud, die Wolke; the star, der Stern.« Es kommen ihm auch Zweifel an seinen Sprachkenntnissen, zu Recht, denn gewiß meint er nicht *heaven*, sondern *the sky*, den Himmel, aus dem es zum Glück zu regnen beginnt. So bemerkt kein Passant die Verwirrung des jungen Postens. Kaum abgelöst, gelingt es ihm, »von Pontius zu Pilatus trabend«, sogar Urlaub zu bekommen.

Wahrscheinlich überrumpelt Fontane seine Vorgesetzten kurzerhand mit seiner Begeisterung. Elan weckt Unterstützung. England ist seit langem das Land seiner Sehnsucht. Mit englischer und schottischer Geschichte hat sich schon der Schüler intensiver befaßt als mit der des eigenen Landes, Shakespeare und Byron kennt er in langen Teilen auswendig. Und was die Politik betrifft, erscheint ihm ein demokratisches Parlament mitsamt der alten Aristokratie im florierenden Land der industriellen Revolution geradezu vorbildlich für das, was ihm selbst noch unausgegoren für ein geeintes Deutschland vorschwebt, das es vorerst nicht gibt. Die Chance, das vorbildliche Großbritannien in Augenschein zu nehmen, darf er nicht verpassen. Und als wüßte die sonst so starre preußische Militärhierarchie, was ihr Land einst dem englandbegeisterten Rekruten verdanken wird, läßt sie ihn wahrhaftig ziehen.

Keine vierundzwanzig Stunden später schlagen sich die beiden Freunde auf dem Berliner Bahnhof um die raren, rasch ausverkauften Eisenbahnfahrkarten nach Magdeburg. Dort werfen sie einen flüchtigen Blick auf den »in der Tat herrlichen Dom« und besteigen den Raddampfer nach Hamburg.

Es ist dies das erstemal, daß Fontane »die schönen Elbufer« entlangfährt. Großen Eindruck machen sie ihm nicht. »Gegen nichts«, mäkelt er, »wird man so schnell gleichgültig wie gegen Naturschönheiten; es ist, als könne sich die Seele nur eine gewisse Zeit auf ihrem Höhepunkt erhalten und bedürfe der Erholung zu einem neuen Freudenrausch;... meine Seele [jedenfalls] bedarf einer Pause, wenn sie wieder genießen soll.«

Fontanes Seele gerät eher beim Anblick einer städtischen Landschaft mit Massen von Menschen in einen Freudenrausch. Er ist ein Großstadtmensch, obwohl er aus der Kleinstadt stammt. »London«, schreibt er, »hat einen unvertilgbaren Eindruck auf mich gemacht, nicht sowohl seine Schönheit als seine Großartigkeit hat mich staunen lassen. Es ist das Modell oder die Quintessenz einer ganzen Welt.« Hat er bislang nach eigenem Eingeständnis »wie die Juden in Ägypten auf Kanaan« nach England geblickt, so fühlt er sich jetzt im Land, in dem Milch und Honig fließen.

London nimmt in Zukunft bei ihm und in seinem Werk eine zentrale Stelle ein. In den *Wanderungen durch die Mark Brandenburg*, die er 1859 antreten wird, spart er Berlin aus – die Stadt wird bestenfalls als Ausgangspunkt der diversen Reisen erwähnt. In allen seinen Büchern über Großbritannien steht London im Mittelpunkt des Ganzen.

Auch wenn er in seinen späteren Aufenthalten manchen allzu enthusiastischen Eindruck korrigiert, bleibt diese Stadt für ihn etwas Besonderes, Quintessenz einer Welt, die er in dieser Konzentration nirgends sonst entdecken wird, nicht einmal in Kopenhagen oder Edinburgh, zwei Städten, die er später kennenlernt und noch schöner findet als London.

Aber auf Schönheit kommt es ihm nicht an – nicht in erster Linie. Es ist die Lebendigkeit der Stadt, die ihm imponiert, das Leben und Treiben, die Industrie und der Hafen, die Theater und das Menschengewühl, das den künftigen Realisten reizt und anregt: die Weltstadt, die Berlin erst werden will.

Kaum übertrieben, wenn man sagt, London habe Fontane zum Schriftsteller gemacht. In einem Brief aus London fällt zum erstenmal eine Formulierung, die er oft in seinem Werk verwenden wird, eine einfache, fast selbstverständliche Lebensweisheit, von der er aber – zu Recht – annimmt, daß sie seinen Landsleuten nicht oft genug in Erinnerung gebracht werden kann, nämlich die, »daß jenseits des Berges auch Leute wohnen«.

Den jungen Mann aus Preußen beeindrucken auch die Größenmaße. »Der mehrerwähnte Umstand, daß London mehr Nachtwächter (zwölftausend) hat als das Königreich Sachsen Soldaten«, schreibt er, »ist am ehesten geeignet, eine Vorstellung von den Dimensionen dieser Riesenstadt zu geben.«

Ihm gefällt an Großbritannien zunächst sogar alles: die Menschen, die da jenseits des Berges (oder der Nordsee) wohnen und die er »artig und zuvorkommend gegen Fremde« findet, ihn bestechen ihre Lebensart und Umgangsformen, vor allem aber ihre von der Obrigkeit nicht nur geduldeten, sondern garantierten Freiheiten.

»Beide – die Presse und der Sprecher im Haus der Gemeinen [Unterhaus] –«, stellt er fest, »decken rücksichtslos die Gebrechen des Staatskörpers, die Not des einzelnen auf, – wo aber ist in unseren Landen eine freie Meinungsäußerung gestattet?«

Fontane lernt das Land zu einem günstigen Augenblick kennen. Man genießt – und nutzt –, was die englische Autorin Harriet Martineau den *Dreißigjährigen Frieden* genannt hat. Haben sich die Völker auf dem Kontinent unter der »Heiligen Allianz« und nach dem Vorbild des österreichischen Staatskanzlers Metternich immer verhängnisvoller in ein konservatives und am Ende erzreaktionäres Konglomerat von Polizeistaaten verwandelt, ist man in Großbritannien den umgekehrten Weg gegangen. Unter der Führung von Staatsmännern wie Castlereagh, Canning und Palmerston und im Verlauf wachsender Industrialisierung wird das aristokratische System mehr und mehr durch ein liberales ersetzt. Da die Aristokratie an der Ausübung der Staatsgewalt beteiligt bleibt – mit einer gesetzgebenden Versammlung, dem Oberhaus –, gibt es keine Verlierer. Revolutionen, wie sie nahezu allen europäischen Mächten, den großen wie den kleinen, bevorstehen, drohen jenseits des Kanals beneidenswerterweise nicht – unter dem Schild und Schirm der zwölftausend Nachtwächter kann London friedlich schlummern, auch wenn die Klassenunterschiede ebenso wie die zwischen Arm und Reich weiterhin klaffen.

Fontane nutzt die vierzehn Tage gründlich. Viel läßt sich allerdings in dieser kurzen Zeit vom Land nicht entdecken: London (»großartig und unvergleichlich«), Windsor (wo er den russischen Zaren mit Prinz Albert und dem König von Sachsen in der Kutsche vorbeifahren sieht) und Brighton. Dort verkündet »ein

Berliner Witzling« der Reisegesellschaft, dies sei die schönste Stadt, die er je kennengelernt – »und ich habe Beeskow und Treuenbrietzen gesehn!«

Der angehende Apotheker hat an England nur eines auszusetzen: die Apotheken. Ihre Einrichtung, erfahren wir, sei »durchaus geschmackvoll, nur streift der Gebrauch eines Schaufensters, und natürlich namentlich die Ausstattung desselben... ans Marktschreierische«, was Fontane an »unsere Seiden- und Galanteriewarenhändler« erinnert.

Zustatten kommt ihm die Tatsache, daß er offensichtlich keineswegs Tag für Tag mit seinem Freund Scherz zusammengluckt. Die beiden wohnen sogar in getrennten Gasthäusern. Es soll sich dabei um einen Irrtum des im Reisen noch unerfahrenen Apothekerlehrlings gehandelt haben. Fast könnte man auf den Gedanken kommen, sie hätten an einer Gesellschaftsreise mit mehreren Quartieren teilgenommen. Aber gibt es das schon? Das früheste Reisebüro der Welt, dasjenige des Thomas Cook, ist erst seit drei Jahren in London tätig. Die deutsche Branche des rasch wachsenden Unternehmens wird der ältere Fontane dann häufig nutzen.

Wie dem auch sei: der junge Fontane besucht zum Beispiel Brighton mit einer deutschen Reisegruppe. Hermann Scherz nimmt wohl an anderen Exkursionen teil. Nur hin und wieder erscheint er in Fontanes Quartier und erkundigt sich mit dem stereotypen Spruch: »Nun, altes Kamel, wie geht's?«

Die Einladung scheint auf die Reise und den Aufenthalt in England beschränkt. Jedenfalls benutzen die beiden auf der Rückreise ab Köthen unterschiedliche Eisenbahnwaggons, weil Fontane sich nur die III. Klasse leisten kann. Den Dom in Magdeburg haben sie doch noch besichtigt und den verbleibenden Zwischenaufenthalt in der Stadt an der Elbe beim Billardspiel verbracht.

»Ich hatte in England unvergleichlich schöne Tage verlebt«, erklärt der in die Kaiser-Franz-Kaserne heimgekehrte junge Mann und fügt, ein bißchen altklug-snobistisch hinzu, daß er nichts dagegen habe, wenn es nach »dieser vierzehntägigen Aufregung« wieder etwas ruhiger zugehen werde.

Intellektuelle Ironie oder egozentrische Bequemlichkeit? Von beiden Eigenschaften besitzt Fontane, wie wir sehen werden, eine gehörige Portion.

## 2.
# Aus französisch-preußischem Geblüt

An einer Weltstadt wie London gemessen wirkt Berlin eher kleinstädtisch und gemütlich. In der Innenstadt, die abends schon von Gaslaternen erhellt wird, kann man noch das Glockenläuten jeder Kirche um zwölf Uhr mittags oder zum Gottesdienst hören, und fremde Reisende zeigen sich immer wieder erstaunt über die Sauberkeit, die in den Straßen herrscht, loben die Ordnung der Verwaltung und die Disziplin der Einwohner.

Mit letzterer ist es freilich – der äußere Eindruck täuscht – nicht allzuweit her. Die Berliner gelten, ob arm oder reich, als schwierig, sie »mucken« gerne auf. Als die Hohenzollern die Stadt zur Hauptstadt erkoren, geschah dies nicht aus Liebe zu ihr, sondern um die aufsässige Bevölkerung besser unter Kontrolle halten zu können. Den nicht selten aufflackernden »Berliner Unwillen«, den die Kurfürsten von Brandenburg so fürchteten, haben auch die späteren Könige in oder von Preußen zu spüren bekommen. Ein gewisser Unwille macht sich eben wieder bemerkbar.

Die Stadt ist rasch gewachsen. Hat sie 1815 noch an die 190000 Einwohner gezählt, so sind es 1840, bei der Thronbesteigung König Friedrich Wilhelms IV., schon beinahe 330000. Der Agrarstaat mausert sich erstaunlich schnell zu einer Industriemacht. Mag Friedrich Wilhelm sich als der »Romantiker auf dem Königsthron« empfinden, die Zeit des Biedermeier ist längst vorbei – in den Postämtern ticken die Telegrafen, in den neu entstandenen Fabriken werden Maschinen und Lokomotiven gebaut, die ersten Eisenbahnen fahren (wie wir gesehen haben, schon bis Magdeburg), und so etwas wie ein vierter Stand hat sich gebildet, dem es dreckig geht und der wie früher das Bürgertum bereit ist, sich seinen Anteil am frischgebackenen Kuchen zu erkämpfen.

Zur Unzufriedenheit tragen nicht zuletzt Ideen bei, wie sie der Gardegrenadier Fontane aus dem liberaleren England mit zurück nach Berlin bringt. Hier hat im gleichen Jahr 1844 im Zeughaus eine große »Allgemeine deutsche Gewerbeausstellung« stattgefunden, an der dreitausend Firmen, darunter allein siebenhundert aus Berlin, teilgenommen haben – ein Triumph industrieller Technik, ein »Fanal des Fortschritts«, wie ein (Nicht-Berliner) Leitartikler verkündet. Doch auch hier täuscht das Bild wie jenes der sauber gefegten Straßen. »Die Fortschritte sind groß«, umreißt es August Varnhagen von Ense, der Berliner Chronist jener Zeit, »die Fülle des Erzeugens, der Wetteifer der Erfindung und des Fleißes verdienen Anerkennung, aber die große Menge des Volkes hat wenig Vorteile davon... Der Vortrab unserer Zivilisation, die Reichen und Gebildeten, verzehrt alles, und der nachziehende Haupttrupp, oder gar der Troß, kommt kümmerlich weiter.«

Fontane kehrt nach Berlin als Berliner zurück. Er hat sich immer als solcher gefühlt. Und nach seiner Entdeckung, daß jenseits des Berges (oder Preußens) ebenfalls Menschen wohnen, sieht er auch die Problematik seiner Stadt und seiner Zeit bewußter und klarer. »Die Fremde...«, schreibt er noch fast drei Jahrzehnte später, »lehrt uns nicht bloß sehen, sie lehrt uns auch *richtig* sehen. Sie gibt uns auch das *Maß* für die Dinge.«

Eine Altersweisheit. Der junge Mann findet, wie nicht nur in Berlin üblich, das rechte Maß in der Opposition gegen das Vorhandene, Bestehende. Gerade weil er durch und durch Preuße ist, will er in Berlin englische Verhältnisse, mehr bürgerliche Freiheiten, mehr Rechte des einzelnen, mehr Demokratie.

Ist er ein Preuße? Er spricht seinen Namen doch bewußt französisch aus, wie er überhaupt großen Wert auf seine Abstammung von hugenottischen Einwanderern legt. Auch ist er ja kein Berliner, sondern in Neuruppin, einer kleinen märkischen Stadt an einem großen, vierzehn Kilometer langen See, unweit Potsdam, geboren.

Nun hat sich Fontane sein Leben lang in Rahmen gestellt, die zu dem Bild passen mochten, das er sich gerade von sich machte. Aber sie sind nicht unbedingt authentisch. Helmuth Nürnberger, der wohl verdienteste unter all den verdienten Fontane-Forschern, hat darum in seiner Biographie dem Kapitel, das er Fontanes Kindheit in Selbstzeugnissen widmete, ein erläuterndes unter der Überschrift »Selbstbildnis und Legende« vorangestellt.

So gefällig sich Fontanes autobiographische Bücher lesen – sie gehören zu seinen besten Werken –, so sehr sind sie doch geschönte Rückerinnerung und dienen einer – jeweils anders komponierten – Legende. Dichterische Freiheit greift in die Handlung ein; und Fontane hat ein Recht dazu. Man sollte trotzdem nicht Legende und Dichtung für Tatsache nehmen.

Was nicht zuletzt zum großen Teil für seine Briefe gilt. Der Dichter hat in seinem Leben so viele Briefe an Frau, Tochter, Söhne, Freunde, Vorgesetzte, Kollegen und Bekannte geschrieben, daß sie sich nur nach Tausenden zählen lassen. Sie sind ungewöhnlich exakt formuliert und gestatten sich nur selten Wiederholungen oder kleine Ungelenkheiten, wie sie in jedem Briefwechsel vorkommen. Fontanes ungeheures Briefwerk scheint von ihm – instinktiv oder insgeheim – als eine gewaltige fortlaufende Selbstbiographie angelegt.

Was seine französische Herkunft betrifft, so steht sie außer Frage. Beide Eltern – Louis Henri Fontane und Emilie Labry – entstammten Familien, die wegen ihres protestantischen Glaubens Ende des 17. Jahrhunderts Frankreich hatten verlassen müssen. Unter dem Schutz des Potsdamer Edikts von 1685 fanden sie Zuflucht beim Großen Kurfürsten in Brandenburg. Ein Urgroßvater des Dichters hat das »i« im ursprünglichen Familiennamen »Fontaine« gestrichen.

Vater und Mutter vertraten noch, wie der Sohn es ausdrückt, den »unverfälschten Kolonistenstolz«. Ein solcher war unter den längst eingedeutschten Familien der Berliner Hugenottenkolonie durchaus verbreitet. Man genoß, gleichsam ein loyaler Staat im Staate, besondere Rechte, besaß vor allem eine eigene Kirche und eigene Schulen, auf die man mit einiger Berechtigung stolz war. Zum Stolz gesellt sich fast immer Übertreibung.

Das gilt auch für die Fontanes, die sich gern vornehmerer Herkunft rühmten, als sie in Wirklichkeit waren. Die Familie hatte es zu einigem Ansehen gebracht. Aber weder war, was sie mitunter behauptete, Louis Marquis de Fontanes, der Großmeister der Pariser Universität, ein Vetter des Vaters noch der Kardinal-Erzbischof von Lyon und Stiefbruder der Mutter Napoleons, ein Verwandter mütterlicherseits. Die Familie stammte aus der Gegend nördlich von Bordeaux, und statt eines Großmeisters oder Erzbischofs gab es unter den Vorfahren Zinngießer (bei den Fontaines) und Strumpfwirker (bei den Labrys). Das lag weit zurück, und im Verlauf etlicher Generationen hatten auch Deutsche in die Familien eingeheiratet. Auf »Reinrassigkeit« waren weder die Hugenotten und erst recht nicht die aus allen deutschen Landen zusammengewürfelten Berliner aus.

Deutsche Forscher hat das nicht ruhen lassen. Sie wollten detailgenau wissen, welchen Fremdheitsgrad der Schriftsteller besessen haben mochte. Ihn legte am Ende Ursula Wiskott im Jahre 1938 bis auf die Stelle hinter dem Komma fest.

In ihrer Dissertation beweist sie, daß Fontane zu $^{19}/_{32}$stel deutscher und nur zu $^{13}/_{32}$stel französischer Herkunft gewesen sei, »oder, realer gesprochen: unter den 32 direkten Vorfahren [waren] 19 rein deutschen und 13 rein französischen Stammes«. Der deutsche Germanist Paul Böckmann hat diese Feststellung, milde genug, »eine Verlegenheitsauskunft« genannt.

Das dürfte sie – bedenkt man das Datum der Doktorarbeit – tatsächlich gewesen sein. Wollte man eine solche Untersuchung auf die Spitze treiben, ergäbe sich, daß zum Beispiel die Mutter mehr französische, der Vater weitaus mehr preußisch-deutsche Vorfahren gehabt hat. Was den Unsinn einer solchen Methode beweist, denn im täglichen Leben war es genau umgekehrt. Da schlug der Charakter des Vaters, wenn man so will, deutlich zur französischen Seite aus, während die Mutter mit ihrer strengen Pflichterfüllung eine waschechte Preußin verkörpern könnte.

Den Sinn für Anekdotisches sowie des Lebens leichtere Seiten (einschließlich eines gewissen Leichtsinns) hat Fontane von seinem Vater geerbt. Und – umgekehrt wie bei Goethe – von der Mutter nicht die Lust am Fabulieren, sondern Ordnungsliebe und Arbeitsamkeit, also des Lebens ernstes Führen.

Vater und Mutter sprachen das Französische ausreichend, aber keinesfalls gut oder gar perfekt, obwohl Louis Henri Fontane ein glühender Verehrer Napoleons war sowie ein genauer Kenner der Biographien aller kaiserlichen Verwandten und Feldherrn und vor allem der Anekdoten, die über sie kursierten.

Theodor Fontanes Französisch wird von manchen Zeitgenossen als genügend, von einigen auch als unzureichend bezeichnet. Einen engeren Kontakt zur Berliner Hugenottenkolonie unterhielten weder seine Eltern noch er. Es handelte sich für ihn um »puritanische Leute, steif, ernsthaft, ehrpußlich, was sie vielfach bis auf den heutigen Tag geblieben sind«. Als diese 1885 in der Berliner Philharmonie feierlich den zweihundertsten Jahrestag des Edikts von Potsdam begehen, schreibt er ihnen zwar den Prolog des Festabends, aber es ist »von Annäherung unter den Kolonisten keine Spur, so daß wir schon unmittelbar nach der Vorstellung wieder nach Hause gingen«.

Dem Sohn seines Verlegers Hertz bekennt Fontane einmal in einem Brief ganz offen, er habe »mit seiner eigensten südfranzösischen Natur« nur »scharmunziert«. Immer fühlt er sich angesprochen, wenn es um die alten Preußen oder die englisch-schottische Historie geht. Seine französische Rückbindung bleibt locker und obenhin.

So gereicht ihm auch der Lobpreis der Hugenotten keinesfalls zur Dichterehre. Man muß hinzufügen, daß es zu seinen Untugenden gehört, leidenschaftlich gerne zu reimen. Schon in der Jugend war Fontane jedes einigermaßen feierliche Ereignis für ein Gelegenheitsgedicht recht und blieb es zeit seines Lebens, selbst als es der ernsthafte Dichter und Schriftsteller kaum noch verantworten konnte.

> ...Kein Neid ward wach,
> Nicht Eifersucht – man öffnete das Tor uns
> Und hieß als Glaubensbruder uns willkommen.
> *Land*-Fremde waren wir, nicht *Herzens*-Fremde.
> So ward die Freistatt bald zur Heimatstätte,
> Zur Stätte neuer Lieb', und was seitdem
> Durch Gottes Ratschluß dieses Land erfahren,
> Wir lebten's mit, sein Leid war unser Leid
> Und was es freute, war auch unsere Freude...

Dem Wortgeklingel zum Trotz sollte man den französischen Teil des Erbes nicht unterschätzen. Ohne seinen wohl angeborenen Hang zu romanischem *esprit*, ohne Vorliebe für gallische Klarheit und Eindeutigkeit wäre Fontane nicht geworden, was er ist: der Erzpreuße unter den großen Deutschen der Feder; und man kann sagen: jedweder Feder.

Ihn kennzeichnen Vielseitigkeit und Sensibilität, beides kaum definitiv märkische Eigenschaften. Als Dichter, Journalist, Reporter, Auslandskorrespondent, Reiseschriftsteller, Redakteur, Ghostwriter, Kriegsberichter und -historiker, Leitartikler, Feuilletonist, Literatur- und Theaterkritiker, zu allerletzt auch Erzähler und Romancier mit einem bleibenden Werk, das – zumindest in seinen Spitzen – zur Weltliteratur gehört, ist er von jener original Berliner Mixtur geprägt, die in Deutschland eine Besonderheit darstellt: vom französisch-protestantischen Preußentum.

# 3.
# Neuruppin
(Rückblende, dann 1819–1826)

Die Hugenotten waren keine mittellosen Flüchtlinge. Sie führten oft beträchtliche Vermögen mit sich ins karge Brandenburger Land. Wichtiger noch, was alle, auch die Vermögenslosen mitbrachten: ihre handwerklichen und technischen Fertigkeiten samt ihrem Handelssinn und Gewerbefleiß. Die meisten erwiesen sich – auf dem Lande wie insbesondere in der Hauptstadt Berlin – als Mustersiedler. Manufakturen, frühe industrielle Werkstätten, entstanden und machten die französische Einwandererkolonie zu einem blühenden Gemeinwesen.

Auch die Zinngießerfamilie Fontaine oder Fontane gelangte – ganz wie die Labrys – bald zu einigem Wohlstand. Die Labrys durch Einheirat in ein begütertes märkisches Bauerngeschlecht sowie eine Seidenfabrik. In ihr wurden, wie Fontanes Mutter zu betonen pflegte, nicht »gewebte Seidenstoffe« hergestellt, sondern »Seidendocken«, also Garn, das galt als feiner und vornehmer. Früh verwaist, lebte Emilie in einem Pensionat der hugenottischen Kolonie und konnte, ein Fräulein Labry, von den Zinsen ihres ererbten Vermögens leben.

Väterlicherseits sah es, was die gesellschaftliche Reputation anging, sogar noch besser aus. Fontanes Großvater Pierre Barthélemy Fontane, der sich mit Vornamen schon kurz und deutsch »Peter« nannte, hatte als Miniaturmaler in der Königlichen Porzellanmanufaktur angefangen. Er gehörte jedoch, wie der Bildhauer Gottfried Schadow etwas von oben herab berichtet hat, »zu denen, die nie dazu kommen, malen zu können... dagegen aber französisch sprechen [konnten]«.

Immerhin wurde Pierre/Peter an den Hof berufen, wo er dem

späteren König Friedrich Wilhelm III. die Grundlagen der Zeichenkunst beibringen sollte. Als dies mißlang, ordnete man ihn der Kronprinzessin Luise als Kammerdiener zu. Da er in dieser Eigenschaft auch für die »kleineren Rechnungen« zuständig war, behauptete die Familie, er sei »Kammersekretär« der künftigen Königin, eine gelinde Übertreibung. Seine Laufbahn, die man durchaus als eine solche bezeichnen konnte, beschloß er als Kastellan des Schlosses Niederschönhausen, wohin einst Friedrich der Große seine Gemahlin Elisabeth Christine verbannt hatte.

Ebenso erfolgreich wie als Hofcharge scheint er in der Liebe gewesen zu sein. Er heiratete dreimal. Seine Söhne aus erster Ehe (mit einer geborenen Deubel) hießen Carl und, eben, Louis Henri, bei dessen Geburt die Mutter starb. Von Niederschönhausen, damals einem Dorf am Rande der Hauptstadt, heute zum Stadtteil Pankow gehörig, haben die Jungen einen täglichen Schulweg von anderthalb Stunden zum altehrwürdigen Gymnasium zum Grauen Kloster in Berlin, den sie zu Fuß zurücklegen müssen.

Carl, der Ältere, reüssiert. Er bringt es zum Baumeister. Louis Henri dagegen gerät bei nahezu allem, was er anpackt, in Schwierigkeiten, wegen seines Leichtsinns und seiner Frohnatur, vor allem in solche finanzieller Art. Er liest zwar viel, schon als Schüler, aber seine Lektüre bleibt regellos; das beinahe lexigrafische Wissen, das er sich dadurch aneignet, hat seine Lücken und nützt ihm wenig, bestenfalls am Stammtisch. Er ist das Sorgenkind Pierre Barthélemy Fontanes, der seine letzten Jahre als wohlhabender Hauseigentümer und Pensionär in Berlin verbringt.

So verläßt Louis Henri, kein guter Schüler, vorzeitig die Schule und tritt im Jahre 1809 in der Elefantenapotheke zu Berlin »am oberen Ende der Leipziger Straße« eine viereinhalbjährige Lehrzeit an. Sie dauert sogar erheblich länger, aus zwei Gründen.

Für den ersten kann Louis Henri Fontane nichts. Es gibt

Krieg, und der noch nicht Siebzehnjährige rückt als freiwilliger Jäger zur Befreiung seines Vaterlandes vom französischen Joch aus. Dies, wie der Napoleonverehrer erklärt, keineswegs aus Patriotismus – der liegt ihm fern –, sondern aus reinem Pflichtbewußtsein. Er nimmt an den Schlachten von Großgörschen und Bautzen teil und kann den Rest der Befreiungskriege in der Apotheke eines Feldlazaretts zubringen.

Im Sommer 1814 kehrt er nach Berlin zurück. Für die weitere Verzögerung seiner Lehrzeit muß man ihm die alleinige Verantwortung zuschieben. Er »konditioniert«, wie man es damals nennt, in Danzig, das heißt, er sieht sich, ähnlich einem Zimmermann auf der Wanderschaft, andernorts nach den Verhältnissen in seinem Berufszweig um. In Wirklichkeit vertrödelt er in Danzig und später wieder Berlin seine Zeit, indem er, wie sein Sohn es ausdrücken wird, »noble Passionen« pflegt, wohl meist am Kartentisch.

Warum dann plötzlich alles so rasch und fast übereilt vor sich geht, als triebe ihn jemand mit der Peitsche an, läßt sich nicht mehr ermitteln. Vielleicht drängt sein Vater. Zunächst legt Louis Henri Anfang des Jahres 1819 endlich das Staatsexamen ab, Voraussetzung für jeden, der eine eigene Apotheke in Preußen betreiben will. Am 24. März – es ist sein 23. Geburtstag – heiratet er dann die einundzwanzigjährige Emilie Labry aus dem Hugenottenpensionat, die beste Freundin der Verlobten seines Bruders Carl; und drei Tage darauf zieht das frischgebackene blutjunge Ehepaar mit Sack und Pack nach Neuruppin, wo Vater Pierre Barthélemy seinem Sohn die Löwenapotheke gekauft oder, besser gesagt: die Kaufsumme vorgeschossen hat. Damit nicht genug, wird im selben Jahr den beiden, genau neun Monate nach der Eheschließung (daran kann die hektische Eile also nicht gelegen haben), am 30. Dezember 1819 der erste Sohn geboren. Die glücklichen Eltern lassen ihn auf die Namen Henri Théodore taufen, die im Kirchenbuch zugleich als »Heinrich Theodor« eingetragen werden. Das ereignisreiche Jahr geht mit dem glücklichsten Ereignis zu Ende.

Getrübt ward die Freude durch die ungewöhnlich schwere Geburt »auf Leben und Sterben«. Nicht zuletzt deshalb bleibt der kleine Theodor, wie er von Anfang an gerufen wird, bis ins Jünglingsalter das Lieblingskind der Mutter, obwohl sich in den folgenden Jahren noch die Geschwister Rudolf (1821), Jenny (1823) und Max (1826) einstellen – »er ist mir auch am Schwersten geworden«, entschuldigt sie ihre Vorliebe, die erst achtzehn Jahre später auf die jüngste Tochter Elise übergeht, die 1838 geboren wird.

Da ist man aber schon nicht mehr in Neuruppin und Theodor so alt, daß er stolzer Pate werden kann. Alle Geschwister außer Rudolf und Elise sind übrigens Apotheker geworden, und Jenny hat einen Apotheker geheiratet.

Neuruppin ist eine kleine Stadt nordwestlich von Berlin, hübsch am langgestreckten Ruppiner See in einer idyllischen und seenreichen Landschaft gelegen, die in Fontanes Lebenszeit den Ehrentitel einer »Ruppiner Schweiz« erhält. Urkundlich erwähnt wird der Ort erstmals 1238. Die gotische Kirche, die früher zu einem reichen Dominikanerkloster gehörte und die Fontane als »keine *besondere Schönheit*« empfindet, hat man um 1246 begonnen. Trotzdem ist die Stadt, in der vier Kinder Fontane geboren werden, neu, sozusagen brandneu, denn 1787, rund drei Jahrzehnte zuvor, hat ein verheerendes Feuer Neuruppin nahezu völlig zerstört. Unter Friedrich Wilhelm II. wurde es dann viel zu weitläufig wiederaufgebaut, mit Plätzen, die zu Exerzierübungen ganzer Regimenter geeignet (und wohl auch gedacht) scheinen und einer ungewöhnlich langgestreckten Straßenführung. Eine Kasernenstadt, mit der die Familie Fontane nicht recht warm wird, obwohl auch in ihr sich viele hugenottische Siedler Achtung und Vermögen erworben haben.

Neuruppin oder »Ruppin«, wie Fontane seinen Geburtsort meist nur nennt, hat bei ihm zunächst keine tieferen Spuren hinterlassen. Er behandelt ihn, eher im Gegenteil, ungerecht schlecht. Man hat zwar darauf verwiesen, daß immerhin sein erstes und sein letztes belletristisches Werk in seiner Heimatstadt spielen, die Novelle *Geschwisterliebe* und zum guten Teil der Roman vom *Stechlin*. Auch habe er die lange, in der Buchausgabe fünfbändige Reihe seiner *Wanderungen durch die Mark Brandenburg* doch wohl aus Anhänglichkeit mit der »Grafschaft Ruppin« begonnen. Aber das kann Zufall sein. Denn sehr enthusiastisch klingt nicht, was er über Neuruppin zu sagen hat.

»Ruppin hat eine schöne Lage – See, Gärten und der sogenannte ›Wall‹ schließen es ein. Nach dem großen Feuer, das nur zwei Stückchen am Ost- und Westrande übrigließ (als wären von einem runden Brote die beiden Kanten übriggeblieben), wurde die Stadt in einer Art von Residenzstil wieder aufgebaut. Lange, breite Straßen durchschneiden sie, nur unterbrochen durch stattliche Plätze, auf deren Areal unsere Vorvordern selbst wieder kleine Städte gebaut haben würden. Für eine reiche Residenz voll hoher Häuser und Paläste, voll Leben und Verkehr, mag solche raumverschwendende Anlage die empfehlenswerteste sein, für eine kleine Provinzialstadt aber ist sie bedenklich. Sie gleicht einem auf Auswuchs gemachten großen Staatsrock, in den sich der Betreffende, weil er von Natur klein ist, nie hineinwachsen kann. Dadurch entsteht eine Öde und Leere, die zuletzt den Eindruck von Langeweile macht.«

Das ist hervorragend, aber kühl formuliert und läßt auf wenig Zuneigung schließen. Um so mehr als er sich lang und breit über die alten Neuruppiner Originale und in ebenso ausführlichen Kapiteln über die berühmten Neuruppiner, Schinkel, Gustav Kühne (dessen bunte Bilderbögen von hier aus ein Welterfolg wurden) sowie den Orient-Maler Wilhelm Gentz, ausläßt. Der vierjährige Aufenthalt des Kronprinzen Friedrich, des späteren Friedrich der Große, in Neuruppin ist ihm den fünffachen Raum wert, den seine Beschreibung von Stadt und Klosterkirche einnimmt.

Gründe für solche Indifferenz, wenn nicht Abneigung seiner Geburtsstadt gegenüber gibt es für Fontane viele. Einige werden wir noch in seiner Jugend kennenlernen. Eine andere, lebendigere, anregendere, fontaneschere Stadt wird die Neuruppiner Eindrücke überlagern und so gut wie verdrängen, ein zweiter Aufenthalt dort ihm Land und Leute endgültig verleiden.

Ob er als Ältester auch etwas von den Spannungen zwischen den Eltern mitbekommt, die sich schon früh abzuzeichnen beginnen, ist ungewiß. In seinem autobiographischen Roman *Meine Kinderjahre* finden sich Andeutungen, aber Fontane hat diese Erinnerungen betont vorsichtig als Roman bezeichnet. Über siebzig Jahre später geschrieben, handelt es sich um Rückerinnerungen eines alten Mannes, der manches falsch und manches gar nicht erinnert. Ohnehin kein Freund genauer Details, gibt der Dichter sogar für seine Mutter ein falsches Geburtsdatum an.

»Mein Papa war eigentlich ein Glückskind«, lautet sein Resümee, obwohl dieser, wie gleich anschließend erwähnt wird, »immer mehr ausgab, als er einnahm«. Was auch fürs Apothekerdasein in Neuruppin gilt. Mag er ein umgänglicher, äußerst kommunikativer Mensch sein, »der Typus eines humoristischen Visionärs«, nach den Worten seines Sohnes – ein guter Geschäftsmann ist er nicht.

Eine große Vorliebe hegt er für Pferd und Wagen, auf die er den gleichen Wert legt wie heutzutage viele Menschen auf ihr Auto. Schon damals stellt das Gefährt eine Art Statussymbol dar, und Louis Henri sind das rassigste Tier und die neueste Chaise gerade gut genug. Das kostet viel Geld. Ebenso die zweite Leidenschaft, das Whistspiel. Er »verspielte während der sieben Jahre, von 1819 bis 26, ein kleines Vermögen«, berichtet der alte Fontane und erzählt weiter: »Der Hauptgewinner war ein benachbarter Rittergutsbesitzer. Als mir dreißig Jahre später der Sohn dieses Rittergutsbesitzers eine kleine Summe Geld lieh, sagte mein Vater: ›Das stecke nur ruhig ein; sein Vater hat mir ganz allmählich zehntausend Taler in Whist en trois [zu dritt] abgenommen‹.«

Die Summe mag, wie Fontane zugibt, etwas hoch angesetzt sein – Vater Fontane übertreibt gern –; sie sei doch bedeutend genug gewesen, »um sein Credit und Debet [Gewinn und Verlust] außer Balance zu bringen«. Die Apotheke wirft so viel nicht ab. Die Familie gerät in Schulden. Bald hängt der Haussegen schief, denn Hauptgläubiger ist der Vater, Pierre Barthélemy, der reiche Rentner, der kräftig mahnt und in Emilie, der Schwiegertochter, eine zunächst heimliche, dann offene Verbündete findet.

Der kleine Theodor scheint dabei nicht auf der Seite der Mutter, die ihn so liebt, sondern auf der des Vaters, der immer hübsche Geschichten erzählt und den Kindern mehr durchgehen läßt als die Mutter, die sich in Arbeit und strenge Pflichterfüllung flüchtet und überdies eine »rasche Hand« besitzt, wie noch der gealterte Sohn erinnert. Fast immer, meint der Biograph Hans Heinrich Reuter, sei »das Recht auf der Seite der Mutter gewesen, die Sympathie [jedoch] auf Seiten des Vaters«.

Glückskind und Pechvogel zugleich, wirft Louis Henri das Handtuch. Und landet prompt so etwas wie einen geschäftlichen Coup, der alle seine Sorgen fürs erste beseitigt. Es gelingt ihm, die Apotheke für das Doppelte dessen zu verkaufen, was er vor sechs Jahren – mit dem Geld des Vaters – bezahlt hat.

Auf einen Schlag kann er dem Vater nun die geschuldete Summe zurückgeben und sogar das von seiner Frau hinzugelegte Geld erneut – und angeblich sicherer – anlegen. Er genießt, »sich nichts mehr sagen lassen zu müssen«, äußert der alte Theodor Fontane mit erkennbarer Sympathie – auch ihm ist persönliche Abhängigkeit der größte Greuel, den es auf der Welt gibt.

Die Erleichterung bleibt freilich einseitig. Als Louis Henri das Pferd anspannt, um seinem Vater das geliehene Geld nach Berlin zu bringen, reicht ihm seine Frau, einer plötzlichen Eingebung folgend, den ältesten Sohn in die Kalesche. Sie ahnt Schlimmes und hofft, der Charme des kleinen Enkels könne den Großvater besänftigen.

Dem ist nicht so. Der Hausbesitzer empfängt seinen Sohn, den Lebemann, mit kühler Zurückhaltung und auch der blonden Mähne Theodors bleibt jegliche Wirkung versagt. Noch der

Dreiundsiebzigjährige erinnert, daß ihm der Großvater und dessen dritte Frau keinerlei Zärtlichkeit zukommen ließen und daß er erleichtert aufatmete, als man die Rückfahrt antrat.

Mag ihn der Vater geschnitten haben, Louis Henri verlebt im Anschluß an den Verkauf der Löwenapotheke das glücklichste Dreivierteljahr seines Lebens. Mit seiner Familie bewohnt er jetzt eine geräumige Mietwohnung; seiner finanziellen Sorgen überhoben, kann er geruhsam in seinem nagelneuen Kutschwagen auf Reisen gehen, zunächst in die Umgebung, dann in die entferntesten Teile der Provinz Brandenburg und endlich weit darüber hinaus, nach Sachsen, Thüringen und zuletzt Pommern. Das ist keine Arbeit, sondern pures Vergnügen. An der Odermündung findet er, in Swinemünde, endlich etwas Passendes, und es stört ihn nicht, daß man die fragliche Apotheke erst in einem halben Jahr übernehmen kann, eine wohlig genossene Karenzzeit.

Sie vergeht rasch mit »Vorpacken und Aufladen unseres inzwischen durch den Tod des Großvaters vermehrten Mobiliarvermögens«, aber beim Umzug ist die Mutter nicht dabei. Sie hat sich nach Berlin begeben zu den Freundinnen im alten Hugenottenpensionat und absolviert beim Geheimrat Horn, einem damals berühmten Arzt, eine »Nervenkur«.

Irgendwann muß sie – begreifbar, wenn man den charakterlichen Gegensatz zu ihrem Mann bedenkt – einen Nervenzusammenbruch erlitten haben. Ihre »Nervenzustände«, wie ihr Sohn sie nennt, setzen immer wieder ein, wenn es zu neuen Spannungen kommt, je unglücklicher die Ehe verläuft, desto häufiger.

Theodor Fontane hat dieses bittere Verhältnis in seinem Elternhaus ein Leben lang vor Augen gestanden, vor allem in bezug auf seine eigene, ebenfalls nicht sehr glückliche Ehe. Zu einer Trennung, wie später seine Eltern, hat er es nicht kommen lassen. Er war sich bewußt, welche psychische Belastung das für die Kinder solcher Ehe wie auch für die Partner selbst sein kann.

Das Dreivierteljahr in der Neuruppiner Mietwohnung und die Umsiedlung, drei Tage Fahrt allein mit dem fröhlichen Vater und einem pharmazeutischen Gehilfen über Neustrelitz und Anklam nach Swinemünde gehören zu den freundlichsten Erinnerungen der Geschwister.

Ostern 1819 hat man die Apotheke in Neuruppin gekauft und sie Ostern 1826 wieder verlassen. Ende Juni 1827 treffen die Fontanes in der Adlerapotheke zu Swinemünde ein.

# 4.
# Swinemünde, vergoldet
## (1827–1832)

Die kleine Hafenstadt Swinemünde liegt auf der pommerschen Insel Usedom, wo die Swine in die Ostsee mündet. Ein, wie Fontane später findet, »unschönes Nest«, das zugleich – je nach Blickwinkel – »sehr häßlich und sehr hübsch« aussehen kann. Der ehemalige Vorhafen des größeren Stettin ist 1945 an Polen gefallen und heißt heute Swinoujście. Damals gehörte er zu Preußen. 1748 von Friedrich dem Großen gegründet, hatte der Ort, als Vater Fontane mit seinen Kindern in die Adlerapotheke einzog, 3578 Einwohner, darunter erstaunlich viele Ausländer, vor allem Dänen, Holländer, Schweden und Schotten. Das kleine Städtchen besaß so etwas wie internationales Flair.

Ein farbenprächtiges Bild bietet sich den staunenden Kindern. Im Hafen und auf »dem Strom«, wie man, reichlich übertrieben, dort die Swine nennt, liegen buntbeflaggte und -bewimpelte Schiffe aus aller Herren Länder. Beim Einlaufen werden sie von ebenso bunten Flaggen und Wimpeln begrüßt, die an hohen Masten am Ufer wehen.

Denn, wie Fontane es in seiner Novelle *Graf Petöfy* geschildert hat, auf allen Häusern findet sich »eine Flaggenstange, daran ein langes, schmales Band oder auch eine sich bauschende Flagge weht. Und keine Flagge dieselbe, denn in jedem dieser Häuser hat ein anderes Land seinen Sitz und seinen Schutz, und während über dem einen der österreichische Doppeladler flattert, flattert über dem andern der türkische Halbmond oder der chinesische Drache. Es gibt nichts Bunteres und Lachenderes als das Flaggen einer solchen Hafen- und Handelsstadt. Und je kleiner desto mehr.«

Die Straße am Fluß entlang – bald der Schulweg der Geschwister – ziehen sich die Bretterflöße, auf denen die Frauen die Wäsche waschen, und kleine Werften, auf denen Schiffe gebaut und ausgebessert werden. Sie strömen ständigen Teergeruch aus, denn mit Teer werden die hölzernen Wanten gedichtet. Über Mittag, wenn die Arbeiter über den Pechbrandfeuern Kartoffeln und Speck braten, mischen sich die Düfte auf appetitanregende Weise, und nur zu gern lassen sich die Kinder zu solch einfachen, aber leckeren Delikatessen einladen.

Fontane behält eine lebenslange Vorliebe für den Geruch von Teer. Noch der Siebzigjährige pflegt die Fenster seiner Berliner Wohnung weit aufzureißen, sobald in der Nähe Straßenarbeiten am Asphalt stattfinden, und auf Spaziergängen, wo immer es geht, derartige Bauplätze aufzusuchen.

Nach dem nüchternen Neuruppin findet besonders der Älteste, Theodor, sich gleichsam in eine Märchenstadt versetzt. Auch der Vater blüht in dieser Atmosphäre auf, vor allem bei Abwesenheit der Gattin und in einem Haus, das selbst aus einer Sage oder einem Märchen stammen könnte.

Die Kinder erschrecken zunächst beim Anblick des Gebäudes. Es ist blutrot angestrichen, und das Dach überragt den scheunenartigen Bau um das Fünffache. Der verwinkelte und unübersichtliche Koloß enthält sogar, um einen Innenhof herum, eine eigene Landwirtschaft mit Pferde- und Schweineställen, Gesindestuben, Küche sowie Torf-, Heu- und sonstige Böden, letztere fünffach übereinander gelagert und über wacklige Leitern zu erreichen. Darüber hinaus gibt es ein Labor, sogar mit Gewölbe, und einen eigenen Trakt für die Gehilfen, wenn auch keinen Keller – alles ist direkt auf Sand gebaut, wie sich herausstellt. Und natürlich spukt es in den Mauern. »De oll Geisler« geht um, ein Vorbesitzer dieser merkwürdigen Apotheke. Er hat jenes schwere Rad als Glücksbringer für das Haus gekauft, das die Kinder auf einem der vielen Dachböden finden und mit dem einst ein Mörder namens Hannacker vom Leben in den Tod befördert worden ist.

Die Mutter trifft erst sechs Wochen später, nach Beendigung ihrer Nervenkur ein. Der Vater hat mit seinem Gehilfen alles darangesetzt, um es ihr wohnlich zu machen: die privaten Räume sind in der Hauptsache mit den von Pierre Barthélemy Fontane ererbten Schinkel-Möbeln eingerichtet, und den erschreckend blutroten Anstrich hat er durch einen himmelblauen ersetzen lassen. Trotzdem scheint Emilie an dem unheimlichen Haus nur wenig Gefallen zu finden, denn ihre nervösen Anfälle setzen, kaum daß sie in Swinemünde ist, erneut ein.

Auf Kinder wirkt das Seestädtchen wohl poetischer als auf Erwachsene. Es gibt empfindliche Nachteile. Noch sind die Klassenschranken eng gezogen. Indes die Kinder mit den Dorf- und Hafenrangen spielen können, dürfen die Eltern nur mit jenen knapp zwanzig Familien verkehren, die zur »guten Gesellschaft« gerechnet werden. Da sind die Schönebergs, die Scherenbergs sowie die Krauses, trotz ihres gewöhnlichen Namens die vornehmsten (und reichsten) von allen. Da sind der Landrat von Flemming und Hofrat Dr. Kind, der Hausarzt der Fontanes, ein Neffe des »Freischütz«-Librettisten. Da ist, zum besonderen Kummer der Mutter, schließlich jener alte Major, der im Gesellschaftshaus die »Bank« hält und Vater Fontane bald wieder zum Kartenspiel – diesmal nicht nur zum Whist – verführt.

Daß die Mutter mehr und mehr zum Trübsinn neigt, kann man verstehen, denn, wie ihr Sohn es ein Menschenalter später ausdrücken wird, die Familie lebt bald wieder weit »über unseren Stand und unsere Verhältnisse« hinaus.

Das tut der Beliebtheit, der Vater Fontane sich bald in Stadt und Umland erfreut, keinen Abbruch. »Seine von Bonhomie getragenen und zugleich von phantastischen Advokatenkunststücken unterstützten Plaudereien waren – auch wenn sie Geldsachen, wo doch sonst die Gemütlichkeit aufhört, betrafen – geradezu unwiderstehlich und dabei von nachwirkender Kraft, daß keines von uns Kindern je das geringste bittere Gefühl über seine höchst merkwürdigen Finanzoperationen unterhalten hat«, resümiert Fontane, und fügt hinzu: »Nur meine Mutter war zu sehr anders geartet, um durch seine gesellschaftlichen Liebenswürdigkeiten umgestimmt oder erobert werden zu können.«

Von seinem steigenden Ansehen profitiert freilich auch sie. Der Herr Apotheker und seine Frau Gemahlin finden sich rasch in den Kleinstadtadel und dessen gesellschaftliche Rechte und Pflichten aufgenommen. Man behandelt sie bald wie Ehreneinheimische. Als Kriegsteilnehmer kommandiert der Vater zeitweilig die lokale Landwehr, so auch bei der spektakulären öffentlichen Hinrichtung eines anderen Teilnehmers am Befreiungskrieg, der mit seiner Frau einen Mord begangen hat. Die Hinrichtung der beiden erfolgt noch wie die Hannackers auf grausame Weise, durch das Rad.

Wie getrübt das Verhältnis zwischen den Eheleuten ist, zeigt sich in einer Erinnerung des alten Dichters, die er meisterhaft, weil völlig unsentimental seinem »autobiographischen Roman« eingeflochten hat. Der Vater zieht seine Mittagsruhe oft derart in die Länge, daß es draußen langsam dunkel. »Ich wurde dann«, erzählt Theodor Fontane, »wenn gute Tage, d. h. Friedenszeiten waren, abgeschickt, ihn zu wecken, was ich immer gerne tat, weil er dabei nicht bloß von besonders guter Laune, sondern sogar von einer ihm sonst gar nicht eigenen Zärtlichkeit gegen mich war.«

»Ja, das waren glückliche Stunden«, beginnt der nächste Absatz. Und fährt fort: »Aber es kamen auch andere. Dann wurde ich nicht hineingeschickt, um ihn zu wecken, sondern ging aus eigenem Antriebe, um nach ihm zu sehen. Er lag dann auch ausgestreckt auf dem Sofa... und sah durch das Gezweig eines vor dem Fenster stehenden schönen Nußbaumes in das über den Nachbarhäusern liegende Abendrot... Wenn ich dann an das Sofa herantrat und seine Hand streichelte, sah ich, daß er geweint hatte. Dann wußte ich, daß wieder eine ›große Szene‹ gewesen war, immer infolge von phantastischen Rechnereien und geschäftlichen Unglaublichkeiten, um deretwillen man ihm doch nie böse sein konnte... Manches war Bitterkeit, noch mehr

Selbstanklage. Denn bis zu seiner letzten Lebensstunde verharrte er in Liebe zu der Frau, die unglücklich zu machen sein Schicksal war.«

Obwohl erst nach Jahrzehnten niedergelegt, verrät diese Szene doch viel vom heranwachsenden Fontane. Er steht am Beginn der Flegeljahre und hat sich in der dörflichen Umgebung eine rauhe äußere Schale zugelegt. Aber darunter verbirgt sich ein weicher, unsicherer und leicht verletzlicher Charakter. Da wächst ein schwieriger Mann heran, weltklug, jedoch – wie sein Vater – verträumt und rasch abgelenkt. Wo sich der Vater in das flüchtet, was der Sohn, darin ganz Hugenotte, »Bonhomie« nennt, also Gutmütigkeit, Einfalt, Biederkeit, wird er sich in seine Schreiberei flüchten. Ihr wohnt, wie der Unterhaltungskunst des Vaters, etwas Manisches bei. Das Schreiben genießt er anscheinend als solches, ganz wie der Senior das Anekdotenerzählen. Vater und Sohn besitzen beide den starken Wesenszug, einzig das tun zu können, was sie mögen, lieben, wollen.

Da wäre eine gute Schulbildung dringend notwendig. Sie bleibt den Kindern versagt. Theodor ist zwar noch kurz vor dem Wegzug der Familie in Neuruppin in der Volksschule (die man damals noch »Klippschule« nennt) eingeschult worden. Und während der Abwesenheit der Mutter hat der Vater ihn auf die Swinemünder »Stadtschule« geschickt mit dem wunderlichen Argument: »Die Stadt hat nur eine Schule, und da diese Stadtschule die einzige ist, ist sie auch die beste.«

Die Mutter aber kann solche Späße nicht nachvollziehen. Als sie aus der Nervenkur heimkehrt, ist sie entsetzt über die ungekämmten und barfüßigen Dorflümmel, mit denen ihr Ältester umgeht, und nimmt ihn aus der Schule.

Man beschließt sogar, die Kinder in Pommern notgedrungen »wild aufwachsen« zu lassen. Das heißt: die Eltern erteilen in Zukunft den Unterricht selbst. Die Mutter bringt Theodor das Lesen bei, der Vater lateinische und französische Vokabeln, dazu Geografie und Geschichte. Da die Mutter überstreng vorgeht, der Vater hingegen allzu willkürlich und auf seine Hobbys

(Napoleon, dessen Generäle sowie die Einwohnerzahlen der Städte Europas und der anderen Kontinente) versessen, kommt nicht einmal eine gute Allgemeinbildung heraus. Sein Wissen hat der Vater sich in Lexika, Zeitungen und Journalen angelesen, und seine Lehrmethode, die er überdies für »sokratisch« hält, ist die einer Plauderei, in der er vom Hundertsten ins Tausendste gerät.

Fontane wird ein Leben lang bedauern, keine gründliche Ausbildung erhalten zu haben. Sie läßt sich nur schwer nachholen. Wenn häufig gesagt wird, die *Wanderungen*, so populär sie immer noch sind, seien entschieden zu lang geraten, so rührt die gewisse Langatmigkeit aus der Bemühung um konsequente Wissenschaftlichkeit. Auch in seinen Kriegswerken scheint er des öfteren Aufzählung für wissenschaftliche Vielfalt und Ausführlichkeit für Detailgenauigkeit zu halten.

Aber die angeblich sokratische Methode hat ihre Vorteile, deren sich der Dichter später durchaus bewußt ist. Er wird gezwungen, ein Lernender zu bleiben, solange er lebt. Auf eine »abgeschlossene Bildung«, die es ohnehin nicht gibt, kann er sich nicht berufen. Es mag dies der harte Weg sein, es ist der schlechteste nicht: Fontane studiert, wo andere es – meist schon vor dem sogenannten besten Mannesalter – endgültig bleibenlassen, weil sie glauben, genug zu wissen.

Noch eines wird vom Vater gefördert: seine Phantasie. Wie man von einem Thema ins andere gleiten und alle Kanten und Ecken in der Konversation (und eigentlich auch beim Schreiben) wegzaubern kann, das versteht Louis Henri wie kein anderer. Und was könnte sich ein Schriftsteller Besseres wünschen?

Ganz sicher angeregt haben dürfte solcher Unterricht, der den Namen kaum verdient, das historische Interesse, das sich früh bei dem Jungen regt. Wichtig wird ihm in Swinemünde auch die Zeitung, die es einem selbst in solch entlegenen Provinzen wie Pommern ermöglicht, am Leben der Zeit teilzunehmen. Auch als Dichter steht er den »Gazetten« nicht mit jener Geringschätzung gegenüber, die die meisten Kollegen den Erzeugnissen der

Tagespresse entgegenbringen. Von der Zeitung und den Journalen wird er den größten Teil seiner Laufbahn leben. Immerhin lehrt Vater Fontanes merkwürdige sokratische Methode wenn nicht Logik und Konsequenz, so doch – keineswegs zu verachten – Weltläufigkeit und Toleranz.

Das Fazit des Dichters in späten Jahren: »So sonderbar diese Stunden waren, so hab ich doch mehr dabei gelernt als bei manchem berühmten Lehrer.«

Einen solchen, wenngleich keinen berühmten, doch begabten und später erfolgreichen Pädagogen bekommt überraschenderweise der Acht- bis Zehnjährige. Ende März 1828 läßt Kommerzienrat Wilhelm Krause wissen, daß er für seine eigenen Kinder ab Ostern einen Hauslehrer anstellen werde und daß gleichaltrige Knaben oder Mädchen aus Honoratiorenkreisen am Unterricht teilnehmen könnten.

Es erscheint jedoch nur Theodor, der mit dem gleichaltrigen Sohn des Hauses befreundet ist. Wilhelm Krause jr. wird als bildhübscher, aber kränklicher Junge geschildert, der vor allem musikalisch hochbegabt scheint. Der Gesundheit wegen schickt man ihn mit zwanzig Jahren nach Malaga, wo er schon 1842 gestorben ist. Mit diesem Freund Wilhelm und dessen zwei kleineren Geschwistern wird Theodor zwei Jahre lang von Dr. Johann Friedrich Lau unterrichtet. Lau, ein etwas verwachsener Mann, Schüler Schleiermachers, ist erst zwanzig, aber ein glänzender Pädagoge; er zitiert mit Vorliebe aus Goethes *West-Östlichem Diwan*, den er von A bis Z auswendig hersagen kann. Was Fontane bei Dr. Lau lernt, ist das einzige Stück solider Bildung, das man ihm auf den Weg gibt.

Auch die ersten eigenen Verse hat Lau dem künftigen Dichter wenn nicht angeregt, so doch schmackhaft gemacht. Wieder einmal rückt der Geburtstag des Vaters näher, und wieder einmal findet Theodor keinen Anfang für seinen Geburtstagsbrief. Lau heißt ihn auf ein Blatt kritzeln, was ihm zum Thema einfällt. Der Junge reimt folgende Verse:

Lieber Vater
Du bist kein Kater.
Du bist ein Mann,
Der nichts Fettes vertragen kann;
Doch von den Polen hörst Du gern,
Wie sie den Russen den Weg versperrn etc.

Lau findet das gut; streicht aber den Kater und ersetzt ihn durch ein: »Lieber Vater, Du Stadtberater«, denn Louis Henri ist soeben – knapp über dreißig – Senator Swinemündes geworden (oder Mitglied des Senats, was Fontane nicht genau erinnert). Der von den Kindern heißgeliebte Erzieher verläßt das Hafenstädtchen nach zwei Jahren wieder, im Herbst 1830. Man trauert ihm sehr nach, zumal kein geeigneter Nachfolger gefunden wird. An seine Stelle tritt ein angehender Theologe, der Predigtamtskandidat Knoop, Sohn eines Lotsenkommandeurs. Er neigt zur Bequemlichkeit und ist an seinem Lehramt wenig interessiert. Allerdings verdankt ihm Fontane eine ungewöhnliche Kenntnis, nämlich die sämtlicher Balladen von Schiller. Er kann sie sein Leben lang auswendig rezitieren, mit einer Ausnahme: »Das Eleusische Fest.« Der junge Fontane weigert sich, es zu lernen, weil ihm nicht einmal der Vater erklären kann, was ein »Eleusisches Fest« und wer oder was ein Troglodyte ist, der im zweiten Vers (»Und in des Gebirges Klüften barg der Troglodyte sich«) vorkommt.

Auch ein anschließend berufener Dr. Philippi enttäuscht die Krauses und hinterläßt keinerlei Spuren im Gedächtnis der Schüler. Von ihm ist bei Fontane nur noch einmal die Rede, als sich viel später herausstellt, daß er auch den Verleger der ersten Bücher des Schriftstellers, Wilhelm Hertz, kurz unterrichtet hat.

Die Hauslehrer wie auch die Bemühungen von Vater und Mutter um Fortbildung in Ehren: Die eigentliche Erziehung erfährt Fontane von Swinemünde, dem genius loci der Stadt mit den vielen Schiffen, bunten Wimpeln, ihrer Weltaufgeschlossenheit, die sich zugleich etwas Gemütlich-Dörfliches erhalten hat, der

Frische von Strand, Meer und Menschen, die wissen, daß jenseits der Ostsee ihresgleichen wohnt.

Er sei »gar nicht erzogen und ausgezeichnet erzogen« worden, sagt Fontane und trifft damit wohl den Nagel auf den Kopf. Man läßt dem Jungen eine gewisse Freiheit.

Sogar seine Anglophilie hat ihre frühesten Wurzeln in Swinemünde. Alljährlich im Sommer erscheint ein englischer Dampfbagger, Hafenbecken und »Strom« von Schlick und Sand zu befreien. Der Ingenieur heißt Macdonald und stammt aus Schottland. Der Junge, der ihm stets aufmerksam zuguckt, wird sein Freund – ihm erzählt er Sagen und Märchen aus dem Hochland, erklärt die schottische Geschichte mit all den tragischen Episoden, die Fontane nie vergessen wird und die ihm seinen ersten Dichterruhm einbringen sollen.

Die schönen Tage von Swinemünde enden, als der Zwölfjährige – erste Anzeichen der Pubertät? – aufsässig zu werden beginnt. So schüchtern er sein kann, gesund und stark, wie er ist, fehlt es ihm nicht an Mut. Zu ihrem Erstaunen sehen die Eltern ihn an der Spitze einer Art Jugendbande. Von einem Kampf zwischen Jugendlichen, wie überall auf der Welt zwischen »Höhergestellten« und solchen proletarischer Herkunft, bleibt ihm eine Narbe am Oberarm zurück. Die Wunde hat ihm ein viel größerer und stärkerer Gegner namens Munk mit einem rostigen Nagel beigebracht. Man kämpft auch mit Eisenkrammen und Holzknüppeln um die Stadt- oder Straßenherrschaft. Den Fontanes wird klar, daß der ungebärdige Junge auf ein Gymnasium gehört.

Bezeichnenderweise ergreift die Mutter die Initiative. Sie begleitet ihren Sohn auf der dreitägigen Fahrt über Anklam und Neubrandenburg, die – ausgerechnet – in Neuruppin endet. Neuruppin liegt der herben und strengen Mutter näher am Herzen als das eher leichtfertige Swinemünde – sie wird sich im Alter dort auch wieder niederlassen. Ehe sie Theodor im Superintendentenhaus abgibt, wo er in Pension genommen werden soll, übernachten sie in einem Haus gegenüber der Löwenapotheke.

»Dort bist du geboren«, zeigt ihm die Mutter das Gebäude. Sie hat Tränen in den Augen. Der Sohn vielleicht ebenfalls, nachdem er trotz geringer Kenntnisse mit der Übersetzung eines leichten lateinischen Textes im Beisein der Mutter die Aufnahme in die Quarta bestanden hat und nun in seiner Geburtsstadt allein zurückbleibt.

Das goldene Swinemünde liegt auf einmal weit weg.

# 5.
# Über Neuruppin in die Hauptstadt
(1832–1836)

Der aus seinem Hafenparadies vertriebene Junge hat sich auch als Erwachsener über den zweiten Aufenthalt in seinem Geburtsort nur spärlich geäußert. In seinen Erinnerungsbüchern wird die Episode allenfalls beiläufig erwähnt. Wohl mit Absicht hat der alte Fontane *Meine Kinderjahre* enden lassen, ehe das Neuruppiner Zwischenspiel begann; und *Von Zwanzig bis Dreißig* fängt an, als es schon zu Ende war. Neuruppin ist gewissermaßen durch die Ritzen gefallen.

Daß der Wechsel den Quartaner hart ankommt, steht außer Frage. Zum erstenmal bleibt er, fern der Familie, unter fremden Menschen allein auf sich gestellt. An die Einsamkeit und Unpersönlichkeit des Pensionslebens, das er noch eine Reihe von Jahren führen wird, hat er sich nur schwer gewöhnt.

Aber Neuruppin bietet auch Vorteile. Von früher kennt er eine Menge Gleichaltriger, die jetzt mit ihm die Gymnasiumsbank drücken. Allem Anschein nach gefällt ihm der gemeinschaftliche Unterricht in der Klasse. Er entwickelt plötzlich erkennbare Interessen.

In Swinemünde hat jemand den Zehnjährigen gefragt, was er einmal werden wolle. Fontanes Antwort war (»ganz stramm«, wie er selbst erzählt): »Professor der Geschichte.« Mit dreizehn Jahren gibt er schon Primanern Nachhilfestunden in diesem Fach, das heißt, er paukt mit ihnen fürs Examen. In Neuruppin zeigt sich seine bleibende Leidenschaft für Geschichte.

Seinen Mitschülern muß diese Neigung, die weit über alle Anregungen der Schule hinausgeht, imponiert haben. In wahrscheinlich übermütig-fröhlicher Runde haben sie eines seiner

Werke sozusagen gegengezeichnet. Es handelt sich um ein Heft, in dem Fontane – übrigens die früheste von ihm erhaltene Niederschrift – eine Reihe von historischen Aufsätzen zusammengestellt hat, eine geraffte, burschikos geschriebene deutsche Geschichte von Ludwig dem Frommen bis zum Spanischen Erbfolgekrieg.

Sechs Klassenkameraden haben dem »Geschichten Buch« eine Nachschrift beigegeben, die ihrer Loyalität – weniger ihren orthographischen Kenntnissen – ein gutes Zeugnis ausstellt: »Theodor Fontane hat es aus geschrieben gans allein es ist gewiß war könnt es mir alle glauben samt und sonders denn ich lüge nicht das könnt ihr glauben er ist ein ehrlicher Neuruppiner.«

In der Schule und unter Gleichaltrigen offenbar wieder heimisch geworden, läßt sich anderes jedoch trüber an. Der Rektor Thormeyer, bei dem er wohnt, ist ihm unheimlich und unappetitlich. Der einst hoch angesehene Pädagoge steht dicht vor seiner Pensionierung, immer noch eine »Kolossalfigur mit Löwenkopf und Löwenstimme«, aber wunderlich geworden, aufgedunsen und »rot bis auf die Stirn hinauf, die Augen blau unterlaufen, das Bild eines Apoplektikus [Schlaganfallgefährdeten]«. Er leidet außerdem, beständig hustend, an der Schwindsucht. Stets steht ein Glas für den Auswurf neben ihm, auch bei den gemeinsamen Mahlzeiten.

Ostern 1833 wird Fontane in die nächste Klasse, die Untertertia, versetzt. Dort bleibt er nur noch bis zum Herbst. Da greift der Vater ein, wie immer, wenn er sich von seinen Swinemünder Geschäften und gesellschaftlichen Verpflichtungen loszureißen vermag, auf eine hektische, übereilte und unüberlegte Weise. Darüber wird es gewiß Auseinandersetzungen mit seiner Frau gegeben haben.

Woher Louis Henri seine Weisheit bezogen hat, aus den vielen Journalen, die er liest, vom L'Hombre-, Whist- oder Pharaotisch im Gesellschaftshaus, vielleicht auch den Scherenbergs oder Krauses, steht dahin. Auf jeden Fall ist er zu der Überzeugung gelangt, daß der klassischen Bildung, wie sie in den Gymnasien gelehrt wird, nicht mehr die Zukunft gehört. Seinen Ältesten möchte er lieber auf einer der neuartigen Realschulen ausbilden lassen, wozu sich ihm ein eben gegründetes Berliner Institut anzubieten scheint, die sogenannte Klödensche (später: Friedrich-Werdersche) Gewerbeschule.

Fontane hat im nachhinein diese plötzliche Umschulung heftig kritisiert: »Das Resultat dieses unterbrochenen Schulganges war, daß ich, anstatt eine Sache wirklich zu lernen, um alles richtige Lernen überhaupt kam, ... also mit minimalen Bruchteilen einerseits von Latein und Griechisch, andrerseits von Optik, Statik, Hydraulik, von Anthropologie – wir mußten die Knochen und Knöchelchen auswendig lernen –, von Metrik, Poetik und Kristallographie meinen Lebensweg antreten mußte.«

Einige Lücken, muß er zugeben, seien zwar in Swinemünde, Neuruppin und danach Berlin »wohl zugestopft« worden, »aber alles blieb zufällig und ungeordnet«. Noch im hohen Alter faßt Fontane seine Malaise zusammen: »Das berühmte Wort vom ›Stückwerk‹ traf auf Lebenszeit buchstäblich und in besonderer Hochgradigkeit auf mich zu.«

Mit diesem Verdikt spricht vielleicht eine gewisse Wehleidigkeit aus ihm. Seine Schulausbildung, finden manche Experten, sei für damalige Zeiten durchaus normal und dank ihrer Vielseitigkeit ausreichend gewesen. Ein bißchen wehleidig ist schon der junge Fontane, und eitel ist er auch. Zeit seines Lebens beobachtet er sich mit hypochondrischer Genauigkeit, er sieht sich nur allzugern in der Rolle eines Benachteiligten und daher von vornherein Unterlegenen.

Ungerecht, wie man in der Jugend zu sein pflegt, grollt er der Mutter, daß sie ihn nach Neuruppin gebracht, und dem Vater, daß er ihn von dort wieder weggeholt hat. Auch dem späteren Fontane wird es kaum jemand ganz recht machen können.

In diesem Fall grollt er der Mutter jahrelang. Dem Vater verzeiht er rasch, spätestens als er hört, wohin es geht: in die Hauptstadt, nach Berlin, und überdies früher oder später zu Tante Pinchen und zum lustigen Onkel August, der »immer so fidel war«, wie es in *Von Zwanzig bis Dreißig* heißt, »und immer so wundervolle Berliner Geschichten erzählte«.

Ihn hat der Vater eben wieder aufgetrieben. August Fontane ist sein Halbbruder, Sohn aus zweiter Ehe des Pierre Barthélemy Fontane, ähnlich charmant wie Louis Henri und nicht minder ein Bruder Leichtfuß. Letzteres allerdings mit eklatanteren Konsequenzen, nämlich einem Leben voller Aufregungen, weil er die Grenzen zwischen Gut und Böse, Recht und Unrecht, Mein und Dein und einige andere nicht immer so exakt beachtet, wie man es sollte.

Fontane nennt Tante Pinchen und Onkel August ein merkwürdiges Paar, »dem ich mich, trotzdem ich nicht viel Rühmliches von ihnen zu vermelden habe, persönlich doch zu großem Dank verpflichtet fühle«.

An dieser Stelle kann man auf eine Eigenart Fontanes aufmerksam machen, die manchen stören mag. Ein Freund, Berliner und Schriftsteller, hat mir gestanden, er könne Fontane nur schwer lesen, weil der immer, wenn es »obwohl« heißen müßte, »trotzdem« schriebe.

Er hat noch andere Eigenheiten, so etwa die häufige – und grammatikalisch nicht ganz richtige ... Verwendung seines Lieblingszeichens, des Semikolons, das er oft auch da benutzt, wo eine Klammer, ein Komma, ein Punkt oder ein Doppelpunkt hingehörte. Oder die Vorliebe, statt Mißtrauen »Soupçon«, statt klatschen »medisieren«, statt Spitzbart »Henriquatre« zu sagen.

Aber wir haben vorgegriffen. Zunächst bringt der Vater seinen Sohn nach Berlin in eine Schulpension, bis ihn Tante Pinchen an ihr Herz drücken und Onkel August versuchen kann, ihm einige seiner Lebensweisheiten beizubringen, nach denen er sich selbst nicht richtet.

# 6.
## Bei Onkel und Tante in Berlin
(1833–1836)

Tante Pinchen und Onkel August. Generationen haben sich darüber gewundert, daß Louis Henri Fontane seinen Ältesten ausgerechnet ihnen anvertraut. Gewiß verdienen sie alle Sympathie wegen der Überlegenheit, mit der sie sich durch die Fährnisse des Daseins schlagen. Ob sie aber, die gründlich verkrachten Existenzen, geeignet sind, einem bald vierzehnjährigen Heranwachsenden Erziehungshilfe zu geben, darf man bezweifeln. Um so mehr, als es sich um eine Landpomeranze handelt, die zum erstenmal mit den Gefahren der Großstadt konfrontiert wird.

Louis Henri indes ist vom gleichen Stamm wie sein Halbbruder. Seinen Verwandten pflegt man mehr nachzusehen als irgendwelchen Fremden, und keiner kann seine stets prekäre Lage gewandter überspielen als August Fontane. Er ist ein glänzender und überzeugender Schauspieler, jedenfalls im täglichen Leben. Auf den Brettern, die die Welt bedeuten, hat er sich, wie wir sehen werden, weniger bewährt. Er ist Hans Dampf in allen Gassen, gleichsam der geborene Hochstapler.

Im übrigen läßt Vater Fontane selbst gern fünfe gerade sein und hat in der eigenen Karriere bisher mehr Glück als Verstand aufzuweisen. Die grundsolide Familie Fontane scheint anfällig für eine Art Bohèmebazillus, der einzelne ihrer Mitglieder zu jenem guten Leben verführt, das aus möglichst wenig Säen und möglichst viel Ernten besteht. Vielleicht verdankt der Vater es seinem Vertrauen ins eigene Glück, daß seine Entscheidung dem Sohn nicht geschadet hat. Seine Erfahrungen mit Tante Pinchen und Onkel August sollten ihn in die entgegengesetzte Richtung treiben, den Familienbazillus damit überwindend. Aber das liegt vorerst in weiter Ferne. Und wir werden uns das seltsame Pärchen nun etwas näher ansehen müssen.

Onkel August ist zu dieser Zeit noch keine Dreißig, hat aber schon Erfahrungen mit mehreren Berufen hinter sich. Als Junge »hübsch, heiter, gutmütig, talentvoll« und vom bereits fünfzigjährigen Vater kräftig verzogen, tritt er auf dessen Wunsch in das damals führende Berliner Putz- und Modehaus Quittel ein, gibt die Lehre jedoch unvermittelt wieder auf, um sich statt dessen der Kunst zu widmen. Zunächst studiert er bei Karl Wilhelm Wach, dem Akademieprofessor und Hofmaler, die Porträtmalerei; das nur mäßig gelungene Bildnis des Großvaters, das Fontane beschrieben hat und die Familie als einen »echten Wach« ausgibt, dürfte demnach von August Fontane stammen.

Nachdem der junge Künstler festgestellt hat, daß das Porträtmalen mit vieler und gründlicher Arbeit verbunden ist, wird er auf dem Gebiet der darstellenden Künste tätig. Er bekommt ein Engagement nach Magdeburg an die dortige Komische Oper, wo er in Sprechrollen auftritt, aber auch den Figaro in »Figaros Hochzeit« singt.

Das ist 1826. Im gleichen Jahr verliebt er sich in eine kaum siebzehnjährige Kollegin, Philippine Sohm, besagte »Tante Pinchen«, die als sehr klein und sehr zierlich, als das beschrieben wird, was man eine »halbe Portion« nennt.

Philippine Sohm ist die Tochter eines ehemaligen Theaterdirektors. Ihn hatte der von Napoleon eingesetzte König Jérome von Westfalen 1810 als Intendant des Hoftheaters nach Kassel berufen, wo er einen erst dreizehnjährigen Backfisch heiratete. Pinchen, »eines Kindes Kind«, war die erste Frucht dieser Ehe.

Das Königreich Westfalen war bald wieder dahin, und Vater Sohm mußte mit den Seinen, Frau, zwei Töchtern und einem Sohn, als reisende Truppe auftreten, meist in Städten unter zweitausend Einwohnern. 1826 wird Philippine endlich nach Magdeburg engagiert, »dessen gutmütiger Direktor den Rest der Familie... mit in den Kauf nahm«.

Dort also lernen sich August und Pinchen kennen, verlieben sich ineinander, und Direktor a. D. Sohm stimmt einer Ehe unter einer Bedingung zu: Der künftige Schwiegersohn, ein, wie er meint, miserabler Schauspieler, muß von der Bühne abgehen und einen bürgerlichen Beruf ergreifen.

Dieser fügt sich. Ob aus Liebe oder in der Hoffnung, sein Geld künftig auf bequemere Art zu verdienen, sei dahingestellt.

1828 wird geheiratet, der Komischen Oper gekündigt und nach Berlin gezogen. Dort gründet August ein Geschäft für Malutensilien. Kein schlechter Gedanke, denn erstens versteht er was vom Malen, hat außerdem Beziehungen zur Kunstszene, und zweitens gibt es in Berlin bislang nur ein einziges derartiges Geschäft, das nun Konkurrenz bekommt.

Wie meist bei Onkel August geht zu Anfang alles gut. Der Laden scheint zu florieren – das jedenfalls wird der Inhaber nicht müde zu beteuern, denn nichts schürt ein Geschäft besser als der Erfolg. Im Herbst 1833 besteht es schon an die fünf Jahre.

Da zieht der dreizehnjährige Theodor in das seltsam verwinkelte und verbaute dreistöckige Haus Burgstraße 18. Parterre liegen die Geschäftsräume, im ersten Stock wohnt ein Arzt, im zweiten die Familie Fontane, betreut von einem zwergenhaften und buckligen Mädchen für alles, Charlotte – »wie so oft Verwachsene«, Fontane zufolge, »durch und durch [ein] Charakter«.

Fontane wird in einem Glaskasten im Treppenhaus untergebracht, der – die architektonischen Zusammenhänge sind einigermaßen seltsam – eine Fensterfront zur Straße »mit grandioser Aussicht« besitzt. Das ungewöhnliche Zimmer hat zuvor Tante Pinchens Bruder, ein Schauspieler, bewohnt, der sich wegen schlechter Kritiken seines Berliner Gastspiels das Leben genommen hat.

Im Glaskasten bekommt Theodor zeitweilig einen Schlafgenossen, Heinrich Gaetke, einen entfernten Vetter. Gaetke ist Maler, Schüler Blechens an der Akademie, und er wird ein merkwürdiges Schicksal haben. Um das Meer zu malen, begibt er sich nach Helgoland und wird, als er die Insel wieder verlassen will, von der Familie eines Mädchens, das er geschwängert hat, mit Gewalt daran gehindert und zur Heirat gezwungen. Er bleibt auf Helgoland, wo er eine erstaunliche Karriere macht, viele Ehrenämter ausübt und ein international angesehener Ornithologe wird. Fontane hat den »Inselkönig« noch 1891 in seiner Helgoländer Residenz besucht.

In Onkel Augusts Haus ist, wie der Junge bald herausfindet, »alles auf Schein, Putz und Bummelei« abgestellt. Der Onkel kümmert sich selbst kaum um das Geschäft, er verbringt den größten Teil des Tages singend am Klavier und träumt wohl immer noch von einer Bühnenkarriere. Da er aber, wie Helmuth Nürnberger es ausdrückt, »weder haushalten noch arbeiten« kann, infolgedessen das vernachlässigte Geschäft bald kaum mehr etwas abwirft, gerät er in Schulden. Sein Versuch, diese durch gewagte Anleihefinanzierungen in Gewinne zu verwandeln, ist zum Scheitern verurteilt. Onkel August mag, wenn er seine volle Überzeugungskraft einsetzt, ein überraschend beredter Geschäftsmann sein – oder einen solchen vorspiegeln. Geschick, geschweige denn Erfahrung im Umgang mit Baugeldern besitzt er nicht.

Nebenher betätigt er sich als eine Art Anlageberater, das heißt, er nimmt Geld von Bekannten und Verwandten entgegen – sogar von der buckligen Charlotte – und verspricht ihnen prozentual hohe Zinsbeträge. Auf diese Weise laviert er sich eine Weile durch.

Allerdings zwingen ihn die Umstände, das großspurige Leben gründlich einzuschränken. Ostern 1835 verlassen die Fontanes samt Charlotte das kuriose, aber stattliche Haus in der Burgstraße und ziehen in einen Neubau an der Hamburger Straße, als deren erste Bewohner sie die noch nassen Räume bei geringer Miete für die nachfolgenden Besitzer oder Mieter »trockenwohnen«.

Fontanes spätere grundsätzliche Abneigung gegen alles »Moderne« wird durch die Umstände verständlich, die er dort ken-

nenlernte. »Wir wohnten Parterre«, berichtet er. »Das von mir bezogene Zimmer, das so feucht war, daß das Wasser in langen Rinnen die Wände hinunterlief, lag... in einem uns von dem alten Judenfriedhof abtrennenden Seitenflügel.«
In diesem Seitenflügel wohnt, wie Vater Fontane erstaunt feststellt, als er Halbbruder und Sohn unter ihrer neuen Adresse aufsucht, »eine merkwürdige Besatzung«. Er findet das eher komisch als beunruhigend, auch wenn er die »kleine, sehr wohlgenährte Person«, die unmittelbar neben Theodor ihr Zimmer hat, als eine »puella publica« definiert. Was sein Sohn, obwohl er dieses Wort noch nie gehört hat, durchaus bestätigt. Der Mutter in Swinemünde wird Louis Henri, wie wir annehmen dürfen, nichts davon berichtet haben.

Reputierlich ist hingegen, daß in besagtem Seitenflügel auch ein alter Graf wohnt mit seinem jungen Sohn, beides außergewöhnlich schöne Menschen. Als der junge Graf einer hartnäckigen Krankheit erliegt, für die das Trockenwohnen Gift gewesen sein muß, bahrt der Vater ihn öffentlich im Hausflur des Neubaus auf. Von der Schule heimkehrend erschrickt der junge Theodor nicht wenig: »Auf zwei wackligen alten Kisten stand der offene Sarg und jeder, der das Haus betrat, mußte hart an dem Toten vorüber.« Nachts kommt ein Betrunkener nach Hause und bringt den Sarg zu Fall – da greift die Polizei ein.

Kein Wunder, daß der Junge sich einen Schlendrian angewöhnt: Er legt sich ein Hobby zu – die Suche nach Moosen im Berliner Grunewald und den Wäldern um Tegel – und schwänzt so oft und regelmäßig die Schule, daß er am Ende ein kleiner »Kryptogamist« (Fachkundiger für Sporenpflanzen) wird. Auch verkehrt er in der Konditorei Anthieny im Osten der Stadt, wohin kein Lehrer kommt und in der er ganze Nachmittage mit der Lektüre von Blättern wie dem *Freimütigen*, dem *Gesellschafter* oder – sein Leib- und Magenblatt – dem *Berliner Figaro* zubringt. Was ihn zum Experten norddeutscher Lyrik der dreißiger Jahre macht, die ihn in den Journalen am meisten interessiert und die er insgeheim schon imitiert.

Seinen ersten – wenn man so will – literarischen Erfolg hat er jedoch in der Schule. Er beruht auf seiner wahrscheinlich ersten Wanderung ins Brandenburger Land und, erstaunlicherweise, auf einer Geschichte nicht seines Vaters, sondern seiner Mutter. So hat es der Dichter wenigstens im Februar 1894 – rund vier Jahre vor seinem Tode – dem Zeitschriftenherausgeber Karl Emil Franzos mitgeteilt, der ihn (und andere Schriftsteller) nach seinem Erstling gefragt hat.

Fontane antwortet mit dem, was man damals von ihm erwartet, nämlich einer humorvollen Plauderei. Als Untertertianer habe er an einem Sonntag einen Fußmarsch zu Verwandten unternommen. Um drei sei er aufgebrochen und habe nach einem »scharfen Nachmittagsmarsch« über die Dörfer Kreuzberg und Tempelhof endlich das Dorf Löwenbruch, drei Meilen südlich von Berlin, »im letzten Tagesschimmer« erreicht. Zwanzig Jahre zuvor sind preußische Bataillone, meist Landwehr, bei strömendem Regen die gleiche Strecke entlanggezogen, der Schlacht bei Groß-Beeren entgegen. Am nächsten Tag ist ihnen, mit anderen jungen Mädchen, Emilie Labry gefolgt, um Verwundeten Erste Hilfe zu leisten. Ein blutjunger Franzose, »kaum noch einen Atemzug in der Brust«, richtet sich auf, »als er in seiner Sprache angeredet wird«, stirbt aber, ehe er den Becher Wein, der ihm gereicht wird, trinken kann. Die Mutter hat den Vorfall oft erzählt.

Der Untertertianer muß seinen Gewaltmarsch nur zögernd angetreten haben, weil ihm eine Hausaufgabe auf der Seele liegt, ein »Deutscher Aufsatz nach selbstgewähltem Thema«. Jetzt fällt ihm plötzlich ein: »Wäre das nicht ein Stoff?« In seiner »Berliner Pensionsöde« verfertigt er ein, wie er es nennt, »phantastisches Scriptum«, dem er den forschen Titel »Auf dem Schlachtfeld von Groß-Beeren« gibt. Zu seinem Stolz erhält er dafür von seinem Lehrer Philipp Wackernagel zum erstenmal ein »Recht gut. W.«

Die »Pensionsöde« muß er bei Tante Pinchen und Onkel August empfunden haben. In ihrem Haus, erinnert sich Fontane an anderer Stelle, hätte ihn damals – vielleicht ein »Erbstück von der Mutter her« – »in beinahe schwermütiger Stimmung« bisweilen »ein Hang nach Arbeit und solider Pflichterfüllung« befallen. Darin bestärkt ihn übrigens sein Freund Hermann Scherz, der zeitweilig bei ihm wohnt und der ihn knapp zehn Jahre später nach England einladen wird.

Mit Onkel Augusts Geldgeschäften nimmt es ein schlimmes Ende. Man kommt ihm auf die Schliche: er, der Vormund »einiger Anverwandten-Kinder«, hat Gelder, die er anlegen sollte, unterschlagen. Ein Major der Artillerie erscheint mit allen Vollmachten der Anverwandten zur Recherche und findet nur noch kleine Münze vor.

Man schickt Theodor aus, um den Onkel zu holen. Er findet ihn in der Küche bei Charlotte, dem »Zwerg mit dem Doppelbuckel«. Ihr war »klar geworden..., daß ihr eigenes, aus mehreren hundert Talern bestehendes Vermögen, das sie meinem Onkel auf dessen Beschwatzungen anvertraut hatte, mit verloren sei und dies ihr Erspartes, um das sie gelebt und gearbeitet, jetzt mit vor Wut zitternder Stimme von ihm zurückfordernd, überschüttete sie ihn mit Verwünschungen und Flüchen«.

Fontane hat diese Szene nie vergessen. Der »elende Ausgang«, den alles nahm, was sein Onkel anpackte, hat ihn davor bewahrt, einen ähnlichen Weg zu gehen wie August – oder wie sein Vater. Mit beiden sympathisiert er noch im Alter, zieht aber für sich selbst eine entgegengesetzte Lebensführung vor, die mehr der Linie seiner Mutter entspricht. Herumgepumpt hat er im Freundes- und Verwandtenkreis noch lange – es ist ihm ja zeitweise sehr schlecht gegangen, und ein bißchen geizig wurde er auch; viel zitiert worden sind die Fünfmarkstücke, die sich der Greis von seinen Dienstmädchen zu leihen pflegte. Aber Schulden gemacht hat er nie – nicht einmal, wenn es dem Familienvater mit sechs Kindern an die Substanz ging. Der Hang zum Bürgerlich-Gutbürgerlichen war oft nahe daran, ins Spießige umzuschlagen. Das haben nicht nur zwei seiner Kinder bedauert. Dem späteren Schriftsteller hat der Aufenthalt bei Onkel

August eher mit auf die Beine geholfen. Figuren wie die um Pinchen und August bevölkern die meisten seiner Romane und gehören zu seinen unvergeßlichen literarischen Gestalten.

Der Zug zum Spießigen wird im übrigen in Fontanes langer Lebenszeit immer wieder aufgefangen. Durch das Verklemmte wetterleuchtet eine Liberalität, die sich auch im Zorn oder Jähzorn – beides typische Fontanesche Gemütserregungen – nicht verleugnen läßt.

Mit einer solchen dürfte der Neffe Onkel und Tante drei Tage nach der Katastrophe verlassen haben. Seine Zeit bei ihnen wäre ohnedies zu Ende gewesen. Seine Lehrjahre beginnen.

## 7.

# Beim selbstgefälligen Apotheker
(1836–1840)

Ist im Zusammenhang mit Fontane eben das Stichwort »Spießer« gefallen? Er selbst nennt diese Kategorie Mensch noch wie alle Welt auf gut französisch »Bourgeois«. Und würde vermutlich heftig dagegen protestieren, als ein solcher bezeichnet zu werden. Die Verkörperung alles Spießigen oder Bourgeoishaften hat er frühzeitig in der Person seines ersten Lehrherrn kennen- und in dessen »Geldsackgesinnung« gründlich verabscheuen gelernt.

Von der Gewerbeschule ist der Sechzehnjährige im März 1836 mit dem »Einjährigen-Zeugnis« abgegangen, um den Beruf seines Vaters zu ergreifen. Wie es zu der Wahl kam, ist nicht bekannt. Vierzehn Jahre später schreibt er in einem Brief an den Pfarrer und Sagennacherzähler Gustav Schwab (den er um Fürsprache beim Verleger Cotta bittet): »Ich bin 30 Jahre alt, im märkischen Sande geboren, an der Ostsee großgezogen und meines Standes – Apotheker. Warum ich das bin? Mein Vater sprach: ›Ce la est notre plaisir‹ [Sowas macht uns Spaß]; zudem war er selbst Apotheker; ein anderer Grund liegt nicht vor.«

Das klingt nur wenig enthusiastisch. Und Fontane hat später seinen Apothekerberuf in den biographischen Daten bisweilen verschwiegen, nicht jedoch in seinen beiden autobiographischen Werken. Wahrscheinlich kann er sich, ein noch sehr junger Mann, zunächst gar keine andere Erwerbstätigkeit als die väterliche vorstellen. Er schreibt zwar schon Gedichte und Prosastücke, käme aber nie auf den Gedanken, daraus einen Brotberuf zu machen. Daß er einen brauchen wird, ist ihm klar; und da gibt es wahrhaftig schlechtere als den eines Apothekers.

Die Apotheke Zum Weißen Schwan in der Spandauer Straße 77, Ecke Heidereutergasse, ist seit drei Generationen im Besitz der Familie Rose. Der Vater des jetzigen Besitzers, Valentin Rose, war ein Vetter mütterlicherseits und Vormund des früh verwaisten Karl Friedrich Schinkel aus Neuruppin. Der Baumeister, der Berlin und eigentlich ganz Preußen ein klassizistisches Gesicht gab, ist in der Apotheke Zum Weißen Schwan – nicht weit vom Alexanderplatz – aufgewachsen.

Der derzeitig »alte Rose« heißt Wilhelm und ist gar nicht einmal so alt, eben vierundvierzig, als Fontane bei ihm in die Lehre tritt. Was macht ihn zum Urbild eines »Bourgeois«? Der Dichter kennzeichnet später einen Spießer durch zwei Merkmale, die Wilhelm Rose durchaus besitzt. Er – Fontanes eigener Ausdruck – quassele zwar viel vom »Schönen, Guten, Wahren«, denke aber nur an den Profit und sei bei sich zu Hause so sparsam, daß er selbst an dem spare, an dem man nicht sparen dürfe, weil es an die Qualität rührt. Und zweitens halte er alles, was von ihm kommt, ihm gehört oder sonstwie mit ihm zu tun hat, für etwas ganz Außerordentliches und Besonderes. Im Falle Roses war »*seine* Apotheke die berühmteste, *sein* Laboratorium war das schönste, *seine* Gehülfen und Lehrlinge waren die besten... und *seine* Kerbelsuppe (die wir jeden Mittwoch kriegten – eine furchtbare Semmelpampe) war die frühlingsgrünste, die gesündeste, die schmackhafteste«. Fontane fügt hinzu: »In Wahrheit aber war alles nur knapp zu mittelmäßig.«

Inwieweit dies ein gültiges Charakteristikum des Bourgeois oder Spießers abgibt, sei dahingestellt. Mag Wilhelm Rose auch einer gewesen sein, so muß man ihm doch mildernde Umstände zubilligen. Es gibt Schlimmere als ihn. An den Vater, einen berühmten Pharmazeuten, und seine Brüder Heinrich und Gustav, Professoren der Chemie respektive der Mineralogie an der Berliner Universität, reicht er zu seinem Kummer nicht heran. Deshalb leidet Wilhelm an einer gewissen Erfolgsneurose. Weil sein Bruder Gustav einst Alexander Humboldt auf seine Sibirienexpedition begleitet hat, leistet er sich jeden Sommer weite Reisen.

Hin und wieder besteigt er in der Schweiz Zweitausender und hält darüber vor viel holder Weiblichkeit, meist Professorengattinnen, lange Vorträge, als habe er den Chimborasso bestiegen. Ihn plagen Minderwertigkeitskomplexe, er fühlt sich als Versager der berühmten Familie Rose und ist doch eigentlich ein kreuzbraver Mann und – wenn auch ein denkbar selbstgefälliger – Apotheker.

Er sollte Fontane im Grunde leidtun. Aber die Großspurigkeit, mit der sein Chef »kurzhalsig und asthmatisch« herumschnauft, »wie denn Schnaufen überhaupt eine Haupteigenart von ihm war«, stößt den Lehrling ab. Sein ästhetisches Empfinden revoltiert gegen ihn wie gegen Rektor Thormeyer in Neuruppin. Wie in seinem Onkel August sieht Fontane in ihm das abschreckende Beispiel.

»Das klingt alles ein wenig lieblos«, gibt er selbst zu. Denn Rose ist ihm ein milder und relativ guter Vorgesetzter, der ihm von der vorgeschriebenen vierjährigen Lehrzeit sogar ein Vierteljahr schenkt, indem er ihn kurzerhand früher zum Examen beim Kreisphysikus anmeldet. Ganz so geizig, wie geschildert, kann er also nicht gewesen sein. Nach bestandener Prüfung bleibt Fontane noch ein dreiviertel Jahr bei ihm, jetzt allerdings »als Avancierter« mit einem höheren Gehalt.

Selbst auf die literarischen Ambitionen, die der junge Mann während seiner Lehrzeit entwickelt, nimmt er einigen, wenn auch unfreiwilligen Einfluß. Er unterhält eine Art Lesezirkel für interessierte Familien, genauer gesagt werden ihm regelmäßig die wichtigsten Neuerscheinungen auf dem Buchmarkt – darunter Zeitschriften – ins Haus geliefert, die er an einer verabredeten Stelle seiner Apotheke auslegt. Abonnenten können sich ihrer in einem bestimmten Zeitraum bedienen. Was selten geschieht. Der einzige, der sie zuweilen liest, ist der Lehrling Theodor Fontane. Am liebsten vertieft er sich in Karl Gutzkows Zeitschrift *Der Telegraph für Deutschland*, der sowohl gegen die Klassik als auch gegen die Romantik opponiert (was seiner eigenen Einstellung entspricht oder sie formt). Auch findet Fontane hier ein liberales Echo auf die politischen Zeitströmungen, die den »Vormärz« bestimmen, die muffige Zeit vor einem lange erwarteten Ausbruch des Volksunwillens – oder wird es womöglich eine Revolution geben?

Der *Telegraph* Gutzkows ist ein Hauptorgan des sogenannten Jungen Deutschlands, in dem sich rechte und linke Literaten, obgleich unter sich zerspalten, zusammengefunden haben und sich idealistisch für eine Vereinigung der vielen kleinen deutschen Vaterländer – es sind zeitweilig weit über tausend – in einer freien und liberalen schwarz-rot-goldenen Republik einsetzen. Schriftsteller wie Börne, Heine, Wienbarg, Mundt und Herwegh werden ihm auf diesem Wege ein Begriff.

Mitunter ertappt ihn Rose, wenn er nachts nach Hause kommt, bei einer derartigen Lektüre. Dann moniert er zwar den unnötigen Gasverbrauch und läßt Fontane wissen, er solle lieber im »alten Hagen« lesen, dessen *Lehrbuch der Apothekerkunst* noch lange die Bibel aller Pharmazeuten bleibt. »Aber«, parodiert der Dichter nachträglich seinen Chef, »in der *Roseschen* Apotheke darf so was am Ende vorkommen, das ist eben *das*, wodurch wir uns von dem Gros der übrigen unterscheiden. Die Rosesche muß mit einer anderen Elle gemessen werden.« Fontanes Fazit: Wilhelm Rose haben eben »ganz in die Klasse der naiven Egoisten« gehört.

Noch eklatanter hat dieser – Egoist oder nicht – seinem Lehrling mit jenem Queckenextrakt genutzt, offiziell *Radix graminis* genannt, den Fontane »Hundegrasauszug« tituliert, was die Sache trifft. Diese – äußerst zweifelhafte – Kräutermedizin läßt sich sonderbarerweise vor allem in England gut verkaufen und wird von Rose fässerweise nach Brighton geliefert, damals Großbritanniens Seebad Nummer eins. Dem avancierten Gesellen überträgt man nun die Herstellung dieses Exportschlagers.

In Zukunft ist Fontane »mit einem kleinen Ruder in der Hand« stundenlang an einem »großen eingemauerten Zinnkessel« tätig, darin er seine Queckensuppe kocht und sich währenddessen ungestört dem Verfertigen von Gedichten und sogar längeren Prosastücken widmen kann. In den Freistunden, die täglich dem gemeinsamen Mittagessen aller Apothekenangestellten folgen, bringt er die sorgsam durchformulierten Texte zu Papier. Auf diese Weise entstehen unter anderem eine Dichtung, *Heinrichs IV. erste Liebe*, die verschollen ist, und unter dem Titel *Du hast recht getan* ein Roman, der auf einem Vorfall in der Mark Brandenburg beruht. Es geht um die schöne Tochter eines Amtsrats, die einen Oberförster geheiratet hat, aber von einem früheren Liebhaber erpreßt wird. Als ihre Mittel erschöpft sind, lädt sie diesen zu einem Treffen in den Wald. Kaum hat er zur Umarmung seine Flinte an einen Baum gestellt, ergreift sie die Waffe und schießt den Erpresser nieder. Ihre Festungshaft in Glatz währt nur kurz, dann holt ihr Mann, der ihr schon in der Gerichtsverhandlung »Du hast recht getan!« zugerufen hat, sie im Triumph zurück ins Försterhaus. Auch dieses Werk wird vorerst nicht veröffentlicht, denn die Zeitschrift, der er das Manuskript eingereicht hat, schickt es ihm postwendend mit dem Vermerk zurück, »es sei zu anzüglich«.

An einer vermeintlichen Anzüglichkeit seiner belletristischen Arbeiten wird auch beim älteren und alten Fontane noch Anstoß genommen. Für uns Heutige ist das schwer nachzuvollziehen, aber für damalige Leser sind Vorgänge, wie Fontane sie mitunter schildert, schlichtweg nicht schreibbar, und für sie »zittert« auch »ein ständiger erotischer Faden durch seine Sätze«, wie es ein Kollege ausgedrückt hat. Sehr geärgert hat sich der Dichter über seinen Freund Theodor Storm, als der ihm dem Sinne nach vorwirft, seine Erzählungen seien viel zu schlüpfrig, als daß sie sich mit seinen, Storms, vergleichen ließen. Zumal da Fontane umgekehrt Storms Erzählungen für recht gewagt und mitunter moralisch anstößig hält.

Am 19. Dezember 1839 hat der Apothekerlehrling – im Fachjargon »Kohlenprovisor« – die Apothekergehilfenprüfung beim Stadt- und Kreisphysikus Dr. Natorp bestanden und sich damit von einem »jungen Herrn« (wie die Kohlenprovisoren angeredet werden) zum »Herrn« gemausert. Da Natorp die lästige Sache so bald wie möglich beendet, begibt sich Herr Fontane anschließend in die L'Heureusesche Konditorei am Köllnischen Fischmarkt und läßt sich sein Leib- und Magenblatt, den *Berliner Figaro*, geben, »darin ich als Lyriker und Balladier schon verschiedentlich aufgetreten war«, wie er in *Von Zwanzig bis Dreißig* erwähnt. Er habe auch, berichtet er weiter, erst kürzlich etwas Längeres in die Redaktion geschickt, und siehe da! Dies scheint sein Tag: Es ist wirklich drin, vier Spalten mit der Überschrift »*Geschwisterliebe*. Novelle von Th. Fontane« und darunter das ordnungsgemäße »Fortsetzung folgt«.

Man gönnt dem ebenso schüchternen wie ehrgeizigen Apothekergesellen den doppelten Triumph in der Adventszeit. Leider haben sich die Germanisten und Fontane-Forscher einmal mehr als Spaßverderber erwiesen, denn sie fanden heraus, daß es ein solches viel- und gernzitiertes Zusammentreffen nicht gegeben haben kann. Nun ist Fontane, wie wir noch sehen werden, ohnehin nicht der genauesten Chronisten einer, sondern macht selbst dort, wo es unstatthaft ist, von dichterischer Freiheit immer wieder ungeniert Gebrauch.

Die Fortsetzungen dieser ersten publizierten Prosaarbeit erschienen am 14., 16., 17., 20. und 21. Dezember. Am Tag der Prüfung (die urkundlich feststeht) waren also schon drei Fortsetzungen herausgekommen, und einen jungen Autor, der nicht weiß, daß inzwischen mehrere Fortsetzungen seines Erstlings im Druck vorliegen und diese nicht mindestens zwanzigmal voll Stolz gelesen hätte, den hat die Welt noch nicht gesehen. Auch erschienen die Fortsetzungen anonym, nur die letzte war gezeichnet mit »Fontan«, etwa so, wie er sich ausspricht.

Beim Titel der Novelle erinnert man sich des häufigen Vorwurfs jener Tage, dem der Schlüpfrigkeit. Aber im Gegensatz zu Thomas Manns *Wälsungenblut* kann davon absolut keine Rede sein.

Die Novelle spielt in Neuruppin nach dem großen Brand. In der erhalten gebliebenen, daher als altmodisch geltenden Vorstadt wohnt in einem Fachwerkhaus mit der Inschrift »Gott mit uns!« ein verwaistes Geschwisterpaar, das hübsche Clärchen und ihr Bruder Rudolph, der, blind geboren, »*nie* das Licht der Welt erblickt hat«. Clärchen ist dem Bruder alles, Partner, Augenlicht, Elternersatz; aber von Anfang an betont der Erzähler, daß »das Band der Natur, was sie umschlang«, doch »gleichzeitig die Scheidewand [bildete], welche sie für immer trennen mußte«. Und auch dem Prediger Eisenhardt an der alten Klosterkirche liegt es fern, »die Reinheit eines Engels durch Erdenlust entweihen zu wollen«. Er freit in allen Ehren um Clara. Als aber der blinde Rudolph erfährt, daß der Geistliche seine Schwester heiraten und er zu ihnen ins Pfarrhaus ziehen soll, was er ablehnt, kommt es zum Konflikt. In der Auseinandersetzung zwischen den Geschwistern fällt zum erstenmal eine Fontanesche Lieblingsformulierung, die oft zitiert wird, wenn auch meist aus *Effi Briest*. Sie lautet hier: »Allgemach gelangte Clara zum vollständigen Bewußtsein ihrer selbst. Sie erkannte, daß die Furcht ihrer Phantasie *ein zu weites Feld* eröffnet hatte.«

Die beiden heiraten; der Bruder bleibt allein mit seiner geliebten Harfe im Elternhaus zurück. Er verbittet sich alle Besuche seiner Schwester. Statt dessen erscheint nach Jahresfrist der Prediger bei ihm. Clara liegt nach einer Totgeburt – »was anderes konnte auch die Halbverstorbene gebären?« – jetzt selbst im Sterben. Gemeinsam eilen sie an das Totenbett und versöhnen sich miteinander, bleiben auch zusammen im Angedenken an die Tote und sitzen »Hand in Hand unter der selbstgepflanzten Trauerweide« an ihrem Grab.

Das ist schrecklich edel und sehr sentimental, eigentlich eher das Thema einer Ballade oder Moritat. Aber es zeigt schon eine besondere Handschrift. Die Handlung ist überlegen und mit einem Geschick komponiert, das man einem literarisch Unerfahrenen kaum zutrauen möchte. Wer sich vor ein bißchen Kolportage nicht scheut, kann die *Geschwisterliebe* noch heute mit dem gleichen Vergnügen lesen, mit dem man sich an Küchenliedern des 19. Jahrhunderts erfreuen kann. Um so mehr, als sie in den lyrischen Einschüben volkstümlich-kritische, beinahe schon zynische Züge bekommt, die sich tatsächlich der Moritat – auch im Sinne Bert Brechts – nähern. So etwa, wenn von dem (erträumten) Tod eines Blinden die Rede ist:

> Dann kommen die lachenden Erben
> Und scharrten gar hurtig mich ein,
> Und schmausten im Trauerhause
> Bei Leichenkuchen und Wein.
>
> Verteilten zuerst meine Habe.
> Zuletzt gedächten sie mein,
> Und weinten – vor Freude, und sprächen:
> ›Der Gute wird glücklich nun sein.‹
>
> Dann aber erwacht' ich im Grabe
> Und lachte und jubelte laut,
> Weil ich mit erblindeten Augen
> Das menschliche Herz durchschaut.

*Geschwisterliebe* ist das Meisterwerk Fontanes in seiner Vor-Schriftsteller-Zeit.

Ein Nachspiel ergibt sich mit *Du hast recht getan*. Der Autor verläßt kurz danach Berlin und übergibt das Manuskript einem Freund. Er hört nie wieder etwas von ihm, aber Jahre später erscheint der Roman im Druck. Fontane muß zu diesem Zeitpunkt im Ausland gewesen sein. Leider verrät er nicht, ob er ein Exemplar des unberechtigten Drucks besessen oder woher er davon erfahren haben mag. Ähnliches wird ihm später ein zweites Mal widerfahren. 1843 übersetzt er die Erzählung *The Moneylender* von Catherine Grace Gore aus dem Englischen. Gleichfalls abgelehnt, erscheint sie nach Jahren auf einmal unter dem Titel *Abednego, der Pfandleiher* auf dem Buchmarkt oder in einer Zeitschrift. Auch darüber gibt Fontane keine näheren Informationen preis. Wir bleiben auf seine Angaben angewiesen. Die beiden Raubdrucke haben sich nicht nachweisen lassen.

## 8.

## Poet im Vormärz
(1840)

Es ist nicht nur der für England bestimmte Queckenextrakt, der sich als hilfreich für die ersten dichterischen Versuche des Apothekergehilfen erweist. Mehr noch profitiert er vom direkten Vorbild. Wie viele seiner Landsleute, namentlich die »Jungdeutschen« unter ihnen, fühlt sich Fontane von England angezogen. Er befaßt sich intensiv mit englischer (und schottischer) Geschichte, englischer Literatur und – dies vor allem – mit Shakespeare.

William Shakespeare bleibt sein Lieblingsdichter ein Leben lang. Seine Stücke in der Schlegel-Tieck-Übersetzung werden fast alle in Berlin gespielt, und die Inszenierungen im Schauspielhaus, die der Lehrling der Apotheke zum Weißen Schwan besucht, gehören zu den großen Bühnenereignissen der Zeit.

Wie es in England aussieht und was man sich vom britischen Vorbild für Europa erwartet, erfährt der junge Mann in der Hauptsache von zwei Reiseschriftstellern, Heinrich Heine und Fürst Hermann Pückler, beide Mitglieder des Jungen Deutschland, also nach damaligen Begriffen dem linken Flügel der zeitgenössischen Literatur zugeordnet.

Sowohl Heine als auch Pückler sind keine unkritischen Beobachter; sie sparen weder an Lob noch an Tadel. Das eben weckt in ihren Lesern jenes Vertrauen, das die rechtslastigen Schriftsteller und Literaten nur bei Überzeugten gleicher ideologischer Couleur finden. Was Heine und Pückler an England – außer Shakespeare – so hochschätzen, sind die selbstverständlichen bürgerlichen Freiheiten einschließlich jener der Presse und die beiden Parlamente, die das Land zumindest mitregieren. Pücklers Urteil dürften die meisten seiner Leser (auch der junge Fontane) teilen: »Dieser doppelte Senat des englischen Volks, mit allen menschlichen Schwächen, die mit unterlaufen mögen, ist etwas höchst Großartiges – und indem man sein Walten von nahem sieht, fängt man an zu verstehen, warum die englische *Nation* bis jetzt noch die erste auf der Erde ist.«

Was ihr diese Geltung verschafft, haben wir schon im Vorgriff auf die erste Englandreise Fontanes umrissen. Man muß bedenken, daß die von der Französischen Revolution ausgelösten Reformen nach der Beendigung der Napoleonischen Kriege in nahezu allen Ländern auf dem europäischen Kontinent gestoppt oder sogar rückgängig gemacht worden sind. Der Impuls der ersten Stunde ist erloschen. Wie man nach dem Ersten Weltkrieg einen Völkerbund, nach dem Zweiten die Vereinten Nationen gegründet hat, so schuf man nach der Schlacht bei Waterloo und der Neuverteilung der Macht auf dem Wiener Kongreß eine »Heilige Allianz«. Sie hat sich rasch zu einer unheiligen Union restriktiver Polizeistaaten mit »Demagogenverfolgung« (die sich gegen republikanische und parlamentarische Tendenzen wendet) und strikter Pressezensur gewandelt. Schon leben Deutschlands linke Geister als Emigranten in Paris (wie Marx, Börne und Heine) oder in der Schweiz (wie Herwegh und Freiligrath).

Am Queckenkessel in der Schwanen-Apotheke entstehen viele meist balladeske Gedichte, die, auf historischen britischen Quellen beruhend, den rebellischen Geist atmen, der den Vormärz durchweht, wie man diese Zeit vor der Märzrevolution 1848 im nachhinein getauft hat.

Im *Berliner Figaro* erscheinen im Jahre 1840 – nach der *Geschwisterliebe* – von Januar bis März allein zwölf dieser Gedichte seiner Feder. Den Musen, der Beschäftigung mit den Künsten, hat die Zeit bei Wilhelm Rose nicht geschadet, im Gegenteil, die Apotheke hat sie offenbar noch inspiriert.

Euterpe, die Muse der Tonkunst, und Polyhymnia, die des Gesanges, müssen wir freilich ausnehmen. Für beide kann sich der junge Poet nicht erwärmen, obwohl er ihnen doch, merkwürdigerweise ebenfalls in der Apotheke, gehuldigt hat.

Ganz in der Nähe liegt die Berliner Garnisonskirche, die im Zweiten Weltkrieg zerstört und nicht wieder aufgebaut worden ist. In ihr finden zu Ostern oder Pfingsten Aufführungen von Oratorien statt, für die im Weißen Schwan Eintrittskarten verkauft werden. »Ich war«, erzählt Fontane, »jedesmal der ›Mann am Schalter‹«, wobei er sich verpflichtet fühlt, anschließend auch das Konzert zu besuchen. »Aber nach zehn Minuten schon kam eine gewisse Schläfrigkeit über mich... So ist es mir, bei großen Musikaufführungen, mein Lebelang ergangen.«

Immerhin gelangt er durch diese musikalische – oder antimusikalische – Erfahrung zu einer jener Lebensweisheiten, die er zeit seines Lebens im Munde führen wird: »Der berühmte Satz ›Kunst sei für alle‹ ist grundfalsch; Kunst ist umgekehrt für sehr wenige, und mitunter ist es mir, als ob es immer weniger würden.« Ein Gefühl, das auch heute manche mit Fontane teilen mögen.

Was in der aktuellen Politik vor sich geht, erfährt man damals vorwiegend im Kaffeehaus. Ein großer Kaffeehausgänger ist der Berliner – wie der Wiener – immer gewesen. Jetzt werden die Cafés und Konditoreien nach einem Ausspruch Gustav Sichelschmidts zu »Hauptquartieren der preußischen Intelligenz«. Wer dort nicht verkehrt, bleibt uninformiert.

»Die Konditoreien, die in ihren Einrichtungen als Gastlokale und Lesekabinette allein in Norddeutschland bestehen, sind in Berlin von besonderer Bedeutung«, schreibt Robert Springer, Demokrat und Chronist der Zeit. »Ihre Anzahl ist außerordentlich groß, aber selbst in der kleinsten Winkelkuchenbäckerei findet man einzelne Tageblätter oder... belletristische Journale... Die größeren Etablissements werden vorzugsweise als Lesekabinette besucht und halten fast alle beachtenswerthen Blätter des In- und Auslandes... Sie sind der Sammelort der feinen Bummler, der Literaten, Politiker und Kaufleute.«

Wo – trotz oder wegen der allgemeinen Bevormundung –

plötzlich alle ihr Interesse für Politik bekunden, dort versammeln sich im Vormärz vor allem die politischen Clubs. Da die Anzahl der vorhandenen Exemplare der neuesten Zeitungen meist nicht ausreicht, bürgert es sich ein, daß jemand mit klarer und vernehmbarer Stimme die wichtigsten Nachrichten und Kommentare vorliest, an die sich in den vornehmen Cafés erregte Debatten anschließen, während es in den weniger vornehmen zu Zank, Streit, oft auch zu Prügeleien kommt.

Wir sind Fontane schon im Café L'Heureuse am Fischmarkt begegnet. Er bevorzugt noch zwei andere Konditoreien, eher gemäßigte als ausgesprochen revolutionäre Treffpunkte, die Stehelysche am Gendarmenmarkt, die wegen ihres vorzüglichen Kaffees weit gerühmt wird, und das Spargnapani, Unter den Linden 65, die »Konditorei des Alt-Preußentums«, wo die jungen Literaten (und Ausländer) verkehren. »Die Damen«, erfahren wir von Robert Springer, »besuchen nur ausnahmsweise und in Herrenbegleitung die Conditoreien, ohne Begleitung nur die Schauß'sche, wo sie sich ziemlich ungeniert bewegen.« Kaffee und Kuchen sind eine Angelegenheit der Männer und der politischen Zeitströmungen.

Die Lese-Cafés besucht Fontane »mit der Feierlichkeit eines Kirchgängers, ja sogar mit der sonntäglichen Aufgeputztheit eines solchen«. Doch treffen sich die Literaten nicht nur bei Spargnapani (ein Name, den E. T. A. Hoffmann erfunden haben könnte), ebenso intensiv politisieren sie in ihren klubartigen Vereinigungen. Die Dichtervereine erleben eine ähnliche Konjunktur wie die Konditoreien.

Seine Veröffentlichungen im *Berliner Figaro* bescheren dem jungen Apothekergehilfen mit den dichterischen und erzählerischen Ambitionen die Aufnahme in gleich zwei Gesellschaften. Die eine trägt den Namen eines lebenden Dichters, des 1840 achtunddreißigjährigen Nikolaus Lenau, die andere den des vor fünf Jahren in Syrakus verstorbenen August Graf von Platen. Beide sind sie ebenso im literarischen wie im politischen Gespräch. Als Dichter von Griechen- und Polenliedern, die von

Befreiung und Recht auf eine eigene Nationalität handeln, vertreten sie jene Liberalität, die sich die meisten Zeitgenossen ersehnen.

In den Lenau-Klub führt ihn sein Freund Fritz Esselbach ein, den er schon vom Gymnasium kennt. Mit Esselbach erlebt Fontane einen Riesenerfolg und einen eklatanten Reinfall außerhalb des Klubs. Auf einem Polterabend, der im Hause eines Hofschlachtermeisters stattfindet, treten sie mit einem Sketch auf. Dem Brautpaar soll eine Statue von Amor und Psyche überreicht werden; die Freunde spielen zwei Gipsfigurenhändler, Fontane einen hinkenden. Noch der Siebzigjährige schwärmt: »Der Triumph war vollständig und größer als ich ihn je wieder in meinem Leben erlebt habe.« Seine Eindrücke von dem ersten »wirklich reichen Altberliner Bürgerhaus« wollen manche Herausgeber in seinen späteren Berliner Romanen wiedergefunden haben.

Ein zweiter Auftritt des Freundespaares geht dann gründlich schief, so daß sie dergleichen nie wieder versuchen. Das Desaster ereignet sich in hochgestellteren Kreisen, wiederum auf einem Polterabend. Professor Ernst Eduard Kummer, ein angesehener Mathematiker, verheiratet sich mit Ottilie, der einzigen Tochter Nathan Mendelssohns. Die beiden Schauspieler kommen so schlecht bei der Gesellschaft an, daß man ihnen nicht einmal bis zum Ende zuhört.

Die Sitzungen des Lenau-Klubs finden jeweils sonnabends in der Auguststraße bei Hermann Maron statt, einem jungen und talentvollen Mann, der mit einem sehr sentimentalen Gedicht, »Ich mach' ein schwarzes Kreuz dabei« (das der junge Fontane sehr bewundert), Aufsehen erregt hat. Er wird noch einige Male von sich reden machen – mit einem Buch über eine Expedition nach Japan, an der er teilgenommen hat, und zuletzt durch seinen Tod.

Der verwöhnte Liebling der Götter, dem alle Welt eine glänzende Zukunft voraussagt, heiratet eine reiche, nicht mehr ganz junge Dame aus Schlesien. Das Paar verlebt glückliche Jahre miteinander und unternimmt weite Reisen. In den sechziger Jahren trifft Fontane das ehemalige Oberhaupt des Lenau-Klubs in einem Berliner Künstlerzirkel wieder. »Gott, wenn ich an die Auguststraße denke!« begrüßt Maron ihn. »Viel ist nicht dabei rausgekommen. Ich müßte Sie denn ausnehmen.« Der letzte Satz, bemerkt Fontane ausdrücklich, sei ironisch zu verstehen gewesen.

Viel kommt beim Lenau-Klub wirklich nicht heraus. Von Lenau ist kaum die Rede; die meisten Mitglieder kennen nicht einmal seine Gedichte, die Fontane – auch später noch – bewundert, obwohl ihnen »etwas Schmerzrenommistisches« anhafte.

Eingeführt in die schwermütige Welt Nikolaus Lenaus hat ihn ein anderes (bedeutenderes) Mitglied des Kreises, der Nationalökonom Julius Faucher, ebenfalls hugenottischer Herkunft. Er nimmt an den Vereinssitzungen meist schweigend teil, »weil er vom künstlerischen Sinn mehr besaß als wir«, wie noch der alte Fontane selbstkritisch bekennt. Er hat Faucher als Emigrant in London wiedergesehen und sich oft mit ihm getroffen.

Marons weiteres Leben verläuft enttäuschend. Eines Tages, das Vermögen seiner Frau ist aufgezehrt, erschießt er die Ahnungslose am Frühstückstisch und anschließend sich selbst.

Noch vor London sind Faucher und Fontane einander auf überraschende Weise wiederbegegnet. Fünf Jahre nach dem Ende der Lenau-Klub-Episode kehrt Fontane nach Berlin zurück, wo er in der Schachtschen Apotheke in der Friedrichstraße arbeitet. Eines Nachts wird er auf dem Heimweg in der dunklen Mittelstraße von sechs Strolchen umringt, regelrecht eingekreist. »Alle hatten die Rockkragen in die Höhe geklappt und die Mützen und Hüte tief runtergezogen.« Einer tritt vor und streckt die Hand aus: »Herr Jraf, bloß Zweigroschen!« Der Bettler ist Faucher.

Fontane, kein Spielverderber, tut, als erkenne er ihn nicht, und rückt das geforderte Geld heraus. Die Männer, erfährt er kurz darauf, nennen sich die »Sieben Weisen aus dem Hippelschen Keller« (einem Weinlokal) und unternehmen täglich ihre Raubzüge, in denen sie die Philister um ein paar Groschen erleichtern, die sie, zu mehreren Talern summiert, bei Hippel oder im Kap-Keller, einem weiteren unterirdischen Weinlokal Unter den Linden, alsbald zu verzechen pflegen.

Den originellen »Sieben Weisen«, Bohemiens und künftigen Revoluzzern, gehören Leute an, die heute noch im Lexikon stehen. Da sind zum Beispiel die Brüder Bauer, die 1848 eine große Rolle spielen werden. Bruno, von Haus aus, wie Springer formuliert, »ein ernster, sittenstrenger Theologe«, laviert sich durch und wird – wie so viele Achtundvierziger – stockkonservativ. Edgar, der nach London flüchten muß, wo er in den fünfziger Jahren häufig mit Fontane zusammentrifft, stand, diesem zufolge, »dem älteren Bruder um ein erhebliches nach, war ihm aber an Witz und glücklichen Einfällen überlegen«. Dem Brüderpaar gilt der ganze Haß von Marx und Engels, die sie und ihren Kreis in ihrer Schrift *Die heilige Familie oder Kritik der kritischen Kritik. Gegen Bruno Bauer und Konsorten* schon 1845 heftig angegriffen haben.

Prominentestes Mitglied aber dürfte Max Stirner gewesen sein, der Sozialphilosoph, dessen Theorie mit seinem Hauptwerk *Der Einzige und sein Eigentum* die Zeiten überdauert hat. In der Praxis war er weniger erfolgreich, woran die »Weisen« allerdings eine beträchtliche Mitschuld tragen. Sie waren es, die Stirner überredeten, das ererbte Geld seiner Frau in eine großangelegte Milchwirtschaft zu stecken. Kein schlechter Gedanke, den bald darauf ein Mann namens Bolle aufgriff und zum Erfolg führte. Bolle vergaß freilich nicht, was die »Weisen« und Stirner total übersahen, daß Milch nämlich sauer wird. Am Ende war man eines Nachts genötigt, »den ganzen Vorrat in die damals noch in Blüte stehenden Berliner Rinnen [Rinnsteine] ablaufen zu lassen«.

»Das Vermögen der Frau Stirner war hin«, fügt Fontane hinzu. Was sie jedoch nicht groß gekümmert zu haben scheint. Sie hat Berlin – ihre Ehe ist ohnedies gescheitert – bereits verlassen. Zwölf Jahre später wird sie mit dem ehemaligen Leutnant

Gustav Adolf Techow, ebenfalls einem »Weisen«, nach Melbourne in Australien emigrieren, wo er zunächst als Droschkenkutscher arbeitet, ehe er eine private Turnschule gründet, die schnell floriert.

Es sind dies exemplarisch deutsche Schicksale, bei denen die Tatsache, deutscher Herkunft zu sein, den Ausschlag gibt für Glück oder Unglück, Erfolg oder Mißerfolg, sogar für Charakterbildung oder Verformung der ursprünglichen Persönlichkeitsmerkmale.

Auch mit Techow verbindet sich ein derartiges Schicksal. Fontane, der, mehr von Glück und Erfolg begünstigt, charakterliche Anlagen entwickelt, bringt Techow zwar Mitleid entgegen, in das sich aber unverhohlene Verachtung für seine Handlungsweise mischt. Dabei hätte es Fontane bei einigem Pech durchaus ähnlich ergehen können. Was Techow widerfährt, ist weit mehr den Zeitläuften anzulasten als ihm selbst.

Ein Berufsoffizier, dem man eine blendende Karriere vorhersagt, überredet er in den Achtundvierziger-Wirren den ihm vorgesetzten Hauptmann von Natzmer, um Blutvergießen zu vermeiden, das Berliner Zeughaus zu räumen. Es wird daraufhin geplündert. Zu fünfzehn Jahren Festung verurteilt (Natzmer zu zehn), gelingt es Techow, aus der Feste Magdeburg zu entfliehen. Er nimmt an den Aufständen in der Pfalz und in Baden teil und entkommt über Frankreich nach Australien. Als er in der Hoffnung auf eine Amnestie im Dreikaiserjahr 1888 nach Europa zurückkehrt, erfährt er in der Schweiz, daß sein Steckbrief erneuert worden ist. Er bleibt verbannt.

Fontane, der ihn einmal in der Magdeburger Haft besucht hat, findet es durchaus in der Ordnung, daß man Techow »für immer vom vaterländischen Boden ausschloß... Es gibt eben Dinge, Gott sei Dank nicht oft, bei denen nicht gespaßt werden darf«. Gott sei Dank hat Fontane nur sehr selten ähnlich haarsträubend humorlos reagiert.

Bei vergleichbaren Schicksalen legt der Dichter keine streng konservativen Maßstäbe an. Da ist sein Freund Heinrich Beta (eigentlich: Johann Heinrich Bettziech), der sich während der Revolution sehr maßvoll verhalten hat und anschließend das Witzblatt *Krakehler*, eine Konkurrenz zum *Kladderadatsch*, redigiert. Sein Kommentar zu der warnenden Prophezeiung »Die rote Fahne wird über ganz Europa wehen« der erzkonservativen »Kreuz-Zeitung« bringt ihm einen Hochverratsprozeß ein. 1851 flieht der leicht verwachsene Mann nach England, wo er zehn Jahre lang als Mitarbeiter der *Gartenlaube* lebt, ehe er nach Berlin zurückkehren kann. Fontane hat ihn in London oft besucht und sein Emigrantendasein lakonisch folgendermaßen umrissen: »Dürftigkeit, Schlafrock, Hemdzipfel, Sauerkraut, burschenschaftliche Reste, wirkliche und *eingebildete* Ehrlichkeit – das ist Beta.«

Für den Platen-Verein hat ihn ein junger Maler namens Flans geködert, der sich auch als Arrangeur von Festen betätigt. »Viele frohe Stunden« habe er in diesem Zirkel verbracht, bekennt Fontane, »mehr als in dem Lenau-Klub«.

Von Flans und den anderen erhält unser junger Poet einen Mondschein-Orden, weil in jedem Gedicht, das er vorträgt, der Mond scheint. Ungezwungen geht es jedenfalls zu, bis das Hauptmitglied des Platen-Vereins, Egbert Hanisch, im April 1851 von einem Winteraufenthalt in der Schweiz und Frankreich zurückkehrt. Hanisch spielt im Platen-Verein wie Maron im Lenau-Klub die Rolle eines Primus inter pares. Schlank, beinahe mager, mit einem übergroßen Kopf auf dünnem Hals, begrüßt er das neue Mitglied von oben herab. Auch äußert er sich, o Schreck!, mit einem deutlichen, wenn auch reichlich bemühten Unterton von Ironie. Und nichts verabscheut Fontane mehr als diese.

Das mutet absonderlich an, gilt er doch seit langem, mit gutem Recht, als einer der wenigen Ironiker der deutschen Literatur. Wie dem auch sei, der Dichter hat es oft in seinem Werk und in Briefen ausgesprochen: Er mag Ironie nicht oder, richtiger gesagt, er nimmt sie nur für sich selbst in Anspruch. Bei Fremden und möglicherweise auf seine Person gemünzt, findet er sie abscheulich. Mit einer Ausnahme, Hanisch. Ihm zollt Fontane großes Lob: »In der Ironie war er ein Meister, so sehr, daß ich auch *dann* nicht Anstoß nahm, wiewohl mir... diese hochmütige Gesprächsform von Jugend auf zuwider war.«

Man staunt, dergleichen aus seinem Mund zu erfahren. Aber mag Fontane launisch sein (weshalb man seine Urteile vorsichtig zitieren sollte; er hat sie oft wenig später widerrufen), eine Wetterfahne ist er nicht. Seit seiner Jugend beobachtet er nichts schärfer als sich selbst, seziert geradezu seine Gedanken, Gefühle und Eigenheiten mit einer Hartnäckigkeit, wie man sie unter seinen Zeitgenossen bestenfalls noch beim Fürsten Pückler findet. Darum kann man ihm diese Aussage glauben – selbst wenn er sie bisweilen mit der nächsten ironischen Randbemerkung gleich wieder in Frage stellt (aber kaum je wegwischt). Zur Ironie, die ja nichts Pures gelten läßt, gehört die Anzweiflung auch des Selbstverständlichen.

Ein merkwürdiger Mensch, dieser Hanisch, aus dem Fontane lange nicht schlau wird. Obwohl immer sauber und fast elegant gekleidet, bewohnt er ein kärgliches Zimmer bei einer alten Waschfrau. Nach langem Umherfragen erfährt der Neuling, daß Hanisch von seinen Freunden lebt, die – da er über keinerlei Einkommen verfügt – für ihn sammeln. Dreißig Essensmarken für das Speiselokal Rosch in der Poststraße erhält er von ihnen im Monat und lebt zu Hause von Weißbrot und Wasser. Fontane faßt das ihm Unfaßliche in eine Art Ausruf: »Er hat *garnichts*!«

Eine dunkle Geschichte steckt dahinter, meint Fontane, sogar eine Verschwörung. Der junge und, wie es heißt, vielversprechende Geistliche hat auf diese oder jene Weise seinen Glauben verloren und ist aus seiner kirchlichen Stellung ausgeschert. Die Mitglieder des Platen-Klubs – in dem von Platen genausowenig die Rede ist wie im Lenau-Klub von Lenau – sind in der Mehrzahl dichtende Theologiestudenten, denen ein Renegat wie Hanisch imponiert.

Die meisten bewähren sich als brave Prediger. Der obskure

Maler Flans wird – unter dem Namen seiner Mutter – geadelt. Einzig Dr. Werner Hahn, wegen seiner Vorliebe für altgermanische Epen »Edda-Hahn« genannt, bringt es aufgrund seiner »volkstümlichen Darstellungen preußischer Geschichtsstoffe« sowie »mit Mühe und Fleiß«, was Fontane beides lobend hervorhebt, zum vielgelesenen Autor.

Fünfzig Jahre später, im Sommer 1890, meldet sich Hanisch bei dem inzwischen wohlbekannten Dichter mit einem achtseitigen Brief, dem einige Gedichte beiliegen. »Er war wohl gegen Mitte Siebzig und doch ganz unverändert der alte: dieselbe Superiorität, derselbe Glaube an sich, dieselbe Unfehlbarkeit und schrecklich zu sagen auch dieselbe Ironie.«

Ein Satz, dem Fontane noch einige ironische Zeilen von unvergleichlicher Häme folgen läßt: Er sah »von seinem... Hochstandpunkt aus lächelnd auf mich und die anderen im Moorgrund zappelnden Gründlinge hernieder, während *er*, die reine Luft um sich und den Himmel über sich, die guten alten Lerchen ins Blaue steigen sah. Einige davon hatte er eingefangen. Das waren die dem Briefe beigeschlossenen Lieder. Alle ganz gut, aber ohne jedes Tirili.«

Die Herkunft des Briefs aus einem »Pfarrdorf westlich der Elbe« läßt darauf schließen, daß Hanisch am Ende zu seinem Glauben zurückgefunden hat. Seine Überlegenheit dürfte trotzdem gespielt sein wie das meiste bei ihm. Im Endergebnis stehen die »Plateniden«, wie sie sich gerne nennen, noch kümmerlicher da als die Jünger Lenaus.

Für Fontane ist 1840 trotzdem ein entscheidendes Jahr. Mit ihm beginnt seine literarische Karriere. Zu Anfang seinem Apothekerdasein parallellaufend, wird sie für den Rest seines Lebens im Auf und Ab seiner jeweiligen Brot- und Erwerbstätigkeiten richtungsweisend bleiben.

In ganz Preußen und den übrigen deutschen Ländern ersehnt man sich vom Jahr 1840 einen Wendepunkt. Am 7. Juni stirbt König Friedrich Wilhelm III., zu Unrecht wenig betrauert von seinen Untertanen, denen er freilich die versprochene Verfassung schuldig geblieben ist. Jetzt rückt sein Sohn, Friedrich Wilhelm IV., auf dem Thron nach, ein hochbegabter Mensch, Schüler Schinkels und Lennés, ein konsequenter Romantiker, inzwischen Mitte vierzig. Von ihm verspricht man sich Wunderdinge, obwohl er – kein gutes Omen – nicht das bescheidene Palais bezieht, in dem sein Vater gestorben ist, sondern das pompöse Berliner Stadtschloß und das Potsdamer Sanssouci Friedrichs des Großen.

Fontane: »Die Menschen fühlten etwas, wie wenn nach kalten Maientagen... die Welt plötzlich in Blüten steht... Ich zählte, so jung und unerfahren ich war, doch ganz zu denen, die das Anbrechen einer neuen Zeit begrüßten, und fühlte mich unendlich beglückt, an dem erwachenden politischen Leben teilnehmen zu können.«

Sein Optimismus wird nicht lange anhalten. Es herrscht noch Vormärz.

## 9.

## Zwischenspiel in Burg
(1840–1841)

Als am 30. September 1840 seine Gehilfenzeit bei Wilhelm Rose zu Ende geht, hat Fontane vorgesorgt und sich in der Provinz zur weiteren Ausbildung verdungen. Warum seine Wahl ausgerechnet auf Burg bei Magdeburg fiel, »eine(r) ansehnliche(n) Stadt, von der trotzdem ›niemand nichts weiß‹«, wie er selbst schreibt, ist unbekannt.

Vielleicht aber reizt Fontane, der eine merkliche Vorliebe für außergewöhnliche Persönlichkeiten entwickelt, die Person des Inhabers der betreffenden Apotheke, Dr. Kannenberg. Er gilt als sehr jähzornig und duellwütig. Man hat in pharmazeutischen Kreisen regelrecht ein bißchen Angst vor ihm.

Beim ersten Anblick erweckt der weißgetünchte Fachwerkbau bei Fontane »ein Gruselgefühl«. Aber jedwede unheimliche Vorahnung erweist sich als unbegründet. Burg, damals ein Städtchen von rund zehntausend Einwohnern, hält keinerlei Überraschungen parat. Im Gegenteil: der Aufenthalt, den Fontane alsbald abkürzen wird, verläuft sterbenslangweilig.

Das einzige, was Burg ihm zu bieten hat, sind genügend Zeit und Muße zum Dichten. In den drei Monaten, die er dort verbringt, schreibt Fontane ein ganzes Epos in »denkbar stattlichen und zugleich von kleinen Nichtsnutzigkeiten strotzenden achtfüßigen Trochäen«. Es trägt den Titel *Burg an der Ihle* und beschreibt die Einförmigkeit, unter der ein junger Mann in der ödesten aller spießigen Kleinstädte in deutschen Gauen zu leiden hat.

Der erste Gesang findet sogar Anklang, wenn auch vor kleinstem Publikum auf der Rückreise nach Berlin, die er am 30. Dezember, seinem einundzwanzigsten Geburtstag, antritt. Im Postwagen nach Genthin, wohin der erste Teil der Reise geht, sitzen außer ihm zwei Schauspielerinnen, mit denen sich rasch »eine gewisse Medienverwandtschaft« ergibt. Ihnen liest der Dichter aus seinem neuesten Werk vor und erhält viel Beifall. Die Damen fühlen sich offenbar glänzend unterhalten. Auch der Dichter ist zufrieden. Er hat *Burg an der Ihle* nie veröffentlicht.

Vorbild für den Gedichtzyklus sind die vor neun Jahren erschienenen *Spaziergänge eines Wiener Poeten* von Anastasius Grün, die bei Hoffmann und Campe in Hamburg, dem Verleger Heines, herausgekommen sind. Hinter dem Pseudonym Anastasius Grün verbirgt sich der österreichische Adlige Anton Alexander Graf Auersperg und hinter dem anscheinend idyllischen Titel eine tatsächliche Verwandtschaft mit Heinrich Heine. Grün kritisiert in den *Spaziergängen* die autokratische Unterdrückung aller bürgerlichen Freiheiten in Österreich und greift vor allem den Staatskanzler Metternich an.

Das erregt Aufsehen. In allen deutschsprachigen Ländern wird der Gedichtzyklus ein vielgelesener literarischer und politischer Erfolg. Um so mehr, als der Dichter es versteht, seine Anklage mit wohltemperiertem Humor vorzubringen. Seine Vorbilder sind Uhland und, wie sich denken läßt, Heine. Er wird später noch einmal einen satirischen Bestseller landen, mit seinem Epos *Nibelungen im Frack*.

Die Hinneigung Fontanes zu Grün dürfte kennzeichnend für ihn sein. In der Ironie, die der junge Dichter angeblich ablehnt, ist Anastasius Grün Meister. Fontane hat keine *littérature pure* im Sinn, als er sich mit seiner Feder die ersten Sporen verdient, sondern verschreibt sich ganz und gar einer *littérature engagée*. Er tendiert zur Historie und zu dem, aus dem Historie entsteht, nämlich Politik.

In dieser Hinsicht hat Burg – auch für ihn selbst – einige Klärung geschaffen. Mag sein, daß er deshalb den Erfolg seines Vortrags bei den beiden anonymen Schauspielerinnen in der Kutsche noch nach fünfzig Jahren als »unvergeßlich« bezeichnet.

Ob Apotheker oder Dichter – auch das hat sich in Burg herausgestellt –, schon der junge Fontane ist ein durch und durch urbaner Mensch, der unter Umständen »auf dem Lande«, auf gar keinen Fall »in der Provinz« leben kann. Er gehört in die große Stadt, wobei es sich nicht immer um die Hauptstadt handeln muß. Dorthin, nach Berlin, treibt es ihn aber jetzt wie auch später noch so oft. Ihn erwartet sein Freund Fritz Esselbach, der Partner der Polterabendauftritte, bei dem er für eine Woche unterkommen kann.

Die beiden sitzen in den ersten Januartagen des Jahres 1841 am Frühstückstisch und lesen die Morgengazette, als Fontane einen jähen Entschluß faßt. Unter der Rubrik »Fremdenliste«, die alle mehr oder weniger prominenten Gäste der Stadt samt deren Quartiere aufführt, findet sich unter »Hotel de Saxe« die Zeile »Neubert und Frau, Apothekenbesitzer aus Leipzig«.

Für eine Anmeldung ist es, noch dazu in telefonlosen Zeiten, zu spät; ein Brief, wie schnell auch immer befördert, würde vermutlich den Adressaten nicht mehr erreichen. Kurz entschlossen eilt Fontane in die nicht allzu ferne Burgstraße 20 und trifft den Herrn Apothekenbesitzer beim morgendlichen Zähneputzen an.

Die Vorstellung dauert keine drei Minuten. Aber Fontane wird nicht, wie zu erwarten stünde, hinausgeworfen, sondern ab Ostern nach Leipzig in die Apotheke Zum Weißen Hirschen engagiert. Dr. Neubert, stellt sich heraus, hat eine »große Vorliebe für frank und freies Wesen, für alles, was außerhalb der Schablone« liegt.

Noch am gleichen Tag widerfährt ihm weniger Erfreuliches: Nach einem Abendbummel fällt Fontane seinem Freund ohnmächtig in die Arme. Der Arzt stellt Typhus fest, und statt der geplanten einen Woche muß Fontane das Gastrecht sieben Wochen in Anspruch nehmen. Esselbach erweist sich als umsichtiger Krankenpfleger, und der Patient hat wenigstens keine Schmerzen. Nur durch eine Holzwand von seinem Bett getrennt, siecht der todkranke Mann der Wirtin des Hauses dahin. Als die »schwarzen Männer« aus Versehen in seinem Zimmer erscheinen, hat er wieder Humor genug, um ihnen »Noch nicht!« entgegenzurufen.

Einigermaßen schwach auf den Beinen, trifft er am 31. März, Ostern ist schon vorüber, verspätet in Leipzig ein – nicht auf dem berühmten Hauptbahnhof, der noch gar nicht gebaut ist, sondern an der Post mit der altmodischen Kutsche. Seine Reise ist typisch für die Zeit, in der viele der Schienenwege erst verlegt, dann aber rasch benutzt werden: ein Drittel des Wegs hat Fontane schon mit der Eisenbahn zurücklegen können.

Er kommt übrigens nicht direkt aus Berlin, sondern aus Letschin, einem Nest im Oderbruch. Dort hat der Vater die einzige Apotheke im Ort erworben; mittlerweile die vierte seiner Laufbahn, die ihn in immer winzigere Ortschaften führt (wie schon 1837/38 nach Mühlberg an der Elbe). Jetzt also Letschin – Fontane verbringt eine kurze Zeit der Rekonvaleszenz bei seinen Eltern. Er wird in den folgenden Jahren einige Male in den Oderbruch zurückkehren, nämlich immer dann, wenn ihm das Geld ausgeht.

Der Apotheker/Dichter ist frohgemut. Ein Preuße kommt nach Leipzig, das ihm einige Vorteile verspricht. Das Presse- und Zeitschriftenwesen steht hier auf weit höherem Niveau als selbst in Berlin und bietet einem angehenden Schriftsteller dementsprechend bessere Möglichkeiten. Zudem gilt die hiesige Zensur als weniger streng. Im Gegensatz zu Preußen besitzt Sachsen seit 1831 eine Verfassung.

Leipzig ist in jeder Hinsicht eine reiche Stadt. Handel und Geldwirtschaft sind in ihr ebenso zu Hause wie Geist und die Musen, ganz zu schweigen vom politischen Leben, das sich ungehemmter entfalten kann als etwa in Berlin. Schon ist das, was Goethe im ersten Teil seines *Faust* über Leipzig geschrieben hat, ein wohlbekanntes und oft benutztes Zitat geworden: »Mein Leipzig lob ich mir. Es ist ein Klein-Paris und bildet seine Leute.«

## 10.
# Leipzig und Dresden
(1841–1843)

Wie jede große Stadt hat auch Leipzig seine Mucken. Jene gewisse Nestwärme, die Apotheken damals ihren Angestellten bieten, fehlt hier völlig. Fontane begegnet verdutzten Gesichtern, als er, wie gewohnt, dem künftigen Chef und seiner Frau einen Antrittsbesuch machen will. In Leipzig geht es anonymer zu: »Familie war eins, und Geschäft war eins«, drückt es Fontane aus. Er sieht darin einen Vorteil, denn er haßt jede »falsche Familiarität«. Ob er insgeheim einen Familienanschluß nicht doch vermißt, steht dahin.

Zu den übrigen drei Angestellten gewinnt er nur »nach einiger Gewöhnung« ein annehmbares Verhältnis. Man sitzt eng aufeinander am gleichen »Rezeptiertisch« – Fontane an Platz zwei – und bewohnt das gleiche verwinkelte Dachbodenzimmer, drei Treppen hoch. Dr. Neubert sieht er nur selten, und dessen Gattin, der er schließlich doch noch seine Aufwartung macht, bekommt er ein einziges Mal ganz kurz zu Gesicht. Ein unpersönlicher Arbeitsplatz, obwohl sechs oder sieben Töchter im Hause sind und es mit Leben anfüllen.

Unpersönlichkeit hat auch eine gute Seite: sie bietet mehr individuelle Freiheit. Die Arbeit beginnt nach damaligen Begriffen relativ spät, erst nach acht Uhr morgens, und es wird nicht gemeinsam gefrühstückt. Da man gewohnheitsmäßig schon gegen sechs aufsteht, bleibt reichlich Zeit für ein erfrischendes Bad in der Elster oder der Pleiße und ein geruhsames Frühstück in einem Gartenlokal. Fontane füttert dabei die Spatzen und vertieft sich in die neuesten Journale, nach wie vor seine große Leidenschaft.

»Es ist ein Unsinn, jungen Leuten immer mit dem ›Besten‹ zu kommen«, kommentiert er die Lieblingslektüre seiner Jugend. »Man hat sich in das Beste hineinzuwachsen, und das dauert oft lange. Schadet auch nichts. Vor allem ist es ganz unnatürlich, mit Goethe zu beginnen. Ich bin glücklich, mit Freiligrath begonnen zu haben.«

An die aktuellen Zeitungen und Journale kommt er im Weißen Adler zu Leipzig noch einfacher heran als in Roses Apotheke. Hier liegen sie offen und jedermann zugänglich auf Lesepulten aus, die besonders die Ärzte der Stadt eifrig frequentierten. Sie benutzen den großen Raum, in dem sich auch der Rezeptiertisch befindet, gewissermaßen als Börse, Vereinslokal und Freibibliothek.

Fontane profitiert davon. Er kommt rasch mit den Herren Doktoren in Kontakt, vorzugsweise aber mit Dr. Adler, der nicht nur Arzt ist, sondern auch ein Dichter – »sogar ein sehr guter«, nach Fontanes Aussage. Er hat das Kunstmärchen »Paradies und Peri« aus der Verserzählung *Lalla Rookh* des irischen Dichters Thomas Moore übersetzt. *Lalla Rookh* ist ein Modebuch der Zeit und fast ebenso populär wie das Vorbild, die Geschichten aus *Tausendundeiner Nacht*.

Doktor Adler liest dem jungen Mann sogar das ganze – allerdings nicht übermäßig lange – Kapitel daraus vor. »Er ging dabei, seine von Trunk und Begeisterung seltsam verglasten Augen nach oben gerichtet, beständig auf und ab, hingerissen vom Wohlklang der Strophen, und nur ich war womöglich noch hingerissener als er selber.« Fontane revanchiert sich mit einem Vortrag eigener Verse und einem Konvolut jüngst entstandener Gedichte, das er dem Arzt mitgibt. Er erhält es mit einer herben Kritik in Versform zurück, in der es heißt:

> Mit der Sonne zu vergleichen
> Ist die echte Poesie,
> Aller Dünkel muß ihr weichen,
> Keinen Nebel duldet sie.

Der junge Mann antwortet darauf, ebenfalls in Versen, hat sich aber die Mahnung offensichtlich zu Herzen genommen. Er wird später mit jüngeren Kollegen – überwiegend in Prosa – ähnlich verfahren.

Fontanes Laufbahn bewegt sich gleichsam auf zwei Schienen. Die eine ist ihm dabei so wichtig wie die andere. Seinen Apothekerberuf betreibt er keineswegs mit halber Kraft, er gewinnt ihm im Gegenteil mehr und mehr Interesse ab, ohne daß er seine literarischen Ambitionen beschneidet. Leipzig hat eine gedeihliche Wirkung auf beide angestrebten Berufe.

Fontane muß jede freie Minute dem Schreiben gewidmet haben, und er erntet bald erste Erfolge. Das nationalliberale *Leipziger Tagblatt* druckt seine Parodie *Shakespeares Strumpf* und macht seinen Namen – zumindest unter Interessierten – bekannt.

Jüngst hat der Leipziger Schiller-Verein eine Weste des Klassikers erworben und seinem Museum einverleibt. Worüber sich Fontane satirisch lustig macht:

> Laut gesungen, hoch gesprungen,
> Ob verschimmelt auch und dumpf,
> Seht, wir haben ihn errungen,
> William Shakespeares wollnen Strumpf.

Das bringt ihm eine Einladung zu einer Abendgesellschaft beim Verlagsbuchhändler Robert Binder ein. Binder gibt zwei Zeitschriften heraus, eine belletristische und eine radikaldemokratische. Erstere ist die bedeutendere und anspruchsvollere von beiden und trotz ihres irreführenden Titels *Die Eisenbahn* ein intellektuelles Blatt, das die Zensur nicht fürchtet. Diese läßt ihr, wohl wegen der geringen Auflage, mehr durchgehen, als sie anderen Blättern erlaubt.

Binder ist der erste, der Fontane einen Berufswechsel nahelegt.»Robert der Gute«, wie man ihn etwas spöttisch nennt, bietet dem Neuling die Redaktion seines belletristischen Journals an. Doch dieser lehnt ab. Die Redaktion des anderen Binder-Blatts, des mehr politischen, hätte er wahrscheinlich übernommen. Fontanes musiche Neigung ist im Vormärz vorwiegend auf die Politik ausgerichtet. Aber dieser Bereich bleibt in den Händen von Dr. Georg Günther, Arzt und Schriftsteller.

Fontane hat Binder und Günther später ziemlich heruntergemacht, wie er überhaupt seine Beziehung zu mehr oder weniger revolutionären Kräften am Beginn seiner Karriere nachträglich retuschiert darstellt. Binder (»leider unbedeutend«) wird als Typ des »Kaffeesachsen« abgetan, und Dr. Günther habe »den energischen, leidenschaftlichen, zornig verbitterten« Sachsen verkörpert, mit ihrer ganzen Energie samt »Beisatz von krankhafter Nervosität«.

Bei Dr. Günther, der mit einer Schwester des Radikalliberalen Robert Blum verheiratet ist, veröffentlicht Fontane in fast jeder *Eisenbahn*-Nummer etwas. In einem Gedichtzyklus beschreibt er seine Ausflüge auf das Leipziger Schlachtfeld (»Auf Leipzigs Schlachtgefilden / Ich heute gewandert bin...«). Er beginnt sogar, seine englische Leidenschaft sozialkritisch einzusetzen. So stellt er den Lesern der *Zeitschrift zur Beförderung geistiger und geselliger Tendenzen* den britischen Weber und Arbeiterdichter John Critchley Prince vor und übersetzt einige seiner Gedichte aus dessen Sammlung *Hours with the Muses* (Stunden mit den Musen).

Zum Anwalt von Prince und anderen, selbst in England heute längst vergessenen naiven Fabrikpoeten macht sich Fontane auch in Cottas *Morgenblatt für gebildete Leser*, dem wohl bekanntesten und meistgelesenen überregionalen Journal. Dort erscheint ein Aufsatz von ihm mit einer Gedichtübersetzung.

Das alles nimmt den Großteil seiner Freizeit in Anspruch, ganz zu schweigen von den eigenen Gedichten, die er im Stile Georg Herweghs verfaßt. Herwegh, zwei Jahre älter als Fontane, ist der Vormärzdichter schlechthin. Er schreibt liedartige Verse, die wirkungsvoller sind als die schlagkräftigsten Leitartikel.

Man hat die Jugendlyrik Fontanes, die, neuerdings wiederentdeckt, in großen Teilen erst jetzt bekanntgeworden ist (die Jahrgänge der *Eisenbahn* waren lange verschollen), mit der Herweghs vergleichen wollen. An diesen wortgewaltigen Radikalen reicht er jedoch nicht heran. Daß Fontane die oft sehr puerilen Verse seiner jungen Jahre zu Lebzeiten in keine seiner Gedichtsammlungen aufgenommen hat, mag vor allem politische Gründe haben: Im Kaiserreich sah man auf die demokratische und revolutionäre Vergangenheit auch der eigenen Person gern mit milde verzeihendem Lächeln herab.

In Leipzig sind Zeilen Herweghs wie die berühmte »Partei, Partei, wer sollte sie nicht nehmen?« noch Fontanes absolutes Vorbild. »Später bin ich wieder davon abgekommen«, gesteht er Mitte der neunziger Jahre, »und kenne jetzt nichts Öderes wie ›Partei, Partei‹. Aber damals war ich ganz in ihrem Zauber befangen.«

Neben politischen werden auch qualitative Gründe ihn dazu bewogen haben, in den letzten Werkausgaben auf die Leipziger Gedichte zu verzichten. Der ebenso genaue wie liberale Kenner des Gesamtwerks, Helmuth Nürnberger, hat vor einer »Überschätzung der schnellfertigen Künste des jungen Fontane« gewarnt.

Der Dichter wird nachträglich ganz froh gewesen sein, sich zu Anfang nicht über Gebühr profiliert und das Angebot Binders zu verantwortlicher Redaktionstätigkeit abgelehnt zu haben. Binder selbst hat seine politische Tätigkeit mit drei Jahren Gefängnis in Berlin bezahlt. Und Dr. Günther sieht sich nach dem gescheiterten Aufstand, den er in Dresden mitgemacht hat, gezwungen, ins amerikanische Exil zu gehen.

Als er zwanzig Jahre später zurückkommt und in Berlin seinen Stiefsohn besucht, verbringt Fontane mit ihm »einen angenehmen und sehr interessanten Abend«. Dennoch werden die beiden nicht wieder warm miteinander – »alles bleibt wie verschleiert« –, obwohl Günther einige frühe Fontane-Gedichte zurückbringt, die ihn nach Amerika begleitet haben.

Ein bißchen schlechtes Gewissen dürfte auf beiden Seiten im Spiel gewesen sein, denn zwischen ihnen hat einmal so etwas wie eine Kampfkameradschaft bestanden – nichts entfremdet gründlicher als eine gemeinsame Ideologie in der Jugend, die man später nicht aufrechterhalten kann und die sich womöglich in ihr Gegenteil verkehrt.

Es war schließlich Georg Günther, der den dichtenden Apotheker in den Leipziger Herwegh-Klub eingeführt hat. Anders als in den nach Lenau und Platen benannten Dichtervereinen, denen Fontane in Berlin angehört hat, geht es hier in erster Linie um die Revolution. Nürnberger vermutet sogar, es habe »sich in Wirklichkeit... um einen Klub radikaler Burschenschaftler« gehandelt.

Das ist durchaus möglich, denn zwei der neuen Bekannten Fontanes, Robert Blum und Hermann Jellinek, nehmen am Achtundvierziger-Aufstand in Wien teil und werden nach dessen Niederschlagung am 9. November in der Brigittenau standrechtlich erschossen. Auch an Blum mäkelt Fontane nachträglich herum. Er bezieht sich dabei auf ein Wort des Parlamentariers Hugo Wesendonck: »Als geborener Amerikaner hätte er [Blum] es weit bringen können. Aus solchem Stoffe macht man Präsidenten.« Fontane: »Aber nach dem Eindruck, den ich meinerseits von Blum empfangen habe, hätte er zu einem Präsidenten von Deutschland *nicht* ausgereicht... Es hätte dazu der Reaktion nicht bedurft, er wäre schon am Professorentum gescheitert.«

Im Herwegh-Klub lernt er auch zwei offensichtlich friedlichere Geister kennen, die einigen Einfluß auf ihn nehmen: Max Müller und Wilhelm Wolfsohn. Mit dem einen wird er noch oft in London zusammentreffen, der andere stirbt allzu früh, noch ehe sich die Freundschaft ganz entfalten kann. Sie wird allerdings beeinträchtigt von der Tatsache, daß Fontane kein großes Talent für Freundschaften entwickelt. Man schätzt ihn zwar allgemein in der Jugend wie im Alter als guten Gesellschafter – frech und forsch in der Jugend, ein »Causeur«, wie man damals sagt, ein

Plauderer, im Alter. Gleich vielen Großstädtern ist er durchaus kommunikativ veranlagt, bleibt aber trotzdem immer etwas abweisend, was die einen als Scheu, die anderen als Hochmut empfinden. Fontane selbst definiert diese seine Veranlagung noch schroffer, nämlich als einen Mangel an Interesse. In einem der psychologischen Fragebögen, die das Jahrhundert so liebt, beantwortet er die Frage nach seiner Haupteigenschaft klar und eindeutig mit: »Indifferenz«. Er ist kein unbedingter Menschenfreund, und er weiß das. Sein größtes Interesse gilt nicht seinen Mitmenschen, sondern sich selbst. Es mag dies nicht der wesentlichste Zug am Künstlertum sein, aber er gehört gewiß dazu, und Fontane ist der letzte, der es ableugnen würde.

Wolfsohn wird in *Von Zwanzig bis Dreißig* als »feiner Herr« charakterisiert, was im Deutschen ja selten ein vorbehaltloses Lob darstellt. Der aus Odessa gebürtige Literarhistoriker ist hauptsächlich in der russischen Literatur firm, in die er den ein Jahr älteren wie ein Lehrer seinen Schüler einführt. Fontane ist derart begeistert, daß er Wolfsohn bittet, ihm Russisch beizubringen, damit er Puschkin, Lermontow und Gogol im Original lesen könne.

Den Unterricht gibt er zu seinem eigenen Kummer schon nach zwei Stunden wieder auf. Der Unmusikalische ist auch sprachunbegabt. »So ist es mir mit einem halben Dutzend Sprachen ergangen: italienisch, dänisch, flämisch, wendisch... Was ich beklage. Denn es ist unglaublich, wieviel Vorteile man von jedem kleinen Wissen hat, ganz besonders auf diesem Gebiet.«

Der sensible Wolfsohn wünscht sich so etwas wie eine Seelenfreundschaft. Aber dazu ist Fontane nicht der richtige Partner. Er liebt es nicht, wenn man ihm zu nahe rückt – selbst lebenslange Freunde wie Bernhard von Lepel haben es zu spüren bekommen. Es ergibt sich trotzdem mit Wolfsohn ein – für Fontane sehr enger – Kontakt, hauptsächlich in Briefen.

Man hat Wolfsohn im Dritten Reich wenn nicht verschwiegen, so doch als nebensächlich abgetan. Danach diente er als Kronzeuge für die These, Fontane sei frei von antisemitischen Zügen gewesen (was nicht hundertprozentig zutrifft). Auf jeden Fall ist Wolfsohns jüdische Herkunft für Fontane kein Freundschaftshindernis. Freilich bleibt er, Wolfsohn, die treibende Kraft dieser Freundschaft. In Vorlesungen, die er in Moskau und St. Petersburg über deutsche Literatur hält, erwähnt er – geradezu prophetisch – bereits Fontane, worauf dieser nicht wenig stolz ist. Und als Wolfsohns Drama *Nur eine Seele*, das auf deutschen Bühnen lange gespielt worden ist, als Buch herauskommt, widmet er dieses »seinem Freunde Theodor Fontane«. Einen besseren Freund als diesen, der schon mit fünfundvierzig Jahren stirbt, hat Fontane nie gefunden.

Für die eigentliche »große Nummer unseres Klubs« hält er Max (genaugenommen Friedrich Max) Müller, einen Sohn des Dichters Wilhelm Müller, den Schubert mit der Vertonung seiner Gedichtzyklen *Die schöne Müllerin* und *Winterreise* unsterblich gemacht hat. Max Müller, ein zurückhaltender Mensch »mit dem klugen, glauen [pfiffigen] Gesicht eines Eichhörnchens«, ist Sprachforscher und schreibt nicht in Binders *Eisenbahn*, sondern in einem noch verwegeneren Blatt, das zunächst *Unser Planet*, dann *Wandelstern* heißt und 1844 verboten wird. Als der Herausgeber, Ernst Keil, es später wiedergründet, heißt es *Die Gartenlaube* und wird etwas vom Freiheitsverlangen des Vormärz im Kaiserreich wachzuhalten versuchen.

Müller beschäftigt sich vor allem mit der Sanskritdichtung; für den bildungshungrigen Apotheker ein Anlaß, auch ihn um Unterweisung zu bitten. So eignet er sich in Leipzig einige Kenntnis, die russische Literatur und das Sanskrit betreffend, an. »Es ist ein Glück, daß man kluge Freunde hat«, findet Fontane, »und daß der Verkehr mit ihnen dafür sorgt, daß einem ein bißchen was anfliegt.«

Ein engeres Verhältnis ergibt sich jedoch auch zu Müller nur zögernd. Drei Jahre später studiert der Freund in Berlin bei

Friedrich Rückert, der ihn sehr fördert, während Fontane als Kaiser-Franz-Grenadier dient. In England trifft man sich wieder, wo Müller Sanskrit-Professor in Oxford wird und Fontane manches erleichtern kann, unter anderem in der englischen Sprache, die er, inzwischen Mitarbeiter der *Times*, so vollkommen beherrscht wie das Altindische. Daß die Verbindung zu Müller nie abreißt, beruht auf langjähriger Gewohnheit, einem Immer-mal-wieder-Zusammentreffen, und in der Hauptsache darauf, daß Fontane den Gelehrten rückhaltlos bewundert. Mit anderen Worten: Er behandelt ihn auf die Dauer besser als sonst seine Freunde.

Eine gute Zeit, denn es geht auf beiden Gleisen voran, im Apothekerberuf wie in dem eines künftigen Schriftstellers. In Leipzig stellt Fontane die Weichen für seine Weiterfahrt.

Da kommt ihm – wie später noch oft – eine Krankheit in die Quere. Die Rede ist von einem Wiederaufflackern des in Berlin und Letschin kaum ausgeheilten Typhus, ebenso wie von Gelenkrheumatismus, rheumatischem Fieber und extremer Wetterfühligkeit. Sechs bis sieben Wochen verbringt Fontane im Bett, hat Schmerzen und – schier unerträglich – quält ihn die Langeweile. Der krumme und schiefe Mansardenraum, den er mit den drei anderen Gehilfen teilt, wird ihm obendrein auf die Nerven gegangen sein. Er ist nahe daran zu verzweifeln, als eines Tages die Tür aufgeht, und es erscheint zu seinem Erstaunen, eine Apfelsine und ein Glas Gelee als Mitbringsel im Korb: Tante Pinchen. Ihm muß schon sehr elend zumute gewesen sein, denn obwohl er genau weiß – oder zu wissen meint –, daß diese einen unbezwingbaren Hang besitzt, »sich als rettender Engel in Szene zu setzen«, freut er sich und gibt es sogar zu.

Sie und Onkel August haben nach dessen Berliner Debakel die preußische Hauptstadt verlassen und sind nach Leipzig – man könnte beinahe sagen: – emigriert. Ob sie durch Zufall erfahren haben, daß ihr Neffe Theodor in der Apotheke zum Weißen Hirschen krank darniederliegt, oder von Vater Fontane, weiß man nicht. Tatkräftig entschließt sich Tante Pinchen, den Kranken zu sich zu nehmen, wo sie und Onkel August ihn auf dem Sofa der guten Stube gesund pflegen.

Dem Pärchen scheint es nicht schlechtzugehen. Onkel August ist in die Leipziger Kunsthandlung Pietro del Vecchio (Besitzer: Otto Süßmilch, Leistenfabrikant und Vergolder) eingetreten; von Scham und Schmach über die Schandtaten seiner Vergangenheit kann keine Rede sein. Lustig, faul und geschwätzig lebt er weiterhin weit über seine Verhältnisse und gibt sich Abend für Abend seiner Spielleidenschaft hin. Tante Pinchen – sie ist knapp dreißig – verfolgt Umtriebe anderer Art, die sich nicht strikt in den Grenzen des Zuträglichen (und der Gesetze) halten.

Fontane stört das nicht, im Gegenteil, er genießt die familiäre Gemütlichkeit, die ihm die beiden Filous bieten, und gesundet rasch. Im Alter glaubt er, sich deshalb rechtfertigen zu müssen. »Ich war unter Verhältnissen groß gezogen«, argumentiert er mit deutlichem Hinweis auf den Leichtsinn seines Vaters, »in denen überhaupt nie was stimmte«, in Swinemünde »trank man fleißig Rotwein und fiel aus einem Bankrott in den anderen, und in unsrem eignen Hause, wiewohl uns Katastrophen erspart blieben, wurde die Sache gemütlich mitgemacht«, kurzum: »Man kam aus der ›Bredouille‹ nicht heraus.« Warum sollten ihn also die Vorgänge um Onkel August erschüttern? »Meine jetzt grenzenlose Verachtung solcher elenden Wirtschaft«, gesteht der bald Achtzigjährige, »trägt leider ein ziemlich verspätetes Datum.« Durch solche Umstände werden manche zu lebenslangen Bohèmiens, sofern das schlechte Beispiel sie nicht dazu verleitet, sich lieber dem braven Bürgertum anzugleichen.

Im Mai ist Fontane, nicht zuletzt dank der Pflege von Onkel und Tante, soweit wiederhergestellt, daß man auf eine kleine Erholungsreise gehen kann. Sie führt in die Sächsische Schweiz, die den Neffen, der von seinem Freund Wolfsohn begleitet wird, genauso begeistert wie er anschließend Dresden, das sie zu viert besuchen, ignoriert.

Neubert hat er aufgrund seiner Krankheit am 30. März gekündigt. Aber am 1. Juli, ist ausgemacht, wird er in die Salomonis-Apotheke in Dresden eintreten. Dann will er sich die Stadt gründlicher ansehen, als es bei seinem ersten kurzen Besuch möglich ist. Trotzdem bleibt Leipzig, die Buchhandlungs- und Verlagsstadt, ihm wichtiger. Von Dresden erfahren wir nicht viel mehr, als daß der Sommer sehr heiß war und man sich in der Salomonis-Apotheke großzügig an den Mineralwassern bedient hat, ohne daß der Besitzer Struve etwas davon bemerkt habe. Die Stadt wird ihm immerhin zu einigen neuen Erfahrungen verhelfen, weil er auch von Dresden aus fleißig für die Leipziger *Eisenbahn* schreibt und bald eine Art Korrespondententätigkeit ausübt. Fasziniert zeigt er sich vom Dresdner Theater, vor allem von den Shakespeare-Aufführungen mit dem berühmten Döring als Shylock und Emil Devrient als Hamlet. In der *Eisenbahn* erscheint Fontanes erste veröffentlichte Theaterkritik.

Daneben übersetzt er weiterhin Prince und zwei andere englische Arbeiterdichter, Ebenezer Elliot und Robert Nicoll, die er für sich entdeckt hat. Und selbstverständlich fließt seine eigene politische Lyrik nach Leipzig, eine Stadt, auf die er aus der Entfernung einige Hoffnung setzt. Er träumt nun doch von einem Redakteurssessel in einem der unzähligen Verlage, den ihm Binder ja schon angeboten hatte.

Eine interessante Charakterisierung Fontanes in seiner Dresdner Zeit hat Richard Kersting, ein Kollege von ihm, in einem Brief abgegeben. Und die hübsche Kreidezeichnung von Friedrich Georg Kersting spiegelt deutlich den Zwiespalt des Dreiundzwanzigjährigen, der noch nicht weiß, ob er Apotheker bleiben oder sich ganz seiner Feder, seinem Schreibtalent, anvertrauen soll.

»Fontane«, lesen wir, »ist ein prächtiger Kerl, der mit seinem scharfen Verstand, hellen Geist und glühender Phantasie weit über mir steht, er liebt auch das Schöne und strebt nach dem Guten, aber sonst ein kurioser Kauz. Um Wissenschaft kümmert er sich gar nicht, Charakter habe ich noch nicht viel bemerkt und daher sind seine Grundsätze schwankend, ohne inneren Halt. Er verteidigt nicht selten die niederträchtigsten Maximen, aber nicht eigentlich, weil sie die seinen seien, sondern weil es ihm Gelegenheit giebt, seinen Scharfsinn glänzen zu lassen. Von Natur sehr sanft und gutmütig, kommen da bisweilen sehr jugendlich aussehende Widersprüche zum Vorschein, wie überhaupt sein geistiger Habitus viel Schönes, Edles, aber auch manches Unreife zeigt. Eitelkeit ist seine Hauptschwäche... Fontane gibt es auch zu, daß er eitel ist und daß Eitelkeit nicht eben etwas sehr Großartiges sei, aber ganz verdammt er sie doch nicht. Er meint, sie sei ein guter Sporn, der schon manch edles Produkt aus den gern ruhenden Geistern getrieben habe: Lord Byron, Goethe, Schiller u. a., auch Herwegh, Freiligrath haben vieles aus Eitelkeit geschrieben.«

Aus dem Porträt Kerstings sieht uns ein noch sehr junger Mann an, in dem keiner der fast ausschließlich auf den alten Dichter fixierten Nachfahren Fontane erkennen würde. Dem großäugigen Jüngling glaubt man eine gewisse Eitelkeit, sein etwas spöttisches Lächeln verrät, daß er sich nicht unterschätzt, obwohl es auch ein bißchen gekünstelt sein mag. So ganz seiner selbst sicher ist dieser Apotheker/Dichter noch nicht. Er ahnt vielleicht, was ihm alles bevorsteht, und daß es ohne Eigensinn nicht zu schaffen sein wird. Der uns da aus dem Jahr 1843 entgegenblickt, besitzt trotz seiner Unsicherheit beruhigenderweise einen unverkennbaren Dickschädel.

11.
## »Ein zweites Klein-Sibirien«
(1843–1844)

Ist es in Leipzig und Dresden auf beiden beruflichen Schienen deutlich vorangegangen, so folgen ab Frühjahr 1843 eine Reihe empfindlicher Rückschläge. Sein Jahr in Gustav Adolf Struves Salomonis-Apotheke in Dresden läuft zu Ostern aus. Fontane, der sich unter den sechs Gehilfen und drei Lehrlingen nicht sonderlich wohl gefühlt hat, verlängert die Lehre nicht, obwohl Struve als »absolute Nummer eins in Deutschland, ich möchte fast sagen in der Welt« gilt, hauptsächlich wegen der von ihm hergestellten Mineralwässer. »Es war alles vornehmer«, moniert Fontane, »aber zugleich auch steifer.«

Er kehrt zunächst ins vertrautere Leipzig zurück, wo er bei einem neuen Verlag Aussicht auf eine Stelle als Redakteur oder Lektor hat, was sich jedoch zerschlägt. Der nächste Nackenschlag: Die Sammlung von achtunddreißig seiner Meinung nach wohlgelungenen Gedichten, die er Froebel in Zürich, dem Verlag seines – derzeitigen – Vorbildes Herwegh geschickt hat, kommt postwendend zu ihm zurück, wie man zugibt ungelesen. Bei Froebel treffen mehr Gedichte im Stile Georg Herweghs ein, als die Lektoren bewältigen können.

»Mit mir also war's nichts im Literatenthum, der bloße Versuch hat mich bedeutend runtergebracht«, klagt er in einem Brief an Wilhelm Wolfsohn. Er scheint entschlossen, dem literarischen Ehrgeiz fürs erste abzuschwören und, da sich auch keine Stelle an einer Apotheke in Leipzig oder Dresden ergibt, ins Elternhaus nach Letschin zurückzukehren.

Am 1. April 1843 tritt er als »Defektar« in der Apotheke seines Vaters an. Defektare nennt man diejenigen Apotheker, die für die Herstellung der gängigsten Medikamente verantwortlich sind, die oft gebraucht werden und daher in einer Apotheke ständig vorhanden sein müssen. Das verlangt einige Erfahrung und solide pharmazeutische Kenntnisse, aber nicht unbedingt feste Arbeitsstunden und ständigen Aufenthalt im Labor. Normale Gehilfen würden mit einem erhöhten Maß an Freizeit in Letschin vermutlich wenig anfangen können. Das Kirchdorf beschreibt Fontane seinem Freund Wolfsohn als ein »zweites Klein-Sibirien«. Er kommt sich wohl dort wie in der Verbannung vor.

Trotzdem: An Plänen für die Zukunft mangelt es ihm nie. Jetzt möchte er das Abitur nachholen und Medizin studieren – oder doch lieber Geschichte? Statt dessen studiert er klassische Autoren wie Cicero und Tacitus, auch ein bißchen Livius und Horaz, aber nicht ohne »dann und wann einen Blick in ›Hamlet‹ oder ›Macbeth‹« zu werfen, um seine »gelangweilte Seele an anderer Speise zu erquicken«. Das mehr oder weniger ernsthafte Studium gibt er bald wieder auf, ergänzt lieber seine englische Lektüre um Scott, Dickens, Coleridge, Thomas Moore und – vorzugsweise – Lord Byron.

Seine Zukunft setzt er allerdings eher auf die Pharmazie als das »Literatenthum«. Obwohl er eifrig Gedichte an die *Elegante Welt* nach Leipzig schickt (die meist zurückkommen), strebt er jetzt das Staatsexamen zum »Apotheker erster Klasse« an und danach den Erwerb einer kleinen Klitsche auf dem Lande. Dazu wird es jedoch – aus Mangel an Geld – nie kommen, auch wenn er sich noch lange in Preußen, Sachsen und selbst in England nach einer Apotheke ebenso wie nach Schlössern, die im Monde liegen, umsieht. Nach einem Jahr verlangt er daher vom Vater ein Zeugnis über seine Defektars-Tätigkeit, für die ihm »rühmlicher Eifer« bestätigt wird.

Die vom Vater gewährten großzügigen Freistunden verbringt Fontane dann doch wieder mit seinem Gänsekiel am Schreibtisch. Da Letschin keinerlei Ablenkung bietet, nimmt er die Gelegenheit wahr, sich einmal intensiver mit Shakespeare zu befassen. Er wird noch Jahre später die Freunde in London verblüffen, wenn er die Hauptmonologe aus *Macbeth, Heinrich IV.* und *Hamlet* auswendig hersagen kann.

Den gesamten *Hamlet* hat er in Letschin übersetzt und den *Sommernachtstraum* wahrscheinlich auch. Ferner entwirft er zumindest eine humoristische Novelle, führt sie aus und schickt sie nach Stuttgart an das *Morgenblatt für gebildete Stände*, das Hermann Hauff, der Bruder des frühverstorbenen Wilhelm Hauff, redigiert.

Aber literarisch geht ihm zur Zeit anscheinend alles verquer. Die abgeschlossene Übersetzung des *Hamlet* wird von ihm nirgends erwähnt, weder in seinem Werk noch in einem seiner unzähligen Briefe. Man findet sie überraschend im Nachlaß und staunt – im Druck ist sie erst 1966 erschienen. Der *Sommernachtstraum*, von dem wir nur durch ein paar Hinweise des Theaterkritikers und -direktors Paul Schlenther wissen, muß als verschollen gelten. Beide deutschen Fassungen hätten wohl auch gegen die Schlegel-Tieckschen kaum eine Chance gehabt.

Auf die Novelle *Zwei Post-Stationen* ist eine Archivarin, Ursula Ackermann, in den achtziger Jahren des 20. Jahrhunderts bei der Katalogisierung des Redaktionsarchivs des Cotta-Blattes gestoßen. Die von Hauff gestapelten, meist anonymen Manuskripte waren zu guter Letzt durch eine Stiftung der *Stuttgarter Zeitung* ins Deutsche Literaturarchiv Marbach gelangt. Das Manuskript gehört zu den wenigen, die voll – und wie immer bei Fontane außerordentlich schwungvoll – signiert sind. 1991 ist das kurze Werk dann endlich im Druck erschienen, fast hundert Jahre nach dem Tod des Autors.

Der *Hamlet*-Übersetzung hat schon ihr damaliger Entdecker, Hermann Conrad, 1899 »Klarheit, Gedrungenheit und Schlagkraft« des Stils bescheinigt. Man kann ihm darin zustimmen, trotz mancher Mängel, die zum Teil auf Schwierigkeiten des jungen Apothekers mit der englischen Sprache beruhen, obwohl er hin und wieder doch im Schlegel-Tieck nachgeschlagen haben dürfte. Ein kraftvoller Rhythmus liegt der Prosa zu-

grunde, und in manchen der schwierig zu übertragenden Verse erreicht Fontane durchaus die Übersetzung A. W. Schlegels. Joachim Krueger, der Neuherausgeber, meint sogar, daß er diese mitunter überträfe.
Vergleicht man beide, so fällt das Urteil keinesfalls immer zu ungunsten Fontanes aus. Hier ein Beispiel – wobei es sich um die vermutlich bekannteste Stelle des Stückes handelt:

Fontane: Sein – oder nicht sein! – ja, das ist die Frage:
Ob's edelmüt'ger sei, des Unglücks Stachel
Und Geißelhiebe zu ertragen, oder,
Bekriegend einen Ozean von Leiden,
Im Kampf sie zu besiegen? – Sterben – schlafen –
Nichts mehr; und wissen wir: Ein Schlaf beendet
Herzweh und tausend angeborne Schmerzen,
Die alles Fleisch ererbt, dann ist's ein Ziel,
Inbrünstig zu erflehen – Sterben – schlafen –
Schlafen – vielleicht auch träumen – ja, das ist's...
Schlegel: Sein oder Nichtsein, das ist hier die Frage:
Ob's edler im Gemüt, die Pfeil' und Schleudern
Des wütenden Geschicks erdulden, oder,
Sich waffnend gegen eine See von Plagen,
Durch Widerstand zu enden. Sterben – schlafen –
Nichts weiter! – und zu wissen, daß ein Schlaf
Das Herzweh und die tausend Stöße endet,
Die unsers Fleisches Erbteil – 's ist ein Ziel
Aufs innigste zu wünschen. Sterben – schlafen –
Schlafen! Vielleicht auch träumen! – Ja, da liegt's:...

Kein Wunder, daß Fontane im November des Vorjahres die Kritik einer *Hamlet*-Aufführung in Dresden mit der stolzen Bemerkung einleitet, daß er dieses Stück »so ziemlich am Schnürchen habe«.
Die *Zwei Post-Stationen* sind eine locker geknüpfte Novelle

aus drei Teilen, eigentlich drei Feuilletons milde satirischen Charakters. Der erste Teil (»Der Postillion«) glossiert das Beamtentum und die »Mondbeglänzte Zaubernacht«-Romantik. Der Erzähler fährt mit Jochen, dem ständig betrunkenen Postillion, der soltz darauf ist, »königlicher Beamter zweiten Grades« zu sein, durch die Nacht, schläft ein und erwacht, zwei Stunden nach der geplanten Ankunft, auf freiem Feld neben dem schnarchenden Kutscher. Teil II (Fontane verwendet noch römische Zahlen für die Numerierung seiner Kapitel) wird zur Karikatur des »politisch-ästhetischen Plunders vormärzlicher Interieurs«. In der »Passagierstube«, so der Name des Kapitels, hängen königstreue Stiche und Bildbögen, »in ganzen Schubkarren-Ladungen an der Wand«. »Im Kabriolet« zieht Fontane die zu Ende gehende Postkutschenromantik durch den Kakao. »Kabriolet« heißen die offenen (und billigeren) Plätze an der oberen Seitenwand. Ein Liebespaar, das schmusen will, drängt ihn da hinauf ins Freie. Es fängt an zu regnen, und der klatschnasse Passagier löst sich an der nächsten Station ein Eisenbahnbillett dritter Klasse nach Berlin.

Der Humor wirkt manchmal ein bißchen bemüht und der Stil mit allzu vielen überflüssigen Adjektiven beladen – eine Krähe fliegt auf, um »ihr grausig Lied mit der strandgebornen Möwe« zu kreischen. Aber es ist erstaunlich, wie geschickt der ungeübte Satiriker die Überlebtheit der Postkutschenromantik und den reaktionären, auf längst vergangenen Siegen basierenden Pseudopatriotismus gleichsam liebenswürdig, also auf sehr infame Weise madig zu machen versteht. Ein Jammer, daß diese Novelle ihr aktuelles Publikum nicht erreicht hat. Heute wirkt sie notgedrungen wie eine antiquierte Karikatur aus den *Fliegenden Blättern*.

Letschin, das zweite Klein-Sibirien, hängt, laut der Mitteilung Fontanes an Wolfsohn, »durch Vermittlung eines sogenannten Rippenbrechers von Postwagen nur lose mit der zivilisierten Welt zusammen«. Es gibt nicht einmal einen Postboten. Briefe und Zeitungen bringt »allsonnabendlich« ein altes Weib in geflicktem Rock, das »ein Felleisen in die Apotheke wirft und in Nacht und Grauen gespensterhaft verschwindet«. Fontane-Leser werden sie erkannt haben: Es handelt sich zweifellos um das Vorbild zur Hoppenmarieken in *Vor dem Sturm*, einer jener Gestalten, wie sie häufig in Fontanes Romanen auftauchen: Man hat sie nicht vergessen, selbst wenn einem der Name des Haupthelden erst nach einigem Nachdenken einfällt. (Um unnötige Suche und Nachschlagerei zu vermeiden: in *Vor dem Sturm* heißt er Lewin von Vitzewitz.)

Die Vermittlung des »Rippenbrechers« scheint Fontane wohl nicht eben selten in Anspruch genommen zu haben. Er muß häufig in Berlin gewesen sein. Schon am 23. Juli 1843, also in seinem ersten Letschiner Jahr, führt Bernhard von Lepel ihn zunächst als Gast in eine weitere Dichtergemeinschaft ein, der Fontane später beitritt, für ihn die wichtigste, die mehr als ein Klub oder Verein bedeutet, ihm beinahe zur zweiten Heimat wird, »Der Tunnel über der Spree«.

In Berlin hält sich Fontane aber hauptsächlich wegen eines anderen Problems auf, nämlich seiner bevorstehenden Militärzeit. Er ist jetzt bald fünfundzwanzig, und mit diesem Alter erlischt das Recht zum sogenannten Einjährig-Freiwilligen. In die preußische Armee 1815 eingeführt, wird es auch von der späteren deutschen Wehrmacht (bis zum Ersten Weltkrieg) übernommen. Wer in einer höheren Lehranstalt die mittlere Reife erlangt hat, braucht, wenn er sich freiwillig meldet, nur ein Jahr aktiv zu dienen (anstatt drei).

Das hat einen weiteren Vorteil: Der Rekrut darf sich die Einheit aussuchen, in die er eintreten möchte (im Regelfall wird er ihr nach Gutdünken zugeteilt). Bis zum Oktober 1843 muß Fontane sich angemeldet und seine Wahl getroffen haben, die, wie wir schon wissen, auf das Gardegrenadierregiment »Kaiser Franz« fällt, dessen Kaserne mitten in Berlin, in der Neuen Friedrichstraße, steht. Am 1. April 1844 wird er dort eintreten.

Das »Kaiser-Franz«-Regiment wählt Fontane wahrscheinlich, weil in ihm Bernhard von Lepel, der Mann, der ihn in den »Tunnel« eingeführt hat, als Leutnant einer Kompanie vorsteht. Lepel dichtet und zeichnet – er wird Fontanes engster Freund werden, sogar das geliebte Schottland bereisen sie zusammen. Es gibt Vermutungen, daß sich die beiden vielleicht schon im Platen-Verein kennengelernt haben, aber das bleibt ungewiß.

Eine Dienstzeit im Heer kommt Fontane, zumal in Friedenszeiten, durchaus entgegen. Sein beruflicher Werdegang ist – auf beiden Schienen – ins Stocken geraten, und es besteht wenig Aussicht auf Besserung, nicht einmal auf dem pharmazeutischen Sektor. Der Traum von einer eigenen Apotheke scheint illusionärer denn je, weil in der Familie eine Veränderung bevorsteht.

Die Ehe seiner Eltern ist kurz vor dem endgültigen Zusammenbruch. Fontane gibt der Mutter die Hauptschuld, die nun einmal nicht fünfe gerade sein lassen kann. Der Vater ist denkbar unglücklich und weint oft. Louis Henri liebt seine Emilie wohl immer noch. Er, im Grunde ein durch und durch weicher Mensch, scheint der Unterlegene.

Die Mutter will, »zu hart und zu herbe«, wie der Sohn damals urteilt, sogar die Scheidung, was die ohnehin nicht sehr rosigen finanziellen Verhältnisse innerhalb der Familie noch komplizieren würde.

Die Trennung erfolgt erst im Sommer 1847. Vor einer Scheidung warnt ein Freund der Mutter, der Pastor Ferdinand Schultz vom Berliner Krankenhaus Bethanien, dem auch Theodor Fontane dereinst einiges verdanken wird. »Lieber Schultz«, antwortete die selbstbewußte Mutter, »Sie verstehen diese Frage gründlich, aber ob ich ein Recht darauf habe, mich scheiden zu lassen oder nicht, diese Frage kann in der ganzen Welt kein Mensch so gut beantworten wie ich selber.«

Sie werden sich nicht scheiden lassen. Louis Henri Fontane wird sich in einem noch kleineren Ort als Letschin eine neue Apotheke kaufen und Emilie Fontane mit ihrer Tochter Elise, Theodors Lieblingsschwester, zurück nach Neuruppin ziehen, wo es ihr immer noch am besten gefallen hat.

Fontane, dessen Verhältnis zu beiden Elternteilen sich mit

fortschreitendem Alter verbessert, auch das zur Mutter, ist froh, dem häuslichen Elend zu entkommen. Geld zum Kauf einer Apotheke, kann er sich ausrechnen, ist für ihn nun bald nicht mehr vorhanden. Da wird die Kaiser-Franz-Kaserne in der »Tunnel«-Stadt Berlin beinahe zum dankbar angestrebten Zufluchtsort.

## 12.
## Beim »Kaiser Franz«
(1844–1845)

Die wichtigsten Ereignisse, die in Fontanes Militärjahr fallen, sind unmilitärischer Art: das ist einmal die praktisch von der Neuen Wache aus angetretene Reise nach England und dann die Aufnahme in den Dichterverein »Tunnel über der Spree«. Beides hat entscheidenden Einfluß auf sein künftiges Leben, indes die Rekrutenzeit selbst ereignislos verläuft. Sie wird nicht aufregender nach seiner Beförderung zum Unteroffizier.

Meist steht er Wache, nicht nur in Schinkels tempelartigem Wachlokal Unter den Linden, sondern auch vor dem Stadtschloß am Eosander-Portal oder bei den »Pulvermühlen« im übelbeleumundeten Stadtteil Moabit. Dort, wo Berlin zum großen Binnenhafen wird, vollbringt er seine »militärische Großtat«, wie er sie spöttisch nennt. Ein Betrunkener, der in einer Hafenkneipe randaliert, wird ihm vorgeführt und, da er nach wie vor um sich schlägt, von ihm, dem wachhabenden Unteroffizier, verhaftet. Wofür Fontane großes Lob erfährt, denn es handelt sich um einen stadtbekannten »Radaubruder, Händelsucher und ganz besonders... Falschspieler«.

Wenig später sitzt er in der Mansardenstube, die er gemietet hat, bei der Lektüre des *Childe Harold* von Byron, als es an die Tür klopft. Herein treten drei verdächtige Individuen, die zunächst nicht mit der Sprache rausrücken und in der Dämmerung bedrohlich wirken. Da es sehr kalt ist in Fontanes Bude, bieten sie ihm eine Ladung Torf, falls er als Gegenleistung eine etwas freundlichere Aussage über ihren Freund, den von ihm verhafteten Randalierer, machen würde. Was Fontane – bei strikter Ablehnung des Bestechungstorfs – verspricht.

Ansonsten stumpft ihn der Dienst ab. Sogar seine so behende Muse scheint erlahmt. In einem Schreibheft notiert er seine – nicht eben günstigen – Eindrücke vom Kommiß in Versen.

Es krankt, seit des Gefreiten Schere
Mir meine Locken weggeputzt,
Mein Flügelpferd an einer Schwere,
Als wär' es mit mir zugestutzt.

Je steifer nach dem abgehackten
Kalbfell den Fuß ich setzen muß,
Je steifer wird nach solchen Takten
Auch allemal mein Pegasus.

Jetzt hat man Rock und Helm, den blanken,
Mit all und jedem schon gemein;
Und ging's, man nähte die Gedanken
Auch gern in Uniformen ein.

Die Überschrift lautet: *Als Grenadier*.

Wie lapidar es beim Garderegiment »Kaiser Franz« zugegangen sein mag, geht aus einem Dialog hervor, den Fontane in seinem Erinnerungsbuch überliefert hat. Als er sich nach seiner Englandreise beim Hauptmann zurückmeldet, fragt ihn dieser (»ganz menschlich, beinahe väterlich«): »Nun, lieber F., wie war es?«

Fontane: »Himmlisch, Herr Hauptmann!«

Der Hauptmann: »Glaub' ich... Ja, London... Ich habe auch mal hingewollt.«

Hinzuzufügen wäre, daß man im preußischen Militär die »Einjährigen« nicht ganz für voll nimmt. Erkennbar an ihrer Achselschnur, werden sie von ihren Vorgesetzten gleichsam achselzuckend behandelt und nur oberflächlich ausgebildet, daß es zum Wacheschieben langt.

Einmal trifft er bei solcher Gelegenheit auf einen Freiwilligen eines anderen Bataillons, einen Jurastudenten namens Maximilian Dortu. Er stammt aus einer altangesehenen Berliner Hugenottenfamilie – die Dortus erhielten 1745 die Erlaubnis, im Tiergarten Zelte aufzuschlagen und in ihnen Erfrischungen zu verkaufen, woraus sich im Laufe der Jahre »Unter den Zelten« im Spreebogen (dort, wo man nach dem Zweiten Weltkrieg die Kongreßhalle erbaut hat) ein ganzes Bier- und Kaffeegartenviertel entwickelte.

Max Dortu wird 1848 die revoltierenden Demokraten Potsdams anführen und nimmt anschließend am badisch-pfälzischen Aufstand teil, der blutig niedergeschlagen wird. Am 31. Juli 1849 hat man ihn in den Kasematten von Rastatt standrechtlich erschossen.

Beim Gegenzeichnen des Urteils soll Prinzregent Wilhelm, der spätere Wilhelm I., gestutzt und lange mit seiner Unterschrift gezögert haben. Und zwar, so Fontane, »weil er wußte, daß der junge Dortu das Wort ›Kartätschenprinz‹ aufgebracht und ihn, den Prinzen, in Volksreden mannigfach so genannt hatte«.

Seit dem gemeinsamen Einjährigendienst ist nicht viel Zeit vergangen, gute fünf Jahre. Noch dienen spätere Königstreue und spätere demokratische Revolutionäre Seite an Seite im gleichen Rock. Die künftigen Revolutionäre finden sich dabei vielfach unter den ehemalig Einjährig-Freiwilligen, deren militärische Erfahrung man überschätzt. Ob die Berufsoffiziere sie deshalb so zögernd und unvollkommen an den Waffen ausgebildet haben, steht dahin. Die Mutmaßung liegt auf der Hand. Der Aufstand von 1848 hat sich lange vorher abgezeichnet.

Das Potsdamer Fontane-Archiv befindet sich übrigens heute in der nach Dortu benannten Straße.

# 13.
## Der Tunnel über der Spree
(1843–1844)

Wir haben vorgegriffen. Noch während Fontanes Militärzeit führt ihn sein Leutnant Bernhard von Lepel in jenen Dichterklub mit dem merkwürdigen Namen »Der Tunnel über der Spree« ein, als »Rune«, wie man dort die Gäste nennt. Seine Aufnahme als »Makulator«, dies der gebräuchliche Ausdruck für das aktive Mitglied, das ja aus schneeweißem Papier Makulatur zu verfertigen pflegt, erfolgt im Herbst des nächsten Jahres, am 29. September 1844, diesmal auf Antrag des Schriftführers Wilhelm von Merckel. Fontane, der später sogar zum »angebeteten Haupt« ernannt wird, eine der höchsten Ehrungen, die der Verein vergeben kann, liest bereits am ersten Abend »Späne« vor (so heißen die Gedichte, die dem Schriftführer anonym eingereicht werden müssen).

Man sieht: Es geht humorvoll zu, nicht so todernst wie in den Klubs, deren Mitglied er bisher gewesen ist. Der Humor mag uns ein bißchen altväterisch vorkommen. Er ist typisch für den Vormärz und hat im geschlossenen Zirkel zwei unschätzbare Vorteile. Er sorgt erstens dafür, daß es gelockert zugeht. Und zweitens schafft er quasi eine gemeinsame Ebene, auf der die in der preußischen Hierarchie üblichen Standesunterschiede wie von selbst verschwinden. Erhält doch jedes Mitglied einen Übernamen und darf in den Sitzungen des Vereins nur unter diesem erwähnt oder damit angeredet werden. Fontane tauft man »Lafontaine«.

Satzung und Struktur stammen noch vom Vereinsgründer, dem Schriftsteller, Zeitschriftenverleger und -redakteur Moritz Gottlieb Saphir. Obwohl Deutsch nicht einmal seine Muttersprache ist, hat er, Robert Springer zufolge,»jene Wortdrehkrankheit« eingeführt, die sich im Vormärz von Berlin aus rasch über ganz Deutschland verbreitet.

Ein Musterbeispiel für Saphirs Wortwitz dürfte schon der Name des Vereins sein. Zur Zeit seiner Gründung, 1827, war jener Tunnel in aller Munde, den die todesmutigen englischen Ingenieure, Vater und Sohn Brunel, wenige Jahre zuvor, ein neues Weltwunder, unter der Themse hindurchgeführt hatten. Dem Tunnel unter der Themse einen über die Spree entgegenzusetzen, mag nicht sonderlich komisch sein – dennoch gut möglich, daß Saphir, einer der geistreichsten Köpfe seiner Zeit, eben dies als Parodie eines törichten Witzes beabsichtigte; es wäre ihm zuzutrauen. Den Klub soll er gegründet haben, weil ihn die bestehenden literarischen Gesellschaften seiner jüdischen Herkunft oder seiner umstrittenen Persönlichkeit wegen nicht aufnahmen. Berühmt das Bonmot, der Saphir sei »ein Edelstein, den nur die Polizei richtig fassen« könne.

Man hat Saphir zwei weitere Motive für die »Tunnel«-Gründung zugeschrieben. Zum einen war er bei denen, die er zum Ziel seiner Lästerzunge nahm, ob Anti- oder Philosemit, selbstredend wenig beliebt. Er benötigte bald eine Art Leibwache, die er sich am billigsten – dies jedenfalls die Meinung selbst vieler »Tunnel«-Mitglieder – in Form eines Dichtervereins zulegen konnte. Andere behaupteten, es sei ihm in der Hauptsache auf Mitarbeiter für sein satirisches Blatt, die gerngelesene *Schnellpost*, angekommen, die aber keine Honorare zahlte. Möchtegernliteraten, denen es eine Ehre ist, einem literarischen Klub anzugehören, seien indes am ehesten bereit, ihr unter eigenem Namen gedrucktes Produkt für das beste Honorar zu halten.

Tatsächlich blieb der »Tunnel« lange Zeit, die ganzen dreißiger Jahre hindurch, ein Dilettantenverein. Saphir, ein unsteter Gast, wo immer er wirkt, ist schon weitergezogen nach Leipzig (wo er einen »Tunnel über der Pleiße« gründen wollte) und Wien, aber die von ihm eingeführten Sitten und Gebräuche hat man beibehalten, wie auch weiterhin Nichtprofis das Gesicht des Vereins bestimmen. Ihm gehören auffallend viele Offiziere an, ein rundes Drittel, und zu einem weiteren Drittel adlige Assessoren, also Beamte. Geibel (»Tunnel«-Name: Bertram de Born) hat dann auch den eigenen Klub als »Kleindichterbewahranstalt« verspottet.

Aber das ist ungerecht. Mögen sich unter den Mitgliedern viele literarische Mitläufer befinden und nicht nur Geistesgrößen – zu denen wir den einst vielgerühmten Geibel heute nicht mehr zählen –, so handelt es sich doch um redliche und interessierte Leute. Zudem haben sich, als Fontane 1844 hinzustößt, die Gewichte schon ein bißchen zugunsten der Berufsautoren und -künstler verschoben. Das Niveau ist gestiegen.

Von unserer Warte aus gesehen finden sich unter den »Tunnel«-Mitgliedern immerhin einige, die man noch kennt, die zum Teil auch erst später berühmt wurden. Etwa der junge Adolph Menzel (»Peter Paul Rubens«, meist nur »P.P.R.« abgekürzt) und der noch jüngere spätere Literaturnobelpreisträger Paul Heyse (»Hölty II.«). Da sind Theodor Hosemann (»Hogarth«), ein weiterer Maler; der Kunsthistoriker Franz Kugler (»Lessing«), dessen *Geschichte Friedrichs des Großen* »Tunnel«-Freund Menzel illustriert; der Historiker und Romancier Felix Dahn (»Waiblinger«); der Bildhauer Friedrich Drake (»Rauch« – übrigens sein Lehrer), der die mächtige Viktoria der Berliner Siegessäule beigab; der Philosoph Moritz Lazarus (»Leibniz«), der Begründer der Völkerpsychologie; Heinrich Seidel (»Frauenlob«), Ingenieur und als Autor des *Leberecht Hühnchen* eine der wenigen wirklich humorvollen Federn Berliner Prägnanz; endlich Theodor Storm (»Tannhauser«), der, von Fontane eingeführt, allerdings nur kurz Mitglied bleibt.

Eine imponierende Liste, der man eine Reihe weiterer Namen hinzufügen könnte, deren Klang zwar nicht weit über ihre Zeit hinausreicht, die damals jedoch von einiger Bedeutung und auf ihrem Gebiet einflußreich waren. Im »Tunnel« fungierten sie als Xenophon, Petrarca, Julius Caesar, Spinoza, Cook, Aristophanes: »Kleine Bilder – große Rahmen«, hat es einer der Ihren formuliert, auf den die Bezeichnung ebenfalls zutrifft, nämlich Christian Friedrich Scherenberg. Aus heutiger Sicht scheint Theodor Fontane sie alle zu überragen. Er ist erst spät, durch sein Alterswerk, zu voller Größe herangewachsen und hat im Nachruhm inzwischen nahezu alle seine Kollegen und Zeitgenossen – vielleicht mit Ausnahme Gottfried Kellers – überflügelt. Es fragt sich sogar, ob der »Tunnel über der Spree« heute mehr wäre als eine belanglose kulturhistorische Fußnote, wäre Fontane nicht Mitglied gewesen und hätte der Klub nicht erheblichen Einfluß auf seine weitere Entwicklung gehabt.

Eine Umfrage nach den prominentesten Mitgliedern wäre damals anders ausgefallen, keinesfalls wäre der Name Fontanes aufgetaucht. Seine eigene Antwort in einer Rezension lautet: »Strachwitz und Scherenberg.«

Mit diesen beiden Namen können wahrscheinlich nur noch Germanisten etwas anfangen. Aber da lesen wir's: »Das ›Herz von Douglas‹ [eine Ballade von Strachwitz] zählt zu dem Schönsten, was wir überhaupt haben, und wenn ich mir vergegenwärtige, daß der Tunnel zwei solcher Prachtgedichte hervorgebracht hat, erst den ›Verlorenen Sohn‹ von Scherenberg – ein Gedicht, das den ganzen Scherenberg aufwiegt – und dann das ›Herz von Douglas‹, so darf man sagen: ›Dieser Tunnel hat nicht umsonst gelebt.‹«

Ernst Kohler, der den Dichterklub genau unter die Lupe genommen hat: »Der Tunnel nahm sich selbst nicht ganz ernst, und gerade das ermöglicht es uns, ihn bis zu einem gewissen Grad ernst zu nehmen.«

Den Grafen Strachwitz hat Fontane nicht mehr persönlich kennengelernt. Er lebt inzwischen auf seinem Gut in Mähren, aber im »Tunnel«, dem er (Übername: »Götz von Berlichingen«) ein gutes Jahr angehörte, ist noch oft von ihm die Rede. Auf der Rückreise von Italien stirbt er 1847, erst fünfundzwanzigjährig. Seine Gedichte, vor allem die 1842 in Berlin erschienenen »Lieder eines Erwachenden«, sind weit über seine

Zeit hinaus hochgeschätzt und, obwohl sie heute so gut wie vergessen sind, in viele Anthologien aufgenommen worden.

Auch Fontane schätzt ihn noch über zwanzig Jahre lang, bis ihm »der Sinn für das Strachwitzische« verlorengeht. Für sehr talentvoll »und besonders klangvoll« hält er ihn weiterhin, aber »zu pausbäckig... alles virtuos freiligrathisch gehalten«. Weiter: »Was Herwegh demokratisch vorsang, sang Strachwitz aristokratisch nach.« Die Ballade »Herz von Douglas« nennt Fontane eine Perle und vergleicht sie mit Bürgers »Lenore«. Wer würde aber heute, wenn der Name Douglas im Rahmen deutscher Dichtung fällt, noch an Strachwitz denken und nicht an Fontanes »Archibald Douglas«?

Auf Scherenberg werden wir später zu sprechen kommen. Über ihn hat Fontane ein Buch geschrieben, wenn auch nicht sein bedeutendstes oder bekanntestes.

Die Zeit von Strachwitz und Scherenberg ist bereits vorbei, als Fontane in der Mitgliederliste erscheint. Den Ton geben jetzt Bernhard von Lepel und Wilhelm von Merckel an, Offizier der eine, Kammergerichtsrat der andere. Lepels Interessen und sein Können sind weit gespannt. Im Rang eines Majors nimmt er seinen Abschied und zieht sich auf sein Gut Bellevue bei Köpenick zurück, wo er sich als Dichter, Zeichner, Landwirt und Erfinder, unter anderem eines Perpetuum mobile, beschäftigt. Merckel führt das Protokoll, das zum Auftakt jeder Sitzung verlesen wird. Man wählt ihn immer wieder für diese Aufgabe, weil keiner so vollendet witzig die literarischen und sonstigen Vorgänge im Verein wiedergeben kann. Neben dem Vorsitzenden, der übrigens weder Vorsitzender noch Präsident heißt, sondern »Haupt« (er wird alljährlich neu gewählt), hat Merckel darauf zu achten, daß die Satzung eingehalten wird.

Jeder darf nur mit dem *nom de guerre* angeredet werden, jegliche Diskussion über Politik und Religion ist zu vermeiden – erlaubt sind nur sogenannte Zeitgedichte, die meist sozialen Problemen gelten. Das Vereinsvermögen (»ein nicht unbeträchtliches« laut Fontane) hat größtenteils Louis Schneider zusammengetragen, neben Saphir der Mitbegründer des Klubs, ein Praktikus, der es als Vorleser zweier preußischer Könige zum Hofrat bringt. Man kann sich ein Archiv und eine eigene Bibliothek samt Archivar und Bibliothekar leisten. Es werden auch Preisausschreiben veranstaltet, bei denen es Ehrenbecher, später sogar Geldpreise zu gewinnen gibt. Die Sitzungen finden in verschiedenen Lokalen statt, meist jedoch im Café Belvedere neben dem Opernhaus. Zu Beginn erklingt stets das von Rudolf Löwenstein (»Spinoza«) verfaßte »Tunnel-Lied«:

> Zu London unter der Themse
> Der mächtige Tunnel liegt,
> Der Strom, scheu wie die Gemse,
> Hin über die Tiefe fliegt...

Dann nimmt der Vorsitzende, nein, das »Haupt«, jenes mannshohe Eulenzepter zur Hand, mit dessen Aufstampfen jede Sitzung eröffnet und beschlossen wird. Merckel oder vielmehr: »Immermann« verliest das von ihm verfaßte launige Protokoll der vorigen Sitzung, was in der Runde schon aufmunterndes Gelächter verursacht und die Stimmung lockert. Darauf folgt die Frage: »Sind Späne da?«, also Gedichte, was immer der Fall ist.

Wer sich in einem Preisausschreiben bewirbt, wie es fast jedesmal ausgeschrieben wird, darf sein Gedicht nicht selbst vortragen, weil der beste Deklamator stets den ersten Preis einheimsen würde. Die Verse sind vorher anonym, aber in leserlicher Handschrift und mit dem Namen desjenigen Klubkameraden versehen, den man sich als Vorleser wünscht, bei »Immermann« abzugeben. Außerhalb derartiger Konkurrenzen darf jeder »Makulator« oder »Rune«, bei besonderen Anlässen dürfen auch die »Klassiker« (die wir heute »Fördernde Mitglieder« nennen würden) als Interpreten ihrer eigenen Werke auftreten.

Die Dichtungen werden anschließend kommentiert, diskutiert und mit einem Urteil versehen, das demokratisch, nämlich durch Abstimmung, gefällt wird. Es gibt vier Bewertungen: sehr

gut, gut, schlecht und verfehlt.»Von fünf Sachen«, bedauert Fontane,»waren immer vier verfehlt.«
Kritik darf in der Diskussion keinesfalls harsch oder gar beleidigend vorgebracht werden – der »Tunnel« unterscheidet sich darin erheblich von der Gruppe 47 und ähnlichen Institutionen unserer jüngeren Vergangenheit oder Gegenwart. Eine humorvolle Form auch in der Opposition zu finden ist Pflicht. Was nicht verhindert, daß man über solche gemütvoll-gemütliche Literatenrunde über Generationen hinweg die Nase gerümpft hat. Der Humor, gibt selbst Fontane zu, sei tatsächlich manchmal »etwas zu gewollt« gewesen.

Aber wiederum Fontane:»Dem vielgeschmähten Tunnel verdank' ich es, daß ich mich wiederfand und wieder den Gaul bestieg, auf den ich nun mal gehöre.«

Schon während seiner ersten »Tunnel«-Zeit, und direkt durch sie veranlaßt, wendet er seinen Pegasus, und zwar weg von Herwegh, zurück zur Ballade; von der »reinen Lyrik«, in der er sich auf der englischen Reise versucht hat, wechselt er in den unsentimentalen Volkston, den er zweifellos am besten beherrscht.

Der englische Germanist Kenneth Attwood führt den Wandel Fontanes auf den allgemeinen »Überdruß am epigonalen Wortschwall« zurück – in der Formulierung des jungen Dichters: »Das Lied war da, die Tat blieb aus...« Aber letztlich läuft das auf dasselbe hinaus.

Natürlich kann er mit Herwegh-Versen Offizieren und Beamten nur schwer imponieren. Trotzdem handelt es sich bei seinen Vereinskollegen keineswegs um, wie man mitunter liest, erzkonservative Reaktionäre. Das Gegenteil ist der Fall. Man denkt und schreibt nationalliberal – man strebt die nationale Einheit und eine liberale Verfassung an. Man sucht nach einem pragmatischen Weg.

Was nicht nur für die Politik gilt, sondern, jedenfalls bei Fontane, ebenso für die Dichtung. Weder mit rhetorischen Freiheitsgedichten noch mit der »reinen Lyrik«, der er neuerdings den Vorzug gibt, erntet er im »Tunnel« viel Applaus. Kunststück –

Ernst Kohler nennt, was er aus England nach Hause mitgebracht hat, »Touristenlyrik«.

Der ersehnte Erfolg im »Tunnel« läßt auf sich warten. Bis zum 15. Dezember 1844 – da hat Fontane seine Kehrtwendung endgültig vollzogen und sitzt wieder fest im Sattel seines Balladen-Rosses. Er liest seinen »Towerbrand« vor und erntet den ersten Beifall.

In Merckel/»Immermanns« Protokoll liest es sich, nachdem über lauter mittelmäßige Beiträge berichtet worden ist, wie folgt: »Um daher mit einem eklatanten Effekt die Sitzung zu schließen, zündete Lafontaine den Tower an..., daß die durstigen Flammen die durch Blut und Thränen feuerfest gemachten Brandmauern wie Becher ausleerten; dem konnte kein sterblicher Verein widerstehen. Der Brand wurde stürmisch da capo verlangt, und als die Mauern zum zweitenmal leer waren, rief man den genialen Brandstifter eben so stürmisch heraus...«

Fontane wäre nicht der Skeptiker, der er auch sich selbst gegenüber ist, wenn er die Entwicklung, die er vorantreibt, nicht gleichzeitig bedauerte. »Das Lyrische«, schreibt er ein paar Jahre später seinem Freund Wolfsohn, »hab' ich aufgegeben, ich möchte sagen blutenden Herzens. Ich liebe eigentlich nichts so sehr und innig wie ein schönes Lied und doch ward mir gerade die Gabe für das Lied versagt. Mein Bestes, was ich bis jetzt geschrieben habe, sind Balladen und Charakterzeichnungen historischer Personen.«

Noch ein paar Jahre später wird der Dichter Hansen-Grell es im Roman *Vor dem Sturm* auf eine endgültige und wohldurchdachte Formel bringen: »Unsere dichterische Produktion... entspricht unserer Natur, aber nicht notwendig unserem Geschmack.«

Den »Tunnel« liebt Fontane, weil er dort selbst beliebt ist, »ein prächtiger Kerl«, wie ihn ja Kersting schon genannt hat, laut Heyse als Freund unter Freunden eine »wohltuende Erscheinung«.

Es ist aber nicht dies allein. Hier hat ein kommender Autor

seinen Kreis gefunden, nach dem er sich richten kann. Und dies, weil es sich keineswegs nur um Leute handelt, die ihm geistesverwandt sind oder auf seiner Wellenlänge liegen. Es sind Menschen vieler Couleurs, dagegen wenige Ideologen und noch weniger Weltverbesserer unter ihnen, Realisten, fast alle zwischen den üblichen Fronten stehend, *middle-of-the-road*, wo sich Fontane sein Leben lang im Grunde am liebsten aufhält.

Der »Tunnel« ist für ihn und sein angehendes literarisches Werk der erste Resonanzboden, den er ganz bewußt als solchen benutzt. Kommt es ihm doch nicht so sehr auf eine schriftstellerische oder dichterische Selbstverwirklichung an als auf ein Echo. Er ist kein Saft- und Kraftgenie, für das sich Deutsche so gerne halten (und das sie über alles schätzen). Er möchte gelesen werden, und das von möglichst vielen Menschen. Mit ihm und dem »Tunnel« gerät ein Schuß Demokratie ins Spiel.

Noch zu Fontanes Siebzigstem wird Paul Heyse sich an seine erste »Tunnel«-Begegnung mit ihm erinnern:

> Da ging die Thür und in die Halle
> Mit schwebendem Gang wie ein junger Gott
> Trat ein Verspäteter frei und flott,
> Grüßt in die Runde mit Feuerblick,
> Warf in den Nacken das Haupt zurück,
> Reicht diesem und dem die Hand
> Und musterte mich jungen Fant
> Ein bißchen gnädig von oben herab,
> Daß es einen Stich ins Herz mir gab.
> Doch: *Der* ist ein Dichter! wußt ich sofort.
> Silentium Lafontaine hat's Wort.

## 14.
## Der Ehrgeiz und die Lebensangst
(1845–1847)

Ein Mensch der langsam reift« ist der junge Fontane für Charlotte Jolles, die deutsch-englische Fontane-Expertin. »Als ein junger impulsiver Mensch in einer schläfrigen Zeit tritt er uns entgegen, erfüllt mit starkem künstlerischem Drange und einer lebhaften Teilnahme am Zeitgeschehen.« Nach wie vor verlaufen bei ihm sowohl Bildung als auch Ausbildung parallel: Apotheke und Schreibtisch. Eine dritte Schiene gesellt sich jetzt als eine Art Nebenstrang hinzu: die der »Tunnel«-Gesellschaft, der er zumindest nominell einundzwanzig Jahre lang angehören wird. Den Tag widmet er der Pharmazie, Abend und Nacht der Schreiberei, den Sonntag dem Verein. Obwohl das Interesse schon in den fünfziger Jahren erlahmt, ist und bleibt der »Tunnel« ein entscheidender Teil seines Lebens. Freundschaft und Beziehungen – beides braucht ein Literat zum Weiterkommen – bekommt Fontane in Zukunft weitgehend und anfangs beinahe ausschließlich aus seinem Dichterklub. Hier lernt er noch den alten Eichendorff kennen, der einmal als Ehrengast erscheint, und den scheuen Gottfried Keller, der auch bald wieder ausbleibt. Wollte man ihn in eine der vielen Gruppierungen (oder Cliquen) einordnen, aus denen dieser Verein, wie wohl alle Vereine, besteht, müßte man ihn als Ziehkind Wilhelm von Merckels bezeichnen, zu dessen engerem Kreis er zählt, ein väterlicher Freund, der viel für ihn tut und noch mehr für ihn tun wird. Merckel, klein, »aber wohlgebildet«, obgleich er sich selbst als »verwachsen« bezeichnet, sei »ein fester Charakter«, schreibt Fontane ein Menschenalter später, aber »ein schwacher, weil schwankender Politiker« gewesen.

Zu einem Herwegh-Verehrer will Merckel überhaupt nicht passen. Zwar tritt der erzkonservative Kammergerichtsrat für Freiheit ein, aber, wie Fontane formuliert, »auf etwas altmodische Weise«, denn als 1848 das Volk die Freiheit fordert, ruft Merckel nach der Polizei.

Auch heftige Kritik übt er an den Konservativen, was aus seiner Novelle *Der Frack des Herrn von Chergal* hervorgeht. In ihr spielt ein durch viele Änderungen und Flicken verdorbenes Kleidungsstück eine Rolle, das Fontane als Allegorie für jene ständische Verfassung interpretiert, die konservative Politiker wie Gerlach anstreben, um eine liberalere Verfassung zu vermeiden. Andererseits hat ausgerechnet Merckel jenes Lied geschrieben, das nach 1848 zu einer infamen Popularität gelangt, als mit ihm auf den Lippen die Wrangelschen Truppen den Aufstand niederwerfen: »Gegen Demokraten helfen nur Soldaten.« Ein Liberaler ist Merckel nicht.

Was den »Tunnel«-Neuling so sehr an ihm bestickt, ist seine Umgänglichkeit und Menschlichkeit. Fontane vertraut er schon im Jahr nach dessen Eintritt bisweilen das Verfassen der Protokolle an, eine Aufgabe, die dieser mit der gleichen Sorgfalt und nicht minder gedanken- und geistreich ausführt wie sein Mentor. An der Freundschaft soll später noch Fontanes Familie teilhaben, denn die Kinder werden »zeitweilig ihr Leben mehr im Hause ›Tante Merckels‹ als im eigenen elterlichen Haus« verbringen. Frau Merckel hat ihren Mann um einiges überlebt.

Wichtig bleiben daneben jedoch Fontanes berufliche Hauptschienen. Ein knappes Viertel des Jahres 1845 schlüpft der Apothekergehilfe noch einmal bei seinem Vater in Letschin unter. Er habe, heißt es im Zeugnis, der »Receptur... mit Eifer und Geschicklichkeit vorgestanden...« und weiter: »Mehr zu seinem Lobe zu sagen, was ich wohl könnte und möchte, verbietet mir meine Stellung als Vater dieses jungen Mannes, – weshalb denn ich das unterlaße, und damit ende, ihm das beste Glück in seiner neuen Stellung recht aufrichtig zu wünschen.«

Die neue Stellung, die er im Juni antritt, ist die eines zweiten

Rezeptars in der sogenannten Polnischen Apotheke in der Friedrichstraße, nahe Unter den Linden, also im Herzen Berlins. Wie immer in seiner pharmazeutischen Laufbahn hat Fontane wieder Glück – erneut trifft er auf eine »Prinzipalität« erster Klasse, jedenfalls was die Inhaber, den Medizinalrat Schacht und seine Frau, angeht. Der Geschäftsführer, der laut Fontane »die für einen Apotheker verhängnisvolle Eigenart hatte, von heftigen Brustschmerzen befallen zu werden, wenn auch nur das leiseste Stäubchen von Ipecacuanha [Brechwurz] in der Luft war«, scheint dagegen kein großes Kirchenlicht.

Kurz vor Fontanes Rückkehr nach Berlin sind Tante Pinchen und Onkel August aus ihrer Quasi-Emigration nach Leipzig zurückgekommen. Onkel August hat – man ist offenbar vergeßlich in Berlin – in der Lüderitzschen Kunsthandlung eine Anstellung als erster Geschäftsführer gefunden und führt schon wieder das große Wort im Café Spargnapani, das dem Kunstgeschäft gegenüberliegt. Er scheint maßgeblich an der Gründung eines der vielen Straßenklubs beteiligt, die sich allenthalben bilden und in denen eifrig politisiert wird. »Immer an der Spitze zu sein und dabei theatralisch zu perorieren [laut und kräftig zu reden]«, schildert Fontane ihn, »das war sein Liebstes.«

Obwohl der Neffe später nicht allzugut von seinem Onkel spricht, nimmt er doch die Gelegenheit wahr und zieht wieder zu ihm, diesmal als ordentlicher Mieter. Lange hält er es zwar nicht bei Onkel und Tante aus, aber die erneute Beziehung zu ihnen könnte dennoch ein wenig von jenem Leichtsinn in ihm entfacht haben, der anscheinend in der Familie liegt.

Mit anderen Worten: Der junge Herr Apothekergehilfe und »Tunnel«-Dichter stößt sich in dieser Zeit (oder etwas später, als er bereits verlobt ist) die Hörner ab. Vielleicht daß er deshalb Onkel August und Tante Pinchen so bald wieder verläßt. Immerhin bekennt sich Fontane zu zwei unehelichen Kindern in dieser Zeit, was auf eine feste Bindung (oder deren mehrere) schließen läßt. Näheres ist bislang nicht bekanntgeworden.

Am 6. Dezember hat Onkel August zu seiner Geburtstagsfeier geladen. Der Neffe kann daran nicht teilnehmen, weil er Dienst hat, bekommt jedoch den Brief einer alten Bekannten namens Emilie Kummer, die ebenfalls eingeladen ist. Sie würde, schreibt sie, gern mitfeiern, habe aber Angst, abends allein nach Hause zu gehen. Ob es ihm als gutem Freund nicht möglich sei, sie nach Dienstschluß abzuholen und in ihre Wohnung zurückzubringen? Das kann und will Fontane nicht ablehnen. Die beiden kennen sich seit Jugendtagen, als er, damals fünfzehn, bei Pinchen und August in Pension war, und sie, zehn, ein Nachbarskind in der Großen Hamburger Straße. Ihre damalige Erscheinung nennt er »abruzzenhaft«, was weniger auf ihr südländisches Aussehen gemünzt ist als auf eine gewisse Verwahrlosung. Der Rat Kummer – ihr Adoptivvater – gilt als etwas wunderlich, seit seine Frau gestorben ist und er den Haushalt wechselnden Dienstbolzen überläßt. Das Mädchen stammt gleich Fontane aus einer französischen Familie. Ihr ursprünglicher Name: Georgina Emilie Carolina Rouanet.

Sie müssen wir uns näher ansehen, denn Fontane holt sie an Onkel Augusts Geburtstag tatsächlich ab und geleitet sie nach Hause. Er scheint den ganzen Weg über schweigsamer und ungelenker als gewohnt. »Wenige Schritte vor der Weidendammbrücke« passiert es dann. Ihm kommt, wie er schreibt, »dieser glücklichste Gedanke meines Lebens«. Er gesteht Emilie seine Liebe und verlobt sich kurzerhand mit ihr. Da er nicht weiß, ob er sich deutlich genug ausgedrückt hat, und die Braut sich anscheinend ziemlich unbeeindruckt verabschiedet, ruft er ihr noch nach: »Wir sind nun aber wirklich verlobt!«

Das bleiben sie fünf Jahre lang, denn zum Heiraten fehlen Geld und Examen. Eine lange Brautzeit, während der Fontane seinen Freunden Wolfsohn und Lepel skeptische Briefe über die Ehe im allgemeinen und seine künftige im besonderen schreibt.

Fontane ist blond und blauäugig, Emilie der dunkle französische Typ. Sie entstammt übrigens keiner Hugenottenfamilie. Ihr Großvater Jean Pierre Barthélemy Rouanet hat seine Heimatstadt Toulouse nicht auf der Flucht, sondern eines familiären Konfliktes wegen verlassen und ist in Neufchâtel, damals eine preußische Enklave in der Schweiz, von Werbern entführt und der Garde des Alten Fritzen einverleibt worden. Der Alte Fritz hat ihn später zum Stadtkämmerer in Beeskow bei erhöhtem Gehalt (jährlich tausend Taler) ernannt, ein lukratives Amt, das er über fünfzig Jahre versieht. Als er mit zweiundneunzig stirbt, ist sein Sohn, Emilies Vater, schon tot. Vorübergehend bei einem Onkel untergebracht, wird Emilie 1827 vom Rat Kummer, noch zu Lebzeiten seiner Frau, adoptiert. Er besitzt eine Papiermachéfabrik und soll – das behauptet er wenigstens – einer der Erfinder der Relieflandkarten gewesen sein, die er in seinem Unternehmen herstellt.

Die Jugendbekanntschaft erfährt mit den Jahren eine leichte Trübung. Während der Pubertät macht sich ein Rivale an Emilie heran, kein anderer als jener Freund Hermann Scherz, der Fontane etwas später die erste Englandreise spendiert. Scherz ist ein Jahr älter, verfügt schon über den Anflug eines schwarzen Schnurrbarts und kann demgemäß Fontane ohne große Mühe ausspielen, jedenfalls im Winter auf dem Eis. Dafür bleibt er der Überlegene, wenn Emilie die Shakespeare-Stücke nachliest, die sie mit ihrem Adoptivvater im Theater gesehen hat, denn Scherz interessiert sich nicht für Shakespeare. Die Rivalität erübrigt sich sowieso bald, da Fontane im nächsten Jahr von der Schule abgeht und die Apothekerlehre antritt.

Erst im Militärjahr sieht man sich wieder. Das »Abruzzenhafte« ist von dem Mädchen gewichen, sie ist jetzt ganz »der Typus einer jungen Berlinerin«, wie ihr Bräutigam findet. Der wird von der Familie Kummer, zu der etliche Halbschwestern gehören, freundlich aufgenommen, obwohl man sich für Emilie eine bessere Partie gewünscht hätte. Vice versa nehmen Vater und Mutter Fontane das künftige Familienmitglied mit offenen Armen auf. Auch hier allerdings hatte man auf eine lukrativere Heirat gerechnet – der Traum von einer eigenen Apotheke scheint damit für Theodor ausgeträumt.

Trotzdem nimmt er weiterhin gewissenhaft seine Pflichten als Apothekergeselle wahr, wie er auch seinen anderen Beruf – eher eine Berufung – ernst nimmt und keine Gelegenheit ausläßt, die neuen Balladen, die ihm jetzt aus der Feder fließen, vor dem »Tunnel«-Publikum auf ihre Zugkraft zu erproben.

Zu den drei für seine Zukunft maßgeblichen »Schienen« – zu Pharmazie, Dichtung und Dichterverein – tritt noch eine vierte. Tucholsky hat in ihr sogar Fontanes bedeutendstes Werk gesehen, es jedenfalls höher eingeschätzt als dessen gesamte sonstige Prosa, die beiden autobiographischen Bücher ausgenommen: In diesen Tagen beginnt Fontane den lebenslangen Briefwechsel mit Freunden, Bekannten, Verwandten, Berühmten und Unbekannten, den er wie eine wichtige literarische Pflicht betreibt.

Was den Schriftsteller von vornherein auszeichnet, ist sein atemberaubender Fleiß. Als Briefeschreiber ist Fontane ganz ohne Beispiel, sowohl was die Quantität als auch die Qualität ausmacht. Er wird sein Leben lang sich und seine keineswegs kleine Familie mit seiner Feder ernähren. Das bedeutet Tag für Tag genügend Schreibarbeit. Und trotzdem findet er daneben Zeit und Kraft für Briefe, die sich nur nach Tausenden berechnen lassen, alle mit der selbstgeschnitzten Gänsekielfeder in weit ausholender Handschrift und kalligraphisch gefaßter Anrede sowie Unterschrift zu Papier gebracht.

Sein Briefwerk, wie man es tatsächlich bezeichnen kann, ist von höchster Qualität, denn er geht in ihm mit der Sprache weitaus sorgfältiger um als in seinen Romanen oder in jenen Arbeiten, die vorläufig wenigstens für Zeitung oder Zeitschrift vorgesehen sind.

Wenn er oft – und für einen derart großartigen Stilisten vielleicht zu oft – von Satz zu Satz immer die gleichen Wörter wiederholt oder sich nicht erst lange besinnt, bevor er eine Jahreszahl oder einen Namen hinsetzt (in *Meine Kinderjahre* findet sich, wie gesagt, sogar ein falsches Geburtsjahr für seine Mutter), so gilt dies nicht für den Briefwechsel. Da ist sein Stil makellos und stimmen die meisten Tatsachen dermaßen mit dem Lexikon überein, daß man annehmen darf, er habe sie nachgeschlagen. Was er, meist aus Zeitnot, sonst häufig genug versäumt, selbst bei den wissenschaftlich angelegten Wanderungen durch die Mark. Tucholsky hat schon recht: Das gewaltige »Briefwerk«, das er hinterlassen hat, gehört zu den Meisterleistungen des Jahrhunderts. Es kann auch in seiner kulturhistorischen Bedeutung kaum überschätzt werden. Man hat den Eindruck, als habe Fontane seine unzähligen Briefe bewußt oder unbewußt so angelegt, daß sie in ihrer Gesamtheit gleichsam eine große und endgültige, dabei stufenweise abgefaßte Autobiographie ergeben.

Die Briefe sind zudem die beste Quelle für seine innere Entwicklung, eine weitaus verläßlichere jedenfalls als die beiden Erinnerungsbücher, die erst in hohem Alter geschrieben worden sind. Seinen Freunden oder denen gegenüber, die er dafür hält, ist Fontane von verblüffender Ehrlichkeit.

So muß er in der Verlobungszeit seiner künftigen Ehe mit einiger – wie manche Fontane-Kenner meinen – prophetischer Skepsis entgegengesehen haben. Ein Brief an Wilhelm Wolfsohn trägt Züge einer strengen Selbstanalyse. »Daß ich verlobt bin, weißt Du«, schreibt er. »In diesem Faktum liegt noch kein Grund zur Gratulation, wohl aber darin, daß ich mich glücklich fühle in meiner Wahl und meiner Liebe. Das Hervorstechende ihres Wesens ist, körperlich und geistig, das *Interessante*, sie wird mich auch da zu fesseln wissen, wo mir größere Schönheit, umfassenderes Wissen und selbst tieferes Gefühl auf meinem Lebenswege begegnen sollten.« Es dürfte schwerfallen, die Tatsache, daß man seiner Braut Schönheit, umfassendes Wissen und »selbst tieferes Gefühl« abspricht, in loyalere Worte zu fassen. Aber es kommt noch bitterer (oder prophetischer).

»Ich habe«, heißt es weiter im Brief, »in meiner Liebe viele Kämpfe durchgemacht, ich habe (ohne deshalb meine Braut je minder geliebt zu haben) meine Verlobung wie eine Übereilung betrachtet, ich habe mir die Befähigung abgesprochen, je ein Weib glücklich machen zu können, und habe gleichzeitig meinen eignen Untergang als eine Gewißheit vor Augen gesehn...«

Er verrät auch, was ihn daran hindert, die Verlobung, die ihm so große Zukunftsangst einjagt, aufzulösen: Ihn quält der »Höllensoff brennender, verzweifelnder Eifersucht«.

Diese scheint bei Emilie ebenfalls vorhanden, und das, bedenkt man, daß es ja möglicherweise gleich zwei uneheliche Kinder ihres Bräutigams gibt, gewiß nicht ohne Grund. Selbst in seinen »dichterischen Gelüsten«, klagt Fontane, habe sie bislang »nur eine verhaßte Nebenbuhlerin« gesehen. »Namentlich der Poet« in ihm vergösse »oft blutige Tränen über den verlobten Bräutigam«.

Sein herbes Bekenntnis läßt der Dichter ausklingen mit der wohl berechtigten Vermutung: »Stünde meine Braut jetzt hinter mir und guckte über die Schulter, so wäre eine Maulschelle wohl mein unzweifelhaftes Los.« Und flüchtet alsbald in angenehmere Gefilde: »Nun aber ein weniges von der Poeterei.«

Da gibt es Erfreulicheres zu berichten. Für Fontane ist der Vortrag seines »Towerbrands« im »Tunnel« nicht der einzige Erfolg geblieben. Seit er sich auch den bei Konservativen recht populären Freiheitsgedichten im Stile Herweghs oder Freiligraths ab- und ganz der Ballade und der preußischen Geschichte zugewandt hat, ist ihm der Beifall der Kollegen gewiß. Schon erscheinen die Gedichte in Cottas *Morgenblatt* und in einem Berliner Journal, das »Tunnel«-Freund Louis Schneider herausgibt, dem *Soldaten-Freund*.

Louis Schneider (»Campe der Caraibe«) sind wir schon als Hofvorleser derzeit Friedrich Wilhelms IV. begegnet. Den seltsamen »Tunnel«-Namen verdankt er, der im Hauptberuf Schauspieler ist, der Darstellung des Caraiben Freitag in der Bühnenbearbeitung des *Robinson* von Joachim Heinrich Campe. Seine weitere Glanzrolle ist die des Fähnrichs Pistol, des Dieners von Falstaff in *Henry IV.* und *Henry V.*, auch den *Lustigen Weibern von Windsor*, die des, wie Fontane es ausdrückt, »bis ins Komische gesteigerte, wilde[n] Mann[s]«.

Den »Tunnel«-Mitgliedern ist Schneider ein sehr kollegialer Freund, denn er organisiert die Vorlesungen bei Teegesellschaften in den königlichen Schlössern wie Sanssouci, Charlottenhof und Charlottenburg, wobei er Gedichte und Geschichten aus dem Dichterkreis bevorzugt. Sie erscheinen anschließend im besagten *Soldaten-Freund*, einer viel gelesenen (da sozusagen den höfischen Geschmack verkörpernden) Unterhaltungszeitschrift. Viele Balladen Fontanes hat Schneider in diesem Journal veröffentlicht. Der königlichen Gesellschaft präsentiert er Fontane ebenso wie die anderen »Tunnel«-Dichter als Urpatrioten, was sie im gewissen Sinn auch sind. Selbst dies gehört zum Vormärz: Ein ursprünglich revolutionär gesinnter junger Mann beginnt, noch ehe die von ihm erhoffte Revolution wirklich ausbricht, die patriotische Phase seines Lebens und Wirkens, was man durchaus für typisch deutsch halten kann.

Nicht übersehen sollte man dabei allerdings, daß Fontanes Balladen sich von denen des Grafen Strachwitz oder denen des hochgepriesenen Scherenberg unterscheiden. Nicht Schlachtenlärm und Fahnengeknatter kennzeichnen sie, sondern Persönlichkeitsschilderungen (zumeist von Feldherrn). Und diese haben, ferne Erinnerung an die noch gestern produzierten Freiheitsgedichte, mitunter eine zusätzliche soziale Komponente. Bezeichnenderweise sind es gerade diese, die besonders populär und in die Lesebücher aufgenommen werden. So die Ballade »Der alte Derffling«, die Fontane eigentlich – ein bißchen zu dick aufgetragen – »Der alte Dörfflinger« nennen wollte. Die Ballade über den Österreicher ländlicher Herkunft, der es in Brandenburg vom Schneider zum Generalfeldmarschall brachte, beginnt – typisch für den Neupatrioten – nicht heldisch, sondern anekdotisch.

> Es haben alle Stände
> So ihren Degenwert,
> Und selbst in Schneiderhände
> Kam einst das Heldenschwert;
> Drum jeder, der da zünftig
> Mit Nadel und mit Scher',

Der mache jetzt und künftig
Vor Derffling sein Honneur...

Es mag darum nicht ganz gerecht sein, daß Fontane, zumindest als Dichter, lange Zeit im Schatten dieser frühen Feldherrenlieder gestanden hat, die natürlich einiges preußische-allzupreußische Wortgeklingel und (Säbelgerassel) enthalten. Honorar haben sie ihm wenig eingebracht, obwohl sie in allen möglichen patriotischen Anthologien nachgedruckt worden sind. Eine Weile scheint Fontane sie geradezu aus dem Ärmel zu schütteln. An einem Aprilsonntag des Jahres 1847, ein knappes Jahr vor der März-Revolte, liest er seinen Freunden im »Tunnel« gleich drei rasch gereimte preußische Balladen vor, darunter den »Alten Zieten«, dem er sofort »Seydlitz« und darauf »Schwerin« folgen läßt.

Man mag solches als »ein Zeichen der [damaligen] Zeit« achselzuckend zur Kenntnis nehmen oder, wie das Gros der Fontane-Forschung nach dem Zweiten Weltkrieg, die Kapitulation des jungen Mannes vor seiner Eitelkeit laut verdammen oder zumindest bedauern – geschadet hat es dem Dichter nicht. Daß er sich selbst um des Beifalls willen nur allzu bereitwillig ideologisch verbogen hat, ist eine bleibende Erfahrung. Sie wird dem alten Fontane in seinem späten Romanwerk zu jener überlegenen Skepsis verhelfen, die alle seine Weisheiten – etwa im *Stechlin* – auszeichnen.

Wie noch oft in späteren Jahren tut er sich in seiner Jugend zugleich leicht und schwer. Wenn auch noch zu keinem Ruhm, so verhilft ihm doch seine Lyrik, hauptsächlich die patriotischen Balladen, früh zu einem gewissen Bekanntheitsgrad. Das genießt er in vollen Zügen. Gemeinhin dagegen sieht er sich belastet mit einer zu früh, aber fest versprochenen Ehe, ohne jeden finanziellen Rückhalt und nicht einmal mit dem Abschlußexamen versehen – ein Spätentwickler, wenn nicht gar Versager. Ehrgeiz und Lebensangst halten sich bei Fontane ein Leben lang die Waage.

Aus der Polnischen Apotheke des Dr. Julius Eduard Schacht

ist er am 30. Juni 1846 ausgeschieden. Da sich eine weitere Anstellung nicht ergibt, bereitet Fontane nun – Emilie drängt – in Vaters Apotheke im Oderbruch das Staatsexamen vor. Sehr fleißig ist er, wie es scheint, nicht, denn der Vater, der den Sohn eifriger mit dem Drechseln von Reimen als dem Studium pharmazeutischer Lehrbücher beschäftigt findet, bleibt skeptisch. »Du fällst entweder durch oder kriegst eine Nummer eins«, prophezeit er ihm beim Abschied. Am Ende stellt sich heraus, daß Louis Henri Fontane alles andere ist als ein guter Prophet. Zurück in Berlin, hat sich der Sohn, in Frack und weißer Halsbinde auf dem Weg zur Prüfung, in Raehmels Weinhandlung noch rasch mit einer halben Flasche Roten Mut angetrunken und das Lehrbuch der Botanik aufgeschlagen, die er am wenigsten beherrscht. Sein Blick ist dabei, will man seinem Bericht trauen, auf das Kapitel über *Caryophyllaceen* gefallen, das sind Nelkengewächse. Ausgerechnet nach ihnen befragt ihn der »berühmte Botanikprofessor Link«, der ein »Handbuch zur Erkennung der nutzbarsten und am häufigsten vorkommenden Gewächse« verfaßt hat.

Folglich fällt Fontane weder durch, noch bekommt er eine gute Zensur; nach seinen eigenen Worten erhält er ein »ganz leidliches, will also sagen unverdientes Zeugnis«; er besteht die Prüfung mit »gut«, das heißt: soso lala. Vom »Minister der geistlichen Unterrichts- und Medicinal-Angelegenheiten« wird dem »Apotheker erster Klasse« alsbald die Approbationsurkunde »zur Verwaltung und zum Besitze einer Apotheke in den Königlichen Landen« zugestellt.

Fontanes Kommentar: »Ich hatte das Examen hinter mir, aber keine Spur von Lebensaussicht vor mir; bloß eine arme Braut, die wartete.«

Im gleichen Jahr trennen sich die Eltern in Letschin, ohne sich scheiden zu lassen. Fontanes Mutter zieht mit Elise, seiner Lieblingsschwester, zurück nach Neuruppin. Lepel, der versprochen hat, sich bei einer reichen Tante um eine Anleihe zu bemühen, mit der sich der Freund eine eigene Apotheke kaufen könnte, scheint nichts erreicht zu haben. An eine eigene Apotheke ist ebensowenig zu denken wie einstweilen an eine Heirat. Fontane kann froh sein, als er im Spätherbst 1847 in der Jungschen Apotheke unterkommt, die in der Neuen Königstraße liegt, nicht weit vom Alexanderplatz in einer Armengegend. Sie heißt Zum Schwarzen Adler und ist, Fontane zufolge, ein »glänzend fundiertes Geschäft«.

Er selbst bewohnt dort aber nur, der proletarischen Umgebung angemessen, »eine Schandkneipe, einen Hundestall, eine Räuberhöhle«, die er zudem mit »zwei anderen deutschen Jünglingen« teilt.

Die Kundschaft besteht aus armen Leuten mit vielen Kindern, denen hauptsächlich Lebertran verschrieben wird, den allerdings die Eltern in der Regel als Lampenöl verbrauchen. Außerdem verkauft man reichlich »Nußblätterwasser«, dem der Apotheker erster Klasse in Klammern die Zensur »(nutzlos)« hinzufügt.

Noch dreieinhalb Jahrzehnte später erinnert er sich in einem Brief an seine Frau: »Dann wird mir immer wieder ein Wort lebendig, das... der Apotheker Jung, als ich in sein Geschäft eintrat, zu mir sagte: ›Sie treffen hier ein anderes Publikum, keine Geheimräte, Gott sei Dank, – viel Proletariat mit vielen Kindern.‹«

Es ist nicht zuletzt die genaue Kenntnis des »anderen Publikums«, die den Romanautor auszeichnen wird.

# 15.
# Barrikade und Bischof
## (1848)

Der Apotheker Jung, der keine Geheimräte mag, ist ein großgewachsener Mann südländischen Zuschnitts mit pechschwarzen Haaren. Ebenfalls ein Hugenottennachfahre, hieße er eigentlich Le Jeune, hätte nicht sein Vater den deutschen Namen angenommen.

Ob er mit seinem neuen Apotheker erster Klasse restlos glücklich ist, muß man bezweifeln. Wahrscheinlich ist ihm Fontane, wie den anderen Kollegen, ein wenig unheimlich. Denn der Mann schreibt, sogar unter seinem Namen in einem liberalen Blatt namens *Zeitungshalle* politische Leitartikel, die im zunehmend unruhigeren Berlin heiß diskutiert werden. Es erscheinen zwar nur vier Artikel, aber sie zünden, weil sie feurig geschrieben sind und Gedanken aussprechen, die man nirgendwo sonst liest.

Fontane entpuppt sich gleich in seinen Anfängen als Vollblutjournalist. Mehr noch als die Ballade (in der er ein Epigone des Preußensängers Gleim bleibt) liegt ihm ganz augenscheinlich der politische Essay, und es ist letztlich unverständlich, warum weder er selbst noch die Verleger und Chefredakteure später dieses Talent genutzt haben. Die vier Aufsätze in der *Zeitungshalle* bleiben lange unübertroffene Höhepunkte der journalistischen Seite seiner Tätigkeit. Seine Aufgabenstellung an der Zeitung in den nachfolgenden Jahren und Jahrzehnten wirkt gegen diese flotten Anfänge geradezu degradierend.

Fontanes bedeutendster aktueller Beitrag in der *Zeitungshalle*, die bald darauf wegen »radikaler Ansichten« verboten wird, erscheint erst nach dem Märzaufstand am 31. August unter dem Titel »Preußens Zukunft«. Er öffnet ungewöhnlich weite historische Perspektiven und wird wohl deshalb ein paar Tage später von der *Thüringischen Zeitung* nachgedruckt. Der dortige preußische Gesandte hält das für so wichtig, daß er die Sache seinem Ministerium meldet. Fontane setzt sich in seinem Artikel für ein Aufgehen des Königreichs Preußen in ein geeintes Deutschland ein. »Diese Wiedervereinigung Deutschlands wird schwere Opfer kosten«, argumentiert er. »Das schwerste unter allen bringt Preußen. Es stirbt. Jeder andere Staat kann in Deutschland aufgehen, gerade Preußen muß darin untergehen.« Das ist hellsichtig genug, denn genauso wird es kommen, auch wenn der Autor seine Ausführungen in dem Ausruf gipfeln läßt: »Preußen war eine Lüge!«

Das klingt einigermaßen merkwürdig aus dem Mund eines Balladendichters, der so gut wie alle großen Feldherren des von ihm als Lüge abgestempelten Staats besungen hat oder zu besingen vorhat. Daß der Aufsatz gleichwohl als eine Art nostalgischer Nekrolog auf Preußen empfunden wird, geht aus dem Tagebuch des alten Varnhagen von Ense hervor, der das Geschick des Staates seit Jahren mit akribischer Aufmerksamkeit verfolgt und dessen Herz – wie gegenwärtig das Fontanes – auf republikanischer Seite schlägt: »Ein kleiner, trefflich geschriebener Aufsatz in der Zeitungshalle hier, von Th. Fontane unterschrieben, sagt geradezu, Preußen stirbt, und muß sterben, es soll seinen Tod sogar eigenhändig vollziehen. Dies hat mich sehr ergriffen. Es ist viel Wahres darin. Und ich schreibe für einen Verurtheilten, Sterbenden, Todten! Es ist entsetzlich!«

Während überall in Europa die Flammenzeichen auflodern, die Franzosen im Februar ihren »Bürgerkönig« Louis Philippe verjagen und die Wiener im März den reaktionären Staatskanzler Metternich – beide fliehen ins europäische Urland der Demokratie, nach England –, entdeckt der Dichter und Leitartikler etwas, das ihm, wie er es ausdrückt, zu einem »Lebensgewinn« wird, ein englisches Buch.

Merkwürdig, daß es ihm erst jetzt in die Hand fällt. An Percys berühmter Sammlung *Reliques of Ancient English Poetry* (Hinterlassenschaften altenglischer Poesie), das 1765 erschienen ist, haben sich schon Generationen europäischer – auch deutscher – Balladendichter orientiert. Thomas Percy war ein Geistlicher, der es bis zum Bischof brachte, aber weit mehr literarisch als seelsorgerisch tätig wurde. Er entdeckte durch Zufall ein Manuskript aus dem 17. Jahrhundert, das sogenannte *Percy Folio* (heute im Britischen Museum), das er zur Grundlage seiner Sammlung machte.

Fontane holt obendrein ein ähnliches Sammelwerk von Sir Walter Scott wieder hervor und studiert es zusammen mit Percy. Über den englischen Bischof und den schottischen Dichter findet er dann zu jenem eigenen Tonfall, auch in den Balladen, den Sebastian Haffner hoch gelobt hat, wegen seiner »gar nicht überschwenglichen, eigentümlich spröden« Art »mit ihrem preußischen Understatement und ihrem Berliner Witz«.

Tatsächlich: Es ist wiederum ein englischer Einfluß, der Fontane für Jahrzehnte auf die ihm anscheinend vorbestimmte Bahn bringt. Das erste Buch von ihm, die Balladen »Männer und Helden«, erscheint 1849, und er stimmt noch fast dreißig Jahre später dem Kritiker Julius Rodenberg zu, der seinen ersten Roman, *Vor dem Sturm,* »im wesentlichen eine Aneinanderreihung von Balladen« genannt hat. Die Ballade ist die Wurzel seines dichterischen und belletristischen Werks.

Die andere, nicht weniger kräftige, ist der Journalismus, das Feuilleton, der Zeitungsartikel, die Reportage. Es bleibt nicht allein bei der *Zeitungshalle,* der er 1848 Beiträge liefert – ihm hat zur Aufbesserung seiner Finanzen und möglichst baldigen Heirat der unermüdliche Leipziger Freund Wilhelm Wolfsohn eine weitere Erwerbsquelle vermittelt. Er wird so etwas wie der feste freie Berlin-Korrespondent der *Dresdner Zeitung.*

Woran liegt es, daß seine Feder im Berliner Blatt so frisch und impulsiv wirkt, während seine Berichterstattung für das Dresdner Organ schwunglos und hergebracht ausfällt? Ist es die Entfernung, der mangelnde persönliche Kontakt oder die Notwendigkeit, nun auch mit der Schreibe ein bißchen Geld verdienen zu wollen oder müssen? Nicht zuletzt vergällt ihm wohl die Redaktion die Freude an der Mitarbeit, indem sie manches nicht annimmt. So scheint ihr ein Artikel sogar zu preußisch geraten, als daß man ihn in Sachsen abdrucken könne. Fontane gehört zu jener Spezies Berliner, die es noch heute gibt: Sie schimpft auf nichts mehr als auf Berlin (oder, in diesem Fall, Preußen), nimmt aber übel, sobald andere das gleiche tun. Es mag an den zwei Seelen in seiner Brust liegen, daß er Preußen im eigenen Land nicht sehr glanzvoll schildert, in Sachsen hingegen Preußen selbstverständlich verteidigen zu müssen glaubt.

Beides bringt ihm weder viel Ehre noch Geld ein, außer daß sich mancher seinen Namen merken mag. In der Apotheke erwähnt Fontane nichts von dieser Nebentätigkeit und wird von den Kollegen wohl kaum darauf angesprochen. Man behandelt ihn freilich bald mit spitzen Fingern, sehr vorsichtig.

Trotzdem stellt er fest: »Im ganzen aber verbesserte sich meine Stellung dadurch doch um ein nicht Unbeträchtliches, weil die Menschen... vor jedem, der zu Zeitungen irgendwelche Bindungen unterhält, eine gewisse Furcht haben, Furcht, die nun mal für Übelwollende der beste Zügel ist. Wer glaubt, sich ausschließlich mit ›Liebe‹ durchschlagen zu können, der tut mir leid.«

Mit einer Energie sondersgleichen, mit der die Jugend ja verschwenderisch umgehen darf, packt Fontane immer gleich mehrere Sachen an. Er absolviert weiterhin brav, wie man annehmen darf, seinen Dienst in der Apotheke, nimmt an den sonntäglichen »Tunnel«-Tagungen teil, schreibt – neben täglich mehreren Briefen – sich an Balladen, einem Drama, »Karl Stuart«, sowie Zeitungsartikeln die Finger wund, findet aber stets Zeit, am politischen Leben teilzunehmen; einmal erlebt er Onkel August in einem der vielen Straßenklubs, die sich ad hoc zum Diskutieren zusammenfinden, in Hochform als Agitator. Der Aufstand, der nach langem Gewittergrollen am 18. März ausbricht, findet Fontane dann sogar bewaffnet auf einer Barrikade.

Daß diese aus Bühnenkulissen besteht, die man aus dem Fundus des Königstädtischen Theaters gezerrt hat (sie gehören zu der Oper *Des Adlers Horst*), mag symbolisch für die ganze Revolte sein. Für Revolutionen haben die Deutschen im Laufe ihrer Geschichte wenig Neigung und noch weniger Begabung gezeigt. Die Volksseele kocht zwar, und es gibt einige Opfer, aber dem enormen theoretischen Einsatz gebricht es an einer adäquaten Praxis.

Fontane, der sich vergeblich mit einem Holzpfahl zu bewaffnen versucht hat, diesen jedoch nicht aus dem Boden hat ziehen können, schließt sich der Volksmenge an, die das Theater erstürmt. Aus der Requisitenkammer der Privatbühne stammt das Gewehr, das er auf der rasch errichteten Barrikade trägt, ebenso wie die Degen, Speere und Stecheisen der anderen Mitstreiter. Das Pulver für seine Flinte holt er sich in einem Laden und zückt sein Portemonnaie, um es zu bezahlen. Aber der Ladenbesitzer schüttelt abweisend den Kopf. Revolutionäre haben gefälligst zu plündern.

Kein Wunder, daß sich Fontane mit seinem verrosteten Theaterkarabiner bald lächerlich vorkommt und kurzerhand nach Hause geht. »Heldenmut«, erklärt er später, »ist eine wunderbare Sache, so ziemlich das Schönste, was es gibt, aber es muß echt sein. Und zur Echtheit, auch in diesen Dingen, gehört Sinn und Verstand.«

Doch hält es ihn nicht lange in seinem Zimmer. Er beschließt, einen Halbschwager aufzusuchen, Hermann Müller, der als Stabsarzt in der Pépinière, der militärärztlichen Ausbildungsstätte Preußens, tätig ist, den älteren Halbbruder seiner Zukünftigen. Die Ereignisse haben den Theoretiker unsicher gemacht. Jetzt sucht er Rat bei einem gut Informierten, dem er vertraut.

Die Pépinière befindet sich in der Friedrichstraße. Vom Alexanderplatz aus, der völlig verlassen daliegt, muß Fontane fast das ganze städtische Kernstück Berlins durchqueren. Und schemenhaft ziehen an ihm vorbei: Häuser mit abgedeckten Dächern, weil die Dachpfannen als Wurfgeschosse gegen die anrückenden Soldaten dienen; Straßen voller erregter Menschen im Wechsel mit solchen, die von Barrikaden – die meisten aus Fahrzeugen errichtet – abgesperrt sind; ein heranreitender Zug Ulanen, der aus den Fenstern von links und rechts beschossen wird, ein Leutnant fällt; beim Straßenkampf in der Friedrichstraße trifft eine tödliche Kugel das erste Opfer der anderen Seite, einen zwanzigjährigen Studenten der Rechte.

Die Schüsse fallen, als Fontane schon das Zimmer in der Pépinière erreicht hat. Der Vetter ist nicht da; er kommt erst gegen acht Uhr abends und berichtet über die Vorfälle des Tages vom Hörensagen. »Das Ganze glich einer ausgegrabenen Stadt, in der das Mondlicht spazierenging«, schildert Fontane den Rückweg durch die Straßen der Innenstadt, vorbei an Barrikaden, die man, wie er formuliert, »etwas früh« verlassen hat. »Das, was eine Revolution sein wollte«, erscheint ihm eine Farce.

Zu ihr gehört auch, daß der Apotheke der Klingelknopf weggeschossen worden ist und im Eckpfeiler ein Sechspfünder steckt, eine dicke Kanonenkugel. Als am nächsten Tag eine ähnliche Kugel eine Wand in der Breiten Straße trifft, klebt ein Witzbold die Überschrift jener Proklamation darauf, die König Friedrich Wilhelm IV. veröffentlichte: »An meine lieben Berliner.« Der Witz bleibt lange Stadtgespräch.

Noch ist der aufregende Tag aber nicht ganz zu Ende. Fontane hat sich eben in sein Bett gelegt, da wird die nahe Fensterscheibe eingeschossen, daß die Glassplitter seine Bettdecke übersäen. Das Fenster liegt an einer geschützten Stelle des Hauses, nicht etwa zur Straße hinaus, also muß die betreffende Gewehrkugel »rikoschettiert«, abgeprallt, sein. »Wenn die Gewehre erst losgehen«, schließt Fontane daraus, »weiß man nie, wie die Kugeln fliegen.«

Am anderen Morgen, am 19. März, wundert er sich, daß die Frauen kein Verbandsmaterial für Verwundete kaufen, sondern weiterhin Lebertran. Sein Fazit der Revolution: »Freiheit konnte sein, Lebertran mußte sein.«

Das alles wissen wir aus einer einzigen, anscheinend dubiosen, da vielfach angezweifelten Quelle: von Fontane selbst. Eine andere steht uns nicht zur Verfügung. Aber geschrieben hat die Erinnerungen an 1848 nicht der junge Apotheker, Balladendichter und demokratische Leitartikler, sondern der konservativ gewordene Greis. Sowohl Charlotte Jolles als auch Kenneth Attwood, die beiden englischen Fontane-Kenner, haben die Darstellung in *Von Zwanzig bis Dreißig* als retuschiert bezeichnet.

Nürnberger: »Es geht [aus Fontanes autobiographischer Darstellung] mit Sicherheit hervor, daß er bei dem Volksaufruhr und bei den späteren Versuchen, eine demokratische Ordnung zu schaffen, nicht unbeteiligt blieb. Der Umfang dieser Beteiligung läßt sich wegen der ironischen Behandlung, die der alte Fontane diesem Thema angedeihen ließ, nicht sicher bestimmen. Es ist zu vermuten, daß seine Versuche zu Gunsten der Sache, für die er so viel geschrieben hatte, nun auch zu handeln, umfangreicher und überlegter waren, als er es dargestellt hat.«

Was gut sein kann, allerdings nicht sein muß. Tatsächlich klingt Fontanes Darstellung ebenso unglaubwürdig wie die Wunschvorstellung, den Dichter als tatkräftigen Barrikadenrevoluzzer zu sehen. Muß jeder, der leidenschaftlich in Wort und Schrift für eine Sache eintritt, auch willens und in der Lage sein, für sie handgreiflich mit der Waffe zu kämpfen? Wer Erfahrung darin hat, weiß, daß Fontane nicht der erste Theoretiker wäre, der in der Praxis versagt hätte.

Die Ironie, mit der er seine Teilnahme an der Achtundvierziger-Revolte wie eine törichte Jugendsünde behandelt, kann Tarnung sein. Liest man seine Darstellung aufmerksam, wird man immerhin entdecken, daß der alte und weitgehend konservative Fontane die Bestrebung von damals nach wie vor gutheißt. Bestätigt er doch selbst in seinem zynischen Fazit – dem mit dem Lebertran – die Tatsache, daß es nach seiner Ansicht um eine bürgerliche Freiheit ging, die man – was er in der Schwebe läßt – noch immer nicht erreicht hat.

Gewiß: Er sieht später ein bißchen von oben auf den Jüngling herab, der, statt seinen Mann zu stehen, zwischen Apotheke und

Pépinière herumirrt. Aber er bedauert nichts. Im Gegenteil, ihn amüsiert noch 1898 der Schreckensruf kleinerer Truppenteile von 1848: »Die Bürger kommen!« Auf die Kulissenbarrikade ist Fontane übrigens am anderen Morgen noch einmal zurückgekehrt. Die Revolutionäre pflegten sich offenbar nachts wie gewohnt ins eigene Bett zu begeben und die Barrikaden sich selbst zu überlassen. Am anderen Morgen erfährt er, daß »alles bewilligt« sei – »mir persönlich«, wie er noch fünfzig Jahre später bekennt, »weil ich der Sache mißtraute, wenig zu Lust und Freude«.

Aus Lust und Freude, besser gesagt: aus Neugier, trifft in den nächsten Tagen der durch einen ausführlichen Brief seines Sohnes informierte Vater aus Letschin in der Hauptstadt ein, »um sich die Geschichte mal anzusehen«. Er fragt den Sohn erstaunt, ob er »ohne weiteres aus dem Geschäft fort« dürfe.

Dessen Antwort: »Eigentlich nicht... – ich bin ja so gut wie ein Revolutionär und habe das Königstädtische Theater mitstürmen helfen...«

»Wurde es denn verteidigt?«

»Nein. Beinahe das Gegenteil. Aber ich war doch mit dabei, und das gibt mir nun so 'nen Heiligenschein.«

Fontanes Kommentar zur Reaktion seines Vaters: Dergleichen »tat ihm immer ungeheuer wohl«.

Sie erleben den gedemütigten König, der mit einer schwarz-rot-goldenen Armbinde durch die Stadt reitet, und hören von ihm eine Rede. Es habe »doch ein bißchen was Sonderbares... so rumzureiten... Ich weiß nicht...«, findet der Vater, und findet man wohl auch ganz allgemein.

Zugestanden werden dem Volk ein liberaler Minister, den die bisherige Opposition stellt, eine Verfassung und sogar das Rauchen im Freien. Dem König muß man bescheinigen, daß er mit seiner Unentschlossenheit größeres Blutvergießen vermieden, zugleich aber der Altständischen Partei der Monarchisten ermöglicht hat, sich wieder zu sammeln. Sie beweist mehr Rückgrat, als ihr die Fortschrittlichen, die sie besiegt und zerstört sehen, zutrauen. In »Konservative Partei« umbenannt, schließt sie sich an die engste Umgebung des Königs, die sogenannte Kamarilla, an und gibt ein eigenes Presseorgan heraus, die *Neue Preußische*, die wegen des Eisernen Kreuzes im Zeitungskopf nur »Kreuz-Zeitung« genannt und im Leben Fontanes noch eine große Rolle spielen wird. Die Liberalen, die Fortschrittlichen, die Revolutionäre finden sich alsbald in der Rückhand. Sie sind uneinig, wollen zuviel und vor allem zuviel im Augenblick Unerreichbares. Zudem wird ihre Bürgerwehr der zunehmenden Anarchie in den Straßen Berlins nicht Herr, eine Aufgabe, die – schlechtes Omen – am Ende die königliche Wachmannschaft erledigen muß. Im November zieht Generalfeldmarschall von Wrangel mit seinen Linientruppen in Berlin ein, um – wie es seit jeher genannt wird – die Ordnung wiederherzustellen.

Damit ist der erste Demokratieversuch in Preußen gescheitert. Immerhin kann der König nun nicht umhin, das Versprechen einer bürgerlichen Verfassung einzulösen. Zwar wird man die verfassunggebende Nationalversammlung zunächst nach Brandenburg verlegen und dann ganz auflösen, aber etwas mehr Gleichberechtigung bringt die von oben her präparierte Verfassung doch. Mit anderen Worten: Es gibt, wie in Preußen fast üblich, nur eine halbe Reform, das heißt, das zunächst lautstark Verkündete wird kurz danach mindestens zur Hälfte wieder zurückgenommen. Wie noch der alte Fontane grollt: »Es ist immer mißlich, wenn die Freiheitsdinge mit etwas Oktroyiertem anfangen.«

Ist es, auch wenn halbe Reformen immer noch besser sind als gar keine. Fontane lernt sie alsbald hautnah kennen. Er wird in seiner Gemeinde – die Wahlvorschriften zur neuen Nationalversammlung sind bewußt undurchsichtig gehalten – von den »Urwählern« (die sich zunächst auf Alexander von Humboldt versteifen) zum Wahlmann gewählt. Die Beratungen der Wahlmänner, die im Konzertsaal des Schauspielhauses stattfinden, hat Fontane zu seinen »allerglücklichsten« Stunden gezählt.

Obwohl er auch hier skeptisch bleibt. Noch sind es Preußen bei allem guten Willen nicht gewohnt, fruchtbare Debatten zu führen. Da spricht der alte Jacob Grimm, dessen »Charakterkopf« aus dem Gremium hervorsticht, »irgend etwas von Deutschland, etwas ganz Allgemeines, das ihm in jeder tüchtigen politischen Versammlung den Ruf ›zur Sache‹ eingetragen haben würde«. – Noch schlimmer als die Professoren sind ihm die »Schwätzer und Nullen« – es kommt nicht viel dabei heraus, denn der alte Obrigkeitsstaat Preußen bleibt, wenngleich etwas aufgelockert, bestehen.

Ein ereignisreiches Jahr. Fontane würde vermutlich zwei gleich wichtige Ereignisse mit 1848 verbinden: die Teilnahme am Versuch, eine deutsche Republik zu schaffen, und die Begegnung und Beschäftigung mit der Überlieferung des Bischofs Percy. Was ihm wichtiger war, kann man nur vermuten (wahrscheinlich Bischof Percy).

Sowohl seine politische Tätigkeit als auch diejenige an der Jungschen Apotheke enden abrupt. Eines Tages erscheint Pastor Schultz, der alte Freund der Mutter, und fragt Fontane, ob er bereit sei, zwei Schwestern des Diakonissenkrankenhauses Bethanien pharmazeutisch auszubilden. Geboten werden ein gutes Gehalt sowie freie Wohnung und Verpflegung. Da greift er zu. Und weil man wahrscheinlich froh ist, den etwas unheimlichen Leitartikler und republikanischen Wahlmann loszuwerden, kann der Umzug schon im Juni erfolgen.

Am klarsten sagt Fontane es wieder einmal in seinen Briefen. Sie richten sich 1848 besonders häufig an den ehemaligen Vorgesetzten Lepel. Der – inzwischen ein Duzfreund – steht weiter rechts als Fontane; ihr Briefwechsel wird zu einem gegenseitigen Bekehrungsversuch, einem Austausch von Argumenten. Es gibt einige Verstimmung, aber – erstaunlich unter Deutschen mit politisch auseinandergehender Meinung – es kommt zu keinem Bruch.

»Es liegt mir an der Freiheit«, lesen wir in einem der vielen langen Briefe Fontanes, »nicht an ihrer Form im Staate. Ich will keine Republik, um sagen zu können, ich lebe in solcher. Ich will ein freies Volk, Namen tun nichts zur Sache; ich hasse nicht die Könige, sondern den Druck, den sie mit sich führen. Man spielt kein ehrliches Spiel, und darum will ich die Republik. Es gibt keine deutsche Einheit bei 37 Fürsten, und deshalb will ich sie noch einmal.«

Mit dem Entwurf zum »Karl Stuart« im Gepäck zieht Fontane zu den Diakonissinnen nach Bethanien. »Karl Stuart« (Charles I., der von der parlamentarischen Partei unter Oliver Cromwell hingerichtet wurde) stellt er sich als Idealbild eines Hohenzollernherrschers vor. Den »Charakterzug der Hohenzollern«, die in seinen Balladen nicht eben schlecht wegkommen, bezeichnet er Lepel gegenüber als »erst *sie* und dann das Volk«. Er fügt allerdings hinzu: »... und nur die Unbildung des Volkes einerseits, andrerseits die leuchtenden Geistesgaben jener Fürsten sind imstande gewesen, jenes ausgeprägte Herrschergelüst vergessen zu machen.«

Anachronistisch gesagt hat da Fontane die Kurve noch einmal gekriegt. Er ist darin den Engländern verwandt: ein königstreuer Republikaner.

# 16.
## Zwischenspiel in Bethanien
(1848–1849)

Das Diakonissenkrankenhaus Bethanien, das größte in Preußen, ist nagelneu, erst im Vorjahr eröffnet, eine Gründung des Königs Friedrich Wilhelm IV. und wie dieser bei den Berlinern – zunächst – unbeliebt. Die Berliner schätzen, damals wenigstens, keine konfessionellen Krankenhäuser. Die Gräfin Rantzau, die ihm vorsteht, hat eine schwierige Aufgabe, welche sie trotz ihrer schweren Krankheit – an der sie früh, mit vierundvierzig Jahren sterben wird – tatkräftig anpackt. Bethanien gewinnt erst später Ansehen und fast Popularität.

Fontanes Umzug im Juni 1848 spielt sich ab, als sei er für einen Film entworfen, denn er gerät sozusagen direkt aus dem allgemeinen Aufruhr in eine romantisch-christliche Idylle, beides Schauplätze, die die Zeit kennzeichnen. Pfarrer Schultz hat ihn in der Apotheke abgeholt; am Potsdamer Tor begegnen sie der Bürgerwehr, welche eben mit gefälltem Bajonett die Leipziger Straße herunter gegen eine Volksmenge vorgeht, die sich vor dem Kriegsministerium versammelt hat. Die Volksmenge wird das Zeughaus stürmen und damit das Eingreifen der »Neuen Wrangelschen Straßenreinigungsmaschine« auslösen, wie der Berliner Volkswitz die endgültige Niederschlagung des Achtundvierziger-Aufstands durch die 20000 Soldaten Wrangels nennt.

Schultz führt den jungen Mann in eine andere, fast klösterliche Welt biedermeierlicher Kontemplation. Der ehemalige Stettiner Divisionspfarrer wird von Fontane nicht eben sympathisch geschildert. Er nennt ihn einen der »Bestgehaßten jener Zeit…, herb und hart, herrschsüchtig, ehrgeizig und von der Anschauung durchdrungen, daß man die Welt mit Bibelkapiteln regieren könne«. Trotzdem spricht eine gewisse Hochachtung aus Fontanes Charakterisierung, weil der Pfarrer »jeden Kampf mutig aufnimmt«. Schultz ist einer der ältesten Freunde der Familie, insbesondere der Mutter. Da kann es gut sein, daß er auf ihre Bitte hin versucht hat, den Sohn dem revolutionären Fahrwasser zu entreißen. Mit Erfolg, wie man sieht.

Bethanien: Um das dreistöckige Haupthaus mit dem prägnanten, von zwei Spitztürmen überragten Portal gruppiert sich ein Komplex von Wohnhäusern, Werkstätten, Küchen, Gärten und Unterkünften der evangelischen Schwestern. Für Fontane steht eine Wohnung, zwei Zimmer mit Blick auf Hof und Garten, in einem der kleineren Häuser bereit. Er teilt das Haus mit einem Junggesellen, Dr. Wilms. »Er war nicht interessant«, bemerkt Fontane, dies »freilich auch das einzige, was sich gegen ihn sagen ließ«. Mehr Einwände hat er gegen den Inspektor im Haupthaus, an dessen Tisch sie das Mittagessen einnehmen. »Er hatte das rosige, gut rasierte Glattgesicht der Frommen..., ein Scheinheiliger *comme-il-faut*.« Wenn die Oberin Gräfin Rantzau nachts beim letzten Rundgang in seinem Korridor erscheint, pflegt er so laut zu beten, daß man es durch alle Türen hören kann. Auch gibt er »nach Spitzelart« alles weiter, was er beim täglichen Mittagessen von seinen beiden Gästen erfährt. Seinen Namen verrät Fontane in *Von Zwanzig bis Dreißig* nicht, weil er ihn inzwischen anderweitig seinem Werk einverleibt hat. Der Inspektor heißt Julius Treibel.

Die beiden Diakonissinnen, die er zu Apothekerinnen ausbilden soll, stellen sich als »kluge und charaktervolle Damen« heraus. Schwester Emmy Dankwerts, eine Mittdreißigerin, ist »ganz Hannoveranerin [...] ein Typus jener wundervollen Mischung von Charakterfestigkeit und Herzensgüte, mit Mut sogar dem gefürchteten Pastor Schultz gegenüber«. Sie wird später Oberin in Hannover. Die andere, jüngere, Aurelie von Platen, beschreibt er als konträr gearteten Frauentyp, rotblond, anmutig, sehr weiblich, mit »großen Kinderaugen«. Sie wird der Diakonissenanstalt von 1868 bis 1873 als Oberin vorstehen.

Der Unterricht im Zimmer der Schwester Emmy neben der Apotheke muß Fontane Spaß gemacht haben. Er beschreibt ihn als »plauderhaft« und kommt sich, reich mit Kaffee und Honigbroten bewirtet, vor wie zu »Besuch im Pfarrhaus auf der Lüneburger Heide«, woher Emmy Dankwerts stammt. Es wird viel zusammen gelacht, vor allem über den bigotten Inspektor.

Daß sich Fontane nicht völlig von der Politik abgewendet hat, zeigt er auf überraschende Weise. Er bietet sein zweites Zimmer im idyllischen Bethanien dem Teilnehmer an einer, wie er sie selbst umreißt, »Tagung der äußersten Linken« als Unterkunft an. Am liebsten hätte er keinen anderen als Ferdinand Freiligrath, fügt er hinzu, wird aber von der äußersten Linken nicht einmal einer Antwort gewürdigt.

In Bethanien hat er Muße zum Schreiben, verfaßt einige Balladen, darunter die einzige, die er in einem Zug beim Ankleiden, »einen Stiefel am Bein, den anderen in der linken Hand«, aufs Papier wirft und daran auch später nichts ändert – »Schloß Eger«. »Ganz gut«, wie man im »Tunnel« findet, aber, was der Dichter sogar zugibt, »eigentlich nur Kulissenmalerei.« Auch nimmt »Karl Stuart« Gestalt an, ohne jedoch jemals vollendet zu werden.

»Mein Leben mit den zwei Diakonissen war ein Idyll, wie's schöner nicht gedacht werden konnte. Friede, Freundlichkeit, Freudigkeit in ruhigen Tagen, so viel muß ich zugestehen, wär' es mir des Idylls vielleicht zu viel geworden, aber daran war in der Zeit vom Sommer 48 bis Herbst 49 gar nicht zu denken...« Was keinesfalls nur an den politischen Ereignissen liegt, die seinen Zorn und – wie oft bei ihm – seinen Jähzorn erregen. Noch im April 1849 schreibt er an Lepel, es werde ihm immer klarer, »daß wir um die Guillotine nicht drum rumkommen«. Das hindert ihn nicht daran, über den Konterrevolutionär Wrangel ein patriotisches Gedicht, »Der brave Reitersmann«, zu verfassen und im »Tunnel« vorzutragen. Der sonst so nachsichtige Helmut Nürnberger: »Bei dem leiernden Gassenhauer... dürfte es sich um die im Hinblick auf seinen politischen Kurswechsel nach der gescheiterten Revolution kompromittierendsten Verse handeln, die aus seiner Feder überliefert sind.« Die zwei Seelen in seiner Brust liegen nach 1848 auf einmal erstaunlich dicht beieinander.

Zu den schlimmen Vorgängen in der politischen Arena treten ähnlich schlimme, wenn nicht noch schlimmere im Privaten. Die fünf Vierteljahre in Bethanien sind zwar bequem verbracht, und beide Diakonissen bestehen die Staatsprüfung mit Glanz. Aber weder hat sich irgendeine Sicherung seiner Zukunft noch die geringste Aussicht auf eine Stellung ergeben. Emilie wartet seit Jahren auf die Einlösung des Heiratsversprechens, inzwischen bei Verwandten in Schlesien, die die Mittellose bei sich aufgenommen haben. Das sind nicht die einzigen Sorgen, die Fontane quälen. Am 1. März 1849 muß er Lepel in einem Brief, in dem er sich für ein Darlehen bedankt, gestehen, daß er wiederum Vater eines unehelichen Kindes geworden ist.

Als Julius Petersen 1940 den Briefwechsel Fontanes mit Lepel herausgab, hat er mit Rücksicht auf die Familie einige Stellen weggelassen, die erst 1960 ans Tageslicht kamen. Etwa diese: »Für Deinen liebenswürdigen Brief vom gestrigen Tage meinen Dank, und zwar außergewöhnlich herzlich. Er hob nämlich den tristen Eindruck eines 5 Minuten vorher erhaltenen Schreibens stellenweise wieder auf. Denke Dir: ›Enthüllungen No. II‹; zum zweiten Male unglückseliger Vater eines illegitimen Sprößlings. Abgesehn von dem moralischen Katzenjammer, ruf' ich auch noch aus: ›Kann ich Dukaten aus der Erde stampfen usw.‹ Meine Kinder fressen mir die Haare vom Kopf, eh die Welt weiß, daß ich überhaupt welche habe.«

Das Schreiben, übrigens ein amtliches, kommt aus Dresden, wie Fontane dem Freund verrät, aber leider weiter nichts. Darum ist uns bis heute nicht einmal bekannt, ob es sich beide Male um die gleiche Mutter handelte oder nicht.

Nach dem Abschluß seiner Arbeit in Bethanien lebt Fontane also auf Pump. Honorare der *Dresdner Zeitung* sind seine einzige, einigermaßen sichere Einnahmequelle. Aber eben diese Honorare, so kümmerlich sie sind, treffen nur zögernd ein. Er faßt eine Reihe überstürzter Entschlüsse – steht wohl am Rande eines Nervenzusammenbruchs und reagiert kopflos, er beschließt, »den ganzen Kram an den Nagel zu hängen«. Das heißt, er gibt den Apothekerberuf kurzerhand auf, kündigt der *Dresdner Zeitung* und beginnt die Laufbahn eines freien Schriftstellers. In der Luisenstraße bezieht er ein möbliertes Zimmer, drei Treppen hoch und versehen mit »jenem bekannten Seegrassofa, dessen schwarzgeblümter Wollstoff nur deshalb nicht mehr stach, weil schon so viele draufgelegen hatten«, wo er das erste Jahr seiner neuen Existenz verbringt.

»Ich war sehr fleißig und schlug mich durch«, behauptet Fontane in *Von Zwanzig bis Dreißig*, aber gut kann es ihm nicht gegangen sein. Nach wie vor konzentriert er seine literarische Arbeit auf die Lyrik, vor allem die Ballade, und vermeidet die aufwendigere und zeitraubendere Prosa, die nach Zeilen bezahlt wird. Gedichte bringen nicht viel, selbst wenn sie in Cottas angesehenem Stuttgarter *Morgenblatt* abgedruckt werden.

Ein Lichtblick sind die ersten Bücher, die unter seinem Namen erscheinen, obwohl auch sie nicht viel Geld bringen. *Männer und Helden* kommt 1850 bei W. Heym in Berlin heraus; es enthält die bisher entstandenen preußischen Balladen. Im gleichen Jahr erscheint bei M. Katz in Dessau der Romanzenzyklus *Von der schönen Rosamunde* und im folgenden Jahr, bei Carl Reimarus in Berlin, die gesammelten *Gedichte*. Sie sind seiner Braut gewidmet, und wenigstens die Druckbögen kann er ihr in Liegnitz überreichen.

Es sieht trübe aus: zwei uneheliche Kinder, die offensichtlich Geld kosten, zerrüttete Finanzen, wenige Erfolge im Beruf eines Schriftstellers und eine Braut, die bei einer Halbschwester und deren Mann, einem Oberstabsarzt, in Schlesien wohnt. Jetzt müßte ein Wunder geschehen.

Es stellt sich auch eines ein; kein großes, nicht einmal ein dauerhaftes, aber immerhin findet sich ein Rettungsanker. Er hat, wie das meiste, was Fontane in seinen Anfangsjahren anpackt, mit dem »Tunnel über der Spree« zu tun.

## 17.
# Das kleine Wunder
### (1849–1850)

Ehe wir auf das Wunder eingehen, das Fontane vorübergehend aus einigen seiner Schwierigkeiten befreit, müssen wir uns den Zustand ansehen, in dem sich der »Tunnel«-Kreis befindet. Er hat sich verändert, nicht schlagartig und nicht radikal, aber doch merklich für alle Mitglieder.

Das gilt hauptsächlich für die geheime Rangordnung, jene Hierarchie, die es offiziell nicht geben sollte und dennoch in allen derartigen Gesellschaften vorhanden ist. Da spielt vieles eine Rolle: der äußere Rang im zivilen (oder militärischen) Leben, die literarische Qualifikation, das steigende – oder fallende – Ansehen in der Öffentlichkeit und im internen Klüngel. Nicht selten finden sich auch Cliquen zusammen, die den Verein zu spalten drohen. Der »Tunnel« ist durch die drohende Revolution in die Krise geraten, zumal sich die ideologische Grenze mitten durch die Mitglieder hindurchzog. Man hat sie mit persönlicher Toleranz und einer Auflockerung der Regeln überwunden: Politische Themen sind seither erlaubt, desgleichen ihre Diskussion auf der sonntäglichen Tagung.

Einige der bisherigen Protagonisten des Kreises sind in den Hintergrund getreten, darunter die beiden Altkonservativen Louis Schneider, der königliche Hof-Vorleser, und Christian Friedrich Scherenberg, der erzpreußische Barde. Der Klub ist dadurch nicht liberaler geworden, eher im Gegenteil. Neuer primus inter pares ist Georg Hesekiel, der mit dem gleichaltrigen Fontane in eine Idealkonkurrenz um die Ballade tritt. Der »dicke Hesekiel«, dessen Namen man aussprechen sollte wie den des biblischen Propheten, denn er haßt es, wenn man ihn als »Herr

Hese-Kiel« anspricht, schreibt dickleibige vaterländische Romane, die trotz ihres Anekdotenreichtums allesamt inzwischen vergessen sind. Er gehört zu den Neukonservativen, die sich von den Nationalliberalen abgespalten haben. Sie sind genauso fanatisch königstreu, aber engstirniger und weniger konziliant als die alten Herren. Als »Tunnel«-Mitglieder besitzen sie den Vorteil, daß sie wie Hesekiel meist Vollprofis in ihrem Beruf sind. Der dicke Romanautor mit dem »Tunnel«-Namen »Claudius« wird, schon aufgrund seiner ständigen Geldnot, alsbald in das neugegründete Kampforgan der Konservativen, die »Kreuz-Zeitung«, eintreten, wo ihm – wenig später – Fontane zehn Jahre lang in einem Redakteurssessel gegenübersitzt.

Hesekiel wird einer der treuesten Begleiter auf den künftigen »Wanderungen«, zusammen oft mit Louis Schneider, seinem Quasivorgänger im »Tunnel«, und selbstredend Lepel. Er nimmt auch Einfluß auf die persönliche Lebensführung des Kollegen. Von ihm übernimmt Fontane die Eigenart, über die eigene Schreibe zu witzeln, als nähme er sie nicht ganz ernst. Inwieweit Hesekiel die seine ernst nimmt, steht dahin. Ihm dient sie hauptsächlich zur Tilgung seines gewaltigen Schuldenbergs, darin seinem Vorbild, Sir Walter Scott, nacheifernd. Die Manuskriptblätter seiner Romane wirft er achtlos auf den Fußboden, wo seine Tochter, noch ein Kind, sie einsammelt und zur Druckerei trägt. Korrektur liest er nie. Lieber lädt er Kollegen zu Saufabenden ein, die, Fontane zufolge, »nicht bloß seine Schulden, sondern auch seine Gichtschmerzen immer größer werden« lassen.

Immerhin bleibt er hartnäckig am Ball. Er zahlt seine Schulden ab und stirbt als wohlhabender Mann, denn die schlampig hingeschriebenen Romane gehen vortrefflich. Als Fontane ihm eines Tages klagt, es falle ihm immer wieder ungewöhnlich schwer, jemanden anzupumpen, legt Hesekiel ihm die Hand auf die Schulter und antwortet: »Gott erhalte dir diese Ungeschicklichkeit!«

Er weiß, wovon er redet, und, wie wir gesehen haben, weiß es Fontane auch. Er wird sich, nachdem er Lepel das Darlehen zurückgezahlt hat, seine »Ungeschicklichkeit« bewahren und in Zukunft grundsätzlich keine Schulden mehr machen. Vorschüsse nimmt er an – auf Pump lebt er nicht mehr, nicht einmal als Oberhaupt einer kinderreichen Familie.

Den neben Hesekiel »zweiten« Mann im »Tunnel« hat Fontane selbst in den Klub eingeführt: Friedrich Eggers. Er ist Professor an der Berliner Akademie der Künste und hat zusammen mit Franz Kugler das *Deutsche Kunstblatt* gegründet. Eggers (»Anakreon«) ist insofern für den Verein ein wertvoller Neuerwerb, als er die Zeitschrift im Alleingang redigiert und das professionelle Gros des »Tunnels« zu seinen Mitarbeitern macht.

Man wird überhaupt literarisch etwas aggressiver. Dem Verein geht es finanziell gut, aber den meisten Mitgliedern bieten sich kaum Möglichkeiten zur Publikation. Der Gedanke, selbst etwas zu verlegen – eigentlich seit Jahrzehnten auf der Hand liegend –, wird jetzt Wirklichkeit: Das Jahrbuch *Argo*, benannt nach dem Schiff der Argonauten, wird gegründet. Fontane, der meist zum Redaktions-Triumvirat gehört, ist zugleich einer der eifrigsten Reformer, die sich für mehr (und bessere) Publizität des Klubs einsetzen. Und einer der fleißigsten Mitarbeiter am *Argo*. Der rege gewordene Dichterverein steigt plötzlich im Ansehen der Öffentlichkeit.

Ruhender Pol in der Erscheinungen Flucht bleibt »Immermann«, der Kammergerichtsrat Wilhelm von Merckel. Von allen »Tunnel«-Freunden ist er Fontane wahrscheinlich am herzlichsten zugetan. Nach der gescheiterten März-Revolution hat der neugebackene freie Schriftsteller seinem Mentor gegenüber offenbar einige Hemmungen, unnötige, wie sich herausstellen wird. Jedenfalls bittet er Lepel um Fürsprache. Merckel ist im Innenministerium die Treppe heraufgefallen und zum Leiter des Literarischen Kabinetts ernannt worden. Dessen Mitglieder erhalten ein gutes Gehalt, das Fontane reizt. So bittet er Lepel: »... setz alle Segel bei, aber mit Vorsicht. Ich gelte, namentlich Merckeln gegenüber, für einen rothen Republikaner und bin jetzt eigentlich ein Reactionair von reinstem Wasser.«

Das fällt einem schwer zu glauben, denn nicht nur seine Leitartikel vor ein, zwei Jahren, auch seine aktuellen Briefe sprechen eine andere Sprache. Allerdings ist bisweilen der Verdacht laut geworden, der ungemein konservative Herr von Merckel habe Fontane, den unsicheren Kantonisten, mit kleinen Pöstchen und literarischer Unterstützung auf die »rechte Seite« zu ziehen versucht. Mag beides richtig sein: fest steht, daß zwischen Merckel und Fontane, bald darauf zwischen beiden Familien, Bande rein freundschaftlicher Art bestehen, ein Vater-Sohn-Verhältnis, das gewisse taktische Finessen nicht ohne weiteres ausschließen muß. Auch Fontane spielt ja seine demokratische Vergangenheit künstlich herunter.

Was macht ein Literarisches Kabinett, das mitunter als »Literarisches Bureau« firmiert? So harmlos wie der Name klingt, ist die Sache nicht. Es handelt sich um eine Art Nachrichtensammelstelle des Innenministeriums, die, aus dem 1842 gegründeten »Büro für Preßangelegenheiten« hervorgegangen, ursprünglich der Kontrolle der preußischen Zeitungen dienen und die Einhaltung der Zensurgesetze überwachen sollte. Jetzt versucht Merckel, dem Ganzen einen neuen, der Verfassung angeblich gemäßen Sinn zu geben. In einer an den Innenminister von Manteuffel gerichteten Denkschrift nennt er als Hauptaufgabe des Literarischen Kabinetts die »Organisation der gesamten conservativen Presse«. An die Stelle von Überwachung und Kontrolle sollen Propaganda und Public Relations treten.

Man hat die Aufgabe, um die sich Fontane so sehr bemüht, oft mit der eines Lektors verglichen; aber das trifft es nicht. Was Merckel in Wirklichkeit anstrebt, dürfte eine etwas mildere Vorwegnahme des Goebbels-Ministeriums für Volksaufklärung und Propaganda sein. Die sechs bis acht »Lektoren« sind geübte Literaten, die mit der Provinzpresse – nicht nur der konservativen – »korrespondieren«, das heißt ihr Lesestoff liefern sollen, leicht eingängige, humorvolle Artikel, die im Sinne der Regierung agitieren, aber daneben »derberen Humor pflegende Polemik gegen den demokratischen Unsinn« enthalten. Einem geschworenen Republikaner und Demokraten, der soeben noch auf den März-Barrikaden gestanden hat, muß das Wasser hoch an den Hals reichen, wenn er sich um einen derartigen Posten reißt. Lepel findet bei Merckel, wie gesagt, ein offenes Ohr. Übers Knie brechen läßt sich in einem Ministerium jedoch nichts. Ein paar Tage verstreichen ohne Resonanz von Merckels Seite. Inzwischen hat sich bei Fontane einiges getan. Er steckt wieder mitten in der Politik, moniert heftig, daß Preußen ein deutsches Land, Schleswig-Holstein, im Stich gelassen habe, und faßt einen jener übereilten Entschlüsse, mit denen er sich soviel verdirbt. Er beschließt, Berlin zu verlassen und in einem Freikorps gegen die Dänen zu Felde zu ziehen. »All die Katzbalgereien in Deutschland, ... selbst die Schicksale des Frankfurter Parlaments«, haben ihn, behauptet er, »vergleichsweise kalt gelassen«. Für Schleswig-Holstein aber sei er »vom ersten Augenblick an Feuer und Flamme« gewesen. Er bleibt jedoch kühl genug, um einige Vorsicht walten zu lassen: Wenn man entscheiden will, ob es nicht besser ist, einer regulären Truppe beizutreten statt einem Freikorps, muß man sich an Ort und Stelle umsehen. Dazu begibt er sich nach Altona.

Den unausgereiften Entschluß hat Fontane zwei Tage nach der Schlacht bei Idstedt gefaßt, die am 25. Juli 1850 stattfand. Heute findet sie sich kaum noch in einem Lexikon. Damals erregte es großes Aufsehen, daß eine Übermacht von 37 000 dänischen Soldaten 26 000 Schleswig-Holsteiner besiegte, weil diese von ihren Landsleuten, allen voran den Preußen, im Stich gelassen worden waren.

Die schleswig-holsteinische Frage galt als ungemein kompliziert. Der englische Premier Lord Palmerston meinte, nur drei Männer hätten jemals verstanden, um was es eigentlich gehe: Prinzgemahl Albert, der nicht mehr unter den Lebenden weile, ein deutscher Professor, der darüber wahnsinnig geworden sei, und er selber, der aber alles vergessen habe.

Verkürzt gesagt hatten sich die beiden Herzogtümer im ausgehenden Mittelalter der dänischen Krone unter der Bedingung anvertraut, daß sie selbständig und »up ewik ungedeelt« bleiben, wie es seitdem in ihrem Wappen stand. Jetzt sollte Schleswig, das auch von Dänen bewohnt wurde, Dänemark einverleibt werden, indes Holstein beim Deutschen Bund verbliebe. Eine Teilung der Unteilbaren stand also dicht bevor und schien nach der Niederlage gegen die Dänen unvermeidbar.

Es gab allerdings, um Lord Palmerstons Bonmot aufzugreifen, noch einen vierten Sachkenner des schleswig-holsteinischen Problems, das durch eine knifflige dynastische Streitfrage zusätzlich verschärft wurde. Dieser vierte Sachkenner stand erst am Beginn seiner Laufbahn, aber die schleswig-holsteinische Niederlage hatte er schon mitarrangiert. Und dies – was weder Fontane noch die anderen Freiwilligen wissen konnten, die gen Norden eilten – aus dem einzigen Grund, um das Land, nein: beide Länder, vierzehn Jahre später um so besser »ungedeelt« dem eigenem Land, Preußen, einverleiben zu können. Ein Schachzug, der als Realpolitik in die deutsche Geschichte eingegangen ist. Der Name des Mannes: Bismarck.

Noch in Unkenntnis dessen nimmt Fontane in Altona Quartier »im Hause eines kleinen holsteinischen Schulmeisters«, wie er berichtet, eines promovierten Pädagogen namens Dr. Thormehlen. In seinem Haus geschieht das bereits angekündigte kleine Wunder. Denn dort trifft ein aus Berlin nachgeschickter Brief mit dickem Amtssiegel ein. Er kommt von Merckel und enthält das Angebot einer Stellung im Literarischen Büreau. Was Fontane veranlaßt, augenblicklich alle patriotischen Pläne aufzugeben mit der nachträglichen, aber durchaus zutreffenden Entschuldigung: »Der Mensch ist ein Egoist.« Feuer und Flamme für Schleswig-Holstein scheinen auf einmal erloschen.

Er setzt sich hin und schreibt zwei Briefe. Der eine, an Merckel, übermittelt seine sofortige Zusage. Den zweiten verfaßt er im Telegrammstil; er geht an Emilie in Liegnitz: »Schleswig-Holstein aufgegeben. Wenn dir's paßt, im Oktober Hochzeit.«

Er ahnt noch nicht, daß Wunder – wie Lügen – sehr kurze Beine haben können.

# 18.
# Ein Jahr der Not
(1850–1851)

Wieder in Berlin, läßt es sich hoffnungsvoll an. Eine feste Anstellung mit einem »Tunnel«-Freund als Vorgesetztem, ein festes monatliches Gehalt, wenn auch nicht hoch, so doch ausreichend für zwei und, wahrscheinlich, bald drei, eine vielleicht zu große, aber nicht sehr teure Wohnung, Puttkammerstraße 6 – da lassen sich die langen Gesichter der Verwandten übersehen, die zwar nicht mutig genug sind, seiner Braut von der Heirat mit ihm abzuraten, deren versteckte Anklagen ihn aber ärgern, vor allem die boshaften Anspielungen auf seinen Stolz auf die ersten Gedichtbände (man apostrophiert ihn als den »berühmten Schwager, den keiner kennt«). Auch wird ihm bewußt, daß man sich – bei Zahlungen für zwei uneheliche Kinder irgendwo in Sachsen – sehr wird nach der Decke strecken müssen.

Die Eheschließung am 16. Oktober 1850 vollzieht der Konsistorialrat Auguste Fournier, Prediger der französisch-reformierten Kirche, ein alter Freund der Familie. Ein kernschrötiger Mann, wie es scheint, der zwanzig Jahre später seines Amtes enthoben wird, weil er gegen eine Braut, die – seiner Meinung zu Unrecht – bei der Trauung einen Jungfernkranz trägt, handgreiflich wird. Zum Kummer der Fontanes erscheint Fournier nicht bei der Hochzeitsfeier, weil er befürchtet – und das zu Recht –, dort auf seinen alten Rivalen, Pastor Schultz von Bethanien, zu stoßen, den er nicht ausstehen kann.

»Ich habe viele hübsche Hochzeiten mitgemacht, aber keine hübschere als meine eigene«, lautet Fontanes Urteil. Schon zum Polterabend kommt die gesamte Verwandtschaft, dazu vier

»Tunnel«-Mitglieder, von denen einer, der Weltumsegler und Seegeschichtenverfasser Heinrich Smidt (»Raphael Mengs«), eine launige Rede hält. Vater Fontane begeht einen Fauxpas, weil er eine halbe Stunde zu spät zur Trauung erscheint, was allen Fourniers wegen peinlich ist. Fontanes Kommentar: »Es ist vielleicht von Vorbedeutung. Sie sollen warten lernen.« Das große Essen findet »Bei George«, einem feinen Lokal in der Bellevuestraße, statt. Vom »Tunnel« sind »Anakreon« und »Hölty II«, also Eggers und Heyse, erschienen, die sogar »ein hübsches und beinahe wertvolles Geschenk« des Klubs überreichen. Die Festrede hält Pastor Schultz – alles in allem eine gelungene Sache, wenn auch nichts außerhalb des Üblichen.

Noch Jahrzehnte später erregt sich Fontane über eine Lappalie, die er nicht vergessen kann: Einer der Dichterfreunde hat sich geweigert, zum Geschenk beizutragen. Er verrät seinen Namen nicht, aber natürlich haben akribische Forscher herausgefunden, wer es war, nämlich der Kaufmann G. Wagner (»Fugger«).

Der alte Fontane: »Beinahe überall da, wo sich Künstler, Musiker, Dichter zusammentun, ... stellen sich sofort total unbefugte Personen ein, die... Kopf und Kragen daransetzen, in diesen Künstler- oder Dichterverein aufgenommen zu werden.« Bei Mäzenen, befindet Fontane, sei das hinzunehmen, aber dieser »aus purem Dünkel und Übermut seinen Beitrag verweigernde Stockjobber, der sich, eitel und pfiffig, in unseren Tunnel gedrängt hatte«, habe nur aus »Geiz und Überhebung« bestanden. Die Schimpfkanonade endet mit dem Satz: »Diesen Kranz auf sein Grab!«

Schimpfen, hat man bei Fontane das Gefühl, beruhigt und erleichtert ihn, selbst beim Schreiben. Er ist eine durch und durch cholerische Natur und nachtragend wie ein Elefant, was das Beispiel »Fugger«/Wagner zur Genüge beweist.

Weniger erfreulich als der Ehestand gestaltet sich die Tätigkeit im Literarischen Büro. Von eigenen Beiträgen, »das preußische Volk für seine Regierung einzunehmen«, ist nichts bekanntgeworden. Fontane scheint vorwiegend mit dem Lesen der vielen Provinzzeitungen beschäftigt, deren Auswertung ebenfalls zur Aufgabe der Propagandastelle gehört. Sein Desinteresse muß jedoch den Kollegen und besonders den Vorgesetzen aufgefallen sein, wie die nachfolgenden Ereignisse andeuten.

Sie beginnen damit, daß Merckel, der sein Amt erst im April angetreten hat, schon im November wieder von ihm entbunden wird, was mit einem Wechsel der Regierung zusammenhängt: Das liberale Kabinett Radowitz wird gestürzt, und der neue Ministerpräsident von Manteuffel ernennt seinen Günstling Dr. Rhyno Quehl zum Nachfolger. Fontane verabscheut beide – Manteuffel wegen dessen ebenso ungeschickter wie rigoroser Politik und Quehl, weil dieser in ihm einen Lückenbüßer sieht, der seine Stellung nur der Protektion Merckels verdankt.

Mitte Dezember folgt der zweite Schlag: die Auflösung des Literarischen Kabinetts durch den neuen Innenminister von Westphalen. Als erstem wird bezeichnenderweise Fontane gekündigt, sogar fristlos. Alle anderen werden unter Dr. Quehls Leitung von einer »Centralstelle für Preßangelegenheiten« übernommen, so daß im Grunde das Literarische Kabinett – mit Ausnahme Fontanes – in den gleichen Räumen wie bisher weiterbesteht, wenn auch unter anderem Namen.

Fontane beschreibt den Vorgang in einem Brief an Lepel: »Eilig strich ich noch 40 rth. [Reichsthaler] Diäten für Monat December ein und verschwand für immer aus den heiligen Hallen, in denen ich 5 mal 4 Wochen Zeuge der Saucen-Zubereitung gewesen war, mit welchem das lit. Cabinet das ausgekochte Rindfleisch Manteuffelscher Politik tagtäglich zu übergießen hatte. Gott sei Dank kann ich mir nachträglich das Zeugnis ausstellen, daß von meiner Seite kein Salz- oder Pfefferkorn jemals zu der Schandbrühe beigesteuert worden ist.« Attwood, der ja grundsätzlich mit Fontane sympathisiert, findet es dann »auch kein Wunder, wenn er als erster auf die Straße gesetzt wurde«.

Die Kündigung ist am Silvestertag 1850 erfolgt und sofort wirksam geworden. Damit hat Fontane nach einer Tätigkeit von nur wenig mehr als fünf Monaten das einzige regelmäßige Einkommen verloren, aufgrund dessen er die Heirat hatte wagen können. Im gleichen Brief an Lepel heißt es resigniert: »Es bleibt einem nichts übrig, als sich mit dem Geist in die Vergangenheit und mit dem Herzen in den Freundes- und Familienkreis zu flüchten.«

Das mag der Psyche hilfreich sein, finanziell bringt es nichts. Erste Hilfsmaßnahmen, von Freunden eingeleitet, verlaufen im Sande. Der neue Ministerpräsident von Manteuffel mag, wie Fontane es sieht, ein Erzreaktionär und Nichtskönner sein; er ist kein Unmensch. Vermutlich von Merckel inspiriert, empfiehlt er dem Innenminister, angesichts seiner »precairen finanziellen Lage« dem Entlassenen wenigstens eine Entschädigung von vierzig Talern auszuzahlen. Aber Westphalen sieht dafür keinen Grund. Nach seiner Information, läßt er Manteuffel wissen, »hat die Beschäftigung, welcher der Fontane lediglich einer persönlichen Begünstigung des damaligen Vorstehers des literarischen Cabinets verdankte«, nicht lange gedauert, und zudem habe der Betreffende für eine derartige »Renumeration« (Rückzahlung) entschieden zuwenig geleistet. Auch eine »Dichterpension«, die der König regelmäßig verteilt, wird wenig später »wegen ministeriell angezweifelter politischer Gesinnung« nicht bewilligt.

Das Jahr 1851 läßt sich schlecht an. Es wird eines voller Sorgen und bedrückender Not. Die bittere Armut und mehr noch die Aussichtslosigkeit der Situation beeinträchtigen die noch junge Ehe. Am 14. August wird der erste Sohn geboren und auf die Namen George Emile getauft.

Vergeblich versucht der so schmählich Entlassene, auf andere Weise zu Geld zu kommen. Er entwickelt eine erstaunliche Phantasie, obwohl er das Nächstliegende, die Fortsetzung der pharmazeutischen Laufbahn, anscheinend nicht einmal in Erwägung zieht.

Zunächst plant er ein Epos, »Barbarossa«, das er wieder aufgibt, als sich kein Verleger dafür interessiert. Eine Bemühung um das Amt eines Sekretärs des Gartenbauvereins bleibt erfolglos.

Das Examen als englischer Sprachlehrer wird jedoch bestanden, und Fontane gibt eifrig Nachhilfestunden. Da diese nur sehr wenig einbringen, richtet das Ehepaar die ohnedies zu große Wohnung in der Puttkammerstraße als Schülerpension her, aber auch das geht schief. Den beiden fehlt die pädagogische Erfahrung im Umgang mit halbwüchsigen Kindern, die schon anderswo nicht gut getan haben.

Die verzweifelten Versuche, sich über Wasser zu halten, enden damit, daß man im Oktober in eine kleinere Wohnung in schlechterer Gegend zieht, Luisenstraße 35. Der treue Freund Friedrich Witte, mit dem Fontane in der Polnischen Apotheke gelernt hat, hilft ihnen, die Miete zu tragen, indem er sich als Untermieter einquartiert. Sonst treffen nur karge Honorare von der *Erfurter Zeitung* oder dem *Danziger Dampfboot* sowie von einigen kleineren staatseigenen Zeitungen ein. Letztere hat der unermüdliche Merckel veranlaßt, Fontanes Artikel anzunehmen. Doch sind das nur Tropfen auf den heißen Stein.

Fontane bleibt trotzdem, zumindest äußerlich, fest in seiner Haltung: »Sie könnten mir meine frühere Stellung wieder antragen«, läßt er den »Tunnel«-Freund Eggers wissen, »ich will sie gar nicht. Man lebt nicht für den Tag, und wer sich dazu hergegeben hat, an unserem Manteuffelschen Hexenbrei mitzukochen, der hat sich selbst um seine Zukunft gebracht, der ist ruiniert in der öffentlichen Meinung.«

Ehrlicher, realistischer auch ist er gegenüber Wolfsohn. Ihm gesteht Fontane, daß er sich zeitweise im »Hunger-Stadium« befunden habe: »Die Verhältnisse hatten mich sehr ausgetrocknet, es war Wüste überall; im Kopf, im Herzen und vor allem im Beutel. – Ich habe sehr traurige Monate zugebracht und so recht kennengelernt, entweder wie schwer es überhaupt ist, auch nur das bescheidenste Brot zu finden, oder aber wie wenig Leute es gibt, die bereit sind, es einem suchen zu helfen.«

Er lobt die Generosität seiner »wirklichen Freunde (Lepel an der Spitze)« und beschimpft diejenigen, »die da glauben, mit ihrer Tee-Lurke und ihren häßlichen Töchtern alles abgemacht zu haben«, als »Maul-Mäzene«. Damit meint er jene ehrenwerten Bürger, die sich viel darauf zugute tun, ihn für Nachhilfestunden heranzuziehen, nicht ohne vorher das Salär gebührend herunterzuhandeln.

Es hilft alles nichts: Er braucht dringend einen Rettungsanker. Und der findet sich bei ihm – Ironie des Schicksals? – stets bei der staatstragenden, reaktionären, weit rechts angesiedelten Regierungspresse. Hat er noch kürzlich kundgetan, er wolle die alte Stelle in der Propaganda-Abteilung des Innenministeriums gar nicht wiederhaben, greift er – doch nicht gerade mit Freuden – augenblicklich zu, als ihm genau das geboten wird. Am 1. November 1851 tritt er in die Centralstelle für Preßangelegenheiten ein, wo er sämtliche alten Kollegen des Literarischen Kabinetts wiederfindet, wie er sie Anfang Januar verlassen hat.

Angestellt wird er jetzt von Merckels Nachfolger Dr. Quehl, der dem neuen oder alten Mitarbeiter eine spezielle Aufgabe überträgt, nämlich die Belieferung der *Preußischen Zeitung* mit hauptsächlich der englischen Presse entnommenem Material. Chefredakteur der *Preußischen Zeitung*, die man wegen des Adlers in ihrem Kopf und zum Unterschied von der eng verwandten »Kreuz-Zeitung« allgemein nur »Adler-Zeitung« nennt, ist ebenfalls Dr. Rhyno Quehl.

Fontanes Selbstanklage lautet: »Ich habe mich heut der Reaction für monatlich 30 Silberlinge verkauft... Man kann nun mal als anständiger Mensch nicht durchkommen. Ich debütiere mit Ottaven [Stanzen = acht elfsilbigen jambischen Verszeilen] zu Ehren Manteuffels. Inhalt: der Ministerpräsident zertritt den... Drachen der Revolution.«

Manche Biographen haben entschuldigend angeführt, Fontane habe die Rückkehr ins konservative Lager nur deshalb angetreten, weil er Aussicht hatte, von Quehl nach England geschickt zu werden. Aber aus seinen Briefen und Tagebucheintragungen geht nichts dergleichen hervor. Wenn von seinem zweiten Aufenthalt in England die Rede ist, fällt meist sogar das Wort »Flucht«.

Es handelt sich mitnichten um eine Flucht. Fontane muß auf geschickte Weise seine Sonderaufgabe für die *Preußische Zeitung* ausgespielt haben – jedenfalls wird die wahrscheinlich von ihm selbst vorgeschlagene Reise am 24. Februar 1852 gutgeheißen und genehmigt. Von der Centralstelle ist er für die Dauer der Korrespondententätigkeit in London beurlaubt. Mag Fontane also insgeheim auf eine Chance hoffen, die ihm in England geboten wird, sei es eine Apotheke, die er übernehmen kann (die sich jedoch nicht findet), oder, wie er seinem Vater verrät, eine Anstellung an der *Times*, die schon eine Reihe von Deutschen als Redakteure beschäftigt (wofür aber seine Englischkenntnisse noch nicht ausreichen dürften). Er reist ganz offiziell im Auftrag der »Adler-Zeitung«, der er jetzt halbwegs angehört, oder des Ministeriums, das sie herausgibt. Brav hat er vor seiner Abreise noch das bestellte Huldigungsgedicht auf Manteuffel verfaßt sowie ein zweites auf die Königin, das er nicht ablehnen konnte, weil er kurz zuvor die Bitte der *Preußischen Zeitung* um eines auf den König abschlägig beschieden hat.

Der einstige Revolutionär und jetzige Linksliberale, der so eindringlich preußische Feldherren und militärische Tugenden besingt, gerät immer wieder in eine ideologische Zwickmühle. Er kann sich weder für einen konservativen Weg noch für einen in entgegengesetzter Richtung entscheiden. Er vermag – oder will – es bis zum Ende seines Lebens nicht.

Man kann das bedauern, und es ist auch oft bedauert worden. Man kann es aber auch als ein Stück geistiger Freiheit verstehen, das sich Fontane vorbehält mit dem Recht, seine jeweilige Meinung ändern zu dürfen. Er tritt keine Flucht an. Er scheut keinen Widerstreit, und schon gar nicht den, der in ihm selbst schlummert, auch wenn die Antagonismen meist zur falschen Zeit aufwachen. Er reagiert auf sie, rümpfe die Nase, wer will, eher mit einem Ausweichmanöver. Ein solches führt ihn diesmal ins Land seiner Ideale, nach England.

## 19.
## Ein Sommer in London
(1850–1852)

So bequem wie beim erstenmal wird es Fontane diesmal nicht gemacht. Der zweite England-Aufenthalt erfordert einige Vorbereitung. Er verlangt dem einunddreißigjährigen Familienvater sogar Mut, ja Zivilcourage ab. Denn die Bedingungen, auf die er sich eingelassen hat, sind alles andere als günstig.

Man schickt ihn zwar ganz offiziell als Berichterstatter für die »Adler-Zeitung« nach London. Die Zentralpressestelle aber, genaugenommen sein Arbeitgeber, behandelt seine Abwesenheit als sechsmonatigen Sonderurlaub. Das heißt, er bekommt in dieser Zeit kein Gehalt; Frau Emilie muß samt neugeborenem Söhnchen von den Honoraren leben, die die Zeitung für seine Artikel aus England zahlt. Trotzdem hat sich Fontane zusätzlich verpflichten müssen, in der Londoner Botschaft gegebenenfalls kulturpropagandistisch tätig zu werden.

Es ist schon allerhand, was ein preußischer Journalist sich bieten lassen muß. Fontane wird es später einmal als typisch preußische und »poplige Unteroffizierswirtschaft« definieren. Man erwartet von ihm, daß er sich den Lebensunterhalt im fremden Land selbst verdient und auch die Überfahrt aus eigener Tasche bezahlt.

Das notwendige Geld hat er sich regelrecht zusammengebettelt. Fünfzig Taler spendiert der König, hundert Taler der »Tunnel«, am großzügigsten erweist sich der Vater. Er legt, obwohl er von den literarischen Plänen des Sohnes nichts hält, zweihundert Taler dazu. Alexander von Humboldt, ebenfalls angegangen, hat einen Zuschuß abgelehnt.

Was Wunder, daß sich der frischgebackene Korrespondent

vor dem Abenteuer noch etwas Zeit läßt und, als habe er Angst vor der eigenen Courage bekommen, zunächst einmal in Aachen zweieinhalb Wochen bei einem Onkel verbringt, dem Förster Fritz Labry, einem Bruder seiner Mutter. Vetter Heinrich begleitet ihn bis Ostende, wo er Fontane zum Fährdampfer bringt.

Natürlich wird er, »kein alter Seemann«, seekrank und hat gleich zu Anfang in Dover Pech mit dem Hotel, in dem er absteigt. Das »Gun-Hotel« stellt sich als »Kneipe zweiten Ranges – Preise ersten Ranges comme toujours [wie immer]« – heraus. Da tröstet ihn ein Landsmann namens Blomeyer, den er auf dem Schiff kennengelernt hat, und gibt ihm für London eine billigere und, wie er behauptet, auch bessere Adresse: Long Acre 27.

Blomeyer, ein Landwirt aus dem Lande Hessen-Kassel, der, ehe er den väterlichen Hof übernimmt, sich noch einmal in London und Paris umsehen möchte, schlägt sogar vor, vom Waterloo-Bahnhof gemeinsam eine Kutsche zu nehmen.

»Du magst dir meinen Schreck denken, als endlich der Wagen hielt und gleich der erste Blick auf das German coffee-house mich leise ahnen ließ, wohin das Schicksal in Gestalt meines hessen-kasselschen Landwirts mich geführt hatte.«

Die Adresse Long Acre 27, stellt sich heraus, ist Zufluchtsort und Hochburg deutscher Emigranten der Achtundvierziger-Revolution. Fontane umreißt es: »Schlechtes Zimmer, schlechte Bedienung, mit einem Wort: *Flüchtlingskneipe.*« Bloymeyer hat ihn ungewollt in das wohl »einzige Haus Londons geführt, das ich gebunden war, nicht zu betreten«.

Der ehemalige Barrikadenkämpfer und jetzige Regierungsjournalist befindet sich in einiger Verlegenheit, bleibt aber trotzdem mit seinem Gepäck ein paar Tage im German coffeehouse, wo er aus erster Hand einige typisch deutsche Emigrantenschicksale erfährt, die er nie vergessen wird.

Es ehrt den Schriftsteller und Journalisten, daß er seinen Aufenthalt an solch subversivem Ort keinesfalls verschweigt. In der Buchausgabe seiner London-Artikel, die 1854 erscheint, widmet er der Episode ein ganzes Kapitel, das er jedoch vorher weder der »Adler-Zeitung« noch dem Journal *Deutsche Reform*, für das er ebenfalls schreibt, angeboten zu haben scheint.

Die Straße Long Acre läuft vom Leicester Square über Covent Garden bis zur Drury Lane, also quer durch das Herz der City. Fontane bezeichnet sie als »eine der rußigsten Straßen in London« und fügt hinzu, daß die Nr. 27 es versäumt, »durch unzeitige Schönheit und Sauberkeit die Schornsteinfegerphysiognomie der ganzen Straße zu unterbrechen«.

Das Gebäude selbst ist drei Stockwerke hoch. Parterre befindet sich ein »Ale- und Porterladen, wo eine Art von Eckensteherpublikum seine Pinte Bier trinkt...« Den gesamten zweiten Stock nimmt ein großer Gemeinschaftsraum ein, in dem auf Tischen und Pulten Zeitungen, Pamphlete und Bücher demokratischer Tendenz aus aller Welt – »meist älteren Datums« – ausliegen. Dort steht auch ein Schreibtisch, und Fontane behauptet, »eine gewisse Befriedigung« zu empfinden, »daß dieselbe Tischplatte, von der so manche Verwünschung dessen, was uns heilig gilt, in die Welt gegangen ist, nun meiner preußischen Loyalität als Unterlage dienen muß«.

Der Mutter gegenüber spricht er von einer »Räuberhöhle«, in die er geraten sei, und beklagt sich, daß man in ihr Beefsteaks aus angegangenem Pferdefleisch serviere.

Dem Laden, in dem sich eine Menge Flüchtlinge aus allen deutschen Landen versammelt haben, steht ein Mann namens Schättner vor. Fontane schildert ihn als »behäbig, wohlwollend, Demokrat aus Zufall, könnte ebensogut Royalist sein, lebt jetzt von seinem Geschäft und seiner Frau und denkt: die Deutschen mögen's nun ohne mich versuchen!«

Der Kneipier war einst Führer des Hanauer Freikorps, was man ihm nicht mehr ansieht. Sein Freund Dr. Heise, »ein kluger Kopf, verblasen, regierender Natur, Demokrat – weil er's seinem ganzen Wesen nach *sein muß*«, hat zusammen mit dem Göttinger Privatdozenten Dr. Kellner, gleichfalls Gast des Deutschen Kaffeehauses, die revolutionäre Satirezeitschrift *Hornisse* herausgegeben.

Als Kellner nach dem Scheitern der Revolution verhaftet wurde, hat ihn ein weiterer Bewohner des Hauses in Long Acre befreit, der Grenadier Zinn, der jetzt in London als Buchdrucker arbeitet. Zinn – »rotbackiges, strammes, mutiges Bürschchen, Raisonneur, Phraseur, Opfer der Zeit« – erzählt Fontane beim Zubettgehen, er habe dies nur getan, weil er Carl Schurz den Ruhm geneidet habe. Schurz hatte den Dichter Gottfried Kinkel aus dem Spandauer Gefängnis befreit, und dies wollte Zinn ihm nachmachen.»Man darf Heldentaten nicht in der Nähe betrachten«, findet Fontane wohl zu Recht.

Das allgemeine Fremdenzimmer liegt im dritten Stock.»Ich habe nie ein ungemütlicheres Zimmer bewohnt«, lesen wir in der Buchausgabe.»Nur wer eben die Kasematten Magdeburgs hinter sich hat, mag sich hier verhältnismäßig wohl und heimisch fühlen... kein Kamin, kein Fenstervorhang... Von Möbeln nur das Notdürftigste: ein paar Wandschränke rechts und links, ein Klapptisch, drei Bindestühle und zwischen den Fenstern ein bleifarbener Spiegel, drin man noch trauriger aussieht, als diese Umgebung einen ohnehin schon macht.«

London scheint voller deutscher Flüchtlinge, die händeringend auf eine baldige Amnestie warten. Die meisten werden jedoch noch zehn bis zwölf Jahre ausharren müssen, ehe sie in die diversen deutschen Staaten zurückkehren können. Fast alle, berichtet Fontane seiner Mutter, finden, obwohl sie fliehen mußten, die Verhältnisse in der Heimat besser als hier.

Es fiel der Name Kinkel. Der lebt ebenfalls als Emigrant in England und hält in Camberwall, einem südlichen Vorort Londons, wo eine ganze Kolonie deutscher Familien untergekommen ist, Vorlesungen über deutsche Literatur. Sie werden viel beachtet und auch von interessierten Engländern besucht. Fontane muß eine besucht haben, denn er schreibt, daß Kinkel »durch große Kraft und Plastik des Vortrags die Gegenstände belebt und seine Hörer fesselt«.

Das Buchkapitel, das in zwei Jahren die Leser erreichen wird, schließt mit dem Appell an die Deutschen, vor den Emigranten in England keine Furcht zu haben, sondern ihnen Mitleid entgegenzubringen. »Ihr Regierungen aber, zum mindesten ihr *deutschen* Regierungen, tut ab die kindische Furcht von einem hohlen Gespenst und besoldet nicht eine Armee von Augen, die dies Jammertreiben verfolgen und von jedem hingesprochenen Wort Bericht erstatten soll. Ihr verdientet zu fallen, wenn dieser Abhub euch je gefährlich werden könnte.«

Ganz unwohl scheint Fontane sich unter diesem »Abhub« nicht gefühlt zu haben. Er gibt zu, daß das Leben im German coffee-house billig ist und daß er mit »Blomeyer, dem Guten«, von dort aus viele interessante Ausflüge unternommen hat. Einmal stießen sie auf Königin Victoria, die mit ihrem Prinzgemahl Albert Einkäufe machte. Wahrscheinlich hat Fontane Long Acre erst verlassen, als seine neue Reisebekanntschaft, der Landwirt Blomeyer, in Richtung Paris weiterfährt.

Long Acre ist noch heute geschäftig und quicklebendig, eine Enklave der Studenten, Intellektuellen und niederen Einkommensstufen im etablierten Zentrum der Hauptstadt. Schättners Kaffee-Hotel scheint in dem Gebäude der angesehenen St. Martin's School of Art aufgegangen. Den zwei zusätzlichen Stockwerken zum Trotz zeigt es immer noch Spuren der einstigen Etagengliederung.

Der größte Nachteil für Fontane dürfte darin bestehen, daß er sich unter dieser Adresse auf keinen Fall in der preußischen Botschaft bei Herrn von Bunsen melden kann. Er muß sich etwas anderes, Konformistischeres suchen. Als Vermittler tritt wiederum ein deutscher Flüchtling auf, Herr du Rieux, wahrscheinlich gleichfalls hugenottischer Herkunft. Er stammt aus Stettin und ist, Fontane zufolge, Mediziner, Atheist und Tourist, wohl in dieser Reihenfolge, denn »er hält sich für ein Genie und ist keines«. Immerhin kann Fontane durch Empfehlung des »Flausenmachers« (wie er ihn undankbarerweise nennt) in der Burton Street 14, wo auch du Rieux wohnt, ein möbliertes Zimmer mieten.

Die Burton Street heißt heute South Eaton Place und befindet sich in Pimlico, das bereits damals eine Art von Nobelviertel gewesen sein muß. Als ich das Haus mit meiner Frau aufsuchte, war es nicht zu fotografieren, weil es von allen Seiten mit Luxuswagen, Rolls Royce oder Jaguar, verdeckt wurde.

Fontane wird es bescheidener angetroffen haben. »Mein Zimmer ein bißchen wohnlich gemacht«, lesen wir im Tagebuch, »... mal wieder gelacht übers ganze Gesicht u. d. großen Gedanken gehabt : s 'ist doch so übel nicht. Zwei Lichte angesteckt, Schlafrock angezogen, Tee getrunken. Sehr mollig. Tagebuch in Ordnung gebracht, an Frau und Kind heitren Gemüts gedacht, einen Brief gewünscht, zu Bett gegangen.«

Die Behaglichkeit währt nicht lange, bald häufen sich die Enttäuschungen, die knüppeldick aufeinanderfolgen. Irgendwie kommt er mit dem preußischen Gesandten, Dr. Bunsen, einem gelehrten Mann und sehr liberal dazu, nicht klar.

Zunächst meldet er sich nicht, nachdem Fontane pflichtschuldig mit Visitenkarte und Empfehlungsbrief Merckels in der Botschaft vorgesprochen hat, aber schon im Vorzimmer abgefertigt worden ist. Und als dann per Brief eine Einladung zum Frühstück eintrifft, gilt diese für den Morgen zuvor – der Brief hat sich über Gebühr verspätet, weil es in London zwei Burton Streets gibt und er zuerst in die falsche geschickt worden ist.

Eine neue, diesmal pünktliche Frühstückseinladung wirft weitere Mißverständnisse auf. Fontane, der sich am Abend vorher den Magen an schlechtem Lachs verdorben hat, findet den Diplomaten »furchtbar beredt..., aber alles sehr geist- und lehrreich«. Der Empfang ist im übrigen kühl, denn Bunsen hält den jungen Journalisten für einen regierungstreuen Rechten, den man ihm vielleicht sogar als Beobachter an die Fersen geheftet hat. Als der Botschafter durchblicken läßt, er sähe es gerne, wenn in der »Adler-« oder »Kreuz-Zeitung« etwas gegen Manteuffel erschiene, ist Fontane konsterniert und muß erklären, daß »man nicht von Manteuffel... leben und gegen ihn schreiben« kann, das »wäre die Steigerung von moralischer Ruppigkeit«. Eine ungemütliche Situation. Sie wird sich erst im Laufe der Zeit bessern, als er sich mit Georg Bunsen, dem Sohn des Hauses, anfreundet und erneut Einladungen in die Botschaft erhält. Das stellt nicht die einzige Sorge dar. Noch gravierender ist die Schwierigkeit, fast Unmöglichkeit, in London einen Nebenverdienst als Lehrer für deutsche Sprache oder Literatur zu finden. Da gibt es eine unendliche Konkurrenz: Ein ganzes Heer von Emigranten steht bereit, für Hungerlöhne Nachhilfestunden zu geben. Auf fünf Empfehlungsbriefe, die er verschickt hat, erhält er innerhalb von einer Woche nicht eine einzige Antwort, und auf eine Anzeige in der *Times* melden sich fast nur überspannte Damen wie jene Miss Catherine Whitelaw, die am Euston Square ein Zimmer »von der Größe eines altmodischen Kleiderschranks« bewohnt.

»Echt weiblich« geben solche Leute, so Fontane, »einem hundert Ratschläge, gute und schlechte, alles bunt durcheinander, und verweisen einen an obskure Personen, die sie eigentlich selbst kaum kennen. Auf der anderen Seite muß man nichts von der Hand weisen; mein Aufenthalt hier hat mich gelehrt, daß einem das Gute oft von einer Seite kommt, von der man es am wenigsten erwartet.«

Jedenfalls gewinnt er durch die *Times*-Anzeige – neben dem Auftrag zu Nachhilfeunterricht eines jungen Mädchens in deutscher Literatur – einen Freund. Dr. James Morris, Arzt und Schriftsteller, antwortet und macht den Vorschlag eines gegenseitigen Sprachunterrichts. Der deutsch-englische Lehraustausch dauert nicht lange, aber die Freundschaft hält über Jahrzehnte. James Morris wird der wichtigste Briefpartner Fontanes im hohen Alter sein.

»Ich sitze hier«, schreibt Fontane seiner Emilie, »und warte auf Glück!« Aber das ist ihm nicht unbedingt hold. »Wenn Quehl nur zu bewegen wäre, mich hier zu lassen und die 30 Reichstaler auf 50 zu erhöhen... Die Lebensmittel und Kleidungsstücke sind hier nicht um ein Haar teurer als bei uns...

und ich glaube ganz bestimmt, daß wir von 50 Reichstalern monatlich würden leben können.«
Das bleiben Schlösser, die im Monde liegen. Eine ihm angetragene Seereise nach Edinburgh muß er aus Geldmangel ablehnen, obwohl sie – hin und zurück – nur zwölf Schillinge kosten soll. Dafür stehen ihm bald eine Reihe von Häusern offen, die den jungen Preußen wegen seiner Konversation schätzen. Fontane spricht zwar immer noch mäßig englisch, aber er tut es mit sichtbarem Vergnügen, und die Ungeschicklichkeit des Ausdrucks in fremden Sprachen nimmt in allen Ländern für den Ungeschickten ein.
Besonders wohl fühlt er sich bei Robert Pries und seiner bildschönen Frau. Pries stammt aus Rostock, ein Vetter des »Tunnel«-Freunds Friedrich Eggers. Mit einer Engländerin verheiratet – anders als die politischen Flüchtlinge –, ist er »ein begeisterter Engländer« geworden. Über ihn sucht Fontane zeitweilig einen »Kompagnon«, der Geld in ein gemeinsames Unternehmen – wahrscheinlich ein Übersetzungsbüro – steckt. Auch diese Suche bleibt vergeblich.
In der Botschaft lernt er den Schauspieler Emil Devrient kennen, einen Neffen des berühmten Ludwig Devrient, den Freund E.T.A. Hoffmanns. Er gastiert mit seiner Truppe in London und schickt Fontane Pressekarten für *Egmont* und *Don Carlos*. Auf diese Weise erscheint die erste Theaterkritik Fontanes aus London in der Berliner »Adler-Zeitung«. Darin moniert er, daß die Prinzessin Eboli »zeitweilig zu wenig nach Madrid und zuviel nach Meißen schmeckt«, denn »sie sagte stets, ›Mein Brinz‹ und ›O Brinz Garlos‹«.
Eine weitere Errungenschaft bildet die englische Kaufmannsfamilie Wight, vor allem die in Deutschland vernarrte Frau Jane. Sie kann ihn endlich »wieder mit Neigung gegen jenes erdbewohnende Pack erfüllen, das sich kurzweg ›Menschheit‹ nennt«.
Es kommt, wie wir sehen werden, zu keiner endgültigen Versöhnung mit dem Menschengeschlecht. Fontane bleibt aufgrund

seiner schlechten Erfahrungen nicht zuletzt in London ihm gegenüber sein Leben lang skeptisch. Hingegen ergibt sich eine Versöhnung mit London, der nach wie vor hochgeschätzten Stadt, die ihm nicht immer liebenswürdig entgegengekommen ist und die er nun in mancher Hinsicht kritisch sieht.

Am 1. Juni zieht er an den Tavistock Square, wo er seine glücklichste Zeit verbringt. Denkt er in Zukunft an die englische Hauptstadt oder schreibt über sie, fällt meist augenblicklich die Adresse Tavistock Square 1.

Das möblierte Zimmer – für anderthalb Guineas die Woche – liegt drei Stockwerke hoch an dem ebenso idyllischen wie durch und durch urbanen Platz in Bloomsbury, dem Intellektuellen- und Museumsviertel Londons. Er übernimmt es von einem wohlhabenden Bekannten, dem Kaufmann Alexandre Jacoby, der es nach acht Monaten aufgibt wegen des damit verbundenen Familienanschlusses und der gemeinsamen Mahlzeiten; am meisten aber verabscheut er die Morgen- und Abendandachten der Familie May, an denen er regelmäßig teilnehmen muß.

Fontane stört das nicht: »...die Leute sollen fromm sein. Meinetwegen!« Er will ja Englisch lernen, und das Essen findet er gar nicht übel. Wenn er ein bißchen Zeit hat, verträumt er sie am Fenster, von dem aus man in die grünen Wipfel des kleinen Parks sieht. In diesem Zimmer entdeckt und verschlingt Fontane ein Buch, das für seine künftige Prosa vorbildlich wird: *Vanity Fair* von Thackeray (im Deutschen meist als *Jahrmarkt der Eitelkeit* übersetzt). Es ist erst vor fünf Jahren erschienen, eine Sozialsatire mit einer Fülle interessanter und typischer Figuren, ähnlich eindrucksvoll wie jene in den Romanen des Charles Dickens. Der wohnt, zum Entzücken Fontanes, gleich nebenan, Tavistock Square 2. Er hat nicht gewagt, den berühmten Romancier dort aufzusuchen.

Beide Häuser gibt es nicht mehr; sie haben einem Stadtpalais weichen müssen. Die Bäume des geräumigen Landschaftsparks in der Platzmitte sind – wie die Rasenflächen – noch überwiegend die selben. Manche der dicken Ahornstämme müssen weit über hundertfünfzig Jahre alt sein. Welcher Fontanes Lieblingsahorn war, den er oft erwähnt und bei seinem nächsten London-Aufenthalt sogar als erstes aufgesucht hat, wird sich nicht mehr feststellen lassen. Solche Londoner Straßenplätze hat Lenné für seine Begrünung der steinernen Großstadt Berlin zum Vorbild genommen. Durch Fontane ist der Tavistock Square in die deutsche Literatur eingegangen. Schon in seinem ersten Roman, *Vor dem Sturm*, kommt er vor, und auch in seinem letzten, dem *Stechlin*. In *Unwiederbringlich* siedelt sich Graf Holk an diesem »reizenden Ort« an. Heute stehen dort zwei Denkmäler, ein lauschiges zu Ehren der Gründerin einer Medizinschule für Frauen, und eines, das man zum Internationalen Jahr des Friedens 1986 Mahatma Gandhi gewidmet hat. Fontane würde vermutlich beides freuen. Selbstbewußte Frauen gibt es in seinem belletristischen Werk zur Genüge, und die Inder hat er als ein Volk bezeichnet, »das, in ähnlicher Weise wie die Italiener, Anspruch auf unsere Sympathie, auf Bewunderung ihrer hohen Geistesgaben hat...«

Hoch über dem Tavistock Square schreibt Fontane seine Berichte für die »Adler-Zeitung«, unter anderem über kleine Ausflüge nach Brighton oder Hastings, die die Reise nach Edinburgh ersetzen müssen. Hier schreibt er auf dem Fensterbrett auch seine Briefe und gedenkt des ersten Geburtstags seines Sohns George, obgleich am 14. Juni, reichlich vorzeitig, denn der Kleine vollendet erst am 14. August sein erstes Lebensjahr. Hier empfängt er Freunde und Bekannte. Am Tavistock Square findet Fontane wieder zu sich selbst.

Berlin ist weit weg. Dort wird ihm rund zwei Wochen nach seinem Umzug ein zweiter Sohn geboren, Rudolf, der aber stirbt, ehe sein Vater aus London zurückgekehrt ist. Emilie Fontane erleidet einen Schock, von dem sie eine steigende Angst vor dem Kindbett zurückbehält, auf die Fontane offensichtlich keine Rücksicht genommen hat. Zwei weitere Söhne werden bald nach der Geburt sterben: Peter Paul 1853 mit einem halben Jahr und Ulrich 1855 nach wenigen Tagen. Ganz zu schweigen von insgesamt drei Söhnen und einer Tochter, die heranwachsen.

Daß sich seine Ehe – wie überhaupt sein weiteres Schicksal – nicht problemlos entwickeln wird, scheint ihm bewußt – er hat es in vielen Briefen, vor allen an die Dichterfreunde, wenn nicht ausgesprochen, so doch angedeutet. London ist zwar nicht zu dem erhofften Sprungbrett geworden, aber es schirmt ihn ab vor den unmittelbaren Schwierigkeiten. Schon bei seinem Eintreffen hat ihn zu seinem eigenen Erstaunen »ein wahres Heimatgefühl« für die Stadt erfüllt: »Mir wurde die Brust weit, und das Herz schlug mir höher, als mein Cab über die schöne Waterloo-Brücke hinweg in das vollste Leben der Stadt zwischen City und West-Ende hinabrollte. Ich vergaß für einen Augenblick alles andere : Frau, Kind Not, Sorge...«

Der Gegensatz dürfte bezeichnend sein: Frau und Kind sind mit Not und Sorge verbunden, London mit einem unerwarteten Glücksgefühl. Der Realist Fontane ist da entgegengesetzter Meinung als beispielsweise ein anderer deutscher London-Reisender, der Romantiker Heinrich Heine, den dort nichts so sehr gestört hat wie die Masse Mensch. Fontane dagegen scheint in sie einzutauchen wie in ein erfrischendes Bad. »Der Zauber Londons«, erklärt er, sei eben »seine Massenhaftigkeit. Wenn Neapel durch seinen Golf und Himmel, Moskau durch seine funkelnden Kuppeln, Rom durch seine Erinnerungen, Venedig durch den Zauber seiner meerentstiegenen Schönheit wirkt, so beim Anblick Londons das Gefühl des Unendlichen, das überwältigt – dasselbe Gefühl, was uns beim ersten Anschauen des Meeres durchschauert. Die überschwängliche Fülle, die unerschöpfliche Masse – das ist die eigentliche Wesenheit, der Charakter Lodons.«

So liest man's – gut gesehen und noch besser formuliert – zwei Jahre später im Buch über die Reise, *Ein Sommer in London*. Es gilt ähnlich noch heute, denn nur wenig hat sich, wie bei den Briten üblich, daran geändert. Allenfalls ließe sich einwenden, daß der junge Mann, der das schreibt, keinerlei Vergleichsmaßstäbe besitzt. Denn bis dahin kennt er außer London keine einzige der von ihm aufgezählten Städte.

Und doch behält Fontane im nachhinein recht. Er wird auch, nachdem er immerhin die Hälfte der erwähnten Metropolen in Augenschein genommen hat, seine Meinung nicht ändern. Bis ins hohe Alter zieht es Fontane eher nach Norden als in die entgegengesetzte, von Deutschland meist bevorzugte Richtung. Nordische Stadtschönheiten wie Edinburgh oder Kopenhagen treten an die Seite Londons, ohne es jedoch in seiner Einschätzung überflügeln zu können. Der Süden läßt ihn kalt. Selbst Rom findet er langweilig. Und Paris wird zwar akzeptiert, aber nach jedem lobenden Wort einschränkend versichert, die Stadt an der Seine könne der an der Themse das Wasser nicht reichen.

Vorbehalte hat Fontane seit seinem zweiten Aufenthalt allerdings auch gegenüber London. Seine Kritik gilt in der Hauptsache – ganz wie die Heinrich Heines – dem Geld- und Handelscharakter der Stadt mit ihrem immerwährenden »Tanz um das Goldene Kalb«. Ohne Geld hat man es schwer in ihr und droht, im Gewühl zerrieben zu werden.

Fontanes zweiter London-Aufenthalt dauert fast ein halbes Jahr. Danach endet der Sonderurlaub, den Dr. Quehl nicht erneuert. Am 3. April ist er von Berlin aufgebrochen. Am 25. September kehrt er, also noch pünktlich, zurück.

Sein Fazit fällt – in einem Brief an Friedrich Eggers – wie so oft bei ihm übernüchtern aus: »Ich habe kein großes Pech gehabt, bin nicht betrogen, bestohlen, durchgeprügelt oder überfahren worden, aber ebensowenig weiß ich vom Glück zu erzählen.«

»Ich hätte Dir London gern gezeigt«, schreibt er bedauernd, noch vom Tavistock Square aus, an seine Frau, »denn wiewohl mir nicht allzuviel hier geglückt ist, bleibe ich nach wie vor dabei: es ist das Größte, was diese Erde hat.«

Er fügt hinzu: »Ich lerne immer mehr einsehen, daß man ein Lump ist oder wenigstens dafür gilt, wenn man kein Geld hat: daher das Erpichtsein des praktischen Engländers auf Erwerb.«

Klingt es nur so, oder erfährt damit nicht der von ihm später

noch oft monierte Tanz um das Goldene Kalb eine gewisse Rechtfertigung? Vielleicht will Fontane mit dieser Einsicht ja bloß seine Entschlossenheit rechtfertigen, an diesem Tanz – gleichwohl mit Zurückhaltung – teilzunehmen. Ein bißchen Praktikabilität dem Leben, auch dem literarischen gegenüber hat er jedenfalls von London mitgebracht: »Ich habe mich allgemein an den Gedanken gewöhnt: den Poeten in den Koffer zu packen und fest zuzuschließen bis auf beßre Zeiten.«
Frau Emilie dürfte dies mit Erleichterung vernommen haben.

## 20.
## Erpicht auf Erwerb
(1852–1855)

Fontane kehrt enttäuscht nach Berlin zurück. Familie und Freunden gegenüber mag er es vielleicht nicht offen zeigen. Friedrich Witte, einem der wenigen Gefährten seiner Apothekerzeit, mit denen er in Verbindung bleibt, gesteht er offen, daß er gern zwei oder drei Jahre in England geblieben wäre. Erst dann wären seine Sprachkenntnisse gut genug gewesen, daß sich ihm berufliche Chancen geboten hätten.

In Berlin sind die Aussichten kaum rosiger. Er muß froh sein, wenn er das »Lektoren«-Amt in der Pressestelle des Innenministeriums wieder aufnehmen kann. Das bringt ihm immerhin dreißig Taler im Monat, weniger zwar als zur Zeit seiner ersten Kündigung – aber seiner Familie und auch seinen unehelichen Kindern zuliebe muß er auf das aus sein, was er der Menschheit im allgemeinen, den Engländern im besonderen soeben erst vorgeworfen hat: auf Erwerb.

Die Basis seiner Mitarbeit an der Centralstelle ist schmal genug. Erstens beruht sie zur Hälfte auf einer lockeren Verbindung zur »*Preußischen* (»Adler«-)*Zeitung*, und zweitens scheint es für Fontane keinen festen, amtlich vorgesehenen Platz zu geben. Bei der »Adler-Zeitung« verrichtet er jetzt »Revisionsarbeiten«, worunter man sich so etwas wie eine Schlußredaktion vorzustellen hat. Er muß abends ein paar Stunden lang notwendige aktuelle Veränderungen und Verbesserungen veranlassen, was ihm erfreulich wenig Zeit wegnimmt.

In der Königlichen Centralstelle für Preßangelegenheiten selbst nimmt er interimistisch die Obliegenheiten eines Dr. Roerdanz wahr, und der neue Leiter, der an Quehls Stelle eingetreten ist, Dr. Ludwig Metzel, scheint Fontane die nächtliche Dienstzeit als Schlußredakteur anzurechnen. Jedenfalls bleibt ihm genügend Zeit, um das Versprechen gegenüber seiner Gattin zu brechen: Er schreibt weiterhin Balladen und glänzt damit im »Tunnel«, was ihm ersten Ruhm einbringt. Denn eine Ballade, die er am 3. Dezember 1854 beim Stiftungsfest des Vereins vorträgt, »Archibald Douglas«, geht mit Windeseile in die Lesebücher nicht nur des Landes Preußen ein, Gustav Freytag sieht in diesen Versen Fontanes sogar den Anfang einer neuen speziell deutschen Balladenform.

Metzel, Königsberger und vier Jahre älter als Fontane, ist wahrhaft ein Gewinn. Mag er kein Literat sein, sondern eher der Typ eines Beamten, wie man ihn sich vorstellt, so haben doch beide noch im alten Literarischen Kabinett ab morgens neun Uhr dreißig auf ihren Drehschemeln je vierzig Tageszeitungen durchpflügt – »eine immer schrecklicher als die andere«. Mit anderen Worten: Metzel ist Fontane wohlgeneigt, er hilft, wo immer er kann, und macht die Unsicherheit seiner Existenz wenigstens menschlich erträglich.

Unsicher bleibt alles. Mitte Oktober 1853 erhält er wieder ein Kündigungsschreiben und bittet sechs Wochen später, dieses zurückzunehmen und ihm die Stelle des jetzt ausscheidenden Herrn Dr. Roerdanz endgültig zuzusprechen.

Dem scheint entsprochen worden zu sein, denn man ernennt ihn, jedenfalls dem Namen nach, zum »Lektor des englischen Artikels«, worunter man einen Redakteur verstehen muß, der aus der *Times* die wichtigsten Nachrichten und Berichte aussucht, sie übersetzt und bearbeitet.

Worin er bereits einige Erfahrung hat, denn viele seiner Artikel aus London, die *Englischen Briefe* für die »Adler-Zeitung«, die im nächsten Jahr als Buch herauskommen, beruhen ihrerseits auf Zeitungsartikeln, die Fontane in der englischen Presse gefunden und benutzt, in weiten Strecken auch nur übersetzt hat. Eine alte und immer wieder neue Methode, ohne die kein Auslandskorrespondent seiner Aufgabe gerecht wird.

Die Berufung zum englischen Lektor bedeutet gleichsam eine Beförderung. Da erhebt sich die Frage, weshalb man Fontane trotzdem in Unsicherheit um seine weitere Anstellung hält. Manche Kommentatoren meinen, die Konservativen, die ja am Ruder sind, hätten den »unsicheren Kantonisten«, als der er seit 1848 gegolten haben muß, mit Zuckerbrot und Peitsche bei der Stange halten wollen.

Was das Zuckerbrot betrifft, so beruht es auf der Tatsache, daß Fontane doch etwas aus London mit nach Hause gebracht hat, gesteigertes Ansehen nämlich. Es ist schwer einzuschätzen, aber wo vorhanden, eine spürbare Hilfe. Gilt er in Dichterkreisen wie dem »Tunnel« wegen seiner geschichtlichen Kenntnisse schon lange als halber Engländer, so ist er künftig bei Literaten, Chefredakteuren und wohl auch politisch Verantwortlichen unter allen Schreibenden der England-Kenner Nummer eins der preußischen Hauptstadt. Auf diesem Feld wird er in den folgenden zehn Jahren den Großteil des Unterhalts für seine wachsende Familie verdienen. Die Balladen bringen nicht viel ein, nicht einmal »Archibald Douglas«. In die Lesebücher zu geraten ist eine ehrenwerte Sache, aber – bis heute – wenig einträglich.

Obwohl der Journalismus Fontanes Haupteinnahmequelle wird, sieht er darin nur einen Nebenberuf. Dabei ist er kein schlechter Journalist, im Gegenteil: An seiner nüchternen, unpathetischen, aber wirkungskräftigen Sprache kann man sich noch heute orientieren, weniger dagegen an seiner gewissen Sorglosigkeit gegenüber lästigen Detailfragen wie genauer Schreibweise von Namen oder richtigen Daten historischer Ereignisse. Aber die teilt er mit den meisten, die für den Tag schreiben und daher immer in Eile sind.

Wie die Dinge stehen, reicht das Einkommen nicht aus. Fontane benötigt einen weiteren »Extra-Beruf«, wie er ihn nennt. Ausgerechnet sein Presseamtsvorgesetzter Dr. Metzel verschafft ihm einen solchen, indem er Fontane dem Geheimrat Wangenheim – voller Name: Karl Hermann Freiherr von Wangenheim –

empfiehlt. Der aus Koblenz nach Berlin geholte Oberregierungsrat braucht einen Nachhilfelehrer für seine Zwillingstöchter Ida und Elsy. Im Stundengeben besitzt Fontane ja von London her einige Erfahrung.

Mit den Wangenheims beginnt für ihn ein neues und wichtiges Kapitel, denn das Ehepaar nimmt ihn unter seine Fittiche und wird ihm in Zukunft manche Wege ebnen, die ihm sonst verschlossen geblieben wären. Vieles aus dem politischen Umkreis des rheinischen Beamten ist in das späte Romanwerk des Dichters eingegangen.

Zu den jungen Damen Ida und Elsy treten noch Minna und Gertrud, die Töchter des Geheimen Regierungsrats Adam Flender, der seinen Chef nach Berlin begleitet hat. Umschichtig in den elterlichen Villen erfolgt morgens der Privatunterricht in sämtlichen Fächern. Die Arbeit macht Fontane, der sich wie ein Hahn im Korbe fühlen kann, viel Spaß. Sie überschneidet sich einstweilen auch nicht mit seinem offiziellen Nebenberuf, der ja in die Abendstunden fällt.

Schwierigkeiten gibt es in religiösen Fragen. Die Familie Flender ist ebenso streng evangelisch-lutherisch gesinnt wie die Wangenheims katholisch. Da Fontane, ganz wie einst sein Vater, den Unterricht auf dem Fach Geschichte aufbaut, werden Themen wie Hus, Luther und der Dreißigjährige Krieg zu kniffligen Problemen, wobei – bezeichnenderweise, laut Fontane – die Protestanten dem Lehrer mehr Schwierigkeiten machen als die Katholiken.

Das wird er Wangenheim nie vergessen. »Zeitlebens«, heißt es in seinem spät, erst in den neunziger Jahren abgefaßten biographischen »Wangenheimkapitel«, »habe ich mich mit Kunst ernsthaft beschäftigt und mein Beruf lag nach der Seite hin. Allein im Verkehr mit den Menschen haben mich andere Fragen immer mehr interessiert – Politik, Adel, Gesellschaft, Kirche.«

In den Wangenheims lernt der Hugenottenenkel die andere Seite deutscher Religiosität und zugleich ihre politischen Auswirkungen kennen. Um den Oberregierungsrat und seine Frau

Marie sammelt sich ein Kreis liberal gesinnter Katholiken, aus dem sich die im Kaiserreich und später unter Weimar aktive Zentrumspartei rekrutieren wird. Allerdings tendierte das Zentrum weniger zum Konservativen, zu dem es mitunter sogar in offene Opposition geriet.

Zum Wangenheimkreis, dem der vom Hauslehrer zum Hausfreund avancierende Fontane bis ins Alter angehören wird, zählt eine ganze Reihe maßgebender Persönlichkeiten der liberalen Mitte, so Ludwig Windthorst, der langjährige Führer des Zentrums, Paul Wallot, der Erbauer des Reichstagsgebäudes, Franz Ludwig August Maria von Haxthausen-Abbenburg, kurz »Haxthausen« genannt, der Paderborner Agrarforscher, der seiner Nichte Annette von Droste-Hülshoff den Stoff für ihr Hauptwerk, *Die Judenbuche*, geliefert hat, und der Musikschriftsteller Louis Ehlert (den Fontane konstant »Ehlers« nennt). Besonders imponiert ihm der Hofprediger Dr. Karl Windel, eine »Mischung von Strenge und Schopenhauer. Das zu vereinigen war ein Kunststück«.

Ihn kennen Freunde des Fontaneschen Werks ganz sicher, denn er ist als Pater Feßler in den Roman *Graf Petöfy* eingegangen. Auch Richard Lauchert, ein weiteres Mitglied des Kreises, wird manchem vertraut vorkommen. Er hat eine Prinzessin Hohenlohe-Schillingsfürst geheiratet; die beiden sind das Vorbild zum Oberförster Katzler mit seiner Frau von hohem Adel – ein unvergeßliches Paar aus dem *Stechlin*.

Im übrigen ist auf seine Freunde mehr Verlaß, als Fontane mitunter recht sein mag. Auch sein Kaiser-Franz-Freund von Lepel eilt ihm mit einem Nebenamt oder Extraberuf zur Hilfe. Fortan wird Fontane zweimal wöchentlich einen Vortragsabend im internen Kreis zweier Offiziersfamilien halten, bei den von Seeckts und den von Selchows. Da er ihr Wissen von deutscher, französischer und englischer Geschichte vertiefen soll, improvisiert er über seine Lieblingsthemen, auch hier das Vorbild seines Vaters nachahmend. Freilich ist er weit weniger mit sich selbst zufrieden als dieser.

Die beiden Offiziersfamilien laden bald Gäste aus ihrem Bekanntenkreis ein, und als sich sogar Mitglieder des Generalstabs und des Lehrkörpers der Kriegsakademie einfinden, ist ihm seine lockere Improvisation vor einem derart erlauchten Publikum peinlich. Aber gerade sie dürfte Anklang gefunden haben, denn die Geschichtsvorträge muß Fontane – zusätzlich zu seinen anderen Tätigkeiten – zwei Jahre lang halten.

Da imponiert ihm die Freundlichkeit und Langmut, die man ihm entgegenbringt: »Daß gute Erziehung vor allem für Wohlwollen sorgt, habe ich an jenen Vortragsabenden kennengelernt.« Am besten gefällt ihm jedoch das anschließende Geplauder am Teetisch, »ein rechtes Glück für mich, ...weil ich nun mal allezeit weit besser plaudern als lehren konnte«.

Fontanes Tätigkeitsdrang erobert sich in diesen Jahren noch einen weiteren Schauplatz. Er gibt – zusammen mit Franz Kugler – den ersten Band des »Tunnel«-Jahrbuchs heraus, das man nach dem klassischen Schiff der Argonauten *Argo* getauft hat. Der Auswahl der Mitarbeiter merkt man an, daß Fontane dem eigentlichen Sonntagsklub fremdgeworden, aus ihm herausgewachsen ist. Er hat sich indessen enger einem Seitenarm des Vereins angeschlossen, dem sein Mitherausgeber angehört, dem »Rütli«: da es sich beim »Tunnel« ja um ein humorvolles Unternehmen handelt, auch »Rytly« genannt.

Der »Rütli« ist weder eine etwas snobistische Untergliederung des Dichtervereins noch ein Konkurrenzversuch oder gar eine Sezession desselben. Er hat etwas von allem und ist nicht die einzige cliquenartige Absonderung vom »Tunnel«. Eine zweite nennt sich »Ellora« und besitzt sogar ein Tischbanner, auf dem in Seide gestickt, ihr Wahrzeichen, der Elefant des indischen Höhlentempels Ellora, prangt. Gestickt hat ihn die »Ellora-Mutter«, hinter der sich niemand anderes als Frau Emilie Fontane versteckt.

In der Jugend versucht man gern, auf so vielen Hochzeiten wie möglich mitzutanzen. Für Fontane hat die Aktivität, die er zusätzlich am Rande des »Tunnels« als Herausgeber ausübt, einen tieferen Sinn. Die Nebentätigkeiten, die er seiner Familie zuliebe auf sich nimmt, lenken ihn von dem, was er als seine eigentliche Aufgabe ansieht, nachhaltig ab. Da braucht er einen kreativen Ausgleich.

Den findet er eher in einem engeren Kreis mehr oder weniger verwandter Seelen als in jenem Dichter-Stammtisch, der durchsetzt ist mit Amateuren, gegen die sich einzig einwenden läßt, daß sie keine Profis sind. Mit ihnen spricht man – wahrscheinlich in jedem Berufszweig – dann doch eine andere Sprache.

Im »Ellora«-Kreis sind um den Kunsthistoriker Friedrich Eggers, den Professor an der Preußischen Akademie der Künste und Herausgeber des *Kunstblatts*, Freunde zusammengekommen. Neben Kunstschriftstellern wie Wilhelm Lübke oder Richard Lucae, dem Architekten und Baurat, sind auch zwei Dichter Mitglied: Otto Roquette, der eben sein erfolgreichstes Versepos »Waldmeisters Brautfahrt« herausgebracht hat und unter dem Spitznamen »Ottowald« firmiert, sowie Fontane, der hier »Noehl« genannt wird.

Auch »Rütli« besteht aus einem Freundeskreis, der sich seltsamerweise um den anderen Herausgeber und Redakteur des *Kunstblatts*, Franz Kugler, versammelt hat. Er ist umfangreicher und prominenter besetzt. Ihm gehören unter anderem die Maler Hosemann und Menzel, die Dichter Heyse und Storm, sowie Lepel, Merckel und Fontane an. »Rütli«, so hat es Fontane formuliert, sei eine »Art Extrakt der Sache«. Dieser »Seiten-Tunnel« wird mit den beiden Herausgebern Kugler und Fontane dann federführend für das »Argo«-Jahrbuch. Mit ihm hofft man, das Renomee des Klubs, nicht zuletzt aber das eigene, heben zu können.

Was tatsächlich gelingt. Die Jahrbücher, die im Verlag der Gebrüder Katz in Dessau herauskommen, finden ein erstaunliches Echo. Mitarbeiter des ersten Bandes sind Theodor Storm, Paul Heyse (der seine wohl bis heute bekannteste Novelle, *L'Arrabbiata*, einschickt), Lepel, Kugler und Merckel, der hier seinen Witz in einem salopp gereimten Vorwort entzündet:

Statt kontinentalen Pegasusritte
vorzogen wir drum die Regatte
Und zimmerten uns vergnüglich dazu
eine Roccocco-Argo-Fregatte.

Fontanes Beiträge sind besonders zahlreich – drei Prosastücke, drei Balladen und neun freie Übersetzungen aus dem Englischen. Bei den drei Prosastücken handelt es sich um die Doppelerzählung *Tuch und Locke* sowie eine sentimentale Geschichte vom Lande, *Goldene Hochzeit*. Letztere kann man, wie alle Ausflüge Fontanes in das für ihn ungeeignete Feld des Sentimentalen, vergessen: Ein an Philemon und Baucis erinnerndes Ehepaar stirbt gemeinsam am Tag seiner goldenen Hochzeit. Formal besitzt die Erzählung trotzdem einige Qualitäten. Sie wird knapp, ganz ohne den damals üblichen Ballast an Goldumrahmung erzählt, und ihr Anfang ist beinahe vollendet: »Sie hießen Großvater und Großmutter; jedes Kind im Dorfe kannte sie. Sie hatten einst Kinder gehabt, zwei Söhne; aber der eine starb jung; der andere war im Felde geblieben; nun war das Dorf ihr Kind und morgen war goldene Hochzeit.«

Die zwei Sätze versprechen mehr, als das Gesamte später halten kann; sie nehmen jedoch den späteren großen Prosaschriftsteller ebenso voraus wie im übrigen einige seiner stilistischen Eigenheiten, etwa die – grammatikalisch falsche – Verwendung des Semikolons oder die häufigen Wortwiederholungen, die aber beabsichtigt scheinen – es folgen viel zu viele »war's« aufeinander.

*Tuch und Locke* ist dagegen ein frühes Meisterwerk. Virtuos erzählt, steht die Doppelnovelle in Fontanes Gesamtwerk einsam da: Nie vorher und nie später war er erotischer. Seine Feder scheint auf einmal eher an Boccaccio oder Bandello geschult als an Sir Walter Scott. Es geht freilich etwas deutscher, das heißt pathetischer, zu als bei den Italienern.

Vor der Schlacht bei Temesvar im Krieg der Österreicher gegen die aufständischen Ungarn erzählen zwei Offiziere, einer aus

Böhmen, der andere aus Hannover, ihr aufregendstes Liebesabenteuer. Der Böhme berichtet von seinem »Sieg über das Weib« (eine verwundete Frau gibt sich ihm hin, weil sich ihr Mann bei einem Attentat als Feigling entpuppt und sie allein gelassen hat), der Hannoveraner von seinem »Sieg über sich selbst«, als er eine Verwechslung, die ihm eine überraschende Chance bietet, nicht ausnutzt. Eine ebenso raffinierte wie reizvolle Gegenüberstellung. In der Rahmenerzählung stimmen die Kameraden über die Geschichten ab. Sieger wird der Böhme, der damit das Recht bekommt, am nächsten Morgen als erster den Feind anzugreifen. Er fällt, indes eine Locke, die der Offizier aus Hannover auf dem Herzen trägt und die selbstredend von jener schönen Lissy stammt, auf die er so großzügig verzichtet hat, die Kugel, die tödlich gewesen wäre, ablenkt. Das ist dann doch ein bißchen viel des Guten, trotzdem bleibt die Erzählung ein Juwel.

Fontane scheint darauf auch sehr stolz gewesen zu sein. Er hat die Novelle im »Rütli« vorgelesen und sich später darüber aufgeregt, daß Gertrud Flender, die Mutter seiner beiden evangelischen Nachhilfeschülerinnen, ihn auffordert, in ihrem Zirkel die Novelle »Tuch und *Wolle*« vorzutragen. Das sei, schreibt er Paul Heyse, symptomatisch für »eine schnoddrige, halbgebildete Bourgeoise, die nur in kommerziellen Begriffen denken und folgerichtig bei ›Tuch‹ nur das Wort ›Wolle‹ assoziieren« kann.

Auf die Episode kommt er mehrfach zurück. Noch 1856 erinnert er sich in einem Brief an »jene furchtbare Minute, wo mich eine Berliner schöngeistige Dame aufforderte, in ihrem Zirkel meine Novelle, ›Tuch und Wolle‹ vorzulesen.«

Theodor Storm ist im ersten *Argo*-Band mit einem Vierzeiler durchaus repräsentativ vertreten. »Ein grünes Blatt« gehört zu seinen knappsten Gedichten, vergleichbar einem japanischen Haiku-Vers. Es findet – ähnlich wie »Archibald Douglas« – sofort Aufnahme in eine ganze Reihe von Anthologien.

Storm, schon ein bekannter Lyriker, wird in deutschen Landen hauptsächlich seiner patriotischen Gesinnung wegen hoch gepriesen. In Schleswig-Holstein ist einiges geschehen, seit Fontane sich freiwillig zum Kampf melden wollte und schließlich doch lieber ins preußische Literarische Kabinett eingetreten ist.

Im Frühjahr 1851 hat Österreich das Land Holstein, Dänemark Schleswig besetzt. Daraufhin hält Storm seine Husumer Anwaltspraxis zunächst geschlossen, um mit der dänischen Besatzung nicht verhandeln zu müssen. Als er dann jedoch beschließt, seine Landsleute »gegen die Willkür der neu eingesetzten Dänischen Behörden mit voller Rücksichtslosigkeit zu vertreten«, heben die dänischen Behörden 1852 Storms Zulassung zur Advokatur auf und zwingen ihn zur Emigration.

Fontane steht schon länger mit ihm in engem Briefkontakt. Aber den Husumer zieht es nicht nach Preußen. Er bewirbt sich in Buxtehude, das zum Königreich Hannover, und in Gotha, das zum Herzogtum Sachsen-Coburg gehört, beide Male vergeblich. Erst dann nimmt er ein preußisches Angebot an, das freilich schäbig genug ausfällt: Storm darf als Assessor ohne festes Gehalt an einem preußischen Landgericht tätig werden und siedelt nach Potsdam über.

Es scheint Fontane gewesen zu sein, der ihn für den »Tunnel« – oder recht eigentlich den »Rütli« – gekeilt hat. Storm, dessen Novelle *Immensee* im Vorjahr erschienen ist, mit der er auch als Erzähler bekannt wird, paßt im Grunde in keinen Verein. Ein waschechter Nordfriese ist er, einzelgängerisch, dickköpfig und sehr schroff im Urteil, das er immer und überall gnadenlos ausspricht.

Der Kreis um Kugler, nonkonformistischer eingestellt als der Rest des »Tunnels«, nimmt ihn sogleich mit offenen Armen auf, deshalb zieht es auch Fontane mehr und mehr vom Haupt- »Tunnel« hin zum »Rütli«. Storm wird für ihn eine Art Prüf- und Meßlatte seines eigenen Charakters. Der Mensch fasziniert ihn, und den Lyriker verehrt er geradezu. Trotzdem möchte er keinesfalls werden wie der Husumer, so ungehobelt, so provinziell, so »philiströs«, wie man es damals nennt.

Für diese Seite des Dichters hat Fontane das Wort »Husumerei« geprägt, die er konsequent zu vermeiden trachtet. Er ahnt wohl, daß er mit seiner Vorliebe für Altpreußisches Gefahr läuft, eines Tages der »Brandenburgerei« geziehen zu werden. In der *Preußischen Zeitung* hat er den Lyriker Storm zwischen Mörike und Heine gestellt, was dieser dankbar akzeptiert. Doch weder im »Tunnel« noch im »Rütli« sind seine Liebeslieder – »zumal mit seiner... pimprigen Stimme« vorgetragen – ein voller Erfolg. Mit derselben Stimme pflegt er sich in kränkender Offenheit über seine Gastgeber zu äußern, was diese häufig genug empört. So über Geibel vor aller Ohren im »Tunnel«: »Ja, Geibel. Das ist alles ganz gut. Aber was haben wir schließlich? Wohlklang, Geschmack, gefällige Reime...« Potsdam nennt er ein »großes Militär-Kasino« und die »geschniegelten Parks« von Sanssouci wecken in ihm das Verlangen nach dem »Anblick eines ehrlichen Kartoffelfeldes«. »Storm«, stellt Fontane fest, hat »für die Dänen dieselbe Geringschätzung wie für Preußen«, und reagiert nun ebenfalls empört, »weil aus dieser ewigen Verkleinerung Preußens eine ganz unerträgliche Anmaßung und Überheblichkeit spricht«.

Fontane moniert weitere Eigenschaften des Husumers. Seine Söhne werden – in weitem historischen Vorgriff – offenbar antiautoritär erzogen. Einer beißt, als der »Rütli« bei ihm in Potsdam zu Gast ist, den Freund Merckel ins Bein, ohne deswegen vom Vater gerügt zu werden. Das einzige Thema, über das mit ihm zu reden ist, ist die Lyrik, vor allem die Stormsche, und auf Spaziergängen, die er gern im Berliner Tiergarten und am liebsten mit Fontane unternimmt, trägt er einen altmodischen Mantel und einen überlangen, von seiner schönen Frau Constanze gestrickten Wollschal, mit »zwei Strippen vorn«, einer kurzen und einer langen, und »an jeder ein Puschel«, der ständig hin und her baumelt. In diesem Aufzug zieht es ihn anschließend ausgerechnet ins Café Kranzler, wo er sich am Büffet genauestens nach den angebotenen Kuchenstücken erkundigt, »alle reichlich gestellten Fragen bis ins Detail erschöpfend«. Die Dame »bewahrte gute Haltung«, berichtet Fontane »aber Storm auch«.

Nein, so möchte er nicht werden! An Merckel 1858, ein paar Jahre später: »das ... stimmt mich zum herzlichen Dank gegen mein Geschick, daß ich aus dem heraus bin, was ich mit einem Wort das ›Theodor Stormsche‹ nennen möchte, aus dem Wahn, daß Husum oder Heiligenstädt oder meiner Großmutter alter Uhrkasten die Welt sei«.

Erst nach elf Jahren im Sommer 1864, kehrt Storm nach Husum zurück, wohin er gehört. Auch als eingemeindeter preußischer Staatsbürger bleibt er ein Preußenverächter bis zum Ende seines Lebens.

In Kuglers und Friedrich Eggers' *Deutschen Kunstblatt* erscheint im Oktober 1855 eine Rezension des bisherigen Werks Fontanes aus der Feder von Theodor Storm. Erwähnt werden seine Sammlung *Gedichte*, die Balladen, die *Rosamunde, Tuch und Locke* (»in Ton und Kolorit so gelungen, daß wir ... fast für die hier noch obwaltende Schwäche der Komposition und ein paar kleine Ungeschicklichkeiten in der Ausführung entschädigt werden«) sowie *Ein Sommer in London*. Storm vergibt sich auch hier nichts. Er lobt, wo er loben zu müssen, und tadelt, wo er tadeln zu müssen glaubt. Im großen und ganzen urteilt er durchaus gerecht, wenn er ausspricht, daß »so Schönes er [Fontane] auch geleistet haben mag, doch seine besten Leistungen unserer Ansicht nach noch in der Zukunft liegen... Wie wir hören, befindet er sich jetzt wieder in England, um ein Buch über die altenglische und schottische Balladenpoesie zum Abschluß zu bringen.«

Das ist zwar nicht der Grund seines dritten und längsten England-Aufenthalts, aber er ist tatsächlich wieder in London.

## 21.
## Die englische Feuerprobe
## (1855–1859)

Fontanes dritter Aufenthalt in London, Anfang September 1855 angetreten, wird über drei Jahre dauern. Zweimal kann er während dieser Zeit in Berlin Urlaub machen, und auf der Rückreise ist einmal sogar ein Abstecher nach Paris drin, bei dem ihm sein Chef, Dr. Metzel, begleitet.

In diese drei Jahre wird auch die nach seiner eigenen Einschätzung schönste seiner Reisen fallen, jene mit Lepel nach Schottland, von der er noch im hohen Alter schwärmt. Insgesamt hat Fontane fast vier Jahre in Großbritannien zugebracht. »Kein zweiter vergleichbarer deutscher Schriftsteller« habe sich so lange dort aufgehalten, fand Hans Heinrich Reuter, sein Biograph zur DDR-Zeit. Zwar haben im 18. Jahrhundert Karl Philipp Moritz und knapp dreißig Jahre vor Fontanes erstem England-Besuch Hermann Fürst Pückler-Muskau fast ebenso lange in England geweilt und umfangreiche Bücher darüber veröffentlicht. Beide werden jedoch von ihren Landsleuten notorisch unterschätzt und reichen, wenigstens was den Nachruhm und den Fleiß angeht, an Fontane wohl nicht heran.

An Fleiß übertrifft ihn kaum einer. Wollte man alle Briefe, Tagebucheintragungen und sonstige Schriften über und aus England zusammenfassen, umfaßten diese, wie Reuter ausgerechnet hat, an die fünftausend Druckseiten.

Sie sind bis heute nicht einmal alle veröffentlicht, würden auch eine qualitativ denkbar unterschiedliche Lektüre ergeben; reicht doch die Skala des Werks dieser Londoner Jahre von tagesjournalistischer Arbeit, die meist aus fremden Quellen stammt, bis zum historischen Essay, vom Gelegenheitsgedicht, von dem er auch in englischer Sprache nicht lassen kann, bis zur Reisebeschreibung mit völkerkundlichen Aspekten, vom Romanentwurf bis zu einer Flut von Briefen an die Familie, an Bekannte, Vorgesetzte und Freunde – ein schier endloses Feld.

Er selbst plant, noch in London, dies alles in drei Büchern zusammenzufassen: in ein »Bilderbuch aus England«, eines über »Presse, Kunst und Theater« sowie einen Band mit englischen Balladen, die er neu übersetzen will. Verwirklichen kann er dann nur das zweite, eine Sammlung seiner kulturellen Aufsätze und Reportagen unter dem etwas banalen Titel *Aus England*.

Das *Bilderbuch* kommt erst 1938 heraus, von seinem Sohn Friedrich aus verstreuten Zeitungsbeiträgen und unveröffentlichtem Material aus dem Nachlaß zusammengetragen. Doch erscheint 1860 im Verlag Springer der Bericht über die Reise gen Norden: *Jenseit des Tweed* mit dem Untertitel »Bilder und Briefe aus Schottland«, für viele sein schönstes Reisebuch.

Auf dem ungewöhnlichen Haupttitel besteht Fontane, obwohl der Verleger dringend abrät. »Jenseit«, behauptet er wenigstens, sei die ältere Form von »Jenseits«, die den Vorteil habe, sich besser aussprechen zu lassen. Womit er der deutschen Publizistik einen weiteren Stolperstein hinzugefügt hat. Wie es nahezu unmöglich ist, Hebbels *Herodes und Mariamne* durch die Presse zu bekommen (irgend jemand findet immer wieder im letzten Augenblick den vermeintlichen Druckfehler und verschlimmbessert ihn in »Marianne«), so dürfte es bisher nur der streng wissenschaftlichen Literatur gelungen sein, bei diesem Fontane-Titel auf dem fehlenden »s« zu beharren.

Das Land jenseits des Kanals hat er unter zwei sehr verschiedenen Aspekten kennengelernt, auf der ersten Reise als Tourist – als solcher erhält man gewöhnlich die günstigsten Eindrücke. Beim zweiten Aufenthalt dagegen kam er als jemand, der sich zumindest einen Teil seines Unterhalts im Lande verdienen mußte. Wer jedoch nicht zahlt, sondern bezahlt haben will, ist nirgends sehr willkommen. Er wird auch die Nachteile des Landes seiner Wahl von Grund auf erfahren.

Seitdem weiß Fontane, »wen der Engländer bezahlt, den erachtet er nicht als seinesgleichen, und wenn's selbst ein berühmter Maler wäre, dem er 1000 Pf. St. [Pfund Sterling] für sein Porträt zahlen müßte«. Darum hat er diesmal, meint er jedenfalls, gründlich vorgesorgt.

Jetzt kommt er in festem, sogar offiziellem Auftrag der preußischen Regierung. Er soll in London eine journalistische »Deutsch-Englische Korrespondenz« aufbauen und leiten. Man hat ihn, den Autor von *Ein Sommer in London* sowie von unzähligen Zeitungs- und Zeitschriftenartikeln über englische Sitten, Gebräuche, Dichtung, Gesellschaft und Historie ausgewählt, weil er von britischer Lebensart wahrscheinlich mehr versteht als andere Preußen, die Emigranten ausgenommen, die aber (noch nicht wieder) für derartige Aufgaben in Frage kommen.

Was seine Vorgesetzten und vermutlich er selbst unterschätzen, ist seine mangelnde journalistische Erfahrung, denn er stößt an der Themse auf gehörige Konkurrenz. Sie kommt, was Fontane wissen oder ahnen müßte, aus Kreisen, die er früher schon recht gut kennengelernt hat, nämlich von jenen linken deutschen Emigranten, die, seit Jahren in London ansässig, nach Kräften zum Schaden Preußens wirken, das man als Haupt der Reaktion in Europa ansieht.

Der wirkungsvollste und prominenteste unter ihnen ist Lothar Bucher, der die liberale *National-Zeitung* bedient, ein politischer Journalist, den man selbst im gegnerischen Lager beachtet. Er wird später einer der engsten Berater – ausgerechnet – Bismarcks. Fontanes ärgste Konkurrenz sind die Herren Kauffmann und Schlesinger, denn sie betreiben bereits höchst erfolgreich eine Korrespondenz, wie Fontane sie neu gründen soll. Fünfundzwanzig der Zeitungen in den deutschen Staaten sind fest auf sie abonniert. Die beiden, stellt sich heraus, sind kollegiale Naturen, die dem Neuling am Anfang sogar helfen. Gut eingearbeitet, wie sie sind, können sie sich das leisten. Sie kennen in London Gott und die Welt, sprechen fließend englisch, woran es bei Fontane nach wie vor hapert, und ihre Beziehungen reichen bis hinauf in die Regierung Palmerston.

Preußen, einst der Verbündete gegen Napoleon, hat in seinem Ansehen bei den Briten einiges eingebüßt. Dafür gibt es berechtigte Gründe, die Fontane kennt und wahrscheinlich auch gelten läßt. Polizeistaaten sind in Großbritannien nicht eben beliebt. Obwohl man den Staat Preußen vielleicht doch ein wenig zu scharf unter die Lupe nimmt. Seine militärische Macht wird zugleich gefürchtet und umworben. Im Verlauf seiner Geschichte ist Preußen ebenso oft wegen seiner Weigerung, Gewalt anzuwenden, angeeckt wie wegen seiner Gewaltanwendung. Hielten sich die Proteste gegen die Annexion des Großen Friedrich durchaus in Grenzen, so haben vor allem die Engländer die anfängliche Neutralitätspolitik Friedrich Wilhelms III. gegenüber Napoleon übelgenommen. Vor einer ähnlichen Situation steht man jetzt: Preußen nimmt nicht am Krimkrieg teil, der seit einem Jahr im Gange ist. Und das, nicht den Militarismus als solchen, nimmt man übel.

Im Schwarzen Meer stoßen Frankreich und England als Verbündete der Türkei mit dem russischen Zaren Nikolaus I. zusammen. Auf der Halbinsel Krim ist seit der Landung eines gewaltigen Expeditionsheeres ein erbitterter Stellungskrieg entbrannt. Fontane hört, kaum in London eingetroffen, alle Glocken läuten, nicht zu seiner Begrüßung, sondern weil – entscheidend für den Ausgang des Krieges – die Festung Sewastopol gefallen ist.

Österreich, die andere deutsche Großmacht in Mitteleuropa, hat den Russen wenigstens drohend die Zähne gezeigt. Preußen ist, wieder einmal, strikt neutral geblieben. Das Ziel englischer Politik war und ist es, sowohl Österreich als auch Preußen in den Konflikt hineinzuziehen. Eine der Aufgaben Fontanes wird es sein, das empfindlich getrübte Verhältnis zwischen Großbritannien und Preußen zu verbessern.

Für die Neutralität Preußens gibt es Gründe. Aber sie sind Fontane nicht bekannt; und wenn sie es wären, könnte er sie nicht verwenden. Liberale wie konservative preußische Politiker spekulieren auf Rückendeckung der Russen bei langfristigeren politischen Planungen, die auf ein vereintes Deutschland zielen. Engländer und Franzosen lehnen ein solches eher ab. Die Riesenfigur Bismarcks, der das Ziel erreichen wird, zeichnet sich dagegen erst kaum ab. Er ist Fontanes nahezu exakter Zeitgenosse; vier Jahre vor ihm geboren, wird er im gleichen Jahr wie Fontane sterben.

Ministerpräsident Preußens ist derzeit immer noch Otto von Manteuffel, der in Franz Herres Bismarck-Biographie als »Oberbürokrat« fungiert und dessen Regierung die Liberalen als »Polizeiministerium« bezeichnen. Sieben Jahre lang, von 1851 bis 1858 knebelt er, ein durch und durch phantasieloser Konservativer, sein Land durch strenge Zensur der Presse, noch strengere Disziplinierung der Beamtenschaft und sogar Beschneidung der Selbständigkeit seiner Minister. Alles in allem kein Mann, der einem Fontane sympathisch sein könnte. Tatsächlich verabscheut Fontane ihn geradezu, obwohl er persönlich von ihm durchaus gefördert worden ist. Ihm verdankt er letztlich die lang ersehnte Berufung nach England, seine journalistische Feuerprobe.

Ob er weiß, welche Risiken er da eingeht, muß man bezweifeln. Er ist jung und verläßt sich auf die beiden Eigenschaften, auf die er sich ein Leben lang verlassen kann: seinen unermüdlichen Fleiß und seine Intuition, die ihn, auch wenn's brenzlig zu werden droht, nie im Stich läßt. Trotzdem betritt er englischen Boden mit einer Mischung aus Leichtmut und Herzklopfen.

Sein erster Gang in London führt ihn zum Tavistock Square. »Es berührte mich doch eigentümlich, als ich den Ahornbaum wiedersah, unter dem ich so oft gesessen, nach Highgate hintergeblickt und an die Heimat gedacht hatte«, schreibt er seiner Frau. »Die Jalousien (wie immer, wenn die Familie out of town ist) waren heruntergelassen, alles zu, alles verschlossen, nur das Fenster, drei Treppen hoch, stand halb auf; dasselbe, an dem ich so viele Briefe wie diesen... geschrieben habe.«

Anderes kommt ihm weniger entgegen. Bei der Landung beschlagnahmt der Zoll seine drei Bände *Vanity Fair* von Thackeray, die alle seine handschriftlichen Kommentare enthalten – sie stellen sich als unerlaubte Nachdrucke heraus. Auf Schritt und Tritt wird er daran erinnert, daß England sich im Krieg befindet. »Auffallend vor allem die zahllosen Transportschiffe... auf der Themse, die nur Zahlen tragen, keine Namen. Auch wimmelt es vor neu angeworbenen Soldaten.« Das voreilig gemietete Zimmer stellt sich als verwanzt heraus, und auf eine Anzeige in der *Times* erhält er – ein Umstand für sich – nicht weniger als zweiundachtzig Angebote, darunter eines von Mrs. May, der Wirtin am Tavistock Square.

Eine Adresse in Pimlico, die er sich herausfischt, ist ihm zu schmuddelig, und als er sich dann für ein Zimmer mit Familienanschluß in Kensington entscheidet, Campden House Road 3, stellt sich heraus, daß die Familie aus fünf alten Jungfern »von 70 bis 35« besteht, bei denen er es nicht aushält. Um so weniger, als man sich beschwert, daß er unrasiert zum Frühstück erscheint, was man in England tunlichst vermeiden sollte. »Ich rasierte mich und – reichte meinen Abschied ein.« Er kann endlich am 14. Oktober »bei erbsengelbem Londoner Nebel«, den es damals noch gibt, an eine angenehme Adresse, Ormond Street 23, umziehen, die es inzwischen nicht mehr gibt.

Privat fühlt er sich erneut wohl in der englischen Hauptstadt. Mit seinem Freund Max Müller, den er aus Leipziger Tagen kennt, und der, ein berühmter Sanskritforscher, seit fünf Jahren Professor in Oxford ist, besucht er das Theater und sogenannte Lebende Bilder, in denen zuweilen knifflige Fragen polemisch in Form einer Gerichtsverhandlung abgehandelt werden, was ihm und Müller sehr imponiert: »Das Wichtigste ist, daß England eine solche Persiflierung seiner obersten Gewalten und seiner ältesten Institutionen ertragen kann«, schreibt er in einer Theaterkritik, die er an die Berliner »Kreuz-Zeitung« schickt. Er philosophiert und politisiert bei Dr. James Morris, den er wieder aufgesucht hat, am flackernden Kamin und begeht das Weihnachtsfest bei Hermann Schweitzer, dem deutschen Apotheker in London.

Beruflich hat er von vornherein Ärger und findet nirgends Unterstützung, am wenigsten beim neuen preußischen Gesandten in London, Graf Albrecht von Bernstorff. Ihn wird Fontane zehn Jahre später in der anonym erscheinenden biographischen Notiz im Leipziger Lexikon *Männer der Zeit* beschreiben. Wie er aber Merckel verrät, vertrete dieser zwar das Land »gut, aber weiß nicht, was in Preußen vorgeht; ...ein feiner, fester und gescheiter Mann, aber... ohne alle Beziehung zu unserem Land«.

Auf jeden Fall ist Bernstorff Diplomat genug, um dem jungen Mann klarzumachen, daß er zwar Einfluß auf die »Correspondenz« zu nehmen wünscht, es aber vorzöge, wenn man nach außen den Artikeldienst als Privatsache Fontanes betrachte. Dies, erklärt er, sei auch der Wunsch Berlins. Demzufolge wird Fontane persönlich für etwas verantwortlich gemacht, das ihm befohlen worden ist.

Überdies stellt sich heraus, daß er alle Arbeit allein machen muß. Und obwohl er sich mit wütendem Eifer ans Organisieren macht, setzt es die ersten Rüffel aus Berlin. Metzel ist ungeduldig: Warum wird nicht angefangen, und warum rechnet Fontane keine Gelder ab, wodurch sich alle Zahlungen verzögern? Ein bißchen Beeilung könne nichts schaden.

Fontane an Metzel: »Sie schreiben heut, daß ich die ›Correspondenz‹ streifenweise auf die Druckerei schicken könnte... Seien Sie mir nicht böse, aber Sie vergessen, daß ich mein eigner Bedienter bin und daß ich mit Ausnahme von Stiefelputzen so *ziemlich alles* machen muß.« Er sei tagtäglich von neun Uhr dreißig morgens bis zwei Uhr dreißig nachts beschäftigt und könne sich in diesen siebzehn Stunden nur zwei (von sechs bis acht Uhr abends) frei nehmen, weil er »ja auch mal essen müsse.«

Da die öffentlichen Verkehrsmittel in London schon damals sehr teuer sind, muß er zudem fast alle Wege zu Fuß zurücklegen: die zur Information notwendigen, den zu Dr. Morris, bei dem er ihm Unbekanntes im Lexikon nachschlagen kann, nicht zuletzt die zum Postamt, wo er die eigenhändig kuvertierten Sendungen an die Zeitungen in Deutschland aufgibt.

»Das Geld wird knapp. Wer muß auf die Gesandtschaft, wer muß sich eine weiße Weste etc. anziehen... – wer anders als pp. Fontane. Er läuft zweimal vergebens hin; wer muß an den Grafen Brandenburg eine Eingabe machen? Natürlich ich. Die Briefe von Dr. Metzel wollen beantwortet sein – wer hat sie zu schreiben? Ich. Ich bin noch nicht fertig, da schickt der Drucker einen Brief und zeigt mir an, daß das Papier verbraucht und die höchste Not sei. Wer muß Hals über Kopf nach Drury Lane, um das Papier zu kaufen? Ich. Wer muß die Abendblätter lesen und extrahieren bis tief in die Nacht hinein? Ich! Und endlich und letztens: Wer muß die Spalten füllen und au fond den ganzen Brast liefern? Ich. Da haben Sie ein Bild meines Lebens...«

Hat er es nicht leicht mit Metzel, so Metzel nicht minder mit ihm. Seinen Vorgesetzten gegenüber zeigt Fontane ein erstaunliches Maß an Zivilcourage. Er läßt sich von ihnen wenig oder nichts bieten und findet immer die bestformulierten Widerworte. Wirft Metzel ihm vor, man finanziere ihm doch einen Mitarbeiter, so erhält er postwendend die Antwort, der Assistent – Dr. Wentzel heißt er – sei ständig krank und allenfalls als Berichterstatter aus dem Unterhaus zu verwenden. Und fände er, Dr. Metzel, daß diese Berichte gut seien? Metzel findet sie »ganz abscheuchlich«, wie er an den Rand des Briefes schreibt.

Selbst einen Angriff, der weh getan haben muß, übersteht Fontane mit Courage und Widerworten. Metzel hält ihm vor, Dr. Bucher sei ein besserer Journalist als er und der Pressedienst von Schlesinger und Kauffmann aktueller gemacht. »Ich bin natürlich noch kein Bucher«, läßt er, nicht ohne Stolz, den Berliner Beamten wissen, »aber was man nicht ist, kann man werden, und an Lust und Eifer dazu ist bei mir kein Mangel.«

Was die Konkurrenz-Korrespondenz betrifft, so schätzt auch Fontane selbst sie als besser ein, Kaufmann aber und Schlesinger »haben einen buchdruckerlichen Schwiegervater; sie wohnen in der allerglücklichsten Gegend und – haben nur 20 Exemplare herzustellen. «Das erlaubt es ihnen,» gewisse Nachmittagsnachrichten« noch einzubeziehen,» die wir *nicht* mehr bringen können, und wenn das über den Wert oder Unwert unseres Blattes entscheiden soll, so ist das unsrige allerdings ein gut Teil schlechter«.

Daß Metzel oder wer immer hinter der Nörgelei steckt, es so ernst wieder nicht gemeint haben kann, belegt ein Brief Fontanes an seine Frau, in dem er sich froh darüber zeigt, daß man ihn auf ein weiteres Jahr »festgenagelt« hat und »die Nägel [trotzdem] eingeklopft sind.« Er will sich noch stärker auf England – die Sprache und die Lebensart – konzentrieren, um »der perfekte Englishman zu werden«, damit nicht alle seine diesbezüglichen Anstrengungen »wie so viele Jahre meines Lebens weggeschmissen sein sollen. ... *Etwas* Politik, *etwas* London, *etwas* Englisch nutzt mir nichts; an halben und viertel Dingen hab ich genug in mir, und das Leben erheischt von uns, daß wir etwas *Ganzes* sind.«

Ein weiterer Trost: Ende Januar 1856 kommt Emilie mit dem vierjährigen George in Begleitung von Fontanes Schwester Elise (»Lischen«) nach London. Lischen ist achtzehn und fährt nach ein paar Urlaubswochen zurück nach Deutschland; Frau und Sohn bleiben bis Mitte Mai.

Die Sticheleien der Centralstelle hören keineswegs auf und entwickeln sich zu einer Nervenstrapaze, auf die Fontane mit nervösen Krankheiten reagiert. An Metzel nach Erhalt eines Schreibens, das eine Reihe von Vorwürfen enthält und empfindliche finanzielle Kürzungen ankündigt: »Heute früh ist die rekommandierte [eingeschrieben geschickte] Vollkugel hier niedergefallen, und alles ist entsetzt auseinandergestoben. Wentzeln standen den ganzen Tag die Haare zu Berge und meine Frau träumt von Einsamkeit und Verhungern.«

Obwohl sich viele Briefe nach Berlin wie eine Groteske lesen, ist es Fontane mit seinen Aussagen ernst. Das spürt man aus den Briefen, mit denen er Metzel bombardiert. Sie enthalten eine

Menge Vorschläge, vorzügliche und absurde, realistische und utopische. Keiner wird verwirklicht, einzig – jedenfalls am Ende – jener Wunsch, auf den alle seine Briefe hinauslaufen, daß man ihn nämlich noch ein, zwei Jahre in England läßt.

Wieder hat er versäumt, rechtzeitig die Gelder abzurechnen. Vorübergehend sperrt man die Zahlungen – Fontane muß Dinge ins Leihhaus geben, die er dringend benötigt, und, da er sich nicht alle in London erscheinenden Zeitungen kaufen kann, seine morgendliche Auswertungsstunde ins Kaffeehaus verlegen. Nachmittags hilft er in der Druckerei beim Satz und eilt anschließend zu Fuß ins Postamt am Leicester Square.

Als wieder Gelder aus Berlin eintreffen, erfährt er, daß ihm in Zukunft statt 1200 plus 480 Reichstaler Spesen, nur noch insgesamt 1600, Gehalt und Spesen, gezahlt werden. »Man kann aber«, beklagt er sich »in London nicht unter 2000 Reichstaler leben... und wenn ich es könnte, so wäre ich ein Tor, wenn ich es wollte.«

Nach allem, was er aus Berlin und vom Gesandten Bernstorff hört, scheinen seine Tage als preußischer Korrespondenzler in London gezählt. So schickt er – schweren Herzens – Frau Emilie und den kleinen George zurück in die Heimat. Zu diesem Zeitpunkt ist die wenig erfolgreiche Korrespondenz bereits eingestellt worden, und zwar seit dem 31. März – einen Tag zuvor haben die beteiligten Mächte den Krimkrieg mit der Unterzeichnung des Pariser Friedens beendet.

Überraschenderweise geht Dr. Metzel aber in den folgenden Wochen auf einen Vorschlag ein, den ihm Fontane seit langem unterbreitet: Er bietet an, im Dienst der preußischen Regierung eine »Berichterstattung irgendwelcher Art« zu übernehmen. »Ich leugne nicht«, verrät Fontane später, »daß meine kranken Lebensgeister bei diesem Gedanken wieder Flügel kriegten.« Sein Herzenswunsch, in England bleiben zu dürfen, geht in Erfüllung. Man macht ihn zu einer Art Presseattaché der preußischen Gesandtschaft. Die Tage der exzessiven Fronarbeit sind damit zu Ende.

Seiner Mutter schildert er den neuen Tagesablauf: »Mein Leben hier ist das alte. Arbeit bis 3; dann zu Tisch; dann gelesen oder geschrieben im Café Divan; dann zur Post; dann in einen Club oder zu Schweitzer oder in ein Theater oder (jeden Sonnabend) zu Morris.« Friedrich Eggers antwortet er auf die Frage nach seiner beruflichen Tätigkeit, er sei »eine Art Berichterstatter und Korrespondent... Ich schicke alle vier Wochen einen Bericht über hiesige Preßzustände, neue Zeitungen, Haltung der verschiedenen Blätter etc.«

Endlich hat er Zeit, fundiertere Artikel und Reportagen zu schreiben, die Merckel an die *Zeit*, ein den Altliberalen und dem linken Zentrum nahestehendes Blatt, weiterreicht, und von denen auch Metzel einige in der »Kreuz-Zeitung« veröffentlichen läßt.

Sein Gehalt beläuft sich jetzt auf 2000 Taler: »In Berlin viel Geld...«, wie er findet, »hier ist es wenig«. Im gleichen Atemzug beklagt er sich schon wieder in einem Brief an Emilie: »Dies Rumlaufen ohne Handschuh und mit einem abgestoßenen Hut... ärgert mich über alle Maßen,... anstatt hier wie ein Gentleman leben zu können (was ich müßte, wenn ich meine Aufgabe in Wahrheit erfüllen wollte), leb ich hier wie ein armer deutscher Literat, mit klumpsigen Stiefeln, altmodischen, etwas abgeschabten Frack und gar keinen oder schmutzigen Handschuhen... Man nennt uns hier ohnehin ›dirty Germans‹, bis zu einem gewissen Grade haben sie recht.«

Das gilt auch im übertragenen Sinn. Denn im Gegensatz zum Dichter und späteren Romanautor kennt der Journalist Fontane wenig Skrupel. Im Auftrag der preußischen Regierung hilft er der öffentlichen Meinung, wenn es sein muß, mit – gelinde gesagt – äußerst unjournalistischen Mitteln nach. So klingt es einigermaßen stolz, als er seiner Frau nach Berlin berichten kann, er habe »die Geschichte mit dem ›Morning Chronicle‹ besorgt«.

Der *Morning Chronicle* ist das älteste, inzwischen etwas abgewirtschaftete Wochenblatt Londons. Es gehört einem gewissen Mr. Glover, den Fontane zu einer, wie er es nennt, »loyalen Haltung gegenüber Preußen« bewegen kann. Den Meinungsumschwung erzielt er mit dem Angebot von 2000 Talern jährlich für eine regelmäßige Veröffentlichung der vom preußischen Gesandten gewünschten Artikel.

Um in England bleiben zu können, täte Fontane anscheinend alles. Was bei Mr. Glover an Landesverrat grenzt, kommt bei Fontane der Selbstaufgabe nahe, denn mit den Artikeln, die das geschmierte Wochenblatt veröffentlichen soll, geht er bestimmt nicht konform.

Der *Morning Chronicle* wird dann auch in der Berliner »Kreuz-Zeitung« ausdrücklich gelobt, weil er »sich seit längerer Zeit die dankenswerte Aufgabe gestellt« habe, »in seinen Leitartikeln die Mißbräuche bloßzulegen, die sich... in die englische Presse eingeschlichen« hätten. Der Autor, kein anderer als Theodor Fontane, zieht das Lob jedoch bald darauf zurück, weil der *Morning Chronicle* sich als illoyal erweist – er bringt nicht alle gewünschten Artikel. Das Verhältnis wird wieder gelöst, zumal »die Geld- und Redaktionsverhältnisse« der Zeitung ein »öffentliches Geheimnis« seien, wie man jetzt aus der gleichen Quelle erfährt.

»Ein schnurriges Leben...« urteilt Fontane in einem Brief an Emilie, »beneidenswert und trostlos zugleich.« Er ahnt, daß er eines Tages »an seine großen Vorzüge mit Sehnsucht zurückdenken« wird, obwohl er einiges vermißt. Aufgezählt werden »geistige Gemeinschaft«, »die Achtung und Anerkennung, die man sich in der Heimat erworben hat«, sowie, an anderer Stelle, »der Reiz freundschaftlich-geistigen Verkehrs«. Letzteres, wie er selbst zugibt, »weil die Gefühlspartie meine schwache Seite ist« (was im Laufe seines Lebens noch einige Personen seines engeren Lebenskreises feststellen werden).

Für die Gefühlspartie mag England nicht eben das richtige Land sein. Das wird ihm jetzt beim dritten Aufenthalt bewußt, in dessen Verlauf aus Liebe zu Land und Leuten kritische Liebe wird. Der Engländer gibt sich nun einmal zurückhaltend, unbeteiligt, *cool*. Selbst Dr. Morris: »Er ist ein feiner, lieber, artiger, sehr unterrichteter Mann, aber wir stehen zueinander wie am ersten Tag unserer Bekanntschaft, freundlich und – fremd. Wenn ich ihn besuche – gut; wenn ich ihn nicht besuche – auch gut...«

Eine geplante Reise nach Schottland muß unterbleiben, weil in Berlin Frau Emilie vor einer weiteren Entbindung steht. Sie scheint energisch die Einstellung einer Amme gefordert zu haben, denn aus diesem Grund sagt Fontane seine »Lieblingsexkursion«, die ihn schon so lange reizt, ab. Das Geld, das ihm sein väterlicher Freund Merckel dafür vorschießen will, wird er für die Amme verwenden. Obendrein ermöglicht es eine ebenso notwendige »Wiederherstellung« seiner Garderobe.

Statt nach Schottland geht es auf einen zweimonatigen Urlaub nach Berlin, auch nicht schlecht, und auf dem Rückweg mit seinem Chef (oder ehemaligem Chef), Dr. Ludwig Metzel, nach Paris, einer Weltstadt, die er, wie zu erwarten, »schön und großartig« findet, aber mit London nicht zu vergleichen, eigentlich nur »ein vergrößertes Berlin«.

Dort, das heißt an der Spree, wird am 2. November der zweite Sohn, Theodore Henry, geboren. Die ängstliche Frau Emilie bleibt lange im Kindbett und wird von Mutter Fontane in Neuruppin, bei der sie Unterschlupf gefunden hat, gepflegt. Henriette von Merckel sorgt für einen Weihnachtsbaum, und Fontane schreibt ihr, es wäre ihm lieber, wenn das Fest später läge, weil sich seine Frau anscheinend noch immer nicht völlig erholt habe.

Sie gesundet dann doch schnell im neuen Jahr, das auch für Fontane in London mit einer Freude beginnt: Man hat ihm sein Gehalt erhöht. Außerdem tritt er in einen intensiven Briefwechsel mit dem Chefredakteur der »Kreuz-Zeitung«, den er zwar noch nicht persönlich kennt, der ihm aber sympathisch ist. Dr. Tuiscon Beutner, drei Jahre älter als Fontane, dürfte absolut nicht das sein, was man sich unter dem Hauptverantwortlichen eines erzkonservativen Blattes vorstellt.

Fontane rechnet ihn wohl zu jener Anzahl »nobler, bescheidener, opferbereiter und mutiger Charaktere«, als die er seiner Frau die Mitarbeiter des Blattes beschreibt, vielleicht eine Wunschvorstellung. Die »Kreuz-Zeitung« ist das Sprachrohr der Kamarilla, jener Günstlingspartei, die Friedrich Wilhelm IV. um sich versammelt hat. 1848 im Zuge der Zugeständnisse gegründet, die von den Revolutionären erzwungen worden sind, von Presse-, Meinungs- und Versammlungsfreiheit, hat sie sich einen Hauch dessen bewahrt – und einige liberale Redakteure dazu. Beutner selbst ist schon vom Oberhaupt der Kamarilla, dem Gerichtspräsidenten Ernst Ludwig von Gerlach, also von Amts wegen, ernsthaft verwarnt worden, wie Varnhagen von Ense berichtet. Bei Beutner trifft Fontane auf einen Gleichgesinnten, jemanden, der zwischen dem Neuen und dem Althergebrachten in seiner Sympathie schwankt.

Trotzdem klappt nicht alles auf Anhieb. Die ersten Artikel, die er Beutner schickt, bleiben liegen, worauf Fontane – auch darin ein geborener Journalist – auf die geschickteste Weise reagiert, nämlich mit überlegener Bescheidenheit. Daß seine ersten Versuche nicht benutzt worden sind, behauptet er, sei ihm nachträglich nur recht, »weil ich fühle, daß ich durchaus inmitten des Stoffes und nicht (wie es sein soll) darüber stehe.« In mehreren Briefen tastet er sich an das heran, was Beutner von ihm erwartet.

»Politisch« hat er bemerkt, »bin ich Ihnen eine Null.« Nun fragt er, ob er sich auf Feuilletons beschränken, sich länger oder kürzer fassen soll, bittet mit einer gewissen Scheinheiligkeit um Auskunft, ob es sich lohne, weitere Artikel zu schicken, und fügt hinzu: »Mir persönlich wäre es eine Freude, damit fortfahren zu dürfen, weil man nur auf diese Weise sich wahrhaft fördert.«

Tuiscon Beutner gehört offensichtlich zu den Zeitungsleuten mit pädagogischer Ader. Solche Mitarbeiter fördert man, solche Fragen beantwortet man nur zu gern, und selbstverständlich sind weitere Artikel angenehm – eine Auskunft, die man auf einem Redakteurssessel besser vermeidet, denn sie verpflichtet ein bißchen dazu, den halbwegs bestellten Beitrag wirklich anzunehmen.

Was wahrscheinlich auch Fontane weiß oder doch ahnt. Er wird es im Laufe seines Arbeitslebens zu einer wahren Virtuosität in der Behandlung von Chefredakteuren oder -lektoren bringen, mit denen er umzugehen lernt wie ein Jockey mit Pferden. Die raffinierte Routine, mit der Fontane auftritt, ist mehr oder weniger gespielt. Seiner Frau gesteht er, daß es ihm schwer wird, kaltes Blut zu bewahren. »Eine fieberhafte Unruhe... steckt seit Monaten in mir und läßt mich bei nichts aushalten; alles dauert mir zu lange, ich möchte sprechen, aber um Himmelswillen nicht schreiben, und doch ist das gerade mein Beruf.«

Ein alter Jornalistenseufzer, der sich immer wieder erübrigt, sonst gäbe es diesen Berufsstand nicht mehr. In der »Kreuz-Zeitung« erscheinen bald die ersten Artikel, und auch in London geht es voran: Am 10. Juli 1857 – ein Datum, das in seinem Kalender rot angestrichen bleibt – mietet Fontane in Camden Town, damals noch eine der nördlichen *suburbans* (Vorstädte) Londons, eine Wohnung, mehr als das, ein Haus, drei Etagen, wie geschaffen für eine ganze Familie. Und schon am 27. Juli trifft Emilie, jetzt mit beiden Kindern, wieder in London ein. Die erste Woche muß man »mit einem kranken Kinde und unter beständigem Ärger in meinem alten Chambre garnie [möblierten Zimmer] verbringen«; erst dann erfolgt der Umzug in die moderne Vorstadt, in das erste Haus, das Fontane sein eigen nennen kann (es wird auch das einzige bleiben).

Beide, sowohl Emilie als auch Theodor Fontane, sind mächtig stolz auf diese neue Erfahrung und Errungenschaft. Im August berichten sie ausführlich ihren Freunden Wilhelm und Henriette von Merckel und vergessen in ihrer Aufzählung nicht die geringste Kleinigkeit, nicht Souterrain, Hochparterre und Treppe, nicht die »Zwei-Fenster-Front wie fast alle englischen Häuser« sie haben und den zweiflügeligen »Drawing-room«, dessen rückwärtigen Teil er sich als eine Art Arbeitszimmer hergerichtet hat – alles »bis jetzt noch sehr einfach in seiner Einrichtung, wird sich aber verbessern, sobald sich unsre Kasse einigermaßen erholt hat«.

Ein anrührender, da rundum begeisterter Brief. »Was ich mir in der Welt erobern möchte«, bekennt Fontane, »das ist eine gesicherte Existenz und die Unabhängigkeit, die daraus fließt.« Wer die Sehnsucht eines Dichters und Schriftstellers nach Absicherung seiner Existenz für spießig hält, wird zugeben müssen, daß die damit verbundene Eigenständigkeit alles andere als spießig ist. Freiheit bleibt eine Sache der Persönlichkeit – »ob ich mich… auf einem Brüsseler Teppich à 20 £ oder auf einer Diele mit Klaffritzen [der Unabhängigkeit] erfreue, ist mir im wesentlichen gleichgültig«.

Parodistisch betont Fontane in seiner Darstellung, daß es in den Räumen seines Hauses, St. Augustine Road 52 in Camden, kein Klavier, nur einen einzigen Wandspiegel, keine Damastgardinen, kein Sofa, »nur vier Lehnstühle, keinen Kronleuchter, kein Gas, keine Ausschmückungsgegenstände, keine Blumen, keine Schränke und Mahagoni-boards« gibt und natürlich auch keinen Groom oder Butler in einer mit Silberknöpfen besetzten Jacke.

Dafür wird besonders liebevoll ein Gästezimmer hergerichtet, das für Lepel bestimmt ist. Mit ihm hat Fontane zwar 1846 eine gemeinsame Rom-Reise verabredet, aber jetzt hätte er mit dem Freund gern das Land bereist, das ihn in der Hauptsache interessiert, das er aber noch immer nicht kennt: Schottland.

Es gelingt ihm auch, Lepel zu überreden, obwohl dieser zögert. Das Jahr 1858 hat für Fontane nicht gut begonnen. Wie immer nach einem euphorischen Höhenflug ist diesem eine tief depressive Phase auf dem Fuße gefolgt. Zum erstenmal hat Emilie einige, wie sich herausstellen wird, nicht ganz unberechtigte Befürchtungen, die seine geistige Gesundheit betreffen. Geplant ist eigentlich eine Badereise nach Salzbrunn in Schlesien. Aber da Fontane beim Antrag eines Kururlaubs nicht den Dienstweg einhält, wird ihm kein Zuschuß genehmigt; und er selbst kann die dreihundert Reichstaler, die ihn die Reise kosten würde, nicht aufbringen. Vielleicht ist das alles – bewußt oder unbewußt – nur ein Trick, um endlich gen Norden, nach Schottland fahren zu können.

Ängstlich beschwört er Lepel, die Sache nicht abzusagen und es auf »ein paar Taler mehr oder weniger« nicht ankommen zu lassen. Dem Brief legt er ein Gelegenheitsgedicht bei, dessen letzte Zeilen ein Selbstporträt abgeben:

> Bei Kälte, Schnee und Julihitze
> Er war der Mann stets an der Spritze,
> Er schrieb und schrieb sich auf den Hund,
> Nun ist er dod und – ist gesund.

Gesund wird Fontane tatsächlich in den sechzehn Tagen, die er durch Schottland reist, wahrscheinlich schneller und wirkungsvoller als in jedem schlesischen Bad. Wer die Reise geplant, gebucht und bezahlt hat, wissen wir nicht – manches deutet darauf hin, daß es sich um eine frühe Gruppenreise handelt, wie sie von Reiseveranstaltern wie Cook's schon organisiert werden. Sie ist hervorragend zusammengestellt, Schottland in der Nußschale, auch wenn Fontane anscheinend mit der Route nicht immer ganz zufrieden war: es geht rasant von Höhepunkt zu Höhepunkt, und er hätte verständlicherweise gern etwas mehr Zeit gehabt und das alltägliche Schottland in Augenschein genommen.

Helmuth Nürnberger moniert, daß die beiden Freunde »dem modernen Schottland… vorsichtig, zuweilen in offener Flucht aus dem Wege« gegangen sind, was nicht ganz stimmt, denn sie besuchen immerhin die Industrie- und Hafenstadt Glasgow, so etwas wie eine schottische Metropole, und befahren den Kaledonischen Kanal, den der Ingenieur Thomas Telford erst vor gut zwanzig Jahren fertiggestellt hat, eine Handelsroute, die Schottland von Ost nach West durchzieht.

Aber der Akzent liegt, ganz nach Fontanes Geschmack, im herkömmlich-historischen Schottland, dem »Land seiner selbstvergessenen poetischen Träume«. Den Reiseweg möchte man noch heute, eine Art von »Schottland für Anfänger«, rückhaltlos empfehlen; er ist ein glänzender Einführungskurs. Per Bahn geht es zunächst nach Edinburgh, dritter Klasse, »halb ersparungs-, halb beobachtungshalber«, von wo Ausflüge nach Linlithgow, dem Geburtsschloß Maria Stuarts, und zum Schlachtfeld von Flodden unternommen werden, wo die Engländer 1513 ein schottisches Invasionsheer besiegten und der Schottenkönig James IV. fiel. Stirling mit seinem berühmten Schloß erreicht man zu Schiff – weiter geht es über die Hügellandschaft der Trossachs und den schönen See Loch Katrine, dann mit der Bahn zur alten Krönungsstadt Perth und über den Kamm der Grampian-Berge nach Inverness, wo die Highlands beginnen und der Loch Ness, den damals noch kein Ungeheuer bevölkert, aufhört. Nahe Inverness wird ein weiteres Schlachtfeld besucht, das Moor von Culloden, in dem der letzte Aufstand der schottischen Clans mit einem grausigen Gemetzel zu Ende ging.

Der zweite Teil der Reise führt über den Kaledonischen Kanal nach Fort Williams am Fuß des Ben Nevis, der höchsten Erhebung Großbritanniens, und von der Hafenstadt Oban aus auf die Hebriden-Inseln Iona und Staffa. Zurück verläuft die Route über den idyllischen Loch Lomond und Glasgow nach Edinburgh, von wo man Ausflüge zur Klosterruine Melrose und nach Abbotsford, dem von Sir Walter Scott am Tweed erbauten Landhaus, unternimmt.

Die Reise strapaziert nicht nur Herz und Gemüt, sondern auch die Freundschaft. Lepel, ein Jahr älter als Fontane, ist – wie dieser – ein schwieriger Mensch, der es weder sich selbst noch den anderen leichtmacht. Gewohnt zu befehlen, bringt er seinen Freund Fontane vor allem durch seine plötzlichen, unvorhersehbaren Entscheidungen auf.

So schreibt Fontane an Henriette von Merckel, Lepel habe »die großen Wirtshausrechnungen wie ein Mann« bezahlt, aber ansonsten mit jedem Penny geknausert. Folglich scheint Lepel einen Großteil der Nebenkosten getragen zu haben. Den Sovereign (1 Pfund Sterling, damals 6 Taler und 20 Groschen wert), den er Fontanes Dienstmädchen Betsy als Trinkgeld hinterlassen hat, empfindet dieser jedoch als »unerhörte und nutzlose Splendidität«.

»Von solchen Dingen wimmelt sein ganzes Tun und Treiben«, fügt er hinzu und gibt gleich ein weiteres Beispiel: »Denken Sie sich (*aber ganz im Vertraun*), er läßt sich beim Handschuhmacher immer 3 Handschuhe machen, zwei für die rechte und einen für die linke Hand, weil er gefunden hat, daß man den linken weniger braucht und ein linker so lange lebt wie zwei rechte. Was sagen Sie dazu? Glauben Sie, daß außer Lepel noch ein anderer Sterblicher solcher vorsorglichen Berechnungen fähig ist?«

Trotzdem: »Die 4 Wochen unseres Zusammenseins hier (in London) und in Schottland bilden doch eine Art Lichtpunkt meines englischen Exils, man empfindet das immer erst so recht, wenn die Sache hinter einem liegt. Bitte, sagen Sie ihm das ja. Ich fürchte, daß ich nicht immer liebenswürdig genug gewesen bin, aber mitunter kann er einen auch wirklich zur Verzweiflung bringen...«

Die Niederschrift der Schottland-Erlebnisse erfolgt erst später in Berlin. *Jenseit des Tweed* ist kein Potpourri aus verschiedenen Zeitungsartikeln, sondern das einheitlichste (und wohl gelungenste) seiner Reisebücher. Fontane hat es Lepel gewidmet, dessen hübsche schon fast impressionistisch wirkende Bleistiftskizzen später oft zur Illustration gedient haben. Die Doberaner Stiftsdame Mathilde von Rohr, eine langjährige Freundin Fontanes, hat fünf Jahre nach Lepels Tod dessen Schottland-Zeichnungen erworben und 1888 Fontane geschenkt.

In seinem Dankesbrief hat dieser dann jene Anmerkung zur Reise gemacht, wegen der *Jenseit des Tweed* am häufigsten zitiert wird: »Jetzt sind es 30 Jahre, fast auf den Tag, daß ich mit Lepel die Reise machte, eine der schönsten in meinem Leben, jedenfalls die poetischste, poetischer als Schweiz, Frankreich, Italien und alles, was ich später sah. Das interessanteste Blatt ist für mich das mit dem Douglasschloß am Kinroß-See, zu dem ich mit Lepel im Boot hinüberfuhr und als wir zwei Stunden später, nach Besichtigung von Schloß und Insel, über denselben See hin die Rückfahrt machten und ich dabei an Rheinsberg und den Rheinsberger See dachte, stand es in meiner Seele fest, die Mark Brandenburg und ihre Schlösser und Seen beschreiben zu wollen.«

Schottland, Fontanes Kernland, wird zum Ausgangspunkt auch seiner *Wanderungen durch die Mark Brandenburg,* die ihm den ersten wirklichen Ruhm einbringen werden. Erinnert ihn Loch Leven – selbst von Gutwilligen nur schwer nachvollziehbar – an den Rheinsberger See, so auf der Dampferfahrt von Edinburgh nach Stirling eine Insel im Firth of Forth an das »beinahe inselförmige Stück Land, um das die Havel ihr blaues Band zieht«. Ein bißchen Heimweh gehört, wohl nicht nur bei Fontane, zum Drang in die Ferne.

Sechzehn Tage sind schnell vorbei, aber diese halten ihn noch lange in Atem. Über zwei Jahre sind und bleiben sie sein zentrales Thema. Bis 1860 schreibt er die einzelnen Kapitel der Reise jenseits des Tweed und kann sie sehr gut an alle möglichen Zeitschriften und Zeitungen verkaufen, von der *Vossischen*, dem liberalen Berliner Blatt, über die konservative »Kreuz-Zeitung« bis hin zum Leipziger Journal *Europa, Chronik der gebildeten Welt*, das die meisten Vorabdrucke bringt. Auch hält er zwischen dem 11. Januar und dem 14. März 1860 in einem Berliner Hotel zehn Vorträge über England und Schottland. Einen über »Das schottische Hochland und seine Bewohner« wollte er ursprünglich in das Buch aufnehmen, mußte aber auf Drängen des Verlegers darauf verzichten.

Einen Verleger für *Jenseit des Tweed* zu finden, hat ihm ursprünglich sein »Tunnel«-Freund, der erfolgreiche und gewandte Paul Heyse versprochen und sich dabei ausgerechnet an Wilhelm Hertz gewandt, obwohl Fontane selbst schon vorzeitig abwinkt, »weil er mir (freilich vor sechs oder acht Jahren) zweimal etwas abgeschlagen hat und mich, glaub ich, noch für mittelmäßiger hält, als ich bin«. Wilhelm Hertz wird später Fontanes Verleger, aber dieses Projekt lehnt er tatsächlich ab; es erscheint bei Julius Springer.

Doch noch heißt der Schauplatz, auf den Fontane zurückkehrt, London. Und wieder rücken die gleichen Sorgen und Ängste an ihn heran: In der »Kreuz-Zeitung« erscheinen von seinen Artikeln nur noch »Schnippselchen«, und der kleine George weigert sich, in eine englische Schule zu gehen; er erhält statt dessen Hausunterricht von einem deutschen Emigranten. Mit größter Besorgnis blickt der halbamtliche preußische Presseagent nach Berlin, wo sich ein Umschwung abzeichnet.

Der hoffnungsvolle Beginn einer »Neuen Ära« wird sich als so überaus neu nicht erweisen, bläst aber etwas frischen Wind durch die vermufften Berliner Amtsräume. Sie geht aus vom Prinzen Wilhelm, dem Bruder des Königs, der innerhalb eines Jahrzehnts vom »Kartätschenprinzen« zum liberalen Hoffnungsträger nicht nur Preußens avanciert ist. Auch Victoria und Albert in London sympathisieren mit ihm, der ja 1848 in London Zuflucht vor den Linken suchen mußte, die ihm jetzt Beifall klatschen.

Im Oktober zeigt er als Prinzregent für seinen schwer erkrankten Bruder, König Friedrich Wilhelm IV., zum erstenmal Rückgrat und Reformeifer. Im Dezember entläßt er den reaktionären Ministerpräsidenten Manteuffel, und mit ihm stürzt die vielgehaßte und -gefürchtete »Kamarilla« des Herrn von Gerlach. An die Regierung kommen Politiker wie Fürst Karl Anton von Hohenzollern-Sigmaringen, der merkwürdigerweise mit den Bonapartes verwandt ist, der stellvertretende Ministerpräsident Rudolf von Auerswald, der 1848 schon einmal Ministerpräsident war und dann in die Opposition gegangen ist, sowie andere, die den Fortschritt auf ihre Fahnen geheftet hatten, ohne gleich alles von unten nach oben kehren zu wollen.

Das war, sogar am radikalen Flügel, einmal Fontanes politischer Zuschnitt und ist es gewissermaßen noch. Inzwischen hat er sich den Rechten, Konservativen, ja, in der Ära Manteuffel den Reaktionären wenn nicht angeschlossen, so doch zur Verfügung gestellt. Damit sitzt er nun zwischen zwei Stühlen, wo selbst ein Querkopf wie er sich deplaziert vorkommen muß. Er löst den gordischen Knoten, selten genug unter deutschen Amtsträgern, sehr aufrecht mit einem Alexanderschlag: Er kündigt.

An Wilhelm von Merckel über Manteuffel: »Ich bin nie sein Anhänger gewesen, sein Regime aber, ob gut oder schlecht, war es, das mich über Wasser hielt, mir Brot gab und mich hierher beförderte; dafür hab ich ihm dankbar zu sein und bin es.« Auch Lepel schreibt er, daß er nichts Schlechtes über den Gestürzten äußern werde, »weil besagter Manteuffel (dessen Pech am Hintern und dessen Polizeiregime mir ein Greul gewesen ist) besagtem Fontane persönlich Gutes getan hat. Was ich getan und gesprochen habe, ist nichts als die ganz gemeine Pflicht des Anstands und der Dankbarkeit.«

Besagter Fontane bemüht sich, auch als Briefschreiber ehrlich zu bleiben. Im nächsten Atemzug schon gibt er zu, daß in seine Stellungnahme »eine Menge von Menschlichkeit, Berechnung und Derrière-Pensées [Hintergedanken]« hineinspielt. So weist er den Staatsminister Auerswald in einem Brief darauf hin, daß ihm im Grunde noch zwei Jahre London zustünden, er jedoch bereit sei, gegen die Auszahlung eines Jahresgehalts auf alle weiteren Ansprüche zu verzichten. »Geheimrat Hegel«, betont er, »hat mir geschrieben, daß er es durchaus in den Grenzen der Billigkeit findet.« Aber entweder zieht Hegel – es handelt sich um den Sohn des großen Philosophen – sein Urteil zurück, oder der überaus bürokratische Geheimrat hat seinerseits an Einfluß verloren; es bleibt bei der Kündigung. Fontane hat sich selbst aus London hinauskatapultiert.

Er wird sich in Berlin eine Stellung oder eine Beschäftigung suchen müssen und einen neuen Hausstand einrichten. Er fängt wieder so gut wie von vorne an. Frau und Kinder werden noch vier oder sechs Wochen, so lange das Geld reicht, in Camden bleiben, während er selbst sich Anfang Januar auf den Weg nach Berlin machen muß.

Ihr letztes Weihnachtsfest auf englischem Boden begehen die Fontanes auf deutsche Weise. Am Weihnachtsabend kommen zum Anzünden der Kerzen und zur Bescherung der Kinder zwei

Gäste: Julius Faucher, dem wir schon im Lenau-Klub begegnet sind, und Heinrich Beta, der für die liberale *Gartenlaube* schreibt. Beide sind sie Emigranten, die auf ein Pardon der Heimat warten, und überzeugte Demokraten – seltsame alte Bekannte für einen offiziellen Preußen, der bis vor kurzem noch einem Erzreaktionär gedient hat.

Aber Fontane ist kein eindeutiger Parteigänger und schon gar kein Fanatiker religiöser, politischer oder weltanschaulicher Art. Er gehört vielmehr zum Gros jener, die unentschieden bleiben. Fontane macht kein Hehl daraus, daß feste Überzeugungen seine Sache nicht sind, denn er denkt nicht in ideologischen oder in Freund-Feind-Kategorien.

Am 17. Januar 1859 trifft er wieder in Berlin ein. London, England und Schottland wird er nie wiedersehen, es sei denn – wie wir von ihm selbst wissen noch nach dreißig Jahren – im Traum.

Hat er die Feuerprobe bestanden?
Daran dürfte er selbst zweifeln.

## 22.
## Der falsche Fuß
(1859-1869)

Im »Büchmann« findet es sich nicht, scheint also kein Zitat eines großen, wohl aber eines witzigen und mit der eigenen Kulturgeschichte vertrauten Deutschen zu sein. Daß man auf dem falschen Fuß hurra schreien kann, haben mehrere Generationen nachhaltig zu fühlen bekommen. Patriotische Begeisterung, bei anderen Völkern als eine Tugend angesehen, endet in Deutschland meist kleinlaut mit einem schlechten Gewissen. Ein frühes Beispiel dafür dürfte Fontane sein. Als er – drei Wochen vor seiner Familie – nach Berlin zurückkehrt, hält man ihn dort für einen Manteuffelianer, in der Neuen Ära ein Kainsmal. Freudig aufgenommen wird er nur im alten »Tunnel«, und es sind fast ausschließlich Freunde von ihm, die sich um die Existenz des Dichterbruders sorgen und gelegentlich zur Hilfe eilen.

Auf der Suche nach einer Erwerbsquelle läßt man ihn wissen, daß Reaktionäre, wie er einer ist, nicht mehr erwünscht sind. Er bemüht sich, die Stelle seines Bundesbruders Karl Eggers als Redakteur der »Adler-Zeitung« zu bekommen (Eggers tritt in den Ruhestand), und als das nichts wird, beantragt er die Wiederaufnahme in die Zentralpressestelle. Dort sitzt inzwischen ein neuer, liberalerer Chef namens Dr. von Jasmund, der sein Gesuch prompt ablehnt. Ihm bleibt nur die freie Mitarbeit bei mehr oder weniger rechtsgerichteten Blättern, von der allein er – noch dazu mit Familie – nicht leben kann.

So wird er zu einem Mann der Mitte, jedenfalls den Äußerungen nach. Seinen Vortrag über »Whigs und Tories«, einen jener zwischen Januar und März in Arnims Hotel, Unter den Linden, gehaltenen zehn England-Vorträge (der einzige übrigens mit politischer Thematik), beendet er mit dem bezeichnenden Satz: »Sei jeder von uns ein Whig [Liberaler] auf dem Wege zu fortschreitender Erkenntnis, aber in des Herzens Liebe und Treue ein Tory [Konservativer].« Fontane, der eben erst auf dem falschen Fuß hurra geschrien hat, weiß, wovon er redet. Er hat es später überlegener formuliert, im *Stechlin*: »Alles Alte, soweit es Anspruch darauf hat, sollen wir lieben, aber für das Neue sollen wir recht eigentlich leben.« Die Weisheit stammt aus dem wenig schönen Jahr der Heimkehr 1859.

Er mietet eine provisorische Wohnung in der Potsdamer Straße und sieht sich nach einem Broterwerb um. Wie er Lepel gesteht, überlegt er sogar, ob er nicht wieder Apotheker werden solle, womöglich in Militärlazaretten, oder ganz zum Militär gehen. Auch vom Beruf eines Magazininspektors ist die Rede, was immer man sich darunter vorzustellen hat.

»Mancher große Mann«, heißt es bei Paul Heyse, »hätte nie an sich geglaubt, wenn ihn nicht gute Freunde entdeckt hätten.« Heyse ist ein guter Freund aus dem »Tunnel« und wird versuchen, ihm über das Frühjahr des Rückkehrjahres hinweg zu helfen, wie Friedrich Eggers ihm im Sommer und endlich Georg Hesekiel im Herbst unter die Arme greifen werden.

Paul Heyse («Hölty II»), der 1910 als erster Deutscher den Nobelpreis für Literatur erhalten wird, ist das literarische Glückskind der Zeit. Bereits erfolggekrönt durch einige Novellen, darunter die von Fontane im *Argo* veröffentlichte *L'Arrabbiata*, »begibt er sich«, wie Nino Erné seinen weiteren Werdegang schildert, »auf Preußische Staatskosten zur Grand Tour nach Italien, Jacob Burckhardt zeigt ihm Rom, zu Hause wartet eine reiche, kultivierte Braut, bei der Hochzeit wird ›Der dankbare Räuber‹ des Zwölfjährigen aufgeführt, wobei Menzel und Fontane mitspielen, und schon beruft König Max II. von Bayern, wie weiland Carl August Goethe, den 25jährigen nach München mit einem Jahresgehalt von 1000 Gulden für nichts weiter als die Teilnahme an den seltenen ›Symposien‹ des Königs, wo Heyse sehr schnell Mittelpunkt wird wie überall…«

Jetzt versucht der Hans im Glück etwas für den vielleicht ärmsten seiner Freunde zu tun. Von Februar bis März 1859 hält Fontane sich in München auf, im Augsburger Hof in der Schützenstraße (»recht hübsch und billig«). Maximilian hat schon einige »Nordlichter« für seine Symposien in die bayerische Hauptstadt berufen, darunter weitere »Tunnel«-Freunde wie Emanuel Geibel (»Bertrand de Bom«) und Felix Dahn (»Waiblinger«), die Fontane im »Krokodil«, einer Münchner Imitation des »Tunnels«, wieder in die Arme schließen kann.

Natürlich können so erlauchte Geister wie Heyse und Geibel, die beide als die kommenden Klassiker deutscher Sprache gelten, einen im Süddeutschen kaum bekannten Balladendichter wie Fontane nicht seiner literarischen Bedeutung wegen nach München holen. Man will ihn dem König vielmehr als Privatbibliothekar anbieten. Dem steht im Wege, daß es einen solchen bereits gibt und dieser – der den Vorzug hat, katholisch zu sein – keineswegs zu kündigen beabsichtigt. Außerdem wagt Heyse anscheinend nicht einmal, dem König die Wahrheit zu sagen. Dieser empfängt Fontane zwar in Privataudienz, aber eine Anstellungsmöglichkeit wird nicht einmal gesprächsweise erwähnt.

München bringt ihm nicht viel ein. Einen ungeheuren Erfolg mit seinen Balladen im »Krokodil«, ein trauriges Wiedersehen mit der Witwe des im vorigen Jahr verstorbenen Franz Kugler, deren Tochter Margarete nun die Frau Paul Heyses ist – dann kehrt Fontane nach Berlin zurück. Eine gewisse Enttäuschung schwingt noch nach einem Jahr in den Zeilen, in denen er Paul Heyse endgültig abschreibt.

»Eine Übersiedlung nach München – Du wirst das nicht als Undank oder Ungezogenheit gegen Deine früheren freundlichen Absichten fassen – liegt nicht mehr innerhalb meiner Wünsche«, läßt er den Freund wissen. »So vieles mir dort gefallen hat, so sehr fühl ich doch, daß es auf die Dauer kein Boden für mich wäre.« Er fügt hinzu: »Glänzende Aussichten (d. h. viel Geld) würden natürlich meine Sprödigkeit besiegen... Unter gewöhnlichen, bescheidenen Verhältnissen leb ich aber doch lieber hier als an irgendeiner andern deutschen Residenz, nur Wien könnte mich verführen, wenn es nicht gerade wiederum Wien wäre.«

An anderer Stelle heißt es, er sei wahrscheinlich durch seinen langen London-Aufenthalt derart »verengländert«, daß er es am bayerischen Hof wohl nicht mehr aushalten könnte.

Als er das schreibt, hat er den Humor wiedergewonnen und sind ihm weitere »Tunnel«-Freunde zu Hilfe gekommen. Er hat endlich eine ihm gemäße Bleibe gefunden, das heißt eine, mit der einigermaßen genügende und dazu regelmäßige Einnahmen verbunden sind.

Zunächst einmal hat aber »Tunnel«-Freund Eggers (»Anakreon«), der kurz vor seiner Ernennung zum Professor an der Akademie der Künste steht, ihn durch energische Fürsprache auf einen überraschend hohen (und gut dotierten) Spitzenposten gehievt. Und zwar auf den eines »Vertrauenskorrespondenten« des altliberalen Historikers und Politikers Max Duncker, dem man in der Neuen Ära die Leitung der gesamten ministeriellen Presse anvertraut hat, zu der auch die alte Zentralpressestelle gehört.

Der Vertrauenskorrespondent ist ein relativ wichtiger Posten regierungsamtlicher Art. Duncker hat nur drei Personen für diese Aufgabe berufen. Sie haben ihm Einzelheiten aus dem Pressewesen zu berichten, dies für ihn zu beobachten und nehmen auch an den Sitzungen teil, auf denen Duncker einem ausgewählten Kreis von Ministerialbeamten und Chefredakteuren die Richtlinien der Regierungspolitik darlegt.

Man macht also einen unsicheren Kantonisten, für den man Fontane hält, erstaunlicherweise gleich zum Geheimnisträger. Da passiert dem Ahnungslosen schon im August, was Nürnberger einen »journalistischen Kunstfehler« nennt, und Ende Oktober eröffnet man dem »Literaten Th. Fontane« schriftlich, daß er einer Indiskretion wegen aus dem inneren Kreis der Korrespondenten ausgeschlossen und ihm ein strenger Verweis erteilt sei.

Was ist geschehen?

Im Grunde handelt es sich um eine Lappalie. Am 16. August hat die Bürgerschaft der Stadt Stettin den Prinzregenten Wilhelm in einer Adresse aufgefordert, etwas »zur Lösung der deutschen Frage«, das heißt für eine Vereinigung aller deutschen Länder, zu tun. Fontane, dem die Details aus den internen Sitzungen bei Duncker bekannt sind, veröffentlicht in den *Hamburger Nachrichten* darüber einen Artikel. Im wesentlichen steht darin nichts anderes, als daß Graf Schwerin in Kürze für den Prinzregenten Stellung beziehen werde. Wahrscheinlich in der Absicht, die nicht eben spektakuläre Nachricht ein bißchen anzureichern, hat er Schwerin einige Äußerungen in den Mund gelegt.

Damit schießt er daneben – dergleichen versteht er wohl noch nicht. Seine Andeutungen wecken Erwartungen, die Schwerin, als er die Stellungnahme tatsächlich abgibt, nicht erfüllen kann. Prinz Wilhelm fühlt sich brüskiert, weil nun alle Welt annehmen muß, er habe seine Meinung geändert. Erhält Fontane vom Geheimrat Duncker zunächst nur einen »kleinen, liebenswürdigen Rüffel«, wie er es ausdrückt, so folgt am 29. Oktober auf Anordnung des späteren deutschen Kaisers trotz einer schriftlichen Entschuldigung seine sofortige Entlassung.

Man kann über Fontanes Handlungsweise verschieden urteilen. Am Ende war es seine Aufgabe, für Preußen, vor allem im Ausland (zu dem Hamburg damals gehört), gut Wetter zu machen. Und es war nicht unbedingt seine Schuld, wenn er dabei eine Grenze überschritt, deren genauer Verlauf seit jeher der journalistischen Intuition und dem politischen Fingerspitzengefühl überlassen ist. Wer beides nicht oder noch nicht besitzt, wird sich allerdings kaum lange auf einem derartigen Posten halten können. Fontane steht wieder auf der Straße. »Anakreons« wohlgemeinte Empfehlung hat sich als ein Fehler erwiesen.

Man sollte annehmen, daß gleiches Georg Hesekiel (»Claudius«) droht, der als nächster »Tunnel«-Freund Hilfestellung gibt. Er geht jedoch geschickter vor. Er nimmt den unsicheren

Kantonisten, der Whig und Tory zugleich sein will, bei der Hand und führt ihn aus dem Niemandsland definitiv einer der beiden Parteiungen zu, nämlich seiner eigenen. Hesekiel steht ganz weit rechts, und die Zeitung, in der er arbeitet, die *Neue Preußische* (»Kreuz«-)*Zeitung*, ebenfalls. Fontane hat sich bis dahin sowohl über Hesekiel als auch über die »Kreuz-Zeitung« wenig löblich, meist sogar ausgesprochen negativ geäußert.

So hat er Redakteure und Schreiber der »Kreuz-Zeitung« 1849 in einem Dresdner Blatt als »Lügenfabrikanten« beschimpft und (in einem Brief an Friedrich Witte) die Leitartikel des Blattes als »herzloses, gemachtes, kokettes Christentum« angeprangert. Hesekiels dicke patriotische Romane wird er zwar – im *Johanniterblatt* – günstig besprechen, aber, wie er stolz behauptet, nur dort mit Lob bedenken, wo es ihm angebracht scheint. Alles Negative habe er ganz einfach weggelassen. Das hat Fontane später in einem Brief an Friedlaender gestanden und diese höchst zweifelhafte Rezensionsmethode im gleichen Atemzug nicht nur gerechtfertigt, sondern geradezu als vorbildlich gekennzeichnet.

Hesekiel redigiert seit Gründung des konservativen Blattes, also seit 1848, den sogenannten »französischen Artikel«, das betrifft alles, was mit Frankreich zusammenhängt. Zu Anfang handelt es sich hauptsächlich um Berichte eines Korrespondenten aus Paris, der, wie damals üblich, statt mit seinem Namen mit einem Merkmal, in seinem Fall mit drei Sternen, zeichnet.

Zum Drei-Sterne-Korrespondenten gesellt sich in den fünfziger Jahren ein zweiter mit dem Signum einer bourbonischen Lilie, angeblich ein waschechter Marquis, der den Mann mit den drei Sternen schnell übertrumpft und schließlich ersetzt, denn er schreibt besser und ist weitaus kenntnisreicher. Der vermeintliche Adlige ist Hesekiel selbst, dessen »gründliche Kenntnisse französischer Zustände« Fontane ebenso lobt wie seine »hervorragende novellistische Begabung«.

Beides muß man besitzen, wenn man in Berlin schreiben will, als säße man in Paris. Hesekiel darf man als Erfinder der »unechten Korrespondenten« in der deutschen Zeitungslandschaft betrachten, eines Metiers, darin ihm nun Fontane auf dem englischen Sektor nacheifern soll. Er wird – um dies vorauszunehmen: zehn Jahre lang, tagtäglich – nach der Lektüre Londoner Zeitungen von gestern und vorgestern in der Redaktion Artikel verfassen, die aus der englischen Hauptstadt berichten, und damit dem Blatt einen »echten Korrespondenten« in London ersparen. Die Zeitung hat das wahrscheinlich bitter nötig, denn ihre Auflage umfaßt nur 10 000 Exemplare, während das liberale *Tageblatt* über 64 000, die qualitätvolle *Vossische Zeitung* immerhin über 24 000 und der bürgerlich-populäre *Lokal-Anzeiger* in Berlin sogar über 167 000 Leser oder Abonnenten verfügt.

Trotzdem hieße es den journalistischen Ehrenkodex sehr strapazieren, wollte man wie Fontane die »unechten Korrespondenten gerade so gut wie die echten« finden, »und mitunter noch ein bißchen besser«. In *Von Zwanzig bis Dreißig* spricht er aus eigener Erfahrung: »Man nimmt seine Weisheit aus der ›Times‹ oder dem ›Standard‹, und es bedeutet dabei wenig, ob man den Reproduktionsprozeß in Hampstead-Highgate oder Steglitz-Friedenau vornimmt. Fünfzehn Kilometer oder hundertfünfzig Meilen machen gar keinen Unterschied.«

Es kommt noch haarsträubender: »Natürlich kann es einmal vorkommen, daß persönlicher Augenschein besser ist als die Wiedergabe dessen, was ein anderer gesehen. Sonst wird die aus wohlinformierten Blättern übersetzte Arbeit immer besser sein als die originale.«

Jeder Volontär, der heute so etwas zu äußern wagte, würde vermutlich fristlos entlassen. Fontanes Schlußfolgerung dürfte jedoch den Nagel auf den Kopf treffen: »Das Schreibtalent gibt eben den Ausschlag...«, wenn er nicht – leider – hinzufügen würde: »...nicht der Augenschein.«

Als Journalist, das bemerkten wir schon an anderer Stelle, kennt er keine Skrupel. In die »Kreuz-Zeitung« treiben ihn aber auch weniger journalistische als wirtschaftliche Gründe. Dies ist seine letzte Chance. Nehmen ihn weder die Liberalen noch die Staatsdiener in Lohn und Brot, bleibt ihm – der Strohhalm für den Ertrinkenden – nur die nicht offizielle konservative Presse, in der man erstaunlicherweise am ehesten fünfe gerade sein läßt. Eine anscheinend uralte deutsche Zeitungsweisheit lautet, daß liberale Zeitungen häufig mit konservativer Strenge verwaltet werden und konservative mit liberaler Großzügigkeit.

Das trifft auf die »Kreuz-Zeitung« zu. In der Redaktion herrscht ein aufgeschlossener, kollegialer Ton. Der Chefredakteur Dr. Tuiscon Beutner, mit dem Fontane schon aus London korrespondiert hat und den er beim Einstellungsgespräch nun auch persönlich kennenlernt, ist ein kauziger Charakter, der einen *cercle intime* um sich versammelt, zu dem Fontane bald gehört. Nur ein schmaler Gang trennt sein Redaktionszimmer von dem des Freundes und Kollegen Hesekiel, und gearbeitet wird erstaunlich wenig – Fontanes Vorgänger, ein Dr. Abel, hat den Job aufgegeben, weil England zur Zeit politisch nicht wichtig ist und die Zeitung pro Tag mitunter nur wenige Zeilen benötigt, an manchen Tagen gar keine.

Mag die Bezahlung schlecht sein – Fontane liebt »bequeme Tage«. Er hat Zeit genug für den »Tunnel«, für Nebenarbeiten, die sich prächtig in der Redaktion erledigen lassen, vor allem auch für jene *Wanderungen durch die Mark Brandenburg*, die er schon begonnen hat und die er in den zehn Jahren seiner Redakteurstätigkeit immer häufiger antreten wird. Sogar drei Kriegsschauplätze kann er während dieser Zeit bereisen und dickleibige Bücher darüber schreiben. Im übrigen beginnt er als unechter Korrespondent auch schon mit seinem ersten großen Roman, *Vor dem Sturm* – kein Wunder, daß er eine derartige Hörensagen- und Abschreibeberichterstattung eine ganz großartige Sache findet und diese »zehn Jahre zu meinen allerglücklichsten rechnen« muß.

Nicht zuletzt imponiert ihm jene Art von »Zeitungssolidarität«, die man pflegt und die ihm eine Brücke zurück zu einem ihm politisch gemäßeren Blatt schlagen könnte. Professor Stahl,

der Mitherausgeber, erklärt in einer Redaktionskonferenz zu einer Fehde der Regierung mit einer liberalen Zeitung und der Frage, auf welcher Seite man stehe: »Meine Herren, vergessen wir nicht, auch das konservativste Blatt ist immer noch mehr Blatt als konservativ.«
Über die »erquickliche Meinungsfreiheit«, die in der Redaktion herrscht, kann sich niemand beklagen. Desto unerquicklicher scheint Fontane die Voreingenommenheit, mit der man allenthalben der »Kreuz-Zeitung« begegnet. Die Zeitung ist besser als ihr Ruf. Schon zwei Jahre nach seinem Eintritt fühlt er sich ihr in gewisser Weise zugehörig. 1862 berichtet er seiner Frau über einen Abend bei Schacht, seinem ehemaligen Prinzipal an der Polnischen Apotheke und Schwiegervater seines Freundes Friedrich Witte: »Es war ganz nett, wiewohl doch einigen Gästen der Kreuzzeitungshaß (der mich immer ein bißchen mittrifft) deutlich auf der Stirne stand. Kommt es dann zum Gespräch, so sehen die Leute, daß der Teufel nicht voll so schwarz ist, wie sie glauben.«

Auch wenn er sich nicht unbedingt mit der politischen Richtung des Blattes identifiziert – der Volksmund nennt bezeichnenderweise den äußersten rechten Flügel der Konservativen schlichtweg »Kreuzzeitungspartei« –, so distanziert er sich doch von allen voreiligen Urteilen. »Unsere Partei umschließt viele Dummköpfe«, lesen wir im gleichen Brief an Frau Emilie, »viele Egoisten, viele Fromm-Hochmütige usw., aber ich habe trotzdem die feste Überzeugung, daß die *größere* Anzahl nobler, bescheidener, opferbereiter und mutiger Charaktere auf *unserer* Seite steht...«

Dieser Meinung ist er, der ewig Schwankende, nicht immer. Aber eine gewisse Solidarität scheint ihm – wie sich bei der Entlassung Manteuffels gezeigt hat – selbstverständlich. Er läßt niemals, wie andere, die Hilfreichen wie eine heiße Kartoffel fallen, wenn diese plötzlich seinem Ansehen mehr schaden als nützen. Der Indifferente und mitunter Skrupellose verkörpert eine seltene Tugend: die Dankbarkeit. Diese, ließe sich einwenden, beruhe stets auf Eigennutz. Aber wie viele Tugenden gibt es, die das nicht tun?

Undankbarkeit kann man Fontane jedenfalls nicht vorwerfen. Um Loyalität denjenigen gegenüber bemüht, die ihm Schutz gewähren, versucht er, ein volles Jahrzehnt hindurch, sich einen literarischen Namen aufzubauen. Ein Jahrzehnt im Windschatten der »Kreuz-Zeitung«. In ihm erscheinen nicht nur *Jenseit des Tweed* und die gesammelten *Balladen*, sondern auch der erste Band der *Wanderungen*. Er vergräbt sich in die Lektüre des geliebten Walter Scott, um den rechten Stil zu finden für einen großen historischen Roman, der ebenfalls in diesem Zeitraum so gut wie fertiggestellt wird. Zwei weitere Kinder werden ihm geboren, 1860 die einzige Tochter Martha (»Mete«), 1864 der letzte Sohn – mit den unehelichen der sechste –, Friedrich (»Friedel«). Auffallend häufig wechselt er die Adresse, Potsdamer Straße, Tempelhofer Straße, Alte Jakobstraße, Hirschelstraße – Ruhelosigkeit oder vergebliche Suche nach dem passenden Nest? Wie auch immer: Den Kindern bietet er ein ruhiges, solides Elternhaus, in dem das Notwendige stets vorhanden ist.

Auch Trauriges fällt in diese Zeit der Windstille. Am 5. Oktober 1865 stirbt in Schiffmühle bei Freienwalde der Vater, neunundsechzig Jahre alt. Er ist in das winzige Nest im Oderbruch gezogen, nachdem er 1850 seine Letschiner Apotheke – an seinen Schwiegersohn Hermann Sommerfeldt – verkauft und sich frühzeitig zur Ruhe gesetzt hat. Fontanes Mutter, die von ihrem Mann getrennt lebt, stirbt zwei Jahre später, am 18. Dezember 1869, in Neuruppin; sie ist zweiundsiebzig.

Der Mutter hat Fontane, in der Mitte des »Kreuz-Zeitungs«-Jahrzehnts, geschrieben: »Ich halte mich keineswegs für einen unglücklichen Menschen; ganz im Gegenteil. Mein Leben hat sich sehr gnädig gestaltet; viele Jahre entschieden ein ›verlorener Posten‹, habe ich jetzt eine Art bürgerliche und gesellschaftliche Stellung, mein anständiges Auskommen, einen Beruf, der mich erfreut und befriedigt, gute Kinder und eine in hundert Stücken respektable und sehr zu lobende Frau.«

Das klingt erstaunlich zahm, geradezu für die Mutter geschönt –; man würde ihm glauben, wenn er statt mit dem Satz »ich halte mich keineswegs für einen unglücklichen Menschen« mit dem Bekenntnis »Ich bin ein durch und durch glücklicher Mensch« begonnen hätte. Das ist er jedoch nicht und wird es niemals werden. Die bürgerliche Ehrbarkeit und das anständige Auskommen, das er seiner Mutter wie einen Schutzschild präsentiert, kann ihm nicht genügen. Er ist ehrgeizig und, mehr als das: von seinem »Genius überzeugt«, wie die klarsichtige Frau von Merckel in ihrem Tagebuch verzeichnet. Er will mehr. Die unterschwellige Unzufriedenheit, die er mit sich herumschleppt, zeigt sich in nervösen Ausbrüchen, die bis zum Jähzorn reichen. Ob auch Frau und Kindern gegenüber, steht dahin – die Entfremdung zwischen ihm und Frau Emilie setzt erst später ein, mit dem Ende seiner Tätigkeit in der »Kreuz-Zeitung.«

Aber die »Tunnel«-Freunde bekommen es zu spüren, vor allem Bernhard von Lepel, dem er doch einiges verdankt. Von ihm sagt Fontane im nachhinein, er habe »weder seine Liebe noch seinen Haß begriffen«, was er auf Lepels Freimaurertum zurückführt. Die vierzigjährige Freundschaft bleibt nicht ungetrübt. Während seiner Zeit bei der »Kreuz-Zeitung« tritt hinzu, daß Hesekiel, der Mitredakteur, und Lepel so etwas wie Erzfeinde sind, was schon bei Äußerlichkeiten wie ihrer Statur anfängt. Hesekiel vergleicht, Fontane gegenüber, Lepel mit dem dürren Don Quichote, während Lepel Hesekiel als den »reinen Falstaff« kennzeichnet. »Man hat auf solche Worte nicht viel zu geben«, lautet Fontanes Kommentar, »jeder ist leicht untergebracht, und die Rubriken sind selten schmeichelhaft.«

Weder in seinen Tagebüchern noch in seinem autobiographischen Roman *Von Zwanzig bis Dreißig* macht er ein Hehl daraus, daß er das Leben seines Freundes für verfehlt hält. Und mit hoher Wahrscheinlichkeit wird er das auch Lepel gegenüber zum Ausdruck gebracht haben. Er habe sich »nicht gerade beschäftigungs-, aber doch ziel- und steuerlos« treiben lassen, was nicht ganz falsch ist. Denn der vielseitig Begabte kann sich weder für einen Beruf – Soldat, Dichter, Zeichner, Landwirt oder Erfinder – entscheiden noch für irgend etwas anderes in seinem Leben; nicht einmal für eine Frau.

Ungeniert zitiert Fontane einen – freilich bezeichnenden – Vorfall aus jüngeren Tagen. Eine Tante, die in Italien lebt, will Lepel mit einer Engländerin verheiraten. Aber dieser erklärt der jungen Dame bei der ersten Begegnung, er werde das niemals tun. Was er ein paar Tage später, als er sich in sie verliebt hat, sehr bedauert, denn nun gibt sie ihm einen Korb. Lepel heiratet aus Trotz seine Kusine; zur Hochzeit eingeladen werden nur zwei »Tunnel«-Freunde, Werner Hahn (»Cartesius«) von der »Adler-Zeitung« und Theodor Fontane. Der sagt unfreundlicherweise ab.

Es kommt zwischen den Freunden nicht selten zu ernsthaften Auseinandersetzungen. Einmal – noch während seiner Soldatenzeit – schießt Fontane sogar auf Lepel. Er steht auf Posten, und Lepel, sein Vorgesetzter, naht sich ihm auf einem Kontrollgang, hat aber nicht schnell genug das Kennwort parat. Obwohl er ihn erkannt hat, legt Fontane das Gewehr auf Lepel an, und der Schuß geht los, ob gewollt oder ungewollt, bleibt fraglich. Zwar ist die Waffe im Manöver nur mit Platzpatronen geladen, aber das Holzgeschoß pfeift gefährlich nahe an Lepels Kopf vorbei. Der bleibt äußerlich ruhig, dennoch muß anschließend auf seiner Stube ein bitterer Wortwechsel stattgefunden haben.

Als Streithähne gelten sie seit ihrem politischen Gezänk 1848 selbst im »Tunnel«-Kreis. Über einen bloßen Zank hinaus geraten die beiden kurz nach Fontanes Rückkehr aus England aneinander. Es geht um einen dramatischen Stoff, der Fontane sehr am Herzen liegt und dessen Fassung ihm nicht gelingen will. Schon lange bastelt er an einer Ballade über »Das Mädchen von Lucknow«, eine schottische Heroine. Während des großen indischen Aufstands 1858 hat Jessie Brown, die mit ihrem Verlobten in der Stadt Lucknow eingeschlossen ist, der bedrängten Bevölkerung seherisch das Herannahen der Highland-Truppen vorausgesagt, die die Stadt befreien.

Fontane behandelt das Thema mit dem seiner Ansicht nach gebührenden Ernst. Bei einem Sonntagstreffen des Klubs liest Lepel eine eigene Fassung des Stoffes vor. Sie scheint komisch angelegt und sich sowohl über die Voraussetzungen des Aufstands als auch über die Prophetin lustig zu machen. Der indische Aufstand wurde durch die Einführung der sogenannten Enfield-Büchse ausgelöst. Die dafür vorgesehenen Patronen mußten sowohl mit Rindertalg als auch mit Schweineschmalz eingefettet werden – das eine war ein religiöser Affront für die Hindus, das andere für die Muslime. Europäer mochten daher meinen, die Tragödie sei durch eine Posse verursacht.

Fontane, empört nicht nur darüber, daß ihm ein Stoff gestohlen worden ist, sondern auch über die Leichtfertigkeit, mit der Lepel zuwege gegangen ist, muß seine Einwände laut schreiend vorgebracht haben. Es kommt zum erbitterten Streit, bei dem, wie das Protokoll spüren läßt, Lepel die bessere Figur abgibt. Die Versöhnung läßt aber nicht lange auf sich warten. Man verträgt sich rasch wieder nach jedem Zwist.

Die seltsam ambivalente Freundschaft stört, wenn nicht alles täuscht, so etwas wie Eifersucht, jedenfalls auf seiten Fontanes. Noch im Alter grollt er seiner Frau, weil diese Lepel mag und schätzt. »Frauen«, hält er ihr vor, »haben eine Vorliebe für Bummelbrüder und finden eine Art Anziehungskraft in Eigenschaften und sittlichen Mängeln, die sie an ihren Männern höchlichst übelnehmen würden.«

Das klingt derart geharnischt, daß man unwillkürlich mehr dahinter vermutet, als in Wahrheit vorhanden sein dürfte. Eben danach fragt Eifersucht bekanntlich nicht. An der biedermeierlichen Gemütlichkeit der zehn »Kreuz-Zeitungs«-Jahre ändert der Krach am »Tunnel«-Stammtisch ebensowenig, wie der Schuß auf Lepel dessen Freundschaft beeinträchtigt hat.

In diesem stillen Jahrzehnt gewöhnen sich die Fontanes, jetzt eine kinderreiche Familie, eine ebenfalls biedermeierliche Sitte an – die Sommerfrische. Anders als unsere heutigen Urlaubsreisen stellt sie eine Art neuer Lebensweise dar, die man vorübergehend und vorzugsweise während der Hundstage aufnimmt. Sommerfrischen erstrecken sich über Wochen und werden relativ anspruchslos an abgelegenen Orten verbracht, in Fischerdörfern der Ost- und Nordsee, auf schlesischen Bauden, in Pensionen mit Familienanschluß. Man lebt eine Weile wie auf dem Dorf oder – wenn man sich die teuren Hotels oder Pensionen nicht leisten kann – direkt beim Bauern. Die Gewohnheit beschränkt sich im übrigen auf die sogenannten besseren Kreise, Beamte, Lehrer, Höhergestellte. Bei Kaufleuten und Bankmenschen zum Beispiel gehört die Sommerfrische längst zum guten Ton, während ein biederer Handwerksmeister kaum auf den Gedanken kommen würde, nach Binz oder Heringsdorf zu gehen. Und als er es tut, sind die Leute entsetzt.

Auch bei den Fontanes mag das Prestige mitgespielt haben, das einem die Sommerfrische verleiht. Das Ehepaar hat schon den Sommer 1854 an der Ostsee auf Usedom verbracht, aber erst jetzt, ab 1865, gönnt es sich – mit oder ohne Kinder – in der heißen Jahreszeit, wie es wohlhabenden Kreisen zusteht, ein paar Wochen Erholung. Man fährt – zunächst gemeinsam, später oft getrennt – an den Rhein, in die Schweiz, nach Thüringen, Bad Kissingen, Thale im Harz oder Erdmannsdorf in Schlesien.

Für den künftigen Romanschriftsteller ist dies eine günstige Gelegenheit, Menschen kennenzulernen. Wie er ohne die wenig zeitraubende Tätigkeit am »englischen Artikel« niemals seine zahlreichen Wanderungen durch die Mark Brandenburg hätte antreten können, so verhelfen die Sommerfrischen ihm zu Charakteren besonderer Art. Auf Reisen studiert Fontane seine Mitmenschen, ganz wie Goethe empfahl: »Der Mensch ist dem Menschen das Interessanteste und sollte ihn vielleicht ganz allein interessieren.«

Eine schöne Zeit. Nicht ohne Grund hat Fontane sie seine »allerglücklichste« genannt. Sie endet mit Aplomb, fast mit einem Donnerschlag. Wieder hat er auf dem falschen Fuß – wenn auch nicht lauthals – hurra geschrien.

## 23.
## Kündigung mit Ehekrise, Wanderungen ohne Wanderstab
(1859-1888)

War Fontane ein treusorgender Familienvater? Die Antwort lautet – könnte es anders sein bei ihm? – ja und nein. Seinen Pflichten gegenüber Frau und Kindern ist er gewiß immer nach Kräften nachgekommen. Dennoch gehen ihm Beruf, Berufung, öffentliches Leben vor. Er ist Dichter, Literat und dann erst Ehemann und Vater. Man kann ihn nicht einmal als sehr fürsorglich bezeichnen, keinesfalls gegenüber den Söhnen.

Frau Emilie hat es nicht leicht mit dem unverbesserlichen Egozentriker. Fontane ist eine Künstlernatur, und Künstlernaturen sind – wir wählen den Ausdruck mit Vorbedacht – indifferent gegen die Mitmenschen, oft sogar den allernächsten.

Sebastian Haffner, der eine der knappsten, aber treffsichersten Fontane-Biographien geschrieben hat, führt dessen Indifferenz der Familie gegenüber auf die Tatsache zurück, daß »Frau Fontane überhaupt nicht zu ihrem Mann« paßte: »...*er* spontan, ganz unkonventionell, geistreich, spottlustig, souverän, *sie* streng, konventionell, ernsthaft, lebensängstlich und, aus Angst, manchmal hart«. Haffner findet ferner die Tatsache, »daß Fontane diese Ehe, anders als sein Vater, bis zum Schluß durchhielt, 48 Jahre lang,... vielleicht sein preußischster Zug« sei. Um so mehr, als er hinzufügen kann: »Von irgendwelcher Untreue ist nichts bekannt, wenn man nicht die ungewöhnlich herzliche freundschaftliche Beziehung so nennen will, die zwischen dem alten Fontane und seiner klugen, ihm ähnlichen Tochter herrschte.«

Das gilt genauso schon für den Fontane in mittleren Jahren. Es ist die Zehnjährige, später die Siebzehnjährige, die dem Vater

Halt und Stütze gibt während der beiden ehelichen Krisen. Keine familiäre Bindung, die der zu seiner einzigen Tochter gleichkommt: Martha, zärtlich »Mete« genannt, ist die wirkliche, wohl einzige große Liebe in Fontanes Leben. Bereits als Kind steht sie ihm am nächsten, liebt und bewundert ihn, wird dann auch vice versa nach Kräften verzogen – von Indifferenz gegenüber Mete kann keine Rede sein. Selbst Kritik, die beide aneinander üben, scheint das Zugehörigkeitsgefühl nur zu verstärken. Fontane ist empfindlich gegenüber Kritik, außer wenn Mete sie vorbringt, weil sie liebevoll, mehr als das, weil sie aus Liebe vorgebracht wird. Mit den Gestalten der Corinna und ihrem Vater, dem Professor Schmidt, hat Fontane in seinem Roman *Frau Jenny Treibel* dem eigenen Tochter-Vater-Verhältnis ein bleibendes Denkmal gesetzt. Sogar mit aller – liebenswürdigen – Kritik an ihr – und ihm.

Fontane ist ein ausgesprochen tochterfixierter Vater; sein Verhältnis zu den drei überlebenden Söhnen bleibt gedämpft. Als Mete zehn wird, 1870, ist der älteste, George, neunzehn und erhofft sich die Aufnahme in die Kriegsakademie. Ihn hat der Vater für eine militärische Laufbahn vorgesehen, die der Sohn auch willig antritt, um möglichst rasch unabhängig zu werden. Um so mehr, als die elterlichen Wohnungen so knapp gehalten sind, daß bestenfalls zwei Kinder unterzubringen sind.

Der zweitälteste, Theodor (»Theo«), ist vierzehn und geht aufs Französische Gymnasium. Er wird dann wie sein Vater im Regiment »Kaiser Franz« Reserveoffizier und bringt es zum Geheimen Kriegsrat in Münster, wo er 1933 stirbt. Sein Verhältnis zum Vater ist nicht nur indifferent, sondern kühl. Der jüngste, »Friedel«, ist erst sechs. Er wird später Buchhändler, gründet einen eigenen Verlag, in dem er die erste Gesamtausgabe der Werke seines Vaters herausbringt, aber 1933 Konkurs anmelden muß. Von den Kindern ist er der einzige, der bis zu seinem Tod 1941 das geistige Erbe Fontanes vertritt und auch die erste Ausgabe der *Briefe an die Freunde* mit ediert. Die Söhne Rudolf,

Peter und Ulrich sind in den fünfziger Jahren kurz nach der Geburt gestorben.

Zurück zur zehnjährigen Mete. Die Eltern haben sich entschlossen, das Kind auf ein Jahr nach England in Pension zu geben, zu einer Familie Merington, die sie von ihrem London-Aufenthalt her kennen. »Da wir unseren Kindern sonst nichts hinterlassen können«, erklärt Fontane der Frau von Rohr, »so wollen wir wenigstens versuchen, ihnen eine innerliche Ausrüstung mit auf den Weg zu geben... Die volle Kenntnis einer fremden Sprache ist wie ein Kapital, von dessen Zinsen man leben kann.«

Er räumt zugleich ein, daß es um mehr geht, unter anderem um ihn. Der nun Fünfzigjährige zeigt erste Ängste vor dem Altwerden: »Das Arbeiten wird mir immer schwerer, und das Bücherschreiben bis in die Nächte hinein, um dann nach Jahresfrist 300 Tlr. [Taler] in Empfang zu nehmen, hat einen Degout [Ekel] und eine Bitterkeit gegen literarische Tätigkeit in mir erzeugt, wovon ich Ihnen keine Beschreibung machen kann. Meine Frau und ich sind deshalb einig geworden, junge Damen, am liebsten Engländerinnen und Amerikanerinnen, ins Haus zu nehmen. Anfangs wollten wir die Sache sofort im großen Stil anfassen; bei ruhigerer Überlegung sind wir aber übereingekommen, ganz klein anzufangen, damit ein etwaiges Scheitern des Planes nicht unsren totalen Bankrutt sofort im Gefolge hat. Meringtons sollen uns behülflich sein, eine Engländerin von bescheidenen Ansprüchen ausfindig zu machen, und so empfiehlt sich denn auch aus *diesem* Grunde eine Wiederanknüpfung der alten Verhältnisse. Ein Briefwechsel reicht dazu nicht aus; da muß man selber kommen.«

Das übernehmen stellvertretend Mete und in ihrer Begleitung die Mutter, die ein paar Wochen drüben bleiben wird, um dem Kind das Eingewöhnen zu erleichtern. Fontane plant noch einen zweiten Coup, über den er weder Mathilde von Rohr noch Frau Emilie unterrichtet hat. Er wartet nur die Abreise seiner Frau, morgens um drei Viertel neun, ab, um sich sogleich, wie wir von ihm selbst wissen, an seinen Redaktionsschreibtisch zu setzen und den Kündigungsbrief für die ungeliebte »Kreuz-Zeitung« zu schreiben. Emilie und Mete sind noch nicht in Brandenburg, als Dr. Beutner ihn schon in Händen hält.

Zum Anlaß genommen hat Fontane die Weigerung der Herausgeber, mit ihm über eine Altersversorgung zu verhandeln, die er als Voraussetzung für eine weitere Mitarbeit verlangt. Beutner schickt Hesekiel vor, um Fontane zu einer Rücknahme der Kündigung zu bewegen: »Ich fand dies freundlich, aber kindisch«, formuliert er, als er die Kündigung seiner Frau endlich gesteht, »im Guten und Nicht-Guten ganz Beutner, ganz die kleine Luckenwalder Natur, die einen tapfren, reellen Entschluß nicht begreifen kann.«

So tapfer, Frau Emilie reinen Wein einzuschenken, scheint er selbst wieder nicht – vielleicht will er auch Zeit verstreichen und die Entscheidung dadurch unwiderruflich werden lassen. In seinen Briefen nach London ist von Essenseinladungen (meist bei Wangenheims) die Rede, von Briefen an George, der inzwischen in Köln die Militärakademie besucht, und von Friedel, der Ostern eingeschult worden ist und den er morgens zur Schule bringen und am frühen Nachmittag wieder abholen muß.

Erst nach drei Wochen erfolgt die Information an die Ehefrau: »Ich habe meine Kreuzzeitungs-Stelle aufgegeben. Falle nicht um. Eh Du noch mit diesem Briefe zu Ende bist, wirst Du hoffentlich sagen: er hat ganz recht getan. Vielleicht (und das wäre das Beste) sagst Du's auch gleich und hast das Vertraun zu mir, daß ich nicht so gehandelt haben würde, wenn ich nicht überzeugt wäre: es war so am klügsten und besten. Einiges Gewicht muß es doch vorweg für Dich haben, daß ich meinen Entschluß und meine Handelsweise in diesen 3 Wochen noch keinen Augenblick bereut habe. Im Gegenteil, ich freue mich jeden Tag darüber.«

Fontane weiß natürlich, daß seine Frau, eher zu den kleinen Luckenwalder Naturen zählend, diese Freude nicht teilen kann. Was er unterschätzt, ist ihre emotionale Reaktion, die in London Besorgnis erregt. Frau Emilie ist ohnehin mit den Nerven herunter – eine zehnwöchige Krankheit ihres Mannes, wahrscheinlich psychischer Natur und von seinem Konflikt um die Kündigung verursacht, hat sie ärger mitgenommen als ihn. Jetzt erleidet sie einen leichten Nervenzusammenbruch. Frau Emilie weiß, wie notwendig die festen monatlichen Einkünfte für die Familie sind. Die Schätzung der für das laufende Jahr – man schreibt den Monat Mai – zu erwartenden Gelder, »zusammen 2200 Taler«, wie Fontane errechnet hat, sieht sie, wohl zu Recht, als Wunschvorstellung an.

Dank dem überraschend schnellen Abklingen der heftigen Reaktion seiner Frau bekommt Fontane aber bereits Ende Mai wieder Oberwasser. So schreibt er ihr, er müsse in Zukunft doppelt soviel arbeiten wie bisher, worauf er Rücksicht zu nehmen bitte: »Ich weiß, Du liebst mich, meinst es gut mit mir, hast die besten Absichten, willst mich nicht kränken, aber Dein Temperament, Deine in Blut und Nerven wurzelnden *Stimmungen* sind oft stärker als alle Deine guten Absichten;... man kann seine an- und eingeborne Natur nicht ganz austreiben, aber man kann mit redlichem guten Willen doch... manches zustande bringen.«

Das klingt impertinent. Trotzdem: Was Fontane von Emilie verlangt, ist nichts anderes als das, was er selbst praktiziert. Er bringt mit redlich-gutem Willen und eisernem Fleiß etwas zuwege. Und es fällt ihm ebenso schwer wie ihr der Verzicht auf bürgerliche Sicherheit.

Wir befinden uns, wie gesagt, im Jahre 1870. Fontane, inzwischen über die Fünfzig, mag unter Eingeweihten – Dichterkollegen, Zeitungsleuten, Kritikern – einen Namen haben. Der durchschlagende Erfolg ist ihm bisher versagt geblieben. Selbst im »Tunnel« gilt er als Gelegenheitsliterat. Eine mittlere Begabung, findet selbst der Verleger Wilhelm Hertz, der schon Bücher von ihm herausgebracht hat. In seinem Umkreis wäre ein jeder erstaunt zu erfahren, daß fast alle bekannten Namen – Weltberühmtheiten wie Paul Heyse eingeschlossen – nach hundert oder hundertfünfzig Jahren nur aus dem einen Grund noch zuweilen genannt werden, weil sie mit ihm, dem gelinden Versager, in Verbindung standen.

Nicht gewundert hätte sich vermutlich nur einer: er selbst. Er glaubt mit einer Unerschütterlichkeit an seine Berufung, daß es, bedenkt man seine damaligen Umstände, noch heute unglaublich scheint – auch wenn Fontane recht behalten hat.

Es ist dies die Gelegenheit, bei der Henriette von Merckel in ihrem Tagebuch notiert: »Die Genies haben für ihre Angehörigen doch zuweilen recht schwer zu tragende Einfälle. Fontane hat mir mit seiner gewohnten Offenheit seine Gründe auseinandergesetzt... Ich war ergriffen von der Macht seines Glaubens an sein Genie.«

Bezeichnend dafür dürfte sein, daß er schon ungeniert einen Roman mit 1200 Talern einkalkuliert, da er durch seinen Entschluß alles für geregelt hält, »und nur das eine verbliebe noch: *den Roman auch zu schreiben*«.

Tatsächlich hat Wilhelm Hertz dem Roman bereits zugestimmt und – nach dem Anfangserfolg der zwei ersten »Wanderungsbände« – 1200 Taler dafür lockergemacht. Fontane studiert seit Jahren eifrig die Romane von Walter Scott und zwei in den fünfziger Jahren erschienene Memoirenbände, den des Feldmarschalls Karl Friedrich von dem Knesebeck und den des erzkonservativen preußischen Generals und Politikers Friedrich August Ludwig von der Marwitz, eines Hauptgegners der Hardenbergschen Reformen, also der Bauernbefreiung und der Gleichberechtigung jüdischer Mitbürger. Beide Erinnerungen zeichnen sich durch lebendige Schilderung der Zeitumstände aus, ideales Material für einen historischen Roman.

Aufmerksam geworden ist Fontane darauf bei seinen Wanderungen durch die Mark Brandenburg, die er, getreu seinem Versprechen am schottischen Loch Leven, unmittelbar nach seiner Rückkehr aus England aufgenommen hat. Der erste Band der Buchausgabe ist bereits 1861, während seiner »Kreuz-Zeitungs«-Zeit, erschienen. Man merkt das der *Grafschaft Ruppin* sogar an – es ist sein »preußischstes« Buch geworden, was vor allem Frau Emilie heftig moniert hat. Sie macht den konservativen Schwenk ihres Mannes nicht mit, sondern bleibt auf pragmatische Weise unabhängig. Deutlich läßt sie ihn wissen, daß ihr die vielen »Grafen und Exzellenzen«, die bei ihm vor- und, wie sie meint, viel zu gut wegkommen, gründlich mißfallen. Nachwirkung seiner eingehenden Knesebeck- und Marwitz-Lektüre, hat Fontane eine Vorliebe für altpreußische Familien gefaßt. Wie er im fortschreitenden Alter überhaupt gerne das »Altpreußische« der neupreußischen »Unteroffiziersmentalität« entgegenhält, die er verabscheut.

Auch Wilhelm Hertz muß zunächst einige Skepsis dem Buchplan gegenüber gezeigt haben. Fontane verteidigt seine Einstellung folgendermaßen: »Mein Kreuz-Ztgs.tum, das ein Hindernis sein könnte, tritt doch wirklich kaum in dem Buche zutage. Auch ist das *echte, ideale* Kreuzzeitungstum eine Sache, die bei Freund und Feind respektiert werden muß, denn sie ist gleichbedeutend mit allem Guten, Hohen und Wahren.«

Bismarck wird der Satz zugeschrieben, wer in seiner Jugend nicht sozialistisch eingestellt sei, besitze kein Herz, und wer im Alter nicht konservativ werde, keinen Verstand. Auf seine Generation mag das zutreffen, denn Fontane entwickelt sich ganz in diesem Sinn. Freilich, als nach dem Erscheinen des ersten Bandes, *Die Grafschaft Ruppin*, öffentlich gemutmaßt wird, er sei wohl von der »Kreuz-Zeitung« in Auftrag gegeben, und Hertz ihn deswegen befragt, antwortet er kurz und unmißverständlich: »Blödsinn!«

Beim zweiten Band, *Oderland*, der zwei Jahre später herauskommt, werden derartige Vermutungen nicht mehr angestellt. Kann sein, daß ein die Konservative Partei, der die alten preußischen Familien anhängen, betreffendes Ereignis Fontane gründlich ernüchtert hat. Er scheint nicht mehr so versessen auf Grafen und Exzellenzen, die aber in den weiteren Bänden immer noch eine große Rolle spielen.

Das Ereignis selbst hat der Dichter in seinen autobiographischen Schriften schamhaft verschwiegen, in seinen Romanen jedoch gleich zweimal verwendet. Gemeinsam mit einem Polizeileutnant von Puttkammer ist er von den Konservativen als »Wahlmannskandidat« aufgestellt worden und – wie später der alte Stechlin im Roman – bei der Wahl durchgefallen. Vielleicht stellt das kommunalpolitische Scheitern so etwas wie ein Gleichgewicht her: Seine erzkonservative Zeit scheint vorbei, und er kann Hertz anläßlich der zweiten Auflage der *Grafschaft Ruppin* versichern: »Der Inhalt ist entschieden konservativ – nicht in dem häßlichen Sinn von reaktionär.«

Da Fontane das frühere Preußen für das bessere hält, entbehrt seine Einstellung nicht reaktionärer Züge. Aber diese sind fortschrittlicher Natur, was er, wie so vieles, in England und durch die britische Geschichte gelernt hat. Er bewundert die klugen Engländer, weil sie »das Furchtbare einer Revolution« auf sich genommen, dabei aber »das Brechen mit der Tradition« vermieden haben. Tatsächlich verlaufen die Grenzen zwischen dem Alten und dem Neuen auf den Britischen Inseln anders als auf dem Kontinent. England ist demokratisch *und* aristokratisch.

Fontane nimmt das zum Vorbild. Daher seine für Haffner »unerklärliche Schwäche für die Retzows, Bredows und Quitzows«. Seine »jahrelange Werbung um sie und für sie war nicht nur Streberei (obwohl sie das ein bißchen auch war), es war wirkliche Liebe, wenn man so will: Vernarrtheit«. Nach einem Besuch auf Gut Fredersdorf, dem Sitz seiner Lieblingsfigur Marwitz, schreibt Fontane 1861 seiner Mutter: »Zehn Generationen von Schultze's und Lehmann's sind noch lange nicht so interessant wie 3 Generationen eines einzigen Marwitz-Zweiges. Wer den Adel abschaffen wollte, schaffte den letzten Rest Poesie aus der Welt.«

Aus dem gleichen Mund vernimmt man zu späterer Zeit entgegengesetzte Zitate – doch gilt das für alles, was Fontane lautstark und anscheinend völlig überzeugt an Maximen von sich gibt. Das »Aber« folgt den meisten Überzeugungen wenn nicht auf dem Fuße, so doch in absehbarer Zeit hinterher. Was er mit einem gewissen Jähzorn kategorisch ausspricht, verletzt auf die

Dauer sein ausgeprägtes Gerechtigkeitsgefühl und bedarf der Korrektur, die auch erfolgt.

Das ist die Schwierigkeit, die sich dem Sammeln und Zitieren Fontanescher Aphorismen entgegenstellt. So überzeugend sich seine Weisheiten lesen, sind sie doch allesamt aus dem Zusammenhang gerissen, denn früher oder später folgt ihnen eine entgegengesetzte Formulierung, zumindest eine Abmilderung, die sich erneut als Aphorismus verwenden läßt, aber nur selten mit dem vorangegangenen in Zusammenhang steht.

Die ausführliche Beschreibung von Land und Leuten der Mark Brandenburg, das – laut Haffner – »beinah etwas zu gründlich aufgeführte Denkmal einer versunkenen Welt«, muß Fontane um einiges früher beschäftigt haben, als es die häufig zitierte Loch-Leven-Anekdote aus *Jenseit des Tweed* darstellt. Denn schon 1859 taucht in einer seiner Rezensionen der Satz auf: »Jede Quadratmeile märkischen Sandes hat ebensogut ihre Geschichte wie das Main- und Neckarland, nur erzählt, nur gefunden muß sie werden.«

Ob sich Fontane damals bereits als Erzähler und Finder sah? Dem Anpacken dieser Aufgabe stand nur eines im Wege: seine höchst ungenügenden Kenntnisse der Heimatgeschichte und anderer märkischer Belange.

Das Manko gleicht er nach der Rückkehr aus England und Schottland in den Bibliotheken und Archiven Berlins gründlich aus. Etwas zu gründlich, wie man mit Haffner meinen möchte, denn die gelehrten – oder angelesenen – historischen Kenntnisse des Berliners aus Neuruppin können in ihrer Form der endlosen Aufzählungen von Kirchen, Grabinschriften, Statuen, Schlössern, Märchen, Anekdoten, Fehden, Rechtsstreiten und Schlachtfeldern die Leser durchaus strapazieren. Trotzdem bieten die fünf Bände mehr als bloß dickleibige Heimatkunde. Sie sind eine Liebeserklärung an eine – nicht einmal außergewöhnliche – Landschaft. Man begleitet einen nicht immer perfekten, stets jedoch wortgewaltigen Cicerone in eine Gegend, die scheinbar nichts Besonderes bietet. Aber siehe da – was der

Reiseführer an Geschichten und Hintergründen auftut, entfaltet, offenlegt, das stellt sich als etwas Außerordentliches heraus. Mehr noch: Es wird unter der Hand exemplarisch nicht nur für die Mark Brandenburg, sondern recht eigentlich für jede andere Heimat. Wobei man das lange verfemte Wort ohne Pathos und Fanatismus in seiner ursprünglichen Bedeutung verstehen sollte. Die *Wanderungen durch die Mark Brandenburg* sind das wohl bedeutendste Stück deutscher Heimatliteratur ohne jeden Ruch von »Blut und Boden«.

»Wenn ich dazu komme, das Buch zu schreiben«, endet sein erster Entwurf im Londoner Tagebuch von 1856, »so habe ich nicht umsonst gelebt und kann meine Gebeine ruhig schlafen legen.« Tatsächlich hat dieses fünfbändige Werk – weit mehr als seine späteren Novellen und Romane – seinen Ruhm bei Lebzeiten ausgemacht.

Fontane? Sobald der Name fiel, folgte die Apposition »der Wanderer« auf dem Fuße, ein Ausdruck, den er gehaßt hat, weil er unwillkürlich an jemanden mit festem Schuhzeug gemahnt, den Tornister auf dem Rücken, Knotenstock und Landkarte in der Hand.

Ein Bild, das mitnichten auf Fontane zutrifft. Er legt seine Wanderungen durch die Mark Brandenburg selten oder nur abschnittweise zu Fuß zurück, zieht es vor, in gemieteten Kutschen zu reisen, und überbrückt größere Strecken bequem im Nichtrauchercoupé der Eisenbahn. Auch schläft er weder im Zelt noch auf dem Heuboden, sondern in Hotels und Gasthäusern, eher ein moderner Tourist als ein althergebrachter Wandersmann oder gar ein Taugenichts à la Eichendorff.

Begleitet wird er, aus Gründen der Kostenteilung ebenso wie der guten Gesellschaft wegen, von Freunden oder Bekannten, am häufigsten von Lepel, Hesekiel, Eggers oder dem Verleger Hertz. Mitunter stellt er kleine Reisegruppen zusammen, zwischen drei und fünf Teilnehmern, und immer gibt es einen geradezu pedantisch entworfenen Reiseplan.

In einem Brief an Hertz am 26. März 1861, erfährt dieser, zum

Beispiel: »Dr. Schwartz und ich wollen am Donnerstag Abend eine kleine Reise (24 Stunden) nach Bernau, Blumberg und Werneuchen antreten. – Sind Sie mit von der Partie? es wäre reizend. Ich bin nicht ganz ohne Hoffnung. – Reiseplan: Um 6 ¾ Abends per Eisenbahn nach Bernau (Zweck: den das Haus und den Char-Freitag störenden Frühaufbruch, der sonst nöthig sein würde, zu vermeiden). – Nachtquartier in Bernau. Um 7 auf. Um 8 nach Blumberg (1 ¼ Meile). Besuch des Parks. Nach der Kirche in die Kirche. – Etwa um 1 Aufbruch nach Werneuchen (wieder 1 ¼ Meile). Dort Kirche, Friedhof, Pfarrhaus etc. besucht, und das Eintreffen von Post oder Hauderer [Droschkenkutscher] abgewartet. Dann direkt zurück. Wenn irgend möglich rechnet auf Ihre Teilnahme (nicht im Sinne von Mitleid) Ihr Th. Fontane.«

Drei Jahre zuvor, im Sommer 1859, hat Fontane mit Lepel den ersten dieser Ausflüge unternommen, er führte nur knapp vor die Tore der Hauptstadt. Deshalb ist er wohl nicht in die Buchausgabe übernommen worden. Hans Heinrich Reuter zufolge wollte Fontane die Mark als etwas Eigenes und unabhängig von Berlin behandeln. Die Stadt kommt in den *Wanderungen* allenfalls am Rande als Ausgangs- und Endpunkt einer Unternehmung vor.

Der Bericht Nummer eins erscheint unter dem Titel »Ein Stündchen vorm Potsdamer Tor« im Juli in der *Vossischen Zeitung*. Diese Art der Berichterstattung ist neu für die Leserschaft und hebt sein Ansehen. Nach dem gewissen Erfolg seiner englischen Berichte in den konservativen Blättern hat auch die angesehenste liberale Zeitung bei ihm wegen freier Mitarbeit angeklopft – oder, wahrscheinlicher, er bei ihr.

Die »Kreuz-Zeitung« räumt ihrem Redakteur für die *Wanderungen* sogar eine eigene Rubrik, »Märkische Bilder«, ein, mit der er in Berlin automatisch ein breiteres Publikum erreicht, denn der urbane Bürger liest mit Vorliebe etwas über seine Umgebung, sofern sie als Ziel eines Wochenendausflugs in Frage kommt. Als Heimatschriftsteller erfreut sich der »Wanderer« bald hoher Wertschätzung, wenn nicht gar eines lokal begrenzten Ruhms. Über Berlin und Brandenburg hinaus reicht das Wochenblatt des Johanniterordens, das die restlichen Aufsätze bekommt.

Fontane unternimmt seine Fahrten in die Mark fast auf den Tag genau dreißig Jahre lang, von 1859 bis 1889. Mit zunehmendem Alter werden sie jedoch seltener. Absolviert er in den ersten sieben Jahren (1859 bis 1865) nicht weniger als dreiundfünfzig märkische Stippvisiten, so sind es in den folgenden dreiundzwanzig Jahren (1865 bis 1889) nur noch zweiundsechzig.

Zweifellos eine beachtliche kontinuierliche Leistung, die nicht zuletzt auf exakter, eben preußischer Zeiteinteilung beruht. Vor allem wenn man bedenkt, daß jedem Aufbruch ein eigenes Studium lokaler Literatur und Geschichte voranging, ganz zu schweigen vom nachträglichen Aufarbeiten des Materials – hat doch jede »Wanderung« den Umfang einer kleinen, bisweilen sogar ausgewachsenen Novelle. Es muß Fontane viel Energie gekostet haben, volle drei Jahrzehnte hindurch am Ball zu bleiben, zumal Geduld nicht seine Stärke ist. Dafür besitzt er eine gehörige Portion Hartnäckigkeit.

Die Buchausgabe der *Wanderungen* zieht sich hin. Die ersten beiden Bände sind kurz hintereinander erschienen – ein Glücksfall, der beim Leser Erwartung auf die Fortsetzung auslöst. Wer darauf gespannt ist, wie es weitergeht, muß lange warten. Bis zum Erscheinen des dritten Bandes, *Ost-Havelland* (später: *Havelland*), vergehen zehn Jahre, weil sich bei Fontane die Akzente der Arbeit verschieben. Schuld daran sind unter anderem drei preußische Kriege, die zu einem einigen Deutschland führen. Bis zum vierten Band, *Spreeland*, verstreichen wieder sieben Jahre. Und da alle vier Bücher mehrere Auflagen erreichen, einigen sich Autor und Verleger auf einen Zusatzband, *Fünf Schlösser*, der 1888 nachklappert und statt einzelner, in der Presse vorabgedruckter Reiseartikel fünf längere Aufsätze über die Geschichte der Schlösser Quitzöwel, Plaue, Hoppenrade, Liebenberg und Dreilinden enthält.

Allein durch diese in dreißig Jahren gleichsam nebenher entstandene Heimatreihe wird Fontane zu Lebzeiten populär. Sie bleibt sein größter Erfolg, auch finanziell. Denn er erlebt noch, daß 1892 die ersten vier Bände in »wohlfeiler Ausgabe« herauskommen, was der späteren »Volksausgabe« und letztlich unserem Taschenbuch entspricht.

Sowenig er es auch schätzt: Fontane bleibt bis zum Ende seines Lebens »der Wanderer«. Als sich in Berlin 1884 ein »Touristenklub für die Mark Brandenburg« gründet, bezieht sich dieser – Motto: »Wandernd Geschichte erleben« – auf die Wanderungen Theodor Fontanes und ernennt ihn – Sohn Friedel ist längst in den Verein eingetreten – ein paar Jahre später zum Ehrenmitglied. In seinem Nachlaß finden sich unzählige Pläne, Skizzen, Notizen, mit denen man spielend weitere fünf Bände verfassen könnte.

Wir haben vorgegriffen. Das Jahr 1870 geizt nicht mit Aufregungen. Während Emilie die kleine Mete nach London begleitet, gibt Fontane die verhaßte Stellung an der »Kreuz-Zeitung« auf und entzieht der Familie von heute auf morgen die Lebensgrundlage.

Ganz wohl ist ihm dabei nicht. Er klagt wieder über nervöse Zustände, die ihn quälen. Seine einzige Vertraute in der Familie ist die Tochter Mete. Er ersucht das Kind um Fürsprache bei der Mutter: »Sage (Deiner lieben Mama), sie solle nur Vertrauen haben und den Kopf oben behalten; ich wäre fest überzeugt, daß sich alles machen werde.«

Welchen Erfolg die Zehnjährige als heimliche Verbündete des Vaters gehabt hat, wissen wir nicht. Als Frau Emilie – immer noch leicht verstört – nach Hause zurückkehrt, hat sich dort ein Glücksfall ergeben, wie er Fontane bisher nur selten zuteil geworden ist. Er hat eine ebenso lohnende wie ehrenvolle schriftstellerisch-journalistische Aufgabe übertragen bekommen. Das Ehepaar findet wieder zusammen. Die Familie scheint gerettet. Aber noch ist das Jahr 1870 nicht zu Ende. Es wird eines der ereignisreichsten Jahre in Fontanes Leben – und um ein Haar sein letztes.

## 24.
## Ins Theater und nach Frankreich
(1864-1870)

Seit beinahe sieben Jahren wohnt die Familie nun in der gleichen Wohnung in der Hirschelstraße; für einen ruhelosen Geist wie den Haushaltsvorstand eine lange Zeit. Wollte man in Berlin überall dort Plaketten anbringen, wo Fontane einmal gewohnt hat, wäre die Stadt übersät mit Erinnerungstafeln allein für ihn. Allerdings haben die meisten jener Gebäude den Zweiten Weltkrieg nicht überdauert.

Hans-Werner Klünner, der ihnen allen nachgespürt hat, beschreibt diese Wohnräume in den *Fontane-Blättern*: »Ein dunkler Flur trennte zwei nach vorn liegende, als Arbeitszimmer des Hausherrn und als Damenzimmer dienende leidlich große zweifenstrige Räume von zwei auf einen engen unfreundlichen Hof gehenden Schlafstuben.« Für ein Ehepaar mit vier Kindern keine ideale Unterkunft. Vom Arbeitszimmer im ersten Stock aus sah man auf eine Eisenbahnlinie, wie wir von Fontane wissen, der bei den ersten Arbeiten am Roman *Vor dem Sturm* aus seinem Fenster einen Truppentransportzug erblickt. Was ihm passend zum Roman schien, obwohl dieser vor der Erfindung der Eisenbahn spielt.

Hier hat sich viel ereignet. In dieser Wohnung ist der jüngste Sohn, Friedel, geboren, der inzwischen zur Schule geht. Der älteste, George, noch vor dem Abitur zum Militär eingerückt, ist eben zum Fähnrich ernannt worden. Die Nachricht vom Tod der Eltern, der tagtägliche Gang zur »Kreuz-Zeitung« sowie die Auseinandersetzungen über die Kündigung: es hat sich alles in jenen Räumen abgespielt. Und schließlich der erwähnte Glücksfall: Der »alte Gubitz«, der hochangesehene langjährige Theaterkritiker der *Vossischen Zeitung*, ist vierundachtzigjährig gestorben. Man hat Fontane mit seiner Nachfolge beauftragt, die er am 15. August, zu Anfang der nächsten Spielzeit, antreten soll.

Das ist für ihn eine große Genugtuung, und mehr als das: eine Ehrung. Hat er sich bisher, was die Zeitungsarbeit angeht, als streng konservativ profiliert, so greift jetzt das führende liberale Blatt auf seine Feder zurück. Der Entschluß, bei der »Kreuz-Zeitung« zu kündigen, erscheint damit, auch Emilie gegenüber, in einem anderen Licht. Ohne Kündigung hätte ihn diese Berufung nie erreicht – sie wird auch die finanzielle Situation spürbar erleichtern.

Zudem war Gubitz in Berlin so etwas wie eine lokale Institution, was für seinen Nachfolger einen gehörigen Vertrauensvorschuß bedeutet. Der gebürtige Leipziger, der sich, erst fünfzehnjährig, in der preußischen Hauptstadt schon als Holzschneider hervorgetan hat, war nach Tätigkeiten in Paris und London vom Staatskanzler Hardenberg an die Akademie der Künste berufen worden. Seine patriotische Haltung während der französischen Besatzung hatte ihm die Königin Luise in einem persönlichen Brief gedankt. Bei den Berlinern haben ihn seine Theaterstücke und die von ihm herausgegebenen Zeitschriften ebenso populär gemacht wie seine Zivilcourage, die sich nicht nur auf die Franzosen beschränkte. So hatte er 1845 vor dem Preußischen Oberzensurgericht einen Prozeß gegen restriktive Maßnahmen der Regierung geführt – und gewonnen. Alles in allem: ein aufrechter und verdienstvoller Mann, von dessen Reputation der Nachfolger entschieden profitiert. Wenngleich es heute eher umgekehrt scheint – da Gubitz fast nur noch als Vorgänger Fontanes genannt wird.

Es ist noch mehr geschehen in diesen engen vier Wänden. Von hier aus hat Fontane nicht nur die meisten seiner bisherigen Wanderungen durch die Mark angetreten, sondern sich auch auf ein weiteres journalistisch-literarisches Feld gewagt. Welcher Art, mag aus dem veränderten Namen der Straße hervorgehen, in der die Fontanes wohnen. Als sie am 1. Oktober 1863 eingezogen sind, hieß die Adresse Hirschelstraße. Inzwischen lautet sie Königgrätzer Straße, nach dem 1866 erfochtenen Sieg über Österreich. Bismarck hat begonnen, aus den deutschen Ländern unter Ausschluß des Erzrivalen Preußens, nämlich Österreichs, ein Deutsches Reich zu zimmern.

Zwei Kriege haben die Preußen bislang geführt. Den einen – noch mit dem österreichischen Verbündeten – um Schleswig-Holstein gegen Dänemark und den zweiten, im Bund mit den norddeutschen Staaten, gegen Österreich. Über beide Kriege hat Fontane je ein Buch geschrieben, detail- und umfangreiche Wälzer militärhistorischer Art.

Der über den deutsch-österreichischen oder, wie er ihn nennt, den *deutschen Krieg von 1866* ist erst zur Hälfte fertig, obwohl seitdem schon vier Jahre vergangen sind. Am 1. Juli 1870 wird König Wilhelm I. der erste Band überreicht, und Fontane benutzt die Gelegenheit, eine Bittschrift hinzuzufügen. Er begehrt, die Unterstützung, die er für seine Kriegsberichterstattung erhalten hat, dreihundert Taler, auch weiterhin zu gewähren. Das Ersuchen wird abgelehnt, aber für den ersten Band zahlt der König eine Ehrengabe aus seiner Privatschatulle.

Der zweite Band ist noch in Arbeit, als es zum nächsten Krieg kommt. Am 19. Juli 1870 erklärt Napoleon III., Kaiser der Franzosen, Preußen und dem Norddeutschen Bund den Krieg. Jetzt schließen sich auch die süddeutschen Staaten, die im *deutschen Krieg* noch mehrheitlich auf Österreichs Seite gestanden haben, den Preußen unter Bismarck und dem Feldherrn Moltke an.

Man kann Fontanes Überdruß verstehen, als ihm der Verleger von Decker das Angebot unterbreitet, nun auch über den Krieg gegen Frankreich, ungeachtet seines Ausgangs, ein Buch zu schreiben. Sein letztes Kriegsbuch, wie er hofft und seinen Briefpartnern mitteilt. Fast ein Jahrzehnt werden ihn diese schon nach wenigen Jahren schwer lesbaren Konvolute mit der genauen Schilderung noch der kleinsten Gefechte und der Verdienste eines jeden echten oder vermeintlichen Kriegshelden von

Wichtigerem, seien es Wanderungen in die Mark oder sein bislang nur weitläufig geplantes, eher erträumtes erzählerisches Schaffen, abhalten.

Von der totalen Ablehnung, die seine Kriegsbücher lange Zeit erfuhren, ist man, wenn auch halben Herzens, wieder abgerückt. Das Werk des Amateurstrategen umfaßt insgesamt rund 5000 Druckseiten (die reichlich eingestreuten wilhelminischen Illustrationen, die Fontane selbst abscheulich fand, mitgerechnet); und es ist seinerzeit weder übermäßig erfolgreich gewesen, noch kann man es schriftstellerisch oder gar künstlerisch als gelungen bezeichnen.

Es besitzt gleichwohl einige Qualitäten. Der Feind wird nirgends verteufelt, im Gegenteil: Fontane bringt von seinen Reisen vor Ort Eindrücke mit, deren Schilderungen die Lust wecken könnten, nach Dänemark zu fahren. Und wortkräftig nimmt er die vielverleumdeten Böhmen in Schutz. Es gibt auch einige literarische Höhepunkte: im ersten Kapitel etwa des *Schleswig-Holsteinischen Kriegs im Jahre 1864*, in dem er Land und Leute gleichsam aus der Vogelperspektive skizziert, eine Einleitung, die einem Reisebuch gut zu Gesicht stünde. Oder die Beschreibung der Schlacht bei Königgrätz, die ein Drittel des Werks über den österreichischen Krieg ausmacht und noch von einem so versierten modernen Historiker wie Gordon Craig zum Ausgangspunkt seiner eigenen Darstellung gemacht worden ist. Die Bücher sind zwar ungemein patriotisch, durchaus kreuzzeitungsgemäß angelegt, aber niemals chauvinistisch. Sie werden Freund und Feind gerecht. Und sie haben Fontanes Lesern Menschen, Völker, Gegenden, Städte, auch Zeitumstände nahegebracht, die sich vor allem in seinem erzählerischen Werk vorzüglich verwenden ließen und es entschieden bereichert haben. Ein Roman wie *Unwiederbringlich* hätte ohne intime Kenntnisse dänischer Geschichte und der Stadt Kopenhagen nicht geschrieben werden können.

Aber das mögen Qualitäten zweiter Hand sein. Insgesamt bleiben Fontanes Kriegsbücher eine enorme Fleißarbeit, aufzählend, strohtrocken und schriftstellerisch erstaunlich uninspiriert. Über weite Strecken lustlos geschrieben, bilden sie – wahrscheinlich schon damals – eine ermüdende Lektüre. Die offiziellen Darstellungen erschienen im Auftrag des Generalstabs oder der einzelnen Truppenverbände. Obgleich Fontanes Arbeit als »halb offiziös« galt, hielt man sich ihm gegenüber bei der Truppe derart mit Informationen zurück, daß er zum Ausgleich weite Reisen antreten und fremde, dänische und österreichische Quellen anzapfen mußte. Die Sache machte ihm mehr Mühe als Spaß, wie er seinem *Wanderungen*-Verleger Hertz bekennt: »Das große Kriegsbuch, die Tag- und Nachtarbeit dreier Jahre, war der letzte Zug, alles wieder umsonst, und so darf ich sagen: ich habe diesen Literaturbettel gründlich satt.«

Trotzdem sagt er dem Verleger von Decker, dessen Ehrgeiz er die Kriegsbücher verdankt, eine Chronik des justament ausgebrochenen Kriegs zu. Rudolf von Decker ist der Inhaber der Königlichen Geheimen Hofdruckerei, der er einen Verlag angegliedert hat. Auf Fontane dürfte er aufmerksam geworden sein, als man diesen im Mai 1864 mit seinem Kollegen Dr. C. W. Heffter von der »Kreuz-Zeitung« als Berichterstatter auf den dänischen Kriegsschauplatz schickte. Fontane drang bis zu den Düppeler Schanzen vor (und bekam eine Erinnerungsmedaille verliehen). Anschließend hatte er in Ottensen das Grab Klopstocks und in Husum seinen Freund Theodor Storm besucht sowie mit nimmermüdem Fleiß eine Reihe von dänischen Artikeln geschrieben. Auszugsweise sind sie in der »Kreuz-Zeitung« veröffentlicht worden, aber nie, wie von ihm geplant, in einem Sammelband erschienen.

Seine Hauptarbeit jedoch verpuffte zu seinem Ärger wie feuchtes Pulver – nach akribisch angestellten Recherchen, dem Besuch fast aller Schlachtfelder und der zeitraubenden Lektüre endloser Akten und Kriegstagebücher eine bittere Enttäuschung. Im Gegensatz zu den offiziellen Veröffentlichungen wurden Fontanes Bücher von den Fachleuten übergangen und bis auf wenige Ausnahmen nicht einmal in den speziellen Zeitschriften besprochen. Beim ehrgeizigen Herrn von Decker mußte er obendrein hartnäckig um sein Honorar feilschen, vor allem darum, daß es bei steigendem Umfang der Manuskriptseiten gebührend heraufgesetzt wird. Der wenig erfreuliche Briefwechsel mit dem Verlag ergäbe ein eigenes dickes Buch, das sich wahrscheinlich sogar besser läse als die Kriegsschwarten. Fontane muß ähnlicher Ansicht gewesen sein: 1866 gestand er Hertz, der geplante Roman (*Vor dem Sturm*) sei ihm eine Herzenssache, nicht jedoch die Kriegsdarstellungen, von denen er sich zu diesem Zeitpunkt noch »einen erheblichen pekuniären Vortheil« versprach. Als der Verlag nach dreißig Jahren eine Neuauflage vom *Schleswig-Holsteinischen Krieg* plant, verweigert Fontane seine Einwilligung. Die aufwendigen Schlachtenbeschreibungen dürfte er am Ende selbst als ein Nebengleis seines Wirkens angesehen haben, ebenso erfolg- wie folgenlos.

Geblieben sind allerdings gesundheitliche Einbußen. Der bald Fünfzigjährige hat sich bei der Arbeit an diesen Büchern, den Auseinandersetzungen mit den Illustratoren, den überaus langwierigen und komplizierten Korrekturen völlig, bis hin zu Ohnmachtsanfällen, verausgabt. Auch im Sommer 1870 ist er ausgelaugt und erschöpft. Da es bis zur Eröffnung der Theatersaison noch lange hin ist, fährt er im Juli mit der Familie in die obligat gewordene Sommerfrische, diesmal nach Warnemünde.

Man darf sich die Sommerfrischen Fontanes nicht als Zeiten vollkommener Muße vorstellen. Er arbeitet überall, ob in den Bädern an der Ostsee oder in Schlesien. Während sich die Familie hauptsächlich dem Nichtstun hingibt, findet er ein ruhiges Refugium bei seiner mütterlichen Freundin Mathilde von Rohr in deren Dobbertiner Stift. Der geduldigen Zuhörerin kann er sein Herz ausschütten, sie ist verschwiegen und macht von sich selbst so gut wie nichts her. Diese Bekanntschaft, die zur engen Freundschaft wird, verdankt er Lepel. Mathilde von Rohr ist eine Quelle märkischer Geschichte und Geschichten, die in das

Manuskript, an dem er arbeitet, seinen ersten großen Roman, Eingang finden.

Nebenher schreibt er am zweiten Band des österreichischen Kriegs, ungeachtet dessen, daß inzwischen ein neuer im Gange ist. George, noch auf der Kriegsschule in Hannover nach einem letzten Examen zum Offiziersstellvertreter ernannt, meldet brieflich am 25. Juli – einen Tag nach der französischen Mobilmachung – seinen Abmarsch zur Front im Westen. Fontane liest in Dobbertin die ersten Berichte über jene Folge deutscher Siege, die, blutig erkämpft, fast schon den Krieg entscheiden.

»Mein Herz schlug mir höher bei dieser Nachricht«, kommentiert er, »und doch konnte ich ein Schmerzgefühl nicht loswerden: Wozu das alles? um nichts? um nichts! Blos damit Lude Napoleon festsitzt oder damit der Franzose sich ferner einbilden kann, er sei das Prachtstück der Schöpfung – um solcher Chimäre willen der Tod von Tausenden!«

Unter den Kurgästen in Warnemünde kreisen wilde Gerüchte, die Frau Emilie und die beiden jüngeren Söhne ängstigen (George ist ja im Feld und Mete in London). Sie ranken sich um zwölf Panzerschiffe, die angeblich auf der Ostsee gesichtet wurden. Man befürchtet eine Seeschlacht, bei der auch Warnemünde in Mitleidenschaft gezogen werden könnte.

Die Spannung nimmt zu, und Fontane beschließt – wie er es adäquat militärisch ausdrückt – den »Rückzug«. Die Familie bricht ihren Urlaub ab und fährt nach Hause. Auf der Heimreise verbringt sie einen Tag in Schwerin, wo man das Großherzogliche Schloß besichtigt und die Sammlung holländischer Meister – da können die deutschen Truppen einen großen Sieg melden, bei Wörth. Ungewiß aber bleibt der Ausgang der Kämpfe bei Spichern, an denen George beteiligt sein könnte. Am 7. August kehren die Fontanes in eine »flaggende, siegestrunkene Hauptstadt« zurück – die Preußen und ihre Verbündeten haben auch bei Spichern gesiegt.

Sehr viel länger hätte man sowieso nicht in Warnemünde bleiben können (wo es weder eine Bedrohung durch Panzerschiffe noch eine Seeschlacht gab). Denn am 17. August tritt Fontane seine neue Tätigkeit als Theaterkritiker der *Vossischen Zeitung* an. Sein Aufgabenbereich beschränkt sich übrigens, wie der Gubitz', auf das Königliche Schauspielhaus, das allein einer seriösen Würdigung wert scheint.

Zu Spielzeitbeginn nimmt Fontane zum erstenmal jenen Eckplatz Nummer 23 im Parkett ein, der in seiner langjährigen Kritikerzeit Berühmtheit erlangt. Es ist keine Liebe auf den ersten Blick. Der Platz, urteilt er, sei eher »ein Annex, ein Vorposten, ein ausgebautes Fort..., ganz in die scharfe Ecke zwischen Proszeniums- und Parkettlogen hineingebaut... Das Häßlichste war die Abgesondertheit.« Also etwas für Eitle, für den Rationalen dagegen peinlich: »Denn man bilde sich nur nicht ein, daß ein Theaterkritiker ein Richter ist, viel öfter ist er ein Angeklagter. ›Da sitzt das Scheusal wieder‹, habe ich sehr oft auf den Gesichtern gelesen.«

Man spielt, wie stets in heroischen Zeiten, *Wilhelm Tell*. Eine brave Aufführung, die Fontane »ziemlich langweilig« findet, obwohl (oder weil) in den Zwischenakten vaterländische Lieder gesungen werden wie »Heil Dir im Siegerkranz« und der eben populär gewordene patriotische Gassenhauer von der »Wacht am Rhein«. Gut, sogar sehr gut gefällt ihm nur der Darsteller des Geßler, Siegwart Friedmann. Was er am Tag darauf in den Spalten der »Tante Voss«, wie man Berlins altehrwürdigste Zeitung gern nennt, kund- und zu wissen gibt.

Es imponiert ihm sehr, daß er gleich am nächsten Morgen ein Dankschreiben des Gelobten in Händen hält, das genauso brillant geschrieben ist, wie er es selbst zu tun pflegt: ein »stilistisches u. kalligraphisches Meisterstück und wundervoll in einer Art Königshandschrift unterzeichnet«.

Der Kritiker gesteht, durch den Brief gelernt zu haben, nicht »mit der Linken wieder zu nehmen, was ich mit der Rechten eben gegeben hatte«. Das gehe nur, wenn man »hingerissen worden ist«, aber »ist dies der Fall, so muß man sich d. Freude d. herzlichen Lobenkönnens nicht durch Hervorhebung mißglückter Kleinigkeiten selbst verderben. Man schädigt sich dadurch in seinem eigenen Genuß.« Ein Satz, den sich jeder Kritiker – nicht nur des Theaters – ins Stammbuch schreiben könnte und sollte.

Nach dem Besuch von zwei oder drei Vorstellungen folgt unerwartet »eine lange Unterbrechung durch meinen Abgang auf den Kriegsschauplatz, wenn man will durch eine Schlachtenbummlerrolle«.

Für sie mag er vorgesehen sein, aber er wird sie ungebührlich ausweiten. Seinem Verleger, Rudolf von Decker, schreibt er: »Es erging mir wie Ihnen, ich hatte das Gefühl, nun ist es auf Lebenszeit an Siegen und Siegesbeschreibung genug. Es hat anders kommen sollen; alles steht ein drittes Mal im Felde, so denn auch wir...«

Am 25. September, einem Sonntag, bricht Fontane auf, läßt Berlin und den Parkettplatz Nummer 23 hinter sich und plant, spätestens am 8. Oktober dort zu sein, wo sich auch sein ältester, inzwischen zum Secondeleutnant beförderter Sohn George befindet, »vor Paris«. Beim Einzug der deutschen Truppen in die belagerte Stadt möchten beide, Vater und Sohn, dabeisein.

25.

# »Wir hätten Sie erschossen«
(1870/71)

Über Frankfurt am Main, Mannheim, »in dessen Schloß die Mittagsgespenster umzugehen scheinen«, und Neustadt an der Hardt gelangt Fontane an die französische Grenze. Die erste Stadt, die er im Feindesland betritt, ist Wissembourg, auf deutsch: Weißenburg im Elsaß. Linksrheinisch etwa auf der Höhe von Karlsruhe gelegen, ist sie, wie er Emilie gegenüber betont, erst in den frühen Augusttagen erstürmt worden.

Jetzt strebt er nach Norden. Entweder in die Nähe von Paris oder erst auf die Schlachtfelder von Metz und Sedan, das wird von den Transportmöglichkeiten abhängen, die sich bieten. Trotz der Kriegshandlungen fahren im besetzten Teil Frankreichs die Züge, wenn auch nicht mehr fahrplanmäßig. Um sich als Nichtkombattant kenntlich zu machen, trägt Fontane eine weiße Armbinde mit dem roten Kreuz, was sich als schwerwiegender Fehler herausstellen wird. Alle Papiere, die er mit sich führt, sind preußischer Herkunft.

Auch die Hotels haben weiterhin geöffnet. In Weißenburg hat der Kriegsberichterstatter sogar in einem »ohne Wanzen, die mich mehr ängstigen als die franctireurs«, genächtigt. Das schreibt er – kriegerischer Humor – seiner Frau: der zweite Irrtum, denn in seiner Lage sollte er den Franctireurs besondere Aufmerksamkeit schenken.

Der französische Begriff wird meist mit »Heckenschütze« übersetzt. Eine etwas unfaire Kennzeichnung: die meisten dieser Kämpfer tragen zwar Waffen und keine Uniform, wohl aber militärische Abzeichen oder Armbinden, die sie als Soldaten ausweisen. Man würde sie heute vermutlich Partisanen nennen.

Seit Napoleon III. am 2. September nach der Schlacht bei Sedan kapituliert hat und in Kriegsgefangenschaft geraten ist, gibt es kein französisches Kaiserreich mehr. Eine provisorische Regierung hat in Paris die Republik proklamiert, aber der Krieg ist dadurch nicht beendet, eher im Gegenteil. Die französische Republik ruft zum Volkskrieg und zu allgemeiner Bewaffnung auf, ein Appell an den Patriotismus, der bei den Franzosen ein erstaunliches Echo findet. Innenminister Gambetta kann sich aus der belagerten Hauptstadt im Fesselballon absetzen und organisiert nun das Franctireurswesen, auch hinter den deutschen Linien. Eine prekäre Situation, vor allem für Schlachtenbummler, sollte man meinen.

Aber Fontane, der Wanzen anscheinend wirklich mehr fürchtet als die französischen Patrioten, nimmt den neuerwachten allgemeinen Widerstand auf die leichte Schulter. Sein Tagebuch (»Es geht mir gut, etwas fiebrig vom windigen Wetter«) verrät mehr über seine Gesundheit als über den Krieg, in dem er sich bewegt. Mit einem Postzug gelangt er nach Nancy, wo er, ganz wie ein Tourist (oder Wanderer), im Hôtel de France absteigt und eine Gemäldegalerie besichtigt. Am nächsten Tag begegnet er in der Kathedrale von Toul dem Kollegen Wellmer, der aus demselben Grund wie er für den Stuttgarter Verleger Hallberger unterwegs ist.

In Toul, liest man weiter im Tagebuch, hat Fontane »viel flaniert« und sich ein Buch über Jeanne d'Arc gekauft, eine der folgenreichsten Handlungen seines Lebens, wie sich erweist. Für Historisches ist Fontane empfänglich und *La Pucelle*, die Jungfrau von Orléans, seit langem eine seiner Lieblingsfiguren. Jetzt befindet er sich mitten in ihrem Land, gar nicht weit, nur zehn Kilometer südlich von Toul, liegt ihr Geburtsort Domrémy. Jeanne d'Arc ist für Fontane »die schönste Blüte, die das Lilien-Frankreich je getragen,... die lieblichste und zugleich erhabenste Gestalt aller Geschichte«, ihre Heimat ein »romantisches Land«. Darüber vergißt er Zeit, Raum, vor allem aber Krieg und Franctireurs.

Doch nicht ganz. Für einen Abstecher nach Domrémy kann er bei einer Madame Grosjean eine leichte Kutsche samt Kutscher mieten. Die Kutsche läßt er noch rasch von einem Schmied reparieren, der Kutscher aber kommt ihm verdächtig vor. Also lädt er seinen Revolver und wickelt ihn griffbereit in die Reisedecke. »Daß ich den Revolver nicht mit mir führte, um etwa auf eigene Hand Frankreich mit Krieg zu überziehen, brauch' ich wohl nicht erst zu versichern; man hat aber die Pflicht, sich gegen mavais sujets [Taugenichtse] und die Effronterien [Frechheiten] des ersten besten Strolchs zu schützen«, argumentiert er später.

Um sieben Uhr früh geht die Fahrt los mit dem mißtrauisch beobachteten Dienstmann auf dem Kutschbock. Um zehn besichtigt Fontane in Voucouleurs eine Kapelle und trifft am frühen Nachmittag in Domrémy ein, das die Einheimischen, wie er nicht zu berichten vergißt, »Dórmy« aussprechen. Vor dem »Café de Jeanne d'Arc« läßt er halten, eilt sogleich zum Geburtshaus der Jungfrau ganz in der Nähe und betrachtet entzückt den Wandschrank, der ihr als Wäscheruhe gedient hat – »alles war Poesie«.

Sie währt nicht lange. Als er in der neugotischen Kapelle die Statue der Jungfrau mit dem Regenschirm abklopft, um festzustellen, aus welchem Material sie gefertigt ist (eine von ihm auf den märkischen Wanderungen häufig angewandte Methode), sieht er »acht bis zwölf Männer« aus dem Café auf die Kapelle zukommen. Er befragt sie nach der Statue – Gips oder Bronze? – und erhält die höfliche Antwort: »Aus Bronze.« Dann will man seine Papiere und den Berechtigungsschein, französisches Aufmarschland zu betreten, sehen. Fontane zeigt, was er besitzt – belanglose preußische Ausweise und einen geladenen Revolver.

Bei den Leuten handelt es sich um eine Gruppe von Franctireurs. Fontane wird verhaftet und im Wirtshaus von einem Betrunkenen verhört, der behauptet, Bürgermeister zu sein, bis ihn die »Gebildeteren«, wie Fontane sie nennt, beiseite schieben. Sie beschließen, ihn als Gefangenen der nächsten Präfektur in Neufchâteau zu übergeben. Bei Sonnenuntergang besteigt er unter den Hohnrufen der inzwischen versammelten Bevölkerung

Domrémys die von ihm gemietete Kutsche, links und rechts eingerahmt von zwei »Blusenmännern«, Franctireurs. Auf dem Kutschbock sitzt immer noch der verdächtige Knecht der Madame Grosjean. Er hat den Preußen jedoch nicht verraten und bekommt nun ebenfalls Schwierigkeiten mit den Behörden.

Für Fontane summieren sich diese im Laufe der nächsten Wochen, während der er durch diverse Gefängnisse wandert, begleitet vom Mißtrauen der Militärs und dem grausamen Spott der Menge, die ihm und seinen Bewachern auf der Straße folgt, wenn er vom Prison-Gebäude ins Militärgericht zum Verhör gebracht wird.

Seine Lage ist nicht beneidenswert. Alles scheint gegen ihn zu sprechen – der geladene Revolver, die Armbinde mit dem roten Kreuz, obwohl er weder Arzt ist noch Sanitäter, selbst die Tatsache, daß er aus der Gegend von Nancy und Toul kommt, von wo aus man den nächsten Angriff der preußischen Truppen erwartet. Man hält ihn für einen feindlichen Offizier, der hinter den Linien Spionage betreibt. Darauf steht im Krieg die Todesstrafe.

Man schafft ihn nach Langres und später nach Besançon, wo die Generalkommandantur der 7. französischen Militärdivision über sein Schicksal entscheiden soll. »Ich sah nur schwarze Kugeln in die Urne fallen«, heißt es im Tagebuch.

Trotzdem bleibt Fontane erstaunlich gelassen. Was nicht an seinen starken Nerven liegt, sondern an der Tatsache, daß er seit Langres aus irgendeinem Grund glaubt, aus dem Schlimmsten, dem Vorwurf der Spionage, heraus zu sein. Das ist mitnichten der Fall. Manche Offiziere behandeln ihn nur deshalb freundlich, weil das Urteil »Tod durch Erschießen« immer wahrscheinlicher wird.

Er muß es geahnt haben, denn er durchlebt, was Wunder, auch Stunden der Verzweiflung, die im Tagebuch (»Furchtbare Nacht«) nur angedeutet werden. Meist gelingt es ihm wohl, sich in seinen unverwüstlichen Optimismus zu retten. »Eine halbe Stunde lag ich so, oder vielleicht länger, ich weiß es nicht. Dann hatt' ich mich mit der Gewißheit meines Schicksals auch wieder

abgefunden. Eine Fassung kam über mich, deren ich mich nicht für fähig gehalten hatte. Ich war fertig mit allem und bat Gott, mich bei Kraft zu erhalten und mich nicht klein und verächtlich sterben zu lassen. Genug davon. War es Erschöpfung oder war es die Ruhe vollster Erhebung, – ich schlief wieder ein.«
Fontane ist kein sehr religiöser Mensch. Dennoch zeugen diese Zeilen von einem Gottvertrauen, das in sich selber ruht.

Während ihn die Militärbürokratie am Wickel hat, schreibt er, wie sich denken läßt, unzählige Briefe, um von mehreren Seiten her Rettungsaktionen zu bewirken. Seine Frau schickt er zum englischen und belgischen Gesandten in Berlin. Er bittet seinen »Tunnel«-Freund Professor Moritz Lazarus, den Begründer der Völkerpsychologie, bei Adolphe Crémieux, dem französischen Justizminister, zu intervenieren, den dieser im Vorjahr kennengelernt hat. Lepel soll sich im Kriegsministerium für ihn einsetzen und Frau von Wangenheim, die Katholikin, »irgendeinen einflußreichen Kirchenfürsten dieses Landes« auftreiben, der sich für ihn verwenden würde. Er weiß durchaus, worum es geht, denn er schreibt Frau Emilie, alles komme darauf an, zu beweisen, »daß ich eben weiter nichts als ein Schriftsteller pur et simple bin, der seines Buches halber den Kriegsschauplatz bereist«. Und fügt den Stoßseufzer hinzu: »Gott sei mit uns und kläre diese Nebel.«

Nicht ein einziger dieser Hilferufe hat seinen Adressaten rechtzeitig erreicht. Hätte das Gericht einen Schuldspruch gefällt, sie wären alle zu spät gekommen. Fontane bekommt zunächst keinerlei Post aus Berlin und weiß daher nicht, was dort vor sich geht. Über einen Mangel an Initiative könnte er sich nicht beklagen. Die Zeitungen, voran die *Vossische* und die »Kreuz-Zeitung«, haben seine Gefangennahme an prominenter Stelle gemeldet; daraufhin sind eine ganze Reihe von Maßnahmen auch ohne Fontanes direktes Zutun erfolgt.

Lazarus hat von sich aus an den Schweizer Bundespräsidenten Jakob Dubs appelliert, und Frau von Wangenheim ist an den preußischen Feldpropst mit dem schwer aussprechbaren Namen

Oben links: Theodor Storm, Foto eines Porträts (um 1865).
Oben rechts: Paul Heyse, Porträtfoto (um 1900).
Unten von links nach rechts: Hoffmann von Fallersleben,
Theodor Fontane, Albert Lortzing,
der Buchhändler Nicolai und Gustav Freytag, 1850.

Oben links: George Hesekiel, Foto eines Stiches.
Oben rechts: Mathilde von Rohr.
Unten links: Franz Kugler, Gemälde von Adolph von Menzel.
Unten rechts: Bernhard von Lepel, Kreidezeichnung.

Das Gymnasium in Neuruppin.

Löwen-Apotheke in Neuruppin (Fontanes Geburtshaus).

Fontanes Arbeitszimmer (Neuruppiner Museum).

Potsdamer Straße 134 c.

Theodor Fontane am Schreibtisch in seiner Berliner Wohnung.

Aus »Erinnerungen an Theodor Fontane«.

In diesem Haus befand sich Fontanes Wohnung in London 1852, Tavistock Square 1.

Das Grab Theodor Fontanes und seiner Frau Emilie.

Fontane-Denkmal in Neuruppin.

Namszanowski herangetreten, der sofort ein Telegramm an den Kardinal-Erzbischof von Besançon, Césaire Mathieu, richtet. Auch hat Lepel natürlich längst das Kriegsministerium eingeschaltet, das alle diese Schritte koordiniert. Die Kirchen reagieren am schnellsten und am unkompliziertesten. Eine Woche später, am 27. Oktober, kann Mathieu Propst Namszanowski mitteilen, daß »die Anklage wegen Spionage glücklicherweise fallengelassen« sei, »denn sie hätte die Todesstrafe zur Folge gehabt«. Da jedoch Herr F. »in unmittelbarer Nähe des preußischen Heeres, aber außerhalb der Vorposten festgenommen worden sei, gelte er als Mitkämpfender und werde interniert werden, insofern man ihn nicht gegen einen französischen Kriegsgefangenen höheren Grades auswechseln wolle«. Als sei nicht dies schon lauten Jubel wert, glaubt der Kardinal, den Internierten auch noch trösten zu müssen: Herr Fontane könne sich trotzdem »freuen, der drohenden Gefahr entronnen« zu sein.

Fontane selbst, der schon am 24. Oktober den Entscheid des Militärgerichts verkündet bekommen hat, schildert die Gründe für seine Internierung Frau Emilie folgendermaßen: »...da ich aber viele Militärs kenne und sozusagen militärische Augen habe, hat es der General für nötig angesehen, mich für die Dauer des Krieges im Lande zu behalten«.

Die Bedingungen sind ungemein human. Der Kriegsberichter erhält ein Papier, das ihn als Kriegsgefangenen ausweist, den der General der 7. Militärdivision wie einen höheren Offizier behandelt zu wissen wünscht.

Man kann aufatmen in Berlin, wo die Zeitungen die Neuigkeit melden, ebenso wie in der Festung Besançon, wo Fontane, nun wieder ganz Schriftsteller, sich gleich am nächsten Morgen hinsetzt und Herrn von Decker brieflich bittet, ihm die Revisionsbögen des zweiten Buchs über den Krieg 1866 zuzuschikken, und den Chefredakteur der *Vossischen Zeitung*, Dr. Kletke, ersucht, ihm die Berichterstattung über das Königliche Schauspiel auch in Zukunft zu reservieren. Demnächst soll er nach

Roche-sur-Yon verlegt werden. Er verspricht Decker, dort sehr fleißig zu sein. Seine Lebensgeister sind wiedererwacht. Er hat wieder Oberwasser und richtet sich für die Dauer des Krieges ein. Frau Emilie bekommt einen Wunschzettel zugeschickt, der beweist, wie gut er in seinem Kleiderschrank Bescheid weiß. So sollen es nicht nur »Taghemden« sein, sondern die mit den dänischen Knöpfchen, »die alte rote Kappe, after having been cleaned [nachdem sie gesäubert worden ist]«, und »die Stiefel mit dem krausen, schlecht aussehenden Oberleder«, insgesamt nicht weniger als fünfzehn dringend benötigte Dinge, sogar etwas Waffenähnliches darunter, nämlich »das gebrauchte englische Rasiermesser aus dem Merington-Kästchen und den ›strop‹ [Streichriemen zum Schärfen], den Du mir mal geschenkt hast«.

Auch sein Humor scheint zurückgekehrt. Er unterschreibt den Brief mit dem Selbstbekenntnis: »Küsse die Kinder, – wie immer Dein alter Leichtsinn.«

Fontane, der am folgenden Tag auch noch ein Telegramm des Schweizer Präsidenten erhält, in dem dieser ihn über die Bemühungen Moritz Lazarus' informiert, muß bis zum Ende seines Lebens der Überzeugung gewesen sein, er verdanke seinen Freispruch in der Hauptsache dem Einfluß des Kardinal-Bischofs. Ihm schickt er lange Briefe – die Korrespondenz endet erst mit dem Tode Mathieus 1875. Eine Bitte Mathieus, nach dem Verbleib eines Reliquiars zu forschen, das während der Kriegshandlungen aus Besançon verschwunden ist, hat Fontane, sehr zu seinem Bedauern, nicht erfüllen können.

Inzwischen wissen wir besser, wer – wohl von Lepel informiert – die Wendung der Dinge zum Besseren erreicht hat: Bismarck. Ihm ist Fontane jeglichen Dank schuldig geblieben, obwohl E. B. Washburne, der Geschäftsträger der USA, der die Belange Preußens in Paris während des Kriegs vertritt, die Tatsache in seinen Memoiren mit aller Genauigkeit veröffentlicht hat. Die Bände sind 1887 in London erschienen, also zu Lebzeiten Fontanes.

Washburne erhält vom Kanzler Bismarck die folgende unmißverständliche Depesche: »Mein Herr! Nach glaubwürdiger Mitteilung ist Dr. Fontane, ein preußischer Untertan und wohlbekannter Geschichtsschreiber, auf einer wissenschaftlichen Reise in französischen, durch deutsches Militär besetzten Distrikten verhaftet und nach Besançon abgeführt worden, wo er in Lebensgefahr zu sein scheint. Nichts kann ein derartiges Vorgehen gegen einen harmlosen Gelehrten rechtfertigen. Ich bitte Sie daher, die Güte zu haben, formell seine Freilassung zu verlangen und nachdrücklich zu erklären, daß wir im Weigerungsfalle eine gewisse Anzahl von Personen in ähnlicher Lebensstellung in verschiedenen Städten Frankreichs verhaften und nach Deutschland schicken und ihnen dieselbe Behandlung zuteil werden lassen, die dem Dr. Fontane in Frankreich beschieden ist.«

Natürlich weiß Bismarck, daß Fontane weder promoviert noch ein »harmloser Gelehrter« ist, aber das gibt der Sache ein gefälligeres Aussehen. Der Amerikaner kann dem Kanzler noch am gleichen Tag eine Antwort des Ministers Jules Favre schicken, derzufolge Fontane unverzüglich freigelassen werden würde, allerdings unter dem Vorbehalt: »falls keine Anklage erhoben wird«. Die hat sich inzwischen erledigt, und man beeilt sich nun in Frankreich, dem »Dr. Fontane« alles so angenehm wie möglich zu machen, denn – so Mr. Washburne, »it was understood... from Count Bismarck that he ›meant business‹« (es war ihnen klar, daß Graf Bismarck es ernst meinte).

Der »Eiserne Kanzler« hat tatsächlich drei Professoren in Besançon verhaften und erst wieder freisetzen lassen, als auch Fontane wieder frei war. Völkerrechtlich zweifelhafte Geiselnahme stellt zwar nicht eben ein Ruhmesblatt deutscher Kriegführung dar, aber letztlich wurde bei dieser Aktion keinem Beteiligten ein Haar gekrümmt und ein Großer unter den Erzählern des 19. Jahrhunderts gerettet. Der Dichter, Reiseschriftsteller, Feuilletonist, Leitartikler, Auslandskorrespondent, Redakteur und Essayist hat, so vielseitig seine schriftstellerischen Tätigkeiten sein mögen, diejenige eines Erzählers noch vor sich. Ohne sie

würde sein Name allenfalls als Fußnote gelegentlich in deutschen Literaturgeschichten auftauchen. Allgemeiner Sympathie erfreut sich Fontanes Handlungsweise nicht. Die meisten finden sie unverantwortlich, nicht zuletzt Sohn George, der davon im Feld vor Paris durch die Zeitungen erfährt. »Alle hier von den Offizieren«, schreibt er seiner Mutter, »finden es aber auch kolossal leichtsinnig, in einem Lande, dessen Einwohner, wie Papa selbst schreibt, sont ›enragée contre nous‹ [wütend auf uns sind], herumzuturnen.«
Der jetzige Ehrengefangene wird am 2. November nach Moulins transportiert und von dort nach Gueret. Hier scheint sein gewohntes Selbstvertrauen, das durchaus Züge von Arroganz besitzt, voll und ganz zurückgekehrt. Man führt ihn zunächst in eine leere Zelle und dann, als er protestiert, in eine notdürftig eingerichtete Kammer. Auf seinen Status als höherer Offizier pochend, verlangt er kategorisch »ein geheiztes Zimmer mit gutem Bett« – und erhält es tatsächlich.

Weiter geht die Reise quer durch Frankreich: Poitiers, Rochefort, aber nicht, wie er glaubt, nach Roche-sur-Yon, sondern auf die Atlantikinsel Oléron vor La Rochelle in Westfrankreich, zwischen den Mündungen der Loire und der Gironde gelegen, die er »als ebenso groß wie Wollin, etwas größer als Fehmarn« beschreibt. Dort trifft er am 9. November, genau fünf Wochen nach seiner Verhaftung in Domrémy, ein.

»Guter Empfang«, liest man im Tagebuch und den Wunsch: »Hoffentlich bleibt's so.« In der Zitadelle, die über Château, einer der beiden Städte der Insel, thront, erhält er ein Offizierszimmer, darf unter den deutschen Mitgefangenen der niederen Chargen einen Burschen suchen und sich im Städtchen Château völlig frei bewegen. Hat ihn Bismarck zum Doktor erhoben, so kann er hier nicht verhindern, von seinem Burschen mit »Herr Leutnant« angeredet zu werden. Was ihm fehlt, ist Post von zu Hause und vor allem Geld. »Sucht doch«, schreibt er seiner Frau, »einen Tausch zustande zu bringen. Es sollen mehrere französische Schriftsteller in preußischer Gefangenschaft sein.

Ist das der Fall, so ist das Exempel leicht gemacht. Von Rangstreitigkeiten kann keine Rede sein: Federvieh ist Federvieh.«

Statt der Entsendung von Gegenständen des täglichen Gebrauchs erbittet er Heftausgaben von *Macbeth*, *Hamlet* und *Faust II* sowie einige Gedichte von Theodor Storm, die ihm Emilie abschreiben soll: »...namentlich das Gedicht, in dem die Zeile vorkommt: ›der Regenvogel pfeift‹. Ich bin hier geistig sehr verarmt und halte mich nur durch die Arbeit frisch.«

Das wird sich auszahlen. Denn von dem Buch, das seine Gefangenschaft beschreibt, sind schon sieben Kapitel fertiggestellt. George, der seinen Vater kennt und nicht weniger ironisch veranlagt ist als dieser, hat das vorausgesehen. Im ersten Brief, den er ihm wieder schreiben kann, gratuliert er nicht nur zum glücklichen Ende des leichtsinnigen Ausflugs, sondern auch »zu dem wahrscheinlichen Verdienst (pekuniär), der aus Deiner Gefangenschaft erwachsen soll«.

Über Fontanes Reaktion auf solch deutlichen Spott ist nichts bekanntgeworden. Oft vertragen gerade Ironiker, wenn es um die eigene Person geht, am wenigsten Ironie. Immerhin verwendet Fontane die bissige Bemerkung des Sohnes in einem Brief an Elise, die Schwester, als Bonmot: »Man tut sein möglichstes«, schreibt er ihr, »um aus dem Pech, das man hatte, schließlich noch Geld zu machen.«

Die Pechsträhne scheint vorerst beendet. Jetzt streut Fortuna reichlich aus ihrem Füllhorn: Er wird zum Kommandanten gerufen und erfährt, daß seine Freilassung beschlossen ist und er auf Ehrenwort nach Deutschland zurückkehren kann. Doch besitzt er im Augenblick keinen Pfennig mehr, muß also auf der Insel ausharren, bis aus Berlin Geld eintrifft. Das erreicht ihn in Windeseile schon tags darauf, von einem Brief Emilies begleitet, dem ersten Brief, den er seit seiner Verhaftung überhaupt bekommt. Der Kommandant, der ihm das Ehrenwort abnimmt – nichts gegen Frankreich zu unternehmen und für die Freilassung der drei Geiseln sowie eines französischen Offiziers zu sorgen –, zahlt ihm anschließend eigenhändig auf seine preußischen Bankscheine 256 Francs aus. Und so kann Fontane am frühen Morgen des 29. November 1870 die Insel seiner Kriegsgefangenschaft verlassen. Er hat auf ihr nur zwanzig Tage verbracht.

Erst auf dem Rückweg wird er – durch eigene Schuld – wieder zum Pechvogel. Von Rochefort, wo er sich seine Fahrkarte kauft, über Toulouse, Cette (heute Sète), Lyon und die Schweizer Grenze nach Genf geht alles gut. In Genf trifft er – man schreibt inzwischen den 1. Dezember – verspätet um zwölf Uhr mittags ein. Da ist der Zug nach Basel schon weg und Fontane muß im Hotel übernachten. Weil er am anderen Morgen jedoch in Lausanne umzusteigen versäumt, fährt er bis Sankt Moritz im Engadin weiter, muß von dort zurück nach Lausanne und bleibt in Bern im Hotel Schweizer Hof hängen.

Und so geht es weiter: In einem Tag hat er das kriegführende Frankreich durchquert. Für die friedliche Schweiz braucht er vier Tage, was er zu Unrecht diesem Land anlastet. Obwohl er früh um fünf von Bern abfährt, ist er erst um halb zehn in Basel und sieht den Zug nach Frankfurt gerade abfahren. Der nächste geht um sechs Uhr abends. Aber Ende gut, alles gut: Am Montag, dem 5. Dezember 1870, zwei Monate nach dem Tag seiner Gefangennahme, trifft er wieder in Berlin ein, äußerlich und innerlich etwas ramponiert.

Trotzdem erledigt er sofort die dringlichsten Angelegenheiten. Er meldet sich beim Verleger Decker zurück und bittet, in der Hoffnung, daß sie noch nicht nach Oléron unterwegs sind, um die Korrekturfahnen des zweiten *Krieg von 1866*-Bandes. Dem Kriegsdepartment teilt er, nachdem er sich ausgeschlafen hat, mit, daß einer Entlassung der für ihn verhafteten Geiseln nichts mehr im Wege stehe, und sucht schriftlich darum an, auch einen französischen Offizier freizulassen. Der Kriegsminister, Feldmarschall von Roon, schreibt an den Briefrand: »Macht ihm alle Ehre, kann aber nicht willfahren.«

Weniger pingelig geht Fontane mit dem anderen Versprechen auf Ehrenwort um. Für die *Vossische* schreibt er einen Aufsatz über Verstöße gegen das Völkerrecht, die preußische Truppen, wie die französische Presse behauptet, verübt haben. Solche »Barbareien«, heißt es in Fontanes Aufsatz, seien tatsächlich begangen worden, »das ist leider unzweifelhaft, aber Frankreich hat sie gewollt«, weil es »an die Stelle des Duellkrieges den Volkskrieg [hat] treten lassen, es hat ein System der Wegelagerung, der Embuscaden [ebenfalls: Wegelagerung] und nächtlichen Überfälle inauguriert... es hat dem Kriege seine schlimmste, gehässigste Gestalt gegeben und es muß nunmehr die Folgen davon tragen...«

Man kann traurigerweise nicht umhin festzustellen, daß Fontane sein Ehrenwort nur bedingt hält. Zum Glück hat die Zeitung den Artikel aus unbekanntem Grund nie veröffentlicht.

Eifrig kümmert er sich um das Buch in statu nascendi, das »Kriegsgefangen« heißen soll. Der *Vossischen* übergibt er zehn Kapitel zum Vorabdruck – die beiden ersten, »Domrémy« und »Neufchâteau«, erscheinen am 25. Dezember in der Weihnachtsnummer. Wegen der Buchausgabe kommt es zu einem Tauziehen zwischen dem Verleger der *Wanderungen*, Wilhelm Hertz, und Herrn von Decker von der Geheimen Oberhofbuchdruckerei, das letzterer gewinnt.

Ein aufregendes Jahr 1870 – das wohl ereignisreichste in Fontanes Leben – geht zu Ende. Nie vergessen wird er, was ihm ein preußischer Offizier, wohl ein Mitglied des Generalstabs, sagt, als er von seinen Abenteuern hinter der französischen Front berichtet. Fontane erwartet Empörung über seine Verhaftung und Internierung, aber der Generalstabsoffizier erklärt dem überraschten Schlachtenbummler eiskalt: »Wir hätten Sie erschossen.« Spätestens in diesem Augenblick dürfte Fontane sich wie der Reiter über den Bodensee gefühlt haben.

Am 1. Januar bringt die *Vossische Zeitung* sein Gedicht »Neujahr 1871«. Es ist nicht sein bestes, doch sind die letzten Zeilen nicht nur ihm aus dem Herzen gesprochen:

> Zu allem, was das alte Jahr beschieden,
> Du neues Jahr, o gib uns *Frieden, Frieden*!

26.

# Alle die Fäden
(1871-1876)

Den Frieden bringt das neue Jahr im Mai. Die Ereignisse überschlagen sich: Am 18. Januar 1871 wird im Spiegelsaal zu Versailles der preußische König Wilhelm I. zum Deutschen Kaiser ausgerufen. Vor hundertsiebzig Jahren hat sich, am gleichen Datum, ein Kurfürst von Brandenburg im Königsberger Dom die Krone eines Königs – zunächst – *in* Preußen selbst aufgesetzt. Jetzt ist Deutschland, Traum vieler Generationen, endlich zu einem Reich vereint worden – selbstredend unter preußischer Hegemonie.

Damit ist der Krieg noch nicht beendet. Haben am 17. Januar die vereinten deutschen Truppen bei Le Mans die Westarmee geschlagen, ereilt zwei Tage darauf das französische Nordheer bei St. Quentin das gleiche Schicksal. Am 23. Januar beginnen die Verhandlungen wegen eines Waffenstillstands, und am 10. Mai kann, wiederum in Versailles, der Friedensvertrag unterzeichnet werden.

Bismarck hat sein Werk vollendet. Man erlebt, was man gern als »große Zeiten« bezeichnet. Deutschland, soeben erst geschaffen, befindet sich auf der Höhe seiner Macht. Frankreich muß außer dem weitgehend deutschsprachigen Elsaß auch das französische Lothringen abtreten und eine enorme Kontributionssumme zahlen, was sich beides als ein Danaergeschenk herausstellen soll. Große Zeiten haben es in sich.

Fontane hat eben ihre Schattenseiten am eigenen Leib erfahren. Mit keinem seiner Talente ist ihm bislang der Durchbruch gelungen. Manchmal redet und schreibt der Fünfzigjährige, als hielte er sich für eine gescheiterte Existenz.

Die Hauptursache seiner beruflichen Probleme stellt zweifellos seine Familie dar. Um deretwillen übernimmt er manche Arbeit nur, weil sie gut oder wenigstens einigermaßen bezahlt wird.

Die unruhigen Zeitläufte tun ein übriges. In Bismarcks oder Preußens dauernden Kriegen und Siegen kommen geistige Ruhe und Kontinuität nicht auf. Zumal Kriege Fontane intensiver ablenken als alles andere. Er mag durch und durch Zivilist sein – dem Militär gilt seine heimliche Liebe, und von Strategie versteht er sogar etwas; andernfalls hätte er seine Kriegswälzer nicht schreiben können. Sobald ein neuer Krieg ausbricht, macht er sich auf die Reise und studiert die Schlachtfelder mit der Gewissenhaftigkeit eines Gelehrten. Den Mann, der einen Großteil dessen angezettelt hat, Bismarck, verabscheut und – typisch Fontane! – bewundert er zugleich.

Spekulationen, wie sie immer angestellt werden, ob Fontane gewußt hat, daß ausgerechnet Bismarck ihn vor dem Tod im Festungsgraben gerettet hat, sind müßig, zumal seine Frau es wußte – sie hat im November 1870 stolz dem Verleger von Decker geschrieben. Auch wenn sich denken läßt, daß seine französischen Eskapaden nicht eben zur Wiederherstellung der ehelichen Harmonie beigetragen haben. In den folgenden Jahren unternimmt das Paar lange Reisen – also werden die beiden doch über das Kriegsabenteuer gesprochen haben.

Wie Fontane sich zwangsläufig verzettelt, zeigt die Anzahl der Fäden, die er nach seiner Rückkehr aus Frankreich wieder aufnehmen muß. Gewiß weiß er manchmal nicht, womit anfangen und wo aufhören. Kein geringes Kunststück, das alles zu koordinieren und dabei die Übersicht zu behalten.

Zunächst einmal muß er für Decker endlich Band zwei des 1866er-Krieges fertigstellen (er erscheint mit einem Anhang sämtlicher auf den Schlachtfeldern errichteten Denkmäler Mitte März 1871) und den nächsten, über den französischen Krieg, beginnen (die Arbeit wird sich bis 1876 hinziehen und vier Bände umfassen). Während in der *Vossischen* im Januar und Februar noch der Vorabdruck von *Kriegsgefangen* läuft, wird in der Geheimen Oberhofbuchdruckerei schon die Buchausgabe gesetzt, an der der Autor noch kleine Änderungen vornimmt. Sie erscheint ebenfalls in den ersten Märzwochen.

Vorher hat es allerhand Ärger gegeben. Empört stellt er Deckers Verlagsleiter Baumann gegenüber eine Behauptung richtig, die jener in einem Brief aufgestellt haben muß. »Sie sprechen«, schreibt ihm Fontane, »von *künstlich* erreichter Dicke« und gerät bei seinem Widerruf richtig außer Atem: »Ich kann mir nicht denken, daß Sie einer Arbeit gegenüber, von der mir alle Welt sagt, daß es das Beste wäre, was ich je geschrieben hätte, um deretwillen ich auf der Straße umarmt und geküßt werde..., ich kann mir nicht denken, daß Sie meinen, ich hätte die Sache, pro zwei Friedrichsdor den Bogen zu Gunsten meiner Tasche und zum Schrecken des Verlegers künstlich erweitert...«

Es gibt auch Streit um die Höhe des Honorars, und erneut wird Verlagsleiter Otto Baumann am Revers gepackt: »Herr Hertz...«, erfährt er, »hat mir das *Doppelte* geboten, und ich habe bloß einer Anstandspflicht (wenigstens *erschien* es mir) gehorcht, als ich das Buch Ihnen antrug.« Der cholerische Fontane kann selbst in seinen Briefen vor Wut schnauben.

Was er Baumann übrigens verschweigt, findet sich in einem Brief an Hertz über diese Angelegenheit. Darin gesteht Fontane, daß er das Buch über sein Frankreich-Abenteuer für so wichtig hält, daß er es unter Umständen auch ohne Honorar veröffentlichen würde. Er würde, schreibt er, »nicht einmal eine Anfrage stellen«.

Die Mißverständnisse, falls es solche waren, sind rechtzeitig vom Verleger Decker persönlich beseitigt worden. In der Defensive wegen des Vorwurfs künstlich erreichter Dicke, gesteht er dem Autor erheblich mehr Autorenexemplare als üblich zu. Fontane bekommt die erfreuliche Anzahl von fünfzig Büchern, damit er jedem Helfer in der Not eines schicken kann. Das erste Exemplar geht, mit schwungvoller Widmung, an den Schweizer Bundespräsidenten Jakob Dubs. Eine noch schwungvollere

Widmung erhält Césaire Mathieu, der Kardinal-Erzbischof von Besançon, dem Fontane nach wie vor das Hauptverdienst an seiner Rettung zuschreibt.

In der Presse erhält das Buch nicht nur gute Besprechungen. Der Haupteinwand läuft darauf hinaus, daß die Franzosen viel zu gut wegkommen. Das schreibt ihm auch George aus dem Felde. »Ich muß Dir, lieber Vater, und auch im Namen aller unserer Herren einen kleinen Vorwurf machen, weil Du die Franzosen in Deinen Schicksalen zu sehr herausstreichst. Du mußt ein ganz besonderes Glück gehabt haben; unter den vielen Franzosen, die ich die Ehre gehabt habe, kennen zu lernen, waren nur sehr, sehr wenige, für die ich ein gewisses *tendre* [Zuneigung] haben möchte.«

Immerhin macht das Buch den Autor in Berlin zu einer Art Tagesberühmtheit. Gleiches gilt leider für das Buch selbst: Es verkauft sich nur leidlich und wird bald vergessen. Mit dem Vorabdruck in der Zeitung scheint die Neugier auf das Abenteuer des Kriegskorrespondenten abgeklungen. Erst nach über zwanzig Jahren wird Fontanes Jüngster, Friedrich, 1892 eine zweite Auflage herausbringen, im selben Jahr, in dem in Paris eine erste französische Übersetzung von *Kriegsgefangen* erscheint.

Das ist jedoch ein Triumph des Erzählers Fontane. Seine späten Novellen und Romane werden es sein, die seine nichtbelletristischen Werke mitziehen müssen. Eine Ausnahme bilden nur die *Wanderungen*, das Spitzenwerk deutscher Heimatliteratur. Dennoch unterschätze man seine autobiographischen Arbeiten nicht, zu denen auch *Kriegsgefangen* zählt. Sie sind mit sein Bestes, weil sie nicht wie die meisten seiner Sachbücher aus gesammelten Aufsätzen, sondern einer fortlaufenden Handlung bestehen, der man anmerkt, daß sie in einem Zug geschrieben worden ist.

Der Heimkehrer muß, um beim Thema zu bleiben, an weitere Fäden anknüpfen. Hertz dringt auf eine Fortsetzung der *Wanderungen*. Zum Glück hat in der *Vossischen* Dr. Hermann Kletke, seit 1867 Chefredakteur, ebenfalls mit einer Fortsetzung der

Serie in der Zeitung gerechnet. Noch Anfang April erscheint dort in zwei Teilen: »Wust – Das Geburtsdorf des Hans Hermann von Katte«. Die Wanderung, die schon vier Jahre zurückliegt, schreibt Fontane, sich »aus einem Wust von Korrekturbogen« aufraffend, nach den damaligen Notizen – die er wie alle seine Notizen sorgfältig aufbewahrt hat – nieder. Das relativ kurze Stück wirkt übrigens trotzdem – oder eben deshalb – wie gestern erst erlebt. Hertz kann im nächsten Jahr, 1872, den dritten Band der Wanderungen herausbringen, *Havelland*.

Mit Kletke gibt es jetzt einiges abzusprechen. Die liberale *Vossische* wird mehr und mehr zum Mittelpunkt von Fontanes freiberuflicher Tätigkeit. Um einen Anspruch anzumelden und aufrechtzuerhalten, sollte er – man muß am Ball bleiben – Buchbesprechungen schreiben. Er liefert eine, pünktlichst, über ein heute längst vergessenes Buch. Noch wichtiger: Kletke hat ihm, wie von Oléron aus erbeten, die Theaterkritik reserviert. Also muß der Parkettplatz Nummer 23 im Königlichen Schauspielhaus wieder eingenommen werden.

Zum Glück ist auf dem Theater momentan nicht viel los; Fontane kann seine Zeit anderweitig einsetzen. Bis etwas – laut seiner Erwartung – »Hochinteressantes« auf dem Spielplan auftaucht, nämlich *Der Gefangene von Metz*, ein neues Schauspiel in fünf Akten von Karl Gutzkow.

Hören wir Fontane selbst: »Jeder anständige Mensch, der einmal Kritiker gewesen ist oder noch ist, wird wissen, daß es zu den schwierigsten und peinlichsten Aufgaben des Metiers gehört, oft auch Berühmtheiten, ja, was schlimmer ist, auch solchen, die einem selbst als Größen und Berühmtheiten galten, unwillkommene Sachen sagen zu müssen.«

Nun also Gutzkow. Er gilt in Berlin, seiner Geburts- und Heimatstadt, als alt, hochverdient und Autor von Rang; Eigenschaften, die nach einem milden, abgewogenen Urteil rufen. Nun ist Fontane, wie jeder gute Kritiker, jemand, der lieber lobt als tadelt. Aber es gibt Grenzen. Das Stück erweist sich als so furchtbar, daß nicht einmal der Hinweis Dr. Rings etwas nützt, der vor der Aufführung seine Hand ergreift und ihm zuflüstert: »Lieber Fontane, wenn Sie morgen darüber schreiben, vergessen Sie nicht, daß Gutzkow ein kranker Mann ist oder wenigstens war, sehr krank.«

Das Stück ärgert den Kritiker nicht nur, wie er erklärt, es empört ihn geradezu. Das Antifranzösische hätte er noch gelten lassen, wie er mitteilt, aber der »von Borniertheit eingegebene Antikatholizismus« ist ihm zutiefst zuwider – »und nun in einer Zeit, wo eine zur Hälfte aus Katholiken bestehende deutsche Armee in Feindesland stand«.

Da kann auch Dr. Max Ring, Arzt, Bühnenautor und Romanschriftsteller, keine mildernden Umstände verlangen. »Sollen immer erst ärztliche Zeugnisse eingefordert werden, so ist es mit aller Kritik vorbei«, argumentiert Fontane: »Schlecht ist schlecht und es muß gesagt werden.«

In seiner Kritik fallen ein paar unwillkommene Äußerungen. Damit erregt er einiges Aufsehen und handelt sich Ärger ein. Dem Publikum will es nicht in den Kopf, warum es einem beliebigen Schreiberling erlaubt sein soll, einem Großen der Feder derart die Leviten zu lesen. Man sieht in ihm, wie Fontane es selbst ausdrückt, »den Dorfspitz..., der den Mond anbellt«.

Gutzkow ist gar nicht so alt, eben sechzig, und bei den Kollegen als rabiater, oft beleidigender Kritiker gefürchtet. Er beschwert sich bei Dr. Kletke, der ihm eine Spalte in seiner Zeitung für eine Rechtfertigung anbietet, allerdings unter der Bedingung, daß auch Herr Fontane Gelegenheit erhält, seinen Standpunkt zu verteidigen. Wodurch sich die Sache erledigt. Trotzdem fühlt sich der empfindsame Fontane gedemütigt: »Man muß sich drein finden. Es ist ganz anderen Leuten ebenso oder noch schlimmer ergangen.«

Im übrigen muß er Dr. Kletke um einen zweiten Urlaub vom Parkettplatz Nummer 23 bitten, denn ungeachtet seiner schlechten Erfahrungen hat er sich entschlossen, eine zweite Reise an die französischen Kriegsschauplätze anzutreten. Seine Begründung klingt plausibel. Es habe ihn ja »nicht Marotte, sondern

Metier« in Feindesland getrieben. Da das nach wie vor gelte und er sein Ziel – Nordfrankreich und Paris – nicht erreicht, statt dessen eine unfreiwillige Reise durch Mittelfrankreich angetreten habe, bleibe ihm keine Wahl: »Nicht bloß der Soldat steht auf seinem Posten.«

Am Ostersonntag 1871, der auf den 9. April fällt, bricht er auf. Die Reise geht, per Eisenbahn, zunächst durch die vertraute Gegend: »Meine Kapitel über ›Mark Brandenburg‹ (ach, so viele) traten wieder fragend vor mich hin...«

Mit ähnlich scharfen Blicken dürften ihm später etwa Neufchâteau und Langre begegnet sein, »Plätze, die ich im Oktober 70 eingehender studiert hatte, als mir lieb gewesen war«. Im Zug macht er die Bekanntschaft des Tübinger Ästhetikprofessors und Autors Friedrich Theodor Vischer (genannt: »V-Fischer«). Dessen Roman *Auch einer* fand sich noch bis zum Zweiten Weltkrieg in jeder Schulbücherei. Ihm erzählt Fontane seine Abenteuer des vergangenen Jahres und fügt hinzu: »Man hat mich deshalb tadeln wollen... Aber das ist immer das leichteste. Wer nicht wagt, gewinnt nicht.«

Verabredet ist ein Treffen mit seinem Sohn George bei St. Denis, das auch klappt. Die Osterreise führt ihn durch Nordfrankreich und Elsaß-Lothringen unter anderem nach Reims, Rouen, Dieppe, Sedan und aufs Straßburger Münster. Mitte Mai, zurück in Berlin, setzt er sich an den Schreibtisch und formuliert seinen Reisebericht flott herunter, was man dem Text wiederum anmerkt. Ende des Jahres erscheint *Aus den Tagen der Okkupation* (damals noch mit zwei »cc« geschrieben) bei von Decker in zwei stattlichen Bänden, bis heute eine hübsche Lektüre mit unterhaltender Belehrung, doch (fast) ohne pädagogischen Zeigefinger. Die Darstellung hat zwar mehr Erfolg als die in den nachfolgenden Jahren veröffentlichte vierbändige Militärgeschichte des Krieges 1870/71, aber auch wieder keinen großen. An aktuellen Themen herrscht damals schon in den Buchhandlungen ein Überangebot, das, mit heißer Nadel genäht, Fontanes Frische nicht erreicht, dafür den Verkauf seiner Bücher behindert.

Trotzdem hat er im hohen Alter die Frankreich-Bücher als den eigentlichen Wendepunkt in seiner Laufbahn angesehen. »Ich sehe klar ein«, heißt es in einem Brief an Frau Emilie, »daß ich eigentlich erst bei dem 70er Kriegsbuche und dann bei dem Schreiben meines Romans ein Schriftsteller geworden bin.«
*Kriegsgefangen* und *Aus den Tagen der Okkupation* sind, obgleich nicht ausdrücklich erwähnt, aus der gesamten Entwicklung nicht wegzudenken. Im zweiten Band der *Wanderungen* (und vorher in *Jenseit des Tweed*) hat sich Fontane gleichsam vom Reise- und Kriegsbericht zum Roman vorgetastet, wobei auch die ständige Scott-Lektüre eine Rolle spielt. Hinzu tritt eine verstärkte Beschäftigung mit dem bedeutendsten historischen Romanschriftsteller Preußens, Willibald Alexis (*Die Hosen des Herrn von Bredow*). Über Scott erscheint 1871 ein Artikel Fontanes im *Salon für Literatur, Kunst und Gesellschaft,* der ersten Zeitschrift von Julius Rodenberg (er wird ein paar Jahre später eine weitere herausgeben, die noch bekannter wird, die *Deutsche Rundschau*). Im Jahr darauf bestellt Rodenberg bei Fontane einen Aufsatz über Willibald Alexis, den er als Nachruf für den kürzlich Verstorbenen verwenden möchte.

Bei der Arbeit an den Frankreich-Büchern scheint Fontane ein neues Interesse an der belletristischen Form gewonnen zu haben. Sie reizt ihn, wie man sieht, theoretisch, wird ihn aber auch praktisch gepackt haben. Als sei er, der Fleißigste aller Fleißigen, nicht mit genügend Schreibkram eingedeckt, beginnt er wieder am zukunftsträchtigsten seiner Projekte zu arbeiten, am Manuskript eines weitgespannten Romans, mit dem er sich nun schon über dreißig Jahre trägt und der noch nicht *Vor dem Sturm,* sondern »Lewin von Vitzewitz« heißen soll.

Immerhin hat er Zeitraubendes abgebaut, so die allzuenge Verbindung mit dem »Tunnel« und seinen Zweigstellen. Seine offizielle Mitgliedschaft ist 1865 erloschen, aber er pflegt weiter freundschaftliche Bande zum alten Klub. Im *Argo*-Almanach 1871, der fernerhin erscheint, findet sich diesmal, 1872, eine Karikatur des Malers August von Heyden, die das scharf bewachte Kasemattentor von Oléron darstellt, mit der etwas stammtischhaft-witzigen Unterschrift: »Das kommt davon, wenn man nach Jungfraun geht.«

Der Schreibtisch, an dem Fontane seine Gänsekiele spitzt, zubereitet und bis zum letzten Kratzer nutzt, hat wieder einmal einen neuen Standort. Trotz all der Reisen, Wanderungen, freien und Auftragsarbeiten, die es zu erledigen gibt, zieht der Ruhelose mit seiner Familie um. Damit fügt er den vielen Adressen, die sich mit seinem Namen verbinden, eine letzte und sozusagen endgültige hinzu: Potsdamer Straße 134c. In ihr wird er es vom 3. Oktober 1872 an ein Vierteljahrhundert aushalten. Die Wohnung liegt hoch oben in der Mansarde; das Haus gehört den Johannitern. Hier wird aus der vielseitigen, schillernden Persönlichkeit, die wir bisher kennengelernt haben, der alte – und für die Nachwelt der eigentliche – Fontane.

## 27.

## Wie man Akademiesekretär wird, aber nicht bleibt
(1874-1876)

Ruhm hat Fontane mit seinen Kriegsbüchern keinen geerntet, nur das Naserümpfen der Experten. Immerhin bringen sie ihm so viel Geld ein, daß man sich ein paar Reisen erlauben kann. Fontanes hartnäckige Auseinandersetzungen mit dem Verleger haben sich ausgezahlt. Herr von Decker betrachtet die Bücher, die er ja gegen die offizielle Konkurrenz herausgibt, als Prestigeobjekt. Sie sind sein Steckenpferd, für das er dann doch einmal tiefer in die Tasche greift als gewöhnlich.

Fast sechs Wochen, von Ende September bis 10. November 1874, verbringt das Ehepaar in Italien, zwischen Neapel im Süden und Venedig im Norden. Fontane bleibt ungerührt; das Land läßt ihn kalt, kommt ihm nicht entgegen. In den kleineren autobiographischen Texten, die man später aus seinem Nachlaß zusammengestellt hat (*Kritische Jahre – Kritikerjahre*), gesteht er, daß ihm zu Verona und Florenz überhaupt nichts und zu Rom nur wenig einfällt. »Das meiste ließ mich sehr ruhig, zum Beispiel der Palatin. Ich glaube, daß die meisten Besucher sich bloß einbilden, er sei schön.« Nicht einmal Michelangelos »Jüngstes Gericht« in der Sixtinischen Kapelle kann (oder will) er bewundern.

Hier läßt sich einwenden, die betreffenden Notizen seien nur für ihn selbst, nicht für fremde Leser bestimmt gewesen. Man kann darüber streiten, ob sie zitiert werden sollten. Allerdings macht Fontane auch sonst kein Hehl aus seiner Abneigung gegen den Süden im allgemeinen, Italien im besonderen. »Ich bin Nordlandmensch«, versichert er in einem Brief, »und Italien kann für *mich* nicht dagegen an.« Dem Juristen und »Tunnel«-

Freund Karl Zöllner, der in naher Zukunft eine entscheidende Rolle in seinem Leben spielen wird, berichtet er aus Venedig: »Es ist interessant von Schritt zu Schritt, landschaftlich zauberhaft, poetisch durch und durch, aber es repräsentiert doch nicht *die* Form der Schönheit, die ich *dauernd* vor Augen haben möchte. Dazu ist mir, rundheraus gesagt, die ganze Geschichte doch zu schmutzig. Sie bedarf des Mondlichts, bei dem man nur halb sieht... Es ist eine Touristenstadt...«

Doch als zwinge ihn ein Gefühl für Gerechtigkeit zu einem zweiten Versuch, beschließt er im nächsten Jahr, 1875, eine weitere Italien-Reise anzutreten. Obwohl sie sich diesmal auf den Norden konzentriert, beeindruckt sie ihn womöglich weniger als die erste. Er stellt sich sogar die Frage, ob er das Reisen aufgrund der schlechten Erfahrungen nicht ganz einstellen soll.

Vielleicht kommen ihm solche Gedanken, weil Emilie nicht dabei ist und auch kein anderer Begleiter. Er fühlt sich »einsam, allein, im wesentlichen gelangweilt«, ist wiederum in den Notizen aus seinem Nachlaß zu lesen. Er scheint melancholischer denn je, und es ist möglich, daß der Tour eine jener Szenen zwischen den Eheleuten vorangegangen ist, die Mete später erwähnt und zu schlichten versucht. Dabei kann die Reiseroute – über die Schweiz und den Sankt Bernhard an den Lago Maggiore, nach Mailand, Genua, Pisa bis Bologna und Ravenna – durchaus den Trübsinnigsten aufheitern.

Aber: »Als ich zurück war, hatte ich das Gefühl: Nun ist es genug.« Vielleicht hat er an einer jener »jetzt modern gewordenen Vergesellschaftungen« teilgenommen, wie er sie nennt, einer Vorform der modernen Gesellschaftsreisen, die eigene Vorplanungen erübrigen. Fontane verwirft solche gemeinsame Art des Reisens keineswegs, beklagt aber »dies Zusammengepferchtsein mit möglicherweise doch fragwürdigen Gestalten«. Es sei leider nicht jeder ein »Reise-Genie«, und er schon gar nicht.

In München trifft er Frau Emilie, mit der er Berchtesgaden, Salzburg, Wien und Prag besucht, wo es ihm schon besser gefällt. Vor allem in Wien, wo man drei Tage verbringt, fühlt er sich wohl, selbst wenn sein Lob nicht übermäßig enthusiastisch klingt: »Eine rechte Lebestadt, alles nah, bequem zur Hand und wenn leidlich teuer, so meist auch preiswürdig.«

Von Wien scheidet er »mit angenehmen Eindrücken«. An die ganze Reise denkt er »mit einer Art Trauer« zurück. Verschwendete Zeit. Er ist nie wieder nach Italien gefahren.

Da stürzt er sich lieber verbissen in seine Arbeit, in all die Arbeiten, die sich auf seinem Schreibtisch häufen. Seine Gedichte hat er neu geordnet, sie sind 1874 in völlig veränderter und ergänzter zweiter Auflage herausgekommen. Der erste Band vom *Krieg gegen Frankreich* erscheint 1875, jetzt muß der zweite in Angriff genommen und die Barrieren überwunden werden, die die offiziellen Historiker in den Weg legen, indem sie ihm Aufzeichnungen und Akten nur zögernd zugänglich machen. Er werkelt auch an einem umfangreichen Sachbuch über »Örtlichkeiten deutscher Sage und Geschichte« und hat zu diesem Zweck Gotha, Eisenach, Coburg und Schmalkalden besucht – eine gute Idee, sozusagen eine Ausdehnung der Wanderungen über die Mark und Preußen hinaus ins wiedererstandene Deutsche Reich. Aber es wird nichts daraus.

Viele solcher Pläne sind von Fontane entworfen, begonnen, einem Verleger angeboten, abgelehnt und dann wieder verworfen worden, oft mehrere pro Jahr. Es reift beileibe nicht alles, was Fontane anpackt. Nicht einmal, wenn es ihm ausnahmsweise in den Schoß fällt. Das Jahr 1876 wird durch solchen Glücksfall zu einer Katastrophe.

Am 15. Januar dieses Jahres findet bei dem Maler und Akademiemitglied August von Heyden ein großer Ball statt. Bälle und Empfänge sind in Berlin seit jeher Umschlagplätze für alles, hauptsächlich jedoch für Personal- und Stellenfragen. Fontane trifft auf Heydens Ball den »Tunnel«-Freund Karl Zöllner, der unter dem Vereinsnamen »Chevalier« zur »Rütli«-Gruppe des Klubs gehört. Der Duzfreund fragt ihn rundheraus, ob er nicht Lust habe, Ständiger Sekretär der Akademie der Künste zu werden. Ihr bisheriger Sekretär, Otto Friedrich Gruppe, Professor der Philosophie, ist eben gestorben.

Ein solches Angebot erhält man nicht alle Tage. Der Akademiesekretär gehört zu den begehrtesten Posten unter Berlins Literaten und Intellektuellen: sehr repräsentativ, aber mit nicht allzuviel Arbeit verbunden – man behält Zeit genug für ein eigenes Werk. Zudem verspricht er die Anwartschaft auf den Titel »Geheimrat« oder sogar »Professor«, und der Inhaber erfreut sich eines nicht sehr hohen, so doch angemessenen und pünktlich bezahlten Gehalts.

Für den mittlerweile sechsundfünfzigjährigen Fontane würde das bedeuten, daß er zum erstenmal in seinem Leben finanziell abgesichert wäre und als Beamter sogar mit einer Pension rechnen könnte. Er beeilt sich zuzusagen, obwohl er daran zweifelt, ob man ausgerechnet ihn berufen wird. Auch weiß er, wie er selbst schreibt, nicht so recht, ob er sich zu einer derartigen Verwaltungstätigkeit überhaupt eignet.

In einem Brief an den Freund Zöllner heißt es: »Es ist mir hoch erfreulich, daß Du der Meinung bist, ich könnte meinen Kritikerposten beibehalten. Erst wenn sich dies ermöglicht (ich persönlich kann nicht einsehen, *warum nicht*), kommt mir jenes Wohlgefühl ins Herz, das einem in allen Lebensverhältnissen die gesicherte Rückzugslinie gibt.«

Es ist gescheit von Fontane, sich eine solche vorzubehalten, denn daß sich Präsident und Direktor der Akademie wie Katze und Hund gegenüberstehen, weiß ganz Berlin. Der Sekretär wird also, wie Fontane es audrückt, »in eine ziemlich arge Fehde hineingestellt werden«. Was ihn betrifft, so gesteht er Zöllner: »Reizbar wie ich bin, kann ich Beleidigungen nicht ertragen und jeder dummste Mensch hat es leicht, mich in 3 mal 24 Stunden aus einer Stellung herauszuärgern.« Noch glaubt er kaum, eine Chance zu haben.

Hier unterschätzt er die Verbindungen und kameradschaftlichen Gefühle der Gleichgesinnten im Klub. Der »Tunnel«, längst auch so etwas wie eine Loge, ein Freundschaftsbund und eine Interessengemeinschaft, reicht weiter, als es den Anschein hat. In den kulturellen Institutionen der Stadt findet sich fast immer ein Klubmitglied an einflußreicher Stelle. In diesem Fall ist es Freund Richard Lucae (»Schlüter«), der sich – Architekt, Königlicher Baurat und im Expertengremium mehrerer Ministerien – der Sache annimmt. Fontanes Berufung passiert allerhöchste Instanzen, denn der König von Preußen, der den hohen Akademieposten – wie die ganze Akademie – aus seiner Privatschatulle finanziert, muß ihr zustimmen. Und Wilhelm I., jetzt auch Kaiser des Deutschen Reiches, stimmt zu. Der Name ist ihm bekannt: Fontane? – das ist doch der mit den Kriegsbüchern, dessen letztes von 70/71, jedenfalls der erste Band, sich in der kleinen Nachschlagebibliothek auf seinem Schreibtisch findet.

So erfolgt zu Ostern, am 7. März, die Mitteilung an den Senat der Akademie, »daß Seine Majestät der Kaiser und König unter dem 29sten vorigen Monats Allergnädigst geruht haben, an Stelle des verewigten Professors *Gruppe* den Schriftsteller *Th. Fontane* hierselbst zum ersten ständigen Sekretär der Königlichen Akademie zu ernennen. Derselbe ist bereit, die Geschäfte dieses Amts sofort zu übernehmen.«

Frau Emilie, die ihrer und der Familie Zukunft bislang eher pessimistisch entgegengesehen hat, ist überglücklich. Mit einem Schlag hat sich die nahezu hoffnungslose Lage gründlich verändert. Endlich öffnet sich ihr ein Leben, wie es andere ihres Gesellschaftsstandes führen. Den Status eines Beamten hat sie, wie aus einer satirischen Skizze Fontanes hervorgeht, seit jeher als den erstrebens- und beneidenswertesten angesehen. Zum erstenmal ist sie – was sie nie gewesen ist (und auch nachher nie mehr sein wird) – stolz auf ihren Mann. Aus dem titellosen freien Schriftsteller mit den Tintenfingern ist ein beamteter Erster Sekretär geworden, der sich auch weitermausern wird bis zum Herrn Geheimrat. Die ganze Welt hat sich verändert.

Aber aus der Laufbahn wird nichts. »Es war so ziemlich meine schlechteste Lebenszeit«, berichtet er. »Nichts wie Ärger, Kränkungen. Als es damit vorbei war, war ich bescheiden genug, die Schuld in mir selbst zu suchen... Ich war gewiß nicht sehr befähigt für eine solche Stellung, vielleicht für etwas Dienstliches überhaupt nicht, aber bei mehr Glück und freundlichem, guten Willen hätte es trotz meiner geringen Befähigung für dergleichen doch anders verlaufen müssen. Alles lag so pechös wie nur irgend möglich.«

Es kommt tatsächlich vieles zusammen. Zwei Beamte scheiden wegen Krankheit aus dem Dienst. Statt die Dinge von höherer Warte aus zu regeln, muß er nun deren Aktenkram mit verrichten. Der Akademiedirektor Anton von Werner findet ihn, wie er in seinen Erinnerungen erzählt,»eines Tages ratlos vor einem mächtigen Stoß von Aktenbündeln in einer Situation, die einer gewissen Komik nicht entbehrte. Er stand, einen roten Fez auf dem Haupte, sinnend vor einem langen Tisch, auf dessen Holzplatte er mit weißer Kreide eine größere Anzahl Kreise und Nummern gezeichnet hatte, in die er Aktenstücke bald hinein-, bald wieder hinauslegte, anscheinend, um sie nach irgendeinem System zu ordnen.«

Für ein derartiges Beamtendasein ist Fontane gewiß nicht geschaffen. Und es kommt schlimmer. Der Direktor, Anton von Werner, berühmt geworden durch seine Bilder von der Kaiserproklamation in Versailles, ist erst Anfang dreißig, ein forscher und zuweilen arroganter junger Mann, der den sehr viel älteren Fontane von oben herab behandelt.

Da Fontane Werners Werke schätzt, stört ihn das weniger als die noch arrogantere Art, mit der ihm ausgerechnet der Präsident Friedrich Hitzig begegnet. Hitzig, wie sein Vater, der Freund E. T. A. Hoffmanns und Willibald Alexis', Jurist und Schriftsteller, kennt Fontane gut aus dem »Tunnel« und vor allem aus dem Kreis um seinen verstorbenen Schwager Franz Kugler. Hier nun kehrt er den Vorgesetzten heraus und, wie im Brief an Zöllner vorausgesehen, gerät der Sekretär bald zwischen die beiden Mühlräder der Akademie: Hitzig und Werner bekämpfen einander tatsächlich mit erbitterter Energie.

»Ohne daß man unartig oder beleidigend gegen mich gewesen wäre, was ich mir einfach verbeten haben würde, hat man mich doch nie wie einen etablierten deutschen Schriftsteller, sondern immer wie einen ›matten Pilger‹ behandelt, der froh sein könne, schließlich untergekrochen zu sein«, umschreibt Fontane seine Erfahrung der Freundin Mathilde von Rohr und setzt hinzu: »Immer die unsinnige Vorstellung, daß das Mitwirtschaften in der großen, langweiligen und, soweit ich sie kennengelernt habe, total konfusen Maschinerie, die sich Staat nennt, eine ungeheure Ehre sei.«

Fontane macht aus seinem Herzen keine Mördergrube. Frühzeitig scheint er sich bei Freunden und zu Hause bei seiner Frau über die Enttäuschungen in der Akademie ausgesprochen und zugleich angedeutet zu haben, daß er gesonnen sei, in naher Zukunft das Handtuch zu werfen. Noch ehe acht Wochen herum sind, ist er fest entschlossen, den lukrativen, aber seiner Meinung nach erniedrigenden Posten wieder aufzugeben. Das stürzt seine Ehe in eine tiefe Krise.

Haben die Fontanes die erste Krise vor einigen Jahren dank dem Auftrag der Schauspielkritik in der *Vossischen Zeitung* überwunden und durch die gemeinsame Italien-Reise besiegelt, ist diesmal kein derartiger Rettungsanker in Sicht. Emilie, die sich der eben errungenen Sicherheit schon wieder beraubt sieht, reagiert mit Ausbrüchen wilder Verzweiflung. Sie überschüttet Fontane, der sich selbst nicht wohl fühlt in seiner Haut, mit wütenden Vorwürfen: die »größte Belastung, der ich in meinem Leben je ausgesetzt war«, gesteht dieser dem Verleger Hertz.

Zu allem Unglück befindet sich die inzwischen sechzehnjährige Tochter Martha, Mete, nicht im Hause. Ein frühreifes Kind, dem Vater ebenso zugeneigt, wie der Mutter eng verbunden, hat sie so manchen Unmut und Streit zwischen den beiden auszugleichen verstanden. Auch jetzt wendet sich Fontane, allerdings brieflich, mit der Bitte an sie, die Mutter zu beruhigen, denn »Mama ist so ›eigen‹«.

Seit ein paar Jahren verbringt Mete die Monate von April bis

August bei Friedrich und Anna Witte, mit denen Fontane seit den fünfziger Jahren befreundet ist. Dort ist sie Kind im Hause; vor allem Frau Anna hat sich ihrer mütterlich angenommen. Die Wittes sind wohlhabende Leute – sie besitzen in Rostock eine pharmazeutische Fabrik und eine geräumige Villa, die sie während der heißen Zeit des Sommers mit ihrem Ferienquartier in Warnemünde vertauschen.

Keine einfache Aufgabe für ein junges Mädchen, den Eltern in einer derart ernsthaften Krise zu helfen. Im vergangenen Jahr haben sie die silberne Hochzeit begangen; jetzt scheint die Ehe gefährdet, denn Emilie droht, ihren Mann zu verlassen. Mete wird in Warnemünde von plötzlichen Angstgefühlen befallen – Anna Witte steckt sie ins Bett, und der enttäuschte Fontane findet es in einem Brief an sein krankes Kind »recht betrüblich, daß Du, die Du sonst einen so gesunden Eindruck machst, an Nervosität Deine Mama zu übertreffen scheinst«.

Das Ende mit Schrecken erfolgt in den geheiligten Räumen der Akademie der Künste Unter den Linden – dort wo heute die Staatsbibliothek steht –, wo es zu einer Szene, einem handfesten Krach, zwischen Hitzig und Fontane kommt, bei dem keiner dem anderen etwas schuldig bleibt. Dergleichen ereignet sich im Berufsleben nicht eben selten, aber für Fontane ist das der Tropfen, der das Faß zum Überlaufen bringt. Er reicht – nach nur zweieinhalbmonatiger Tätigkeit – sein Entlassungsgesuch ein.

Berlin, zumindest das geistige, gelehrte und literarisch-künstlerische, steht kopf. Eine solche Torheit hätte man selbst dem als eigenwillig und jähzornig bekannten Literaten nicht zugetraut. Wer kündigt schon wegen einer Lappalie, weil er mit einem seiner Vorgesetzten nicht auskommt, eine allenthalben begehrte Stellung?

Frau Emilie hat die Wohnung in der Potsdamer Straße schon vorher verlassen. Sie ist buchstäblich aus Berlin geflohen. Zuflucht findet sie wie so oft bei ihrer besten Freundin aus Pensionstagen im schlesischen Neuhof. Weder Mann noch Kindern verrät sie, wann und ob sie überhaupt zurückkehren will, weiß es am Ende selbst nicht. Die Briefe, die sie ihm schreibt, strotzen von bitteren Vorwürfen – das geht aus Fontanes Antworten hervor – und vor Ironie, die Emilie bei ihrem Mann erlernt haben dürfte.

Am 19. Juni 1876 bittet Fontane Kaiser Wilhelm, »die Entlassung aus meinem Amte genehmigen, die Fortdauer Allerhöchster, bei meiner Benennung aufs neue bestätigte Gnade aber mir nicht entziehen zu wollen«. Der Monarch entspricht dem Gesuch, sicher nicht ohne Kopfschütteln, in das halb Berlin einfällt. Das Fazit aus Fontanes Sicht: »Ärgernisse. Kränkungen. Und keiner nimmt für einen Partei; man ist immer ganz verlassen, sowie man in die Ecke gestellt wird.«

Am 2. August erhält er den offiziellen Entlassungsbescheid, am 31. Oktober erfolgt sein formeller Austritt aus der Akademie. Sein Nachfolger wird, am 1. November, kein anderer als Karl Zöllner, der Mann, der Fontane zum Sekretär vorgeschlagen hat, und nun den Posten selbst übernimmt. Er füllt ihn sachgemäß aus, wird Geheimrat und nach seiner Pensionierung zum Ehrenmitglied der Akademie ernannt.

Emilie ist immer noch in Schlesien. Ihr gegenüber bleibt Fontane hart und unerbittlich. »Das Schlimme ist«, schreibt er ihr, »daß Du Dich nicht daran gewöhnen kannst und auch nicht gewöhnen willst, mich für einen vernünftigen und auf *meine* Weise ganz praktischen Mann anzusehen. Du läßt mir alle möglichen Vorzüge, betrachtest mich aber wie ein poetisches Kind, das jeden Augenblick auf dem Punkt steht, sich als Familien-Enfant-terrible aufzuspielen.«

An Mathilde von Rohr: »Sie hat mich als Schriftsteller geheiratet und muß sich schließlich darein finden, daß *ich*, trotz Abgrund und Gefahren, diese Art des freien Daseins den Alltagskarrieren mit ihrem Zwang, ihrer Enge und ihrer wichtigtuerischen Langenweile vorziehe. *Jetzt*, wo ich diese Karrieren allerpersönlichst kennengelernt habe, mehr denn je.«

Man hat Frau Emilie heftig wegen ihrer unversöhnlichen Haltung gescholten und oft dabei vergessen, daß sie, so Haffner,

»tapfer, wenn auch nicht gerade freudig, ein Vierteljahrhundert lang Fontanes wenig glänzende Existenz geteilt« hat. In Anbetracht dessen klingt es beinahe wie Hohn, was Fontane irgendwann einmal auf einem Bogen niedergelegt hat. Diese meist auf 1876, jenes Jahr der tiefen Entzweiung, datierte Parodie ist erst 1928 veröffentlicht worden:

> *Wie sich meine Frau einen Beamten denkt.*
> 1. Ein Beamter lebt lange.
> 2. So lange er lebt, hat er ein auskömmliches Gehalt.
> 3. Ist er krank, so wird er vertreten, je öfter, desto besser.
> 4. Badereisen sind garantiert.
> 5. Der Dispositionsfonds ist unerschöpflich und wird nur durch die unergründliche Güte seines Verwalters übertroffen.
> 6. Arbeit Chimäre.
> 7. Dienststunden werden gehalten oder nicht gehalten. Werden sie gehalten, so wechselt die Lektüre der National-Zeitung mit der der Vossischen.
> 8. Fehler sind gleichgültig, so lange nur nach außen die eigene und des Standes Unfehlbarkeit gewahrt bleibt.
> 9. Zum Ordensfest und zu des Königs Geburtstag muß der Beamte gesund sein (Weiße Binde).
> 10. Erfüllt er dies, so verdoppelt der König die Witwenpension aus dem Schatullen-Fonds; für die Töchter Erziehungsgelder; Für die Söhne drei Kadettenstellen frei.

Am Ende bleibt man – Gewohnheit, Resignation, Familiensinn, vielleicht ein bißchen von jedem – doch zusammen. Emilie kehrt zurück, und Fontane kann sich mit seinem schon vor zehn Jahren begonnenen Romanmanuskript in den Harz zurückziehen, um sich in der Sommerfrische den Ärger von der Seele zu arbeiten. Ein herzliches Verhältnis stellt sich zwischen den Ehegatten nie mehr her, es bleibt bestenfalls beim kameradschaftlichen Nebeneinander. Daß ihm Emilie trotzdem unentbehrlich wird, liegt an seiner Handschrift und der Pedanterie, mit der er seine Manuskripte angeht. Sie wird alle seine Romane mit der Hand ins reine schreiben und das oft mehrfach (in einem Fall bis zu sechsmal); aber das steht auf einem anderen Blatt. Man zankt viel und trägt Differenzen sogar vor Gästen aus. In solchen Fällen pflegt Fontane das Haus zu verlassen und auf lange Spaziergänge zu gehen, von denen er erst spät heimkommt.

Mete hält sich immer wieder sporadisch im Elternhaus auf, um spätestens in einem halben Jahr wieder in die »wundervolle Reichlichkeit« des Hauses Witte zu entfliehen. Sie macht, alt geboren und mit einer »verbockten Hochmuthsanlage« versehen, wie Fontane es nennt, den Eltern einige Sorgen, denn sie hat – leider – die Nervosität von Vater und Mutter geerbt. Zum Vater behält sie ein besonderes Verhältnis, während das zur Mutter nicht ungetrübt bleibt. Ihn vergöttert sie geradezu, und ihrer Mutter schreibt sie einmal, ob unbefangen oder ironisch, steht dahin: »Ich halte es für das schönste und beneidenswerteste Glück, Papa's Frau sein zu können und ich weiß, daß Du ebenso denkst...«

In Wahrheit gewöhnt Frau Emilie sich nur schwer daran, daß sie die Frau eines armen Literaten ist und bleiben wird. Es gibt manches, das sie mit einigem Recht moniert. Um über die Runden zu kommen, hat Fontane beim Verleger seines begonnenen Romans, Wilhelm Hertz, schon zum zweitenmal einen nicht unbeträchtlichen Vorschuß aufgenommen. Obwohl er die Arbeit am »Lewin von Vitzewitz« ohne Unterbrechung zu Ende führt, schreibt er noch an die anderthalb Jahre daran, länger als er gedacht hat und viel zu lang für Emiliens Ungeduld; was sie ihm ungeniert ins Gesicht sagt. Keine biedermeierliche Familienidylle, eher ein nervöses Großstadtdasein auf Biegen und Brechen.

28.

Th. F.

(1870–1890)

Theaterkritiker bleibt er. Erst Anfang der neunziger Jahre wird Fontane diese Tätigkeit aufgeben. Da ist er dann nicht nur der Doyen der Berliner Theaterkritik, sondern der populärste und meistzitierte seines Fachs.

Über Berlin, eine Stadt, in der er heimisch geworden ist, heimischer sogar als in London, kann sich Fontane nicht beklagen. Während im neuen Deutschen Reich kaum jemand seinen Namen kennt, erfreut er sich an der Spree, in der jetzigen Reichshauptstadt, lokaler Berühmtheit. Seine Schauspielkritiken werden ebenso verschlungen wie seine *Wanderungen*.

Seinen Kollegen gegenüber gereicht ihm die Tatsache zum Vorteil, daß er nicht literarhistorisch oder germanistisch-gelehrt an die Kritik herangeht, sondern als erfahrener Journalist: Er schreibt so, daß man's gerne liest. In der Zeitung machen die ersten Sätze die Kritik. Fontane ist darin Meister. Der Einleitungssatz einer Sardou-Besprechung 1878: »Die Franzosen haben mit zweierlei ihre Revanche an uns genommen: mit den fünf Milliarden und mit Sardou.«

Auch in seinen Urteilen bleibt er sozusagen mit dem Publikum auf Grußfuß. Er bedient sich nicht des üblichen Kritikerjargons über einen Schauspieler, der sich am *Ödipus* versucht, nach einem leise säuselnden Lob: »Aber alles, was er hat, reicht doch nur so weit, wie es eben reicht.« Das Fazit einer *Macbeth*-Inszenierung: »Das Gelungenste war der Regen, der gegen das alte Schloß von Inverneß peitschte...«

Helmut Nürnberger hat Fontane einen geborenen Kritiker genannt. Das ist er tatsächlich. Aus den journalistischen Anfängen wächst ein eigener Stil, ebenso kunstvoll wie – scheinbar – dahingeplaudert. Dabei sieht er unerbittlich auf Qualität. Über einen Bleichenwang in *Was ihr wollt*: »Alles war forciert und auf Beifall berechnet, der dann auch nicht ausblieb. Aber die schwerste Kunst, die der Künstler zu lernen hat, ist die: auf Beifall verzichten zu können.«

Natürlich hat er seine subjektiven Vorlieben und Abneigungen. Er haßt auf der Bühne zum Beispiel jeglichen Manierismus, was einer der höchstgelobten Darsteller der Zeit, Adalbert Matkowsky, zu spüren bekommt, den er mit einer Reihe heftiger Verrisse straft, weil er »Natürlichkeit und Maß in hohem Grade vermissen läßt«. Bei einem seiner Auftritte passiert auch jener Druckfehler, den Fontane in der nächsten Ausgabe der *Vossischen* berichtigt. Matkowsky hat in *Wallenstein* 1887 den Max gespielt und »ihn ganz soldatisch gehalten... zunächst Oberst der Pappenheimer, der dann die Prinzessin Thekla liebt, während die meisten Piccolomini-Darsteller in erster Linie *Thekla-Liebhaber* und dann erst Oberst der Pappenheimer sind«. Statt »Thekla-Liebhaber« steht am nächsten Morgen »Theater-Liebhaber« im Blatt – »was zwar auch zutreffen mag, aber doch etwas anderes ist«.

Welchen Erfolg Fontane auf diesem journalistisch-literarischen Gebiet hat, zeigt am deutlichsten die Tatsache, daß sich Cliquen bilden, um – wie er es selbst nennt – »ihm beizukommen«. Zu einem dieser Grüppchen gehört der Hofschauspieler Theodor Döring, den der Kritiker Fontane »immer nur über den weißen Klee gelobt« hat. »Aber der Ton, glaube ich, paßte ihm nicht... Wie ein orientalischer Despot verlangte er Unterwerfung.« Mehr als das: »Er hätte mich gern vergiftet. Es ging aber nicht recht.«

Statt dessen tut Döring sich mit seinem Freund Glaßbrenner zusammen, den Autor von *Eckensteher Nante* und Achtundvierziger-Satiriker, der jetzt die *Berliner Montags-Zeitung* redigiert. Der »kleine Vernichtungsplan«, den sie zusammen aushecken, »war nicht übel«, wie selbst Fontane zugibt. Da er seine

Kritiken nicht unter seinem vollen Namen, sondern unter dem Kürzel Th. F. veröffentlicht, erscheint in der nächsten Nummer der *Montags-Zeitung* ein Aufsatz, der das Kennzeichen nicht als »Theodor Fontane«, sondern als »Theater-Fremdling« deutet.

»Das war nun wirklich sehr witzig gemacht«, stellt der Betroffene fest, »und weil mir außer meiner Theaterfremdlingschaft sonst nichts Schlimmes nachgesagt wurde, so war ich in der angenehmen Lage, über den guten Witz mitlachen zu können. Denn offengestanden, ich hatte nicht den Ehrgeiz, ein Theater-Habitué zu sein, und betrachtete das Wort, das mich in der Theaterwelt entwerten sollte, eigentlich als ein Lob, eine Ehrenerklärung.«

Die Theaterkritiker sind in der deutschen Presse stets hochgeschätzt und manchmal in ihrer Bedeutung überschätzt worden. Noch in den zwanziger Jahren bestimmten sie Ansehen und Linie eines Blattes nicht minder als Chefredakteur und Leitartikler, meist sogar mehr als diese. Bei den Deutschen, sollte man meinen, müßten sich der Musikkritiker und der Literaturmensch größerer Wertschätzung erfreuen, denn Musik und Poesie, sagt man, liegen ihnen näher als das Theater, das primär eine ausübende Kunst ist und erst in zweiter Linie eine schöpferische.

Aber auch durch den Blätterwald weht der Geist, wie er will. Entweder hat die begabtesten Kritiker das Schauspiel mehr gereizt als anderes, oder hat das Theater die Eigenart, jene, die sich mit ihm beschäftigen, zu witzigeren und höheren literarischen Leistungen anzuspornen. Auch Fontane hat zugegeben, »daß es besser ist, man weiß in seinem Berufe was, als man weiß nichts oder wenig«. In seinem Beruf aber räumt er zu Recht der Begabung einen gewissen Vorsprung ein – sie kann mangelndes Wissen wenigstens in der Anfangszeit am ehesten ersetzen. Der Kritikerberuf wird ja nicht erworben, er wird usurpiert – wer sich nicht selbst zum Kritiker ernennt, wird nie einer. Dabei liegt die einzige Rechtfertigung für eine notgedrungen subjektive öffentliche Beurteilung künstlerischer Leistungen in einer langjährigen Erfahrung. Sie wiederum kann man allein in der Praxis erwerben.»Im ganzen aber«, meint Fontane,»bei allem höchsten Respekt vor dem Wissen, kommt es doch im Leben mehr auf den angeborenen als auf den anstudierten Beruf an. Erfahrung ist besser als Studium, aber auch Erfahrung steht hinter dem von Anfang an Gegebenen zurück.«

Trotzdem: Es sind gewöhnlich nicht die jüngsten Kritiker, auf die man hört, sondern die ältesten, erfahrensten. Auch Fontane ist nach zwanzig Jahren besser als zu Anfang seiner Kritikerkarriere. Jetzt, mit langjähriger Erfahrung des Theaterfreundes und dem inzwischen errungenen persönlichen Renommee, wird er zur Instanz. Seine Kritiken bekommen kulturhistorische Bedeutung, weil »der alte Fontane«, einer der wenigen Kritiker der ersten Stunde, auf der Bühne die sich ankündigende Moderne durchzusetzen hilft. Er hebt den Naturalismus mit aus der Taufe.

Die entscheidende Aufführung, *Vor Sonnenaufgang* des jungen Gerhart Hauptmann in der Inszenierung Otto Brahms, erlebt er am 20. Oktober 1889 in der Freien Volksbühne. Seine – keinesfalls nur lobende – Stück und Richtung ernst nehmende spontane Kritik hat Literatur- und Theatergeschichte gemacht. Hauptmann – »er erschien mir einfach als die Erfüllung Ibsens« – war trotz kontroverser Aufnahme der Premiere, nicht zuletzt aufgrund Fontanes Urteil, durchgesetzt.

Weniger gut ergeht es, ein halbes Jahr später, am 7. April 1890 an gleicher Stelle der Uraufführung der *Familie Selicke* von Arno Holz und Johannes Schlaf. Die beiden schreiben bezeichnenderweise unter dem norwegischen Pseudonym Bjarne P. Holmsen, das durch den *Papa Hamlet*, ihr vorheriges Stück, bekanntgeworden ist.

Die *Familie Selicke* provoziert den Bildungsspießer noch weit mehr als *Vor Sonnenaufgang*. Die konservative Presse ergeht sich in Beschimpfungen wie: »Diese Thierlautkomödie ist für das Affentheater zu schlecht!« Fontane dagegen: »Das Stück beobachtet das Berliner Leben und trifft den Berliner Ton in einer Weise, daß auch das Beste, was wir auf diesem Gebiete haben, daneben verschwindet.«

Klaus M. Rarisch, Dichter und wohl bester moderner Arno-Holz-Kenner: »Hauptmann avancierte zum Berliner Bühnenliebling, strich bei der Zweitausgabe seines ›Vor Sonnenaufgang‹ die Widmung an Bjarne P. Holmsen und setzte statt dessen eine Zueignung an seinen Theatermentor Otto Brahm ein.«

*Kritische Jahre – Kritikerjahre* hat Fontane seine Aufzeichnungen genannt, die erst lange nach seinem Tode publiziert worden sind. Sein Debüt als Kritiker lieferte er am 17. August 1870, und am 2. Juni 1890, mit der Besprechung der Uraufführung von Gerhart Hauptmanns *Friedensfest*, beschloß er diese Tätigkeit. Nehmen wir ihn wörtlich, so heißt es, daß er erst acht Jahre vor seinem Tod sich und sein Werk nicht mehr als gefährdet empfindet. Allerdings erscheinen noch während seiner Kritikerjahre die ersten Novellen und Romane seiner Feder, begibt sich der vielseitige und bienenfleißige Spätzünder auf ein neues, noch weiteres Feld, das er bisher kaum oder gar nicht beackert hat.

Der Nachfolger von Th. F. ist nicht zu beneiden. Aber auch er schafft es, wie Fontane es gegen die Erinnerung an Gubitz geschafft hat. Der sechsunddreißigjährige Paul Schlenther bringt es sogar zum Fachmann oder Habitué, was Fontane nicht werden wollte. Er wird Direktor des Wiener Burgtheaters.

Jetzt schwingt sich der Erzähler auf, spät, wie fast alles, was Fontane in seinem Leben begonnen hat. Daß der sich in seinem bisherigen Werk schon abzeichnet, sei mit dem Porträt Gerhart Hauptmanns bewiesen, das der Kritiker an den Abschluß seiner berühmten *Vor Sonnenaufgang*-Besprechung gestellt hat. Es könnte ebensogut aus *Vor dem Sturm* wie aus *Irrungen Wirrungen* oder dem *Stechlin* stammen.

»Statt eines bärtigen, gebräunten, breitschultrigen Mannes mit Klapphut und Jägerschem Klapprock erschien ein schlank aufgeschossener junger blonder Herr, von untadeligstem Rockschnitt und untadeligsten Manieren und verbeugte sich mit einer graziösen Anspruchslosigkeit, der wohl auch die meisten seiner Gegner nicht widerstanden haben. Einige freilich werden aus dieser Erscheinung, indem sie sie für höllische Täuschung ausgeben, neue Waffen gegen ihn entnehmen und sich gern entsinnen, daß der verstorbene Geheime Medizinalrat Casper sein berühmtes Buch über seine Physikats- und gerichtsärztlichen Erfahrungen mit den Worten anfing: ›Meine Mörder sahen alle aus wie junge Mädchen.‹«

Professor Casper war Berliner Gerichtsarzt, und den – damals alternativen – Klapprock, eine Erfindung des Zoologen Gustav Jäger, hat Hauptmann vor seinen großen Theatererfolgen gern getragen und wohl sogar propagiert. Fontanes Gerhart-Hauptmann-Kritik gipfelt in einem fast schon prophetischen Charakterbild des Autors.

## 29.

## Das Tortur-Büchlein
(zeitlos)

Die Biographie hat schon einen stattlichen Umfang erreicht, und wir sind noch nicht einmal zu dem Fontane gelangt, den die meisten vor sich sehen, den alten Fontane, den über Sechzigjährigen.

Sein Werdegang ist langsam verlaufen, Schritt für Schritt. Wir haben ihn als Kind und Heranwachsenden erlebt, als werdenden und approbierten Apotheker, jugendlichen Rebellen, liberalen Zeitungskorrespondenten und Winkelredakteur in einem erzkonservativen Blatt, als Kriegsberichterstatter, Schlachtenbummler und am Ende Kriegsgefangenen, auch schon als freien Schriftsteller, der alle Mühe hat, seine wachsende Familie zu ernähren, als Dichter von Gelegenheitsversen sowie Lesebuchballaden, als mäßig prominentes Mitglied der »Tunnel«-Vereinigung und gescheiterten Akademiesekretär. Ein literarischer »Hans Dampf in allen Gassen« – aber ein Genius, ein begnadeter Schriftsteller von Weltrang, zumindest in seinen Spitzenwerken, einer der Meistgenannten des Jahrhunderts?

Seinen Zeitgenossen ist schwerlich zu verübeln, daß sie den Literaten Fontane nicht allzuhoch einstufen. Er geht jetzt auf die Sechzig zu, ein Alter, in dem andere schon gezeigt haben, was sie können, oder selten noch Gelegenheit dazu erhalten. Gewiß leistet er zu Hause, gleichsam hinter den Kulissen, Ungeheures. An Vielseitigkeit der Interessen, der Wissensgebiete und der schriftstellerischen Tätigkeit dürfte ihn kaum jemand, gestern oder heute, übertreffen.

Trotz Vielseitigkeit und Fleiß – erreicht hat er nicht viel. Man kennt ihn in und um Berlin herum als Theaterkritiker, Frontberichter und, hauptsächlich, Wanderer durch die Mark Brandenburg. Das Klischee vom verkannten Genie trifft auf ihn nicht zu. Er hat auf der einen Seite vielleicht schon zu viel, auf der anderen, erzählerischen, noch zu wenig geschrieben. Vielseitigkeit verstellt oft ein bißchen den Blick auf die wahren Qualitäten. Sie sind bislang beim Sechzigjährigen nicht einmal ganz sichtbar geworden.

Ein Mann jenseits aller Klischees. Da gibt es eines, demzufolge ein Dichter auf dem Weg in die Unsterblichkeit zwar viele Brotberufe haben dürfe, aber keinen der Feder, die dadurch entweiht würde. Fontane beweist das Gegenteil. Ein vom Schreiben Besessener, der mit nichts anderem sein Geld verdienen könnte oder wollte, ergreift er alle die von den Puristen verpönten Berufe eines Reporters, Feuilletonisten und Berichterstatters. Was seinen Romanen und Novellen nicht geschadet hat, im Gegenteil. Die Erfahrung ist ihnen sichtlich zugute gekommen.

Das Klischee von der dichterischen Begabung, die im seichten Sumpf erstickt wird, hat am nachhaltigsten Rainer Maria Rilke in seinen *Briefen an einen jungen Dichter* vertreten. Er behielt in diesem Fall sogar recht, denn Franz Xaver Kappus, der ambitionierte junge Mann, an den die Briefe gerichtet waren, wurde, was er nicht werden wollte, nämlich Verfasser von Illustriertenromanen. Aber es nimmt doch wunder, daß Rilke ausgerechnet Fontane seinen ersten Gedichtband, *Larenopfer*, mit einigen verehrungsvollen Zeilen zuschickt. Fontane ist nahezu das Gegenteil von dem, was Rilke sich unter einem Dichter vorstellt. Er bedankt sich übrigens für das Buch in einem Brief mit der Anrede »Sehr geehrte gnädige Frau«, ein norddeutsches Mißverständnis, wohl wegen Rilkes zweitem Vornamen.

Der Geniekult des 19. Jahrhunderts erhält seine ersten Risse durch die realistische Bewegung, die sich durchzusetzen beginnt. Intuition, angeblich Voraussetzung jeglichen »kreativen Schreibens«, spielt bei Fontane kaum eine Rolle. Er ist ein oppositioneller Typ, der des sorgfältigen Planers. Bei ihm wird alles, werden auch Balladen, Novellen, Erzählungen und Romane, sorgfältig vorgeplant nach A, B und C wie seine Sachbücher. Richtet sich doch seine erzählerische Prosa nicht ausschließlich an eine ästhetische Elite, sondern ausdrücklich an den ganz normalen Durchschnittsleser – wie schon seine Sach- und Reisebücher.

Die Art und Weise der Erzählung, ihr Fluß und ihr rhythmischer Aufbau sind vorgeprägt durch ihre Nutzung. Sie sollen zuerst in Fortsetzungsform erscheinen und müssen in den Magazinen und Unterhaltungsblättern ihren Platz gegenüber raffinierter Kolportage behaupten. Das verlangt Erfindungsreichtum und Wachsamkeit. Die Zeit freilich ist günstig für diese Art der Literatur. Vor der Erfindung von Film, Radio und Fernsehen sind Theater und Roman die einzigen Vermittler von Unterhaltung. Der Roman wird sogar – die Konkurrenz der Fortsetzungszeitschriften ist groß – wie später Radio und TV ins Haus geliefert.

Auch Fontanes spezielle Begabung, von eher journalistischer als erzählerischer Natur, kommt dem entgegen. Zwar findet er Vorbilder in der Weltliteratur, etwa in Scott, Dickens und Thackeray, die er immer wieder liest, sowie um 1877, im jungen Zola, von dem eben *Der Bauch von Paris* erschienen ist und der ihn neuerdings fasziniert. Man kann aber nicht sagen, daß sein erzählerisches Werk auf diesen Autoren beruht oder sie kopiert. Der Stil des Werks, das er plant, ist sein eigener, ein realistischer, kein naturalistischer im Sinne von Zola oder Holz-Schlaf. Das Vorbild liegt eher in der Reportage, die man damals noch schlicht »Bericht« nennt. Sein stolzes Wort: »Der Bericht ist beinahe alles« faßt das, was Fontane unter Literatur versteht, wie in einer Formel zusammen. Bei ihm geht Journalismus, freilich einer höchster Qualität, nahtlos in Erzählung, Belletristik, in Literatur über.

Aber Zitate sind bei Fontane eine Sache für sich; auf die Auswahl kommt es an. In der Zeit, in der er verbissen an praktisch seinem Erstling arbeitet, »Lewin von Vitzewitz«, gibt es andere, weniger formelhafte, geradezu berufliche Äußerungen, vor deren Banalität man erschrecken könnte. In einer Rezension der

*Ahnen* von Gustav Freytag, die eben zu erscheinen beginnen, stellt er 1875 in der *Vossischen Zeitung* die Frage: »Was soll ein Roman?« und beantwortet sie mit der folgenden Aufzählung: »Er soll uns, unter Vermeidung alles Übertriebenen und Häßlichen, eine Geschichte erzählen, an die wir glauben. Er soll zu unserer Phantasie und unserm Herzen sprechen, Anregung geben, ohne aufzuregen; er soll uns eine Welt der Fiktion auf Augenblicke als eine Welt der Wirklichkeit erscheinen, soll uns weinen und lachen, hoffen und fürchten, am Schluß aber empfinden lassen, teils unter lieben und angenehmen, teils unter charaktervollen und interessanten Menschen gelebt zu haben, deren Umgang uns schöne Stunden bereitete, uns förderte, klärte und belehrte.«

Man würde sich wünschen, er hätte sich kürzer gefaßt und gesagt: »Was soll ein Roman? Er soll uns eine Geschichte erzählen.« Auf den pädagogisch-biedermeierlichen Realismus eines Gustav Freytag mag diese langatmige Zeilenschinderei jedoch haargenau zutreffen. Ironie liegt bei Fontane immer nahe, oft auch die Parodie. Es könnte sich um eine Kritik handeln, die dem aufmerksamen Leser gerecht wird, aber den Autor nicht verletzt – Fontane hat Freytag gut gekannt und ihn gemocht. Vielleicht sollte man sich zu der pedantischen Aufzählung ein Augenzwinkern hinzudenken.

Das sollte man bei Fontane überhaupt öfter tun. Ironie gehört in der englischen Literatur zu den festen Komponenten, und aus ihr – von Shakespeare, Byron, Dickens, Thackeray – dürfte Fontane sie auch bezogen haben. Wie man ein Gemälde zur besseren Haltbarkeit und zum Schutz seiner Substanz mit Firnis überzieht, überzieht Fontane nach englischem Vorbild seine Prosa mit Ironie. Was – bis Fontane – in Deutschland kaum üblich gewesen ist. Die deutsche Literatur hat viele hervorragende witzige, sarkastische, humorvolle und geistreiche Dichter und Schriftsteller hervorgebracht. Ironie ist eher Mangelware geblieben – es fallen einem immer nur Heine, Fontane und Thomas Mann ein.

Sprechen wir es offen aus: Ironie liegt dem Deutschen eigentlich nicht. Humor und sogar Zynismus – ja: das eine ist aufbauend, das andere kämpferisch für möglichst eine gute Sache! Aber die Ironie verschiebt alle Grenzen, selbst die zwischen Gut und Böse. Ironie ist ambivalent, zersetzend und betreibt Spott hinter dem Rücken eines jeden. Sie ist widersprüchlich, und seltsamerweise gilt das als ein bißchen ehrenrührig, obwohl Widersprüchlichkeit zum Menschen gehört wie Leib und Seele, Statur und Charakter.

Kein Wunder, wenn sich selbst ein Fontane in Widersprüche verstrickt sieht, und es dürfte nichts schaden, wenn man auch hinter seinem Versuch einer psychologischen Selbstanalyse einige Ironie oder ein vorsichtiges Augenzwinkern vermutet. Irgendwann hat er in einem jener Fragebogen, die damals noch nicht im Sonntagsmagazin großer Zeitungen unter Berufung auf Proust erchienen, sondern in Form sogenannter Tortur-Büchlein, Auskunft über sich gegeben.

Dabei handelte es sich um eine Art Gästebuch, das mit vorgedruckten Fragen nach Vorlieben, Abneigungen, Eigenarten und Charakterzügen aufwartete. Es muß schwirig gewesen sein, sie ohne gründliche Vorbereitung zu beantworten. Man merkt Fontanes Antworten, die zum erstenmal 1901/02 von einer literarischen Zeitschrift aufgespürt und veröffentlicht wurden, an, daß sie auf langjährigem Nachdenken über die eigene Person beruhen. Wie gut Fontane Menschen zu beobachten versteht, wird das jetzt erst begonnene erzählerische Werk offenbaren. Daß er auch der beste Beobachter seiner selbst ist, zeigt sich an fast jeder Stelle seines Briefwechsels. Den besten Beweis liefert zweifellos der Eintrag ins »Tortur-Büchlein«.

*Welche Eigenschaft schätzen Sie an dem Manne? – Gehorsam.*

Die erste Antwort, sehr preußisch, stammt von einem gedienten Staatsbürger, der über drei Kriege Bücher geschrieben hat. Gehorsam – auch seinen Idealen und Pflichten gegenüber – hat Fontane gewiß auf die eigene Fahne geschrieben. Nicht jedoch bedingungslose Unterwerfung, wie die Kündigung bei der

»Kreuz-Zeitung« und die Aufgabe des Akademie-Postens bewiesen haben. Gehorsam kann eine Tugend sein, Kadavergehorsam nicht.
*Welche Eigenschaft schätzen Sie an der Frau? – Caprice.*
Das klingt wenig preußisch, dürfte aber als Antwort von einem charmanten *homme à femme* französischer Abstammung zu erwarten sein. Erwartungshaltungen seiner Leser erfüllt Fontane fast immer und meistens prompt, das gehört zu seinem Stil und seinem Erfolg.
*Wie verstehen Sie Glück? – Gar nicht.*
*Wie das Unglück? – Auch nicht recht.*
*Wo möchten Sie leben? – In meiner Stube.*
Wieder reagiert Fontane richtig. Dumme Fragen verdienen dumme Antworten. Vorher allerdings hat er eine Antwort auf eine beinahe schon tiefenpsychologische Frage gegeben, die – wir haben sie schon in anderem Zusammenhang zitiert – besondere Aufmerksamkeit verdient:
*Was ist Ihre hervorstechendste Eigenschaft? – Indifferenz.*
Über die Wahl ausgerechnet dieser Eigenschaft – Gleichgültigkeit, Uninteressiertheit, auch wohl Arroganz – ist viel gerätselt worden. Sollte die Figur des Professors Schmidt in *Frau Jenny Treibel* ein verkapptes Selbstporträt sein, und das ist wahrscheinlich, denn beim Professorentöchterlein hat, dem Dichter zufolge, Mete Modell gestanden, so beschreibt Fontane sich (idealisiert) im 15. Kapitel: »...er war ein liebenswürdiger Egoist, wie die meisten seines Zeichens, und kümmerte sich nicht sonderlich um die Stimmung seiner Umgebung, solange nichts passierte, was dazu angetan war, *ihm* die Laune direkt zu stören.« Das Wort »ihm« ist im Manuskript unterstrichen und ist daher in den meisten Buchausgaben kursiv gedruckt.

Indifferenz könnte er auch auf sein ständig schwankendes Urteil bezogen haben, wie beim Dubslav, dem menschlichen Mittelpunkt seines größten Romans, *Der Stechlin*, in dem man ebenfalls eine Art Selbstporträt vermutet. Dubslav fügt einer Auskunft über seinen Sohn Woldemar, »der einen stark liberalen Zug hat«, hinzu: »Ich kann es nicht loben und mags nicht tadeln« – eine Unentschlossenheit, die typisch für Fontane sein dürfte. Er hat etwas Ähnliches oft ausgesprochen oder von seinen fiktiven Gestalten aussprechen lassen.

Selbst in seinen Lieblingszitaten zeigt sich ein Hang zur Unentschiedenheit und Indifferenz. Heinrich Heine zitiert er oft aus dem *Buch Le Grand* mit dem vielfach variierten Ausspruch: »Ein guter Mensch und doch ein schlechter Musikant.« Oder die Endzeilen eines von Mörike bearbeiteten Waiblinger-Gedichts:

> Wer haßt, ist zu bedauern,
> und mehr noch fast, wer liebt.

*Was wünschen Sie am sehnlichsten? – Luft, Licht.*
*Wer ist in Ihren Augen der erste Dichter, Schauspieler, Musiker, Maler? – Wechselt alle fünf Jahre.*
Manches bleibt banal.
*Welche Fehler finden Sie am verzeihlichsten? – Die meinigen.*

Immerhin paßt die Antwort zur Indifferenz, die ja Überheblichkeit und Egozentrik einschließt. Unter einer ganzen Reihe wenig aufschlußreicher Fragen etwa nach der Lieblingsbeschäftigung (Antwort: *Schlafen*) oder der persönlichen Meinung über die Ehe (Fontane, ungeheim diplomatisch: *Je nach dem*) findet sich nur noch eine einzige für die Psyche des Beantworters bezeichnende: *Lieben Sie das Ideale oder das Reale?*

Die Antwort würde eine komplizierte theoretische Erklärung erfordern oder, vereinfacht, nur das Wort »beides«, denn Fontane ist sowohl dem Idealen als auch dem Realen verbunden. Er findet eine noch plausiblere Formulierung, beinahe schon eine Parabel. Seine Antwort ist kompliziert und sehr einfach zugleich: »*Die Diagonale.*«

Natürlich sollte man dieses Gesellschaftsspiel nicht überschätzen. Dennoch enthält es jenes Körnchen Wahrheit, über das man in Erzählungen und Parabeln im unklaren bleibt. Ganz falsch beantworten wird keiner derartige Fragen können.

Mete, die Tochter, die nach der zweiten Ehekrise Fontanes eigentlicher Gesprächs- und Gewissenspartner, seine wirkliche Gefährtin geworden ist, füllt wenig später – als Siebzehnjährige – einen ähnlichen Fragebogen zur Selbstcharakteristik aus. Er ist ihr aus England zugeschickt worden und entspricht nicht völlig demjenigen, den ihr Vater beantwortet hat. Als ihre Haupteigenschaft nennt sie merkwürdigerweise »Ungleichheit«, was auf einen – bei ihr tatsächlich vorhandenen – Emanzipationswillen schließen läßt, leben möchte sie gerne »in Berlin«, und ihre Idee vom Glück ist: »Frau und Mutter zu sein.«

Das junge Mädchen hat es nicht leicht zu Hause. Beide Elternteile stehen einander bisweilen beinahe feindselig gegenüber und erwarten von Mete eine gewisse Vermittlerrolle. Wie überfordert sie ist, zeigt sich daran, daß sie auf dem Berliner Königlichen Lehrerinnenseminar, an dem sie seit anderthalb Jahren studiert, nur langsam vorankommt. Sie ist häufig krank.

Das ohnehin gespannte Verhältnis zwischen Emilie und Theodor Fontane hat sich noch verschärft, weil die Arbeit am ersten Roman länger dauert als angenommen. Die Erzählung, auf ein personenreiches Zeitgemälde angelegt, verlangt eine gewisse Breite sowie das Studium der historischen Fakten – vom Brandenburger Wander-Fachmann erwartet man, daß diese stimmen.

So arbeitet Fontane verbissen am Manuskript in Berlin und Thale. Wird er gestört – in der Familie meist durch die Frage, wie lange das nun noch dauert –, beißt er verletzt um sich. Zwanzig Jahre lang trägt er sich nun schon mit diesem Plan. 1854 ging es um einen Roman über den Major von Schill, aus dem sich dann der »Lewin von Vitzewitz« entwickelte, ein Stoff, der zur fixen Idee zu werden droht, so oft ist er hintangestellt worden, wenn ein fester Auftrag Vorrang bekam. Es ist rund zehn Jahre her, daß Fontane ihn beiseite legte und in den *deutschen Krieg* zog, doch dem Verleger Hertz gegenüber – eine Art von Notschrei – betonte: »...der Roman aber darf nicht ungeschrieben bleiben«, um ironisch hinzuzufügen: »Die Welt würde es freilich verschmerzen können, *aber ich nicht.*«

Mete muß ihrer Freundin Lisa Witte in Rostock brieflich ihr Leid geklagt und Fontane davon erfahren haben, wahrscheinlich über Frau Anna Witte und deren Schwiegersohn Richard Lucae, der ebenfalls Mitglied des »Tunnels« ist. Denn aus Thale schreibt er fühlbar gekränkt an Frau und Tochter: »Ich wünsche von Herzen, daß meine Abwesenheit zugleich als die Abwesenheit eines Druckes empfunden werden möge, und würde mich glücklich schätzen zu hören, daß Ihr aufatmet.«

Dazu besteht unter Menschen, die aneinander leiden, kein Grund. Zeitweilig scheinen alle drei krank, nervenkrank und dem Zusammenbruch nahe. Für Fontane gewiß nicht die idealen Verhältnisse, um einen lange gehegten Traum zu verwirklichen, für Emilie eine bittere Zeit voller Zukunftsangst, an der sie seit jeher leidet, und für Mete gewiß die Hölle auf Erden.

Fast kommt es einem kleinen Wunder gleich, daß nach Fontanes Rückkehr aus Thale alles doch irgendwie klappt. Im Dezember vertraut er dem Tagebuch an: »...still und gleichmäßig vergehen unsere Tage. Gott sei Dank...«

Die Stimmung bessert sich. Im Dezember beendet Fontane den Roman, was allen weiteren Auftrieb gibt. Im Januar 1878 beginnt der Vorabdruck in der populären Zeitschrift *Daheim* – ein Triumph für den geplagten Literaten; und es kommt auch wieder Geld in die Kasse. Ende April 1878 besteht Mete, allen Unterbrechungen und nervösen Anfällen zum Trotz, das Lehrerinnenexamen.

Es gibt trotzdem kein Happy-End. Die nächste Enttäuschung läßt nicht auf sich warten. Der Roman wird kein großer Erfolg, nicht einmal bei den Freunden. Paul Heyse findet das Ende »sehr herzbewegend«, aber »es sollte *früher* dahin kommen«. Krasse Ablehnung erfährt er von den *Daheim*-Lesern, und zwar wegen »Beleidigung des sittlichen Empfindens sowie Langeweile«, ein Effekt, der, wie Helmuth Nürnberger mit Recht meint, nur sehr selten vorkommt. Bei den Kritikern gibt es freundschaftlich-herablassendes Lob, aber der erhoffte Durchbruch bleibt aus.

Fontane hat daraus gelernt. Er hat nie wieder einen derart langen Roman geschrieben.

Über die Generationen hinweg sollte auch die wechselnde Leserschaft aus ihm eine Lehre ziehen, nämlich diejenige, den ersten Eindruck nicht als den endgültigen zu betrachten, sondern ihn in möglichst kurzen Abständen zu überprüfen. Mag *Vor dem Sturm* nicht Fontanes gelungenster Roman sein. Es ist der beste historische Roman, den die Deutschen besitzen, nachdem die erfolgreicheren seiner Zeitgenossen hoffnungslos verblaßt sind.

30.

# Nach dem Sturm
(1878)

Zweifellos haben *Ekkehard, Ein Kampf um Rom, Soll und Haben*, selbst *Die Hosen des Herrn von Bredow*, also Scheffel, Dahn, Gustav Freytag, Willibald Alexis, mit der Zeit gelitten. Im 19. und angehenden 20. Jahrhundert gehören diese Werke zu den meistgelesenen deutscher Sprache, Dauerbrenner mit ständigen Neuauflagen, die spielend Absatz finden, fast schon Klassiker. Spätestens seit Mitte des 20. Jahrhunderts haben sie jedoch ihren Glanz und ihre breite Leserschaft verloren. Sie konnten keine Patina ansetzen; sie sind schlichtweg verwelkt.

*Vor dem Sturm* dagegen, die ganze Zeit vom Gros des Lesepublikums eigentlich als überflüssiger Vorläufer zum Hauptwerk Fontanes angesehen und daher wenig gelesen, scheint mit der Zeit gewachsen. Es wird schon manchmal Tolstois *Krieg und Frieden* an die Seite gestellt, und das nicht nur, weil beide Romane nahezu zeitgleich begonnen worden sind.

Die deutsche Literatur ist nicht eben reich an erzählerischer Auseinandersetzung mit der eigenen Vergangenheit. Einen kritischen Patriotismus haben die deutschen Dichter und Erzähler allzu selten entwickelt, und nichts altert schneller als Hurra-Patriotismus oder, auf der Gegenseite, ideologisch bedingte Sturheit. Lob und Tadel haben die Deutschen vielfach, auch von ihren schreibenden Landsleuten, erfahren, aber nur selten in Form einer historischen Analyse. Mag der Vergleich mit Tolstoi übertrieben sein – was *Krieg und Frieden* für die Weltliteratur, ist, wie sich herausgestellt hat, *Vor dem Sturm* für die deutsche.

Man könnte hinzufügen: mangels Masse, doch das wäre ungerecht. *Krieg und Frieden* überragt gleichsam übernational alle historischen Romane. Wenn allerdings ein Werk Fontanes jahrzehntelang von Fachleuten wie Laien im eigenen Land beinahe sträflich unterschätzt worden ist, dann *Vor dem Sturm*. So recht entdeckt hat man ihn erst nach dem Zweiten Weltkrieg, wahrscheinlich im Zeichen historischer Nostalgie, aus Heimweh nach einem Stück preußisch-deutscher Geschichte, das unbelastet ist von den Verbrechen eines Hitler. Da geriet die laue Resonanz, die Fontanes Erstling gefunden hat, ihm sogar zum Vorteil. Alle anderen patriotischen Historiengemälde hatten – dies jedenfalls der nachträgliche Einwand – doch irgendwie auf dem falschen Fuß hurra geschrien.

Dergleichen liegt Fontane sowieso nicht. Er marschiert nie stur in eine Richtung. Das heißt: Er kann durchaus mit dieser oder jener Anschauung konform gehen, aber erkennt stets noch rechtzeitig, daß unter Umständen der Weg in eine andere Richtung ebenso richtig sein kann. Selbst für das eigene Argument findet er gewöhnlich früher oder später ein Gegenargument, was seinen gelegentlichen Patriotismus immer noch lesbar, begreifbar, mehr als das: auf angenehme Weise anrührend, macht.

Welch ein Glück, daß Wilhelm Hertz, der Verleger, sich dem ursprünglich gewählten Titel verweigert hat. Ihm verdanken wir, verdankt es Fontane, daß der allzu preußisch-märkische Name »Lewin von Vitzewitz« mit einem dicken Blaustift vom Titelblatt gestrichen und durch *Vor dem Sturm* ersetzt worden ist. Hertz tut ein übriges. Er streicht Fontanes Bezeichnung »Zeit- und Sittenbild« und schreibt dafür schlichtweg »Roman«, ebenfalls eine Verbesserung, denn das Buch soll auch in den damals so wichtigen Leihbüchereien der Papiergeschäfte um die Ecke ein Erfolg werden.

Fontane zögert mit dem Einverständnis. Während seiner »Wanderungen« vor allem beim märkischen Adel mit offenen Armen empfangen, liebt er die alten, wenngleich nicht immer ehrwürdigen Junkernamen über alles. Hinzu kommt, daß er den Titel für besetzt hält. Vor einigen Jahren hat der Freund und

»Kreuz«-Zeitungskollege Georg Hesekiel seinen Roman *Stille vor dem Sturm* veröffentlicht, der ebenfalls in den Freiheitskriegen spielt. Aber Fontane läßt sich am Ende überzeugen: Hesekiel ist 1874 gestorben und hat im übrigen seinen eigenen Büchern nie großen Wert beigemessen.

Woran Hertz nichts ändert, wohl auch nicht kann, ist der Umfang, den die Leser des *Daheim* von vornherein moniert haben. Die Buchausgabe erscheint im Oktober 1878 in vier stattlichen Oktavbänden, die den Roman empfindlich verteuern. Damit das Ganze nicht zu unübersichtlich wird, werden die einzelnen Bände mit eigenen Untertiteln versehen und die Kapitel Band für Band durchnumeriert. Dadurch erreicht man zwar das Gegenteil, aber die Untertitel bleiben auch in späteren Auflagen – mit durchlaufenden Kapitelzahlen von 1 bis 82 – erhalten. Noch heute gliedert sich oder zerfällt der Roman in vier Teile.

Der Haupteinwand, der immer wieder seit seiner Veröffentlichung gegen das Werk ins Feld geführt wird, betrifft seine Länge. Fontane, heißt es, habe einen Fehler begangen, der typisch sei für viele Erstlinge. Er habe viel zu viel in die Geschichte hineingepackt an Gestalten, Figuren, Originalen, Anekdoten, Geschichten, Ereignissen, die halbe, schon in den *Wanderungen* erzählte märkisch-preußische Historie und sogar den »Tunnel über der Spree«, der hier als Dichterkreis »Kastalia« auftritt.

Das mag sein, aber was erwartet man von einem historischen Panorama, wenn nicht einen Querschnitt durch Arm und Reich, Palast und Hütte, Graf und Bettler, Hoch und Niedrig, Hauptstadt und Dorf? *Vor dem Sturm* ist lang und, zugegeben, mitunter langatmig. Aber die Handlung hat auch ihre spannenden Momente, vor allem eine innere Spannung, der sich der Leser bald ausgesetzt sieht. Man wird informiert und dabei glänzend unterhalten – eine Spezialität des frühen wie des späten Fontane.

»Ohne Moral und Brand und große Leidenschaftsgeschichten«, schreibt er, »habe ich mir einfach vorgesetzt, eine Anzahl märkischer (d. h. *deutsch-wendischer*, denn hierin liegt ihre Eigentlichkeit) Figuren aus dem Winter 1812 und 1813 vorzuführen, Figuren, wie sie sich damals fanden und im wesentlichen auch jetzt noch finden. Es war mir nicht um Konflikte zu tun, sondern um Schilderungen davon, wie das große Fühlen, das damals geboren wurde, die verschiedenartigsten Menschen vorfand und wie es auf sie wirkte.«

Die Handlung spielt in Hohen-Vietz im Lande Lebus an der Oder, also weit östlich. Fontane schildert ein Preußen, das auf wendischer Grundlage beruht – woher ja auch der Name stammt. Auf Hohen-Vietz steht der alte Herr Berndt von Vitzewitz Haus und Hof vor, während sein Sohn Lewin in Berlin Jura studiert und zu den Festtagen – der Roman beginnt am Weihnachtstag 1812 – zurückkehrt. Mit dem Vater leben Lewins Schwester Renate und deren Freundin Marie.

Die Anlage der Personen bestimmt bei Fontane von vornherein die Handlung – es ist dies seine erzählerische Eigenart, die er später weniger offensichtlich anwendet. Marie, die Tochter eines fahrenden Schaustellers, bleibt nach dessen Tod im Dorf und wird vom alten Vitzewitz mit seiner Tochter aufgezogen. Sie heiratet später Lewin – ein Strang der vielfältigen Handlung basiert auf Fontanes parabelhaft vorgebrachter Hoffnung, der von ihm so hochgeschätzte preußische Adel möge endlich vernünftig werden und seine gefährlichen Inzuchtpraktiken aufgeben.

Auch die weiteren Handlungsfäden sind auf bestimmte Themen ausgerichtet. Zum Dichterkreis »Kastalia« in Berlin gehören zum Beispiel der Balladendichter Hansen-Grell und Tubal Nasalinski, der Sohn eines polnischen Adligen, der sich Preußen zur Adoptivheimat erwählt hat. Mit dessen Schwester Kathinka ist Lewin so gut wie verlobt – hier kommen die nachbarlichen Wechselbeziehungen Preußens und Polens ins Spiel. Es endet beziehungsvollerweise weniger positiv – Kathinka wird von einem Landsmann, Graf Bninski, entführt.

Was den eben zitierten Äußerungen Fontanes zum Trotz eine »große Leidenschaftsgeschichte« auslöst, an der Lewin von Vitzewitz fast zugrunde geht. Aber es ist hier nicht der Raum für eine ausführliche Inhaltsangabe. Im Mittelpunkt all der Handlungsstränge steht eine Kriegstat, die man auf Hohen-Vietz, also in der Provinz, beschließt: Die Franzosen sind in Rußland geschlagen und befinden sich auf dem ungeordneten Rückzug. Im besetzten Preußen regen sich überall patriotische Gefühle, die, da der preußische König sich nach Breslau zurückgezogen hat, führungslos bleiben. So tritt man einen Erkundigungsritt nach Küstrin an, wo ein französischer General Festung und Stadt mit fünfzig Kanonen besetzt hält. Als man mit ungenügend Ausgebildeten unter dem Kommando des alten Vitzewitz und eines pensionierten Generals losschlägt, erlebt man eine bittere Niederlage. Die Franzosen von Küstrin sind keine geschlagene, sondern eine voll ausgeruhte Reservetruppe. Tubal, schwer verwundet, stirbt auf Hohen-Vietz, Lewin wird gefangengenommen und muß auf abenteuerliche Weise mit Hilfe der verwachsenen Landbotin Hoppenmarieken befreit werden. So ganz ohne »Moral und Brand« geht es dann doch nicht in *Vor dem Sturm*, und auch das »große Fühlen« – es ist, gottlob, nicht allzu gefühlvoll ausgefallen – kommt nicht zu kurz.

Was allerdings die Lektüre unvergeßlich macht, sind weniger die Leidenschaftsgeschichten und Brände – einer zerstört ein Gebäude des Gutshofs –, als jene Vollblutgestalten, die den Roman von Anfang bis Ende bevölkern. Da ist Hoppenmarieken, eine unheimliche und abergläubische Erscheinung, Hehlerin und Postbote auf dem flachen Land, aus dem sie unvermutet auftaucht und wieder verschwindet. Der Prediger Seidentopf sammelt germanische Relikte aus der Vor- und Frühzeit, die sein Freund und Gegenspieler, Justizrat Turgeny, gegenteilig interpretiert, nämlich slawisch-wendisch. Fontane läßt die Auseinandersetzungen der beiden friedlichen Streithähne sozusagen unentschieden enden. Einmal geht es um einen bronzenen Kultwagen aus der Zeit zwischen zehntem und achtem Jahrhundert vor Christi Geburt, den Fontane aus Neuruppin kennt. Man kann ihn noch heute im dortigen Heimatmuseum besichtigen.

Da gibt es die Tante Schorlemer, auch ein Typus der Zeit, mit einer Fülle frommer Herrnhuter Sprüche, und eine Schwester des alten Vitzewitz, die – noch aus den Zeiten des Alten Fritz stammend – völlig französisiert ist und die Zeitläufte nicht mehr versteht. Der Roman gerät zwar nie, wie so viele andere historische Romane, zur reinen Abenteuererzählung, aber es ist schon abenteuerlich genug, diesen Menschen zwischen gestern und vorgestern zu begegnen, die so prall lebendig vorgestellt werden.

Das gilt sogar für die historischen Personen, die Fontane auftreten läßt. Man erfährt von ihnen mehr als aus den meisten Geschichtsbüchern. Lewin hört an der Berliner Universität nicht nur beim Juristen Savigny, sondern auch Fichtes Vorlesung über Yorcks Kapitulation, die Preußens politische Haltung im europäischen Konflikt schlagartig verändert: der Befreiungskampf beginnt mit einem Akt des Ungehorsams, der unter bestimmten Verhältnissen preußischer sein kann als Kadavergehorsam. Was im Sinn behalten sollte, wer über die Männer des 20. Juli urteilt.

Ferner beschwört Fontane gleichsam in persona und ganz nach Art der Auftritte in *Krieg und Frieden* unter anderem Napoleon, König Friedrich Wilhelm III., den preußischen Staatskanzler Hardenberg, die Gräfin Voß, Oberhofmeisterin der verstorbenen, aber unvergessenen Königin Luise, die Dichter Tieck und Novalis, die dem Volk verhaßte (und heimlich bewunderte) Konkubine des alten Königs, Gräfin Lichtenau, Prinz Heinrich, den greisen Bruder Friedrichs des Großen auf Schloß Rheinsberg und den Prinzen Ferdinand, dessen Palais, das heutige Schloß Bellevue und der Sitz des Bundespräsidenten in Berlin, ausführlich geschildert wird und der von allen Genannten am besten wegkommt. Preußens Geschichte erscheint zumindest in einem Teilabschnitt verlebendigt und vermenschlicht, ohne daß der Staat, seine Moral und seine Menschen über Gebühr verherrlicht würden.

Eher das Gegenteil ist der Fall, denn Fontane verwendet auch hier einen literarischen Trick, den er schon früh virtuos beherrscht. Er legt Leuten, die gegenteiliger Meinung sind, kontroverse Dinge in den Mund und läßt deren Wort im Raum stehen, auch wenn ihnen widersprochen wird. So läßt er Preußen selbst in diesem preußischen Roman nicht nur von innen aus beurteilen, sondern der Gerechtigkeit halber auch von außen, zum Beispiel durch Bninski im Gespräch mit Kathinka, seiner polnischen Landsmännin. Der sieht in den Preußen »Schein und List und dabei die tief eingewurzelte Vorstellung, etwas Besonderes zu sein. Und woraufhin? Weil sie jene Rauf- und Raublust haben, die immer bei der Armut ist. Nie ist es satt dieses Volk; ohne Schliff, ohne Form, ohne alles, was wohl tut oder gefällt, hat es nur *ein* Verlangen: immer mehr! Und wenn es nun endlich sich übernommen hat, so stellt es das Übriggebliebene beiseite, und wehe dem, der daran rührt. Seeräubervolk, das seine Züge zu Lande macht! Aber immer mit Tedeum, um Gott oder Glaubens- oder höchster Güter willen. Denn an Fahneninschriften hat es in diesem Lande nie gefehlt!«

Das ist nicht das letzte Wort, aber, wie gesagt, Fontane spricht es aus und läßt es im Raum stehen, auch wenn Kathinka Bninski entgegnet: »Du sprichst dich aus dem Recht in das Unrecht hinein. Du fühlst selbst die Übertreibung, zu der dich Vorurteil und Bitterkeit fortreißen.«

Doch auch Tubal, der auf seiten Preußens im voreiligen Kampf gegen die Franzosen fallen wird, fügt sich in dieses Schema: »Ich lasse das Preußentum gelten, aber dieses säbelbeinige Märkertum, das sich am liebsten in einen Husaren verkleidet, jeden Augenblick den alten Zieten spielen möchte und nichts von ihm hat als die Häßlichkeit, das ist mir verhaßt.«

Zuletzt bleibt der häßliche Preuße im Gedächtnis haften. Fontane hat keine Hemmung, diese Seite – wie es sie, wenn auch in wechselnder Gestalt, bei allen Völkern gibt – deutlich vor Augen zu führen. Preußen hat nicht nur Lobredner. Und Fontane weiß, daß man Konturen nur gewinnt, wenn man Schattenwurf duldet. Nicht von ungefähr gehört Mommsen, der große deutsche Historiker des 19. Jahrhunderts, zu den wenigen Zeitgenossen, die *Vor dem Sturm* gelobt und bewundert haben.

Der Beifall bleibt, wie gesagt, gedämpft. Den meisten Lesern ist der Roman nicht nur zu lang, sondern auch zu langweilig. So vertraut Julius Rodenberg, der Herausgeber der *Deutschen*

*Rundschau*, der vor allem den Theaterkritiker Fontane schätzt, seinem Tagebuch an, daß er schon seit fast acht Wochen an diesem Brocken »würge... es ist nicht zu sagen, was das für ein albernes Buch ist... ich frage mich immer: Was wird nun kommen? Werden sie wieder über Land fahren (mit den Ponies)? Werden sie sich wieder zu Tisch setzen? Werden sie wieder schlafen gehen?«

Unsere gegenwärtige Fontane-Instanz, Helmuth Nürnberger, meint: »Aufs Ganze gesehen standen die Zeitgenossen Fontanes dem Stoff noch zu nah, um Geduld für die Schönheit der Einzelschilderungen haben zu können.« Dem steht entgegen, daß nicht nur die Schönheit nicht entzückt, sondern auch die von Fontane bewußt ins Feld geführte Häßlichkeit die Leserschaft anscheinend nicht empört hat. Der Indifferente erfährt Indifferenz am eigenen Leib.

Nach dem Sturm, der nicht blies, hat Fontane gelernt, mit seinem Stoff und nicht zuletzt seinen Kräften rationaler umzugehen. Er hält sich in Zukunft kürzer, konzentrierter und mehr der Novelle zugeneigt als dem Roman.

Weil er eben gut in Schwung ist, macht er auch gleich die Probe aufs Exempel. Ende des alten und Anfang des neuen Jahres 1879 verfaßt er eine weitere historische Erzählung, jetzt aber enger im Ausschnitt und knapper im Text: *Grete Minde*. Die Titelfigur hat wirklich gelebt. Sie ist 1619 hingerichtet worden und Fontane hat ihr Schicksal, wie er den Lesern versichert, »einer altmärkischen Chronik«, in Wirklichkeit mehreren Quellen entnommen.

Die Arbeit macht ein Wiedersehen mit Tangermünde notwendig, was ihm willkommen ist, wegen der Unterbrechung ebenso wie wegen der Abwesenheit von Berlin. In Tangermünde betreibt er winterliche Ortsstudien, läßt sich am Elbufer den Wind um die Ohren wehen und schreibt anschließend die melodramatische Geschichte in einem Zug herunter.

Was man ihr anmerkt. Sie ist einheitlicher, wohlgeformter und glatter als *Vor dem Sturm*, aber auch viel flacher.

## 31.
# Grete und Mete
## (1880–1887)

Um ein Hauptwerk handelt es sich bei *Grete Minde*, wie aus der Andeutung hervorgeht, also nicht. Es erscheint 1879 als Vorabdruck in der Familienzeitschrift *Nord und Süd* und im folgenden Jahr bei Wilhelm Hertz als Buch. Wiederum kein Erfolg, jedenfalls nicht jener eklatante, den Fontane jetzt von Mal zu Mal erwartet. *Grete Minde* scheint als Unterhaltung konsumiert worden zu sein, wie sie zu jeder Zeit unter einem Überangebot unbeachtet zu bleiben droht.

Die Meinungen sind bis heute geteilt. Eine Zeitlang ist diese Novelle der einzige Fontane-Titel gewesen, der auf den Schulen angeboten worden ist. Man kann beide Meinungen verstehen, jene kopfschüttelnd auf ein »Ausgerechnet dieses Seitenwerk!« hinauslaufende und eine milder gestimmte. Das Ganze liest sich wie ein Potpourri aus dem frühen Fontane und gibt einen guten Eindruck von seinen Qualitäten, allerdings auch von dem, was ihm noch immer zu einem überragenden Schriftsteller fehlt.

*Grete Minde* ist eine kuriose Mischung. Den Stoff aus dem Anfang des 17. Jahrhunderts hätte er wohl zwanzig Jahre früher für eine Ballade verwandt – die Erzählung liest sich stellenweise wie eine solche. Auch der Wanderer zeigt sich von seiner besten Seite. Es gelingt ihm, ohne kulturhistorischen Zeigefinger, einen Abriß der Geschichte und des mittelalterlichen Stadtbilds von Tangermünde an der Elbe zu geben. Man erfährt einiges über die Burg, den Lorenzwald, der die Stadt umgibt, und über einen Besuch des Kurfürsten Johann Sigismund von Brandenburg. Johann Sigismund war eben zum Calvinismus übergetreten, für das spätere Preußen ein richtungsweisender Vorgang.

Fontane nimmt nur zu gern die Gelegenheit wahr, seinen Lesern dieses Problem in einer Begegnung mit dem Tangermünder Pfarrer Gigas ausführlich darzulegen.

Der Fluß der Erzählung und die Komposition sind zweifellos von seinem Freund Theodor Storm beeinflußt. Das wird zum einen dadurch deutlich, daß das Stück mit einer Puppenspielaufführung anfängt und aufhört, zum anderen durch die *Pole Poppenspäler*-Thematik, die zeitweilig um sich greift.

Beide Puppenspiel-Episoden enden in einer Katastrophe. Bei der ersten explodiert ein Korb mit Feuerwerkskörpern; in der nachfolgenden Panik werden zwei Frauen und ein sechsjähriges Kind getötet. Grete Minde, ein Patrizierkind aus Tangermünde, wird vom Nachbarssohn Valtin gerettet. Mit ihm verlobt sie sich nach dem Tod des Vaters heimlich, und beide gehen zusammen auf die Flucht, als Grete sich von Halbbruder und Schwägerin hartherzig behandelt fühlt. Sie werden Puppenspieler. Wir treffen sie als Mitglieder der Truppe, die damals das verhängnisvolle Gastspiel in ihrer Geburtsstadt gegeben hat, im altmärkischen Arendsee. Valtin liegt todkrank auf dem Heuboden eines Gasthauses. Er stirbt, während Grete eben in einer Aufführung mitmachen muß. Als auch ihr Kind erkrankt, begibt sie sich zurück nach Tangermünde, wo sie vom Bruder, der es inzwischen zum Ratsherrn gebracht hat, abgewiesen wird. Er verweigert ihr sogar das väterliche Erbteil.

Die Novelle schließt mit einer Apotheose, die einem Film oder Fernsehspiel angemessen wäre: Grete Minde nimmt ihr Kind auf den Arm, zündet eine Scheune und dann Tangermünde an zwanzig verschiedenen Stellen an. Die Stadt brennt lichterloh und wird – wie auch das Haus der Mindes – völlig zerstört. Grete sieht man verletzt, den Knaben an der Hand, hoch oben auf dem Turm von St. Stephan, als dieser in den lodernden Flammen zusammenbricht.

Der Brand, die Brandstiftung, wie übrigens das Puppenspiel mit den vorzeitig gezündeten Feuerwerkskörpern, sind historisch belegt. Fontane hat sie in altmärkischen Geschichtschroniken gefunden, wenn auch in umgekehrter Reihenfolge. Der Brand war 1617, das Puppenspiel fand erst 1846 statt. Einen Großteil der Handlung dürfte er jedoch einem erst kürzlich, 1883, erschienenen Buch des Geschichtsforschers Ludolf Parisius entnommen haben, der in ihm eine Ehrenrettung der Brandstifterin versuchte.

*Vor dem Sturm* war der Anlauf, den der Journalist, Dichter und Historiker Fontane nahm, um den Sprung in die Belletristik wagen zu können. Er gelingt bewundernswert, denn der Unterschätzte wird alle diejenigen, die ihn, in Freundschaft oder naserümpfend, als minores Talent abtun, einholen und mehr als das, überholen. Er läßt am Ende sogar die jüngeren Kollegen hinter sich, die schon weiter – und weitaus berühmter – sind als er: alle oben aufgezählten Verfasser historischer Romane aus der deutschen Vergangenheit, seinen Freund Paul Heyse und jene beiden Autoren, die beinahe als Klassiker betrachtet werden, Storm und Raabe. Ihren Vorsprung gegenüber Fontane haben sie heute längst eingebüßt. Ende des 20. Jahrhunderts wird Fontane gelesen wie kein zweiter seiner Zeit in deutscher Zunge: ein Sieg von Fleiß, Ausdauer und solidem Können über Genie.

Seine häuslichen Sorgen werden nicht weniger. Hat sich zwischen den Eheleuten die Lage einigermaßen geglättet, ist es jetzt Mete, sein Goldkind, sein Augapfel, die Fontane Kummer bereitet, und das über Jahre hinweg.

Fast ein Wunder, daß es ihm trotzdem gelingt, sich seinen literarischen Elan zu erhalten. Seine Indifferenz in Ehren – wenn es jemanden gibt, an dem er mit allen Fasern seines Wesens hängt, dann an Martha, die unglücklicherweise von beiden Elternteilen geerbt hat, was diese als ihre »Nervosität« bezeichnen. Überspanntheit, Nervenschwäche, Hysterie wären treffendere Bezeichnungen für einen Zustand ständiger Überreiztheit. Daß solche Nervosität zu jeder Begabung gehört, glaubt oder weiß man damals noch nicht; Fontane ahnt es immerhin, wie aus vielen seiner Briefe hervorgeht. Die Kleine ist obendrein, was die Eltern nicht sind: bequem, nicht sehr regsam, eher auf bedrückende Weise passiv.

Zum Glück sind die Söhne kreuzbrav geraten. Zu ihnen hat der Vater allerdings kein sehr inniges Verhältnis, wie er es überhaupt versteht, sich von seiner Familie – mit Ausnahme von Mete – abzunabeln. Die alljährliche Sommerfrische verbringt er nur noch selten und höchstens vorübergehend mit den Familienmitgliedern. Meist reist er allein in den Harz, an die Ostsee oder nach Schlesien, was sich anscheinend danach richtet, wohin es Emilie oder die anderen zieht. Wählt Emilie – wie meistens – Schlesien, zieht es Fontane in den Harz oder umgekehrt. Doch korrespondiert das Ehepaar eifrig miteinander, sommers und winters. Zentrales Thema ihrer Briefe ist häufig Mete.

Die beteiligt sich selten oder nie an den Ferienaufenthalten. Sie lebt früh – schon als Schulkind – ein eigenes Leben. Bei den Wittes in Mecklenburg hat sie nicht nur in der gleichaltrigen Lisa ihre beste, vielleicht einzige Freundin, sondern auch in deren Vater und Mutter, Anna und Friedrich Witte, so etwas wie Vizeeltern gefunden. Bei den Wittes ist sie wie Kind im Hause und nimmt sogar, wenn möglich (das heißt wenn Vater Fontane bereit ist, die Reisekosten nach Rostock oder Warnemünde zu tragen), an deren Ferienunternehmungen teil.

Jahr für Jahr verbringt Mete regelmäßig vier Monate, ihre »Mecklenburger Saison«, wie sie es nennt, bei den Wittes. Zwischen Vater und Tochter werden dann, obwohl oder weil sie sich sehr lieben, Briefe gewechselt, in denen Passagen vorkommen wie die folgende in einem Brief Fontanes Pfingsten 1883: »Du fragst in Deinem letzten Brief an, ob Du kommen oder bleiben sollst? Du kannst es damit halten ganz nach Deinem Ermessen; bleibst Du, so ist die Sommerfrage bis auf Weiteres damit erledigt, kommst Du aber wieder, ...so freuen wir uns jeden Tag und jede Stunde, sind aber der Meinung, daß dann nach drei oder fünf Wochen nicht wieder nach Schwigerow oder Rostock oder Warnemünde gereist werden kann...

Die Kosten, die durch solches Hin- und Herreisen verursacht werden, sind als Einzel-Ausgabe sehr wohl zu tragen, ... aber es ruiniert die *Vielfalt* der Fälle... Es giebt kein anderes Mittel als das alte, sich nach der Decke strecken...«

Zum Geldmangel tritt, wenn nicht alles täuscht, die Eifersucht.

Die finanzielle Lage der Familie ist nach dem Erscheinen von *Vor dem Sturm* und *Grete Minde* gespannter denn je. Im unmittelbar anschließenden Jahr, 1881, verspricht einzig der vierte Band der Wanderungen, *Spreeland*, bei Hertz Einnahmen. Da der Arzt Emilie eine Frühjahrskur in Nassau verschrieben hat, nimmt Fontane bei ihm einen Vorschuß von dreihundert Mark für die zweite Auflage des dritten Bandes, die gleichzeitig herauskommen soll. Auch Fontane geht es nicht sehr gut – ein neuer Roman, den er unter der Feder hat, macht ihm zu schaffen: *L'Adultera*. Er hat ihn wieder Julius Grosser versprochen, dem Chefredakteur von *Nord und Süd*, und muß den Termin jetzt verschieben: »Ich bin krank«, schreibt er Grosser, »eigentlich schon seit Wochen.«

So scheint er in aller Eile ein weiteres Balladenthema zu einer Novelle verarbeitet zu haben, die er noch 1881 in *Westermanns Monatsheften* unterbringen kann. Derartige Angebote kommen gewöhnlich komplizierter zustande, als man annehmen sollte. Fontane schickt den ihm bekannten Chefredakteur der betreffenden Zeitschriften drei oder vier Exposés, oft sogar relativ umfangreiche. Ausgeführt wird dasjenge, das der Chefredakteur bestellt. Nicht der Buchverleger – geschweige denn der Autor – hat die erste und entscheidende Auswahl, sondern der Belieferer des »Kolporteurs«, wie man damals – man möchte hinzufügen: bezeichnenderweise – den Zeitschriftenhändler oder Verteiler der populären »Lesemappen« nennt. Schwer vorstellbar aus heutiger Sicht, daß Fontane statt *Ellernklipp* etwas ganz anderes geschrieben hätte, wenn der Redakteur bei Westermann gewollt oder einen anderen Geschmack gehabt hätte.

Was vor allem an Fontanes Nerven frißt, ist die Tatsache, daß

Mete trotz abgelegten Examens keinerlei Anstalten macht, den Lehrberuf nun auch auszuüben. Sie sucht angeblich eine Anstellung, findet aber keine. Immer noch leidet sie an den Auswirkungen einer »Affäre«, die sich über die vergangenen drei Jahre hingezogen hat, quälend für sie, noch quälender für das Ehepaar Fontane.

Dabei ist »Affäre« ein viel zu bedeutungsschweres Wort für ihr jungmädchenhaftes Verhalten. Jede andere Familie hätte das Mißverständnis mit begütigendem Lächeln alsbald beseitigt — unter den drei Nervösen wird fast eine Tragödie daraus.

Was ist geschehen? Wenig genug. Mete hat, als sich sonst nichts bot, bei dem mit den Fontanes befreundeten Ehepaar Stockhausen eine Stelle als Haustochter angetreten, was ihr aber bald zu anstrengend wird und ihre Nerven über Gebühr strapaziert. Daraufhin hat man die Stelle, wie Fontane in seinem Tagebuch es ausdrückt, »in ein leichteres und freieres« Pöstchen, »aber in demselben Haus« umgewandelt.

Julius Stockhausen, Tenor und Musikerzieher, Dirigent des Sternschen Chors in Berlin, ist damals schon an die Fünfzig. Trotzdem verliebt sich die Siebzehnjährige schwärmerisch in ihn. Man könnte auch sagen: eben deswegen, denn sie zieht in ihrem Umgang die älteren Menschen vor, die sie mit ihrem Charme und Witz leichter erreicht als die gleichaltrigen.

Es ist alles andere als ungewöhnlich, daß sich ein Backfisch in einen reifen Mann, Freund ihres Vaters, verliebt. Den Fontanes aber gelingt es wieder einmal spielend, aus der Mücke einen ausgewachsenen Elefanten zu machen.

Die harmlose Sache kommt auch nur heraus, weil die Stockhausens nach Frankfurt übersiedeln und Mete über ihre Eltern dorthin einladen, sobald sie ihre »Mecklenburger Saison« absolviert habe. Aber die weigert sich strikt und möchte statt dessen mit den Wittes nach Paris fahren, was der Vater, der — immer noch ahnungslos — Wert auf die Freundschaft mit den Stockhausens legt, ebenso strikt ablehnt. In Berlin kommt es dann zwischen Tochter und Vater zu einer offenen Aussprache, die erregt verläuft und mit einem »in Blut und Phantasie wurzelnden Anfall« endet.

Auch dies nichts Ungewöhnliches, hätte nicht Emilie – wie sie meint: begütigend – eingegriffen. Sie, »deren Stärke«, nach dem Urteil ihres Mannes, »gewiß nicht auf dem Gebiet diplomatischen Verhaltens« liegt, schreibt den Absagebrief an Clara Stockhausen, wobei sie eine mißverständliche Redewendung gewählt haben muß. Aus ihr kann, wer will, herauslesen, man befürchte, eine »Liebesintrige«, die in Berlin begonnen habe, könne in Frankfurt fortgesetzt werden.

Damit haben sich die Fäden endgültig verwirrt, denn, wie sich denken läßt, beschwört Emilies Brief einigen Unfrieden im Frankfurter Haus Stockhausens herauf, aus dem ein langwieriger, komplizierter Briefwechsel zwischen den Ehepaaren erwächst, in dem Töchterchen Mete von beiden Seiten kräftig durch die Mangel gedreht wird.

Der behutsam geführte briefliche Streit mit den Stockhausens verdüstert monatelang die Atmosphäre bei den Fontanes. Er macht ihr immer wieder Vorwürfe, sich bei Clara Stockhausen nicht eindeutig genug für Mete einzusetzen. »Die Weiber«, schreibt er ihr einmal, wenig liebenswürdig, »bleiben sich doch immer gleich. Anstatt ihrem unschuldigen Julius, diesem Lamm, einen Nasenstüber zu geben, hechelt sie an Meten herum.« Überdies sei die von Frau Stockhausen gewählte Bezeichnung »Schöngeist« für Mete unzutreffend: »geistreich ist sie und etwas esprit fort [intellektuell]; beides ist besser als ›Schöngeist‹, was nach Blaustrumpf und Blümchenkaffee schmeckt«.

Er wird vorsichtiger, sogar kritischer gegenüber der geliebten Tochter, wenn er Stockhausen selbst schreibt. Mit einem unmißverständlichen Hinweis auf die »Anständigkeit ihres Charakters« schneidet er zwar jeglichen Verdachtsfaden ab, der auf eine Intrige Metes oder Schlimmeres weisen könnte. Er lobt ausdrücklich den »Tiefblick und [die] Weisheit« seiner Tochter, fährt aber fort: »... dies dauert nur so lange, wie sichs ums Allgemeine handelt, will sagen solange wie ihre Person außer Spiel bleibt; von dem Augenblick an wo diese mit hineingezogen wird, wird sie wie ein Kind ein Quack [Schreihals] und ihre Deduktionen, die nun plötzlich aus dem Scharfen ins blos Knifflige und Advokatische umschlagen, werden zu verdrießlich machenden Quasseleien... Es wäre schade, wenn diese reichbegabte Natur an ihren ›shortcomings‹, die nur zu gewiß sind, scheiterte.«

Viel Lärm um nichts, der im Hause Potsdamer Straße 134 c dennoch lange nachhallt. Fontane verbietet Emilie und Mete in der Zukunft »jegliche Onkelschaften, ...namentlich wenn es Onkels aus der Schule Stockhausens sind«, und Mete klagt: »...ich möchte die letzten drei Jahre nicht zum zweiten Male durchleben, aber daß ich sie durchlebt habe, daß bin ich froh«.

Seine Beichtmutter und begütigende Freundin findet Fontane wiederum in Mathilde von Rohr. Bei ihr beklagt er sich pauschal über seine Kinder, die er so gut wie überhaupt nicht und die Frau Emilie, wie er meint, zu lasch erzogen hat. Sie sind ihm zu indifferent geworden: »Keins der Kinder hat je scharf zugefaßt und gesagt: ›so soll es sein; *das* übernehm' ich, das ist nun meine Sache‹ – alle leben ganz ausschließlich nach ihrem Penchant [Hang, Neigung]. Dieser Penchant ist nicht schlecht, sie verlangen keine Dummheiten, sie sind nicht faul – aber jeder folgt nur seiner Laune, seiner Natur, keiner hat eine höhere Vorstellung von *Pflicht*. Sie thuen dies und das, aber so wie es anfängt, ihnen im Kleinsten unbequem zu werden, ist es damit vorbei.«

Frau Clara läßt nun von Frankfurt aus ihre Verbindungen spielen und vermittelt Martha eine Stelle als Gouvernante in Forsteck bei Kiel. Edgar R. Rosen, der Metes Briefe herausgegeben hat, vermutet, daß Frau Stockhausens Freundlichkeit nicht ganz uneigennützig gewesen sei, »da sie sich wohl eine Ablenkung der angeblichen jungen Nebenbuhlerin bei ihrem Mann versprochen haben dürfte«.

Das ist sehr wahrscheinlich. Mete hat sich allerdings tatsächlich entschlossen, statt Lehrerin zu werden, lieber den Beruf einer Gouvernante zu ergreifen, für den man ebenfalls die von ihr bereits bestandene Staatsprüfung benötigt. Ihr Entschluß hängt mit der Tatsache zusammen, daß sie, alles andere als eine geborene Pädagogin, ihr Studium mehr oder weniger aus Verlegenheit absolviert hat. Nun verspricht sie sich von häuslicher Lehrtätigkeit ein leichteres Los als das einer Schullehrkraft, und hofft wohl auch bei ihrer Vorliebe für ein bequemes Leben, wie es die wohlhabenden Wittes führen, als Gouvernante auf Zugang zu besseren Kreisen.

Freilich bleibt sie anspruchsvoll. Viele Kinder auf einmal möchte sie nicht unterrichten; am liebsten wäre ihr ein Einzelkind – und die Familie Lange im holsteinischen Forsteck besitzt sieben. Mete fühlt sich überfordert, und Vater Fontane macht sich persönlich auf eine Inspektionsreise in den Norden. Er rät der Tochter nach genauer Prüfung der Verhältnisse ab.

Eine Entscheidung erübrigt sich, als Mete in Berlin erkrankt, sogar lebensgefährlich an Typhus. Sie gesundet nur langsam und erleidet im nächsten Jahr während ihrer »Mecklenburger Saison« bei den Wittes einen Rückfall. Fontane über diese Krankheit, die man damals noch »nervöses Fieber« nennt, wenig tröstlich an seine Tochter in Rostock: »Ich weiß leider aus Erfahrung, daß diese Zustände jahraus jahrein um dieselbe Zeit wiederkehren.«

Nach einer langwierigen Rekonvaleszenz verbringt Mete, die sich weiterhin schonen muß, einen halben Sommer allein mit ihrem Vater in Berlin. Die Geschwister sind aus dem Haus oder auf Sommerfrische, die Mutter ist, wie meist um diese Zeit, bei ihrer Freundin in Schlesien.

Vater und Tochter machen es sich zu Hause gemütlich, wo auf einmal Ruhe herrscht und Frieden. Sie genießen »schöne, stille, sommerliche Tage«, wie Fontane ins Tagebuch schreibt. Ein weibliches Wesen, das ihn verehrt und liebt, rücksichtsvoller Umgang miteinander (Mete geht auf Zehenspitzen, wenn er schreibt) und intellektuelle Gespräche zwischendurch über Gott und die Welt entsprechen Fontanes Vorstellungen von irdischem Glück. Er erlebt, vielleicht zum erstenmal, sein Zuhause als eine Idylle. Ähnlich geht es Mete, die sich sonst nur bei den Wittes vollkommen wohl fühlt.

Zweisamkeit verbindet. Es hat den Anschein, als lernten sich die beiden erst jetzt richtig kennen. Freilich gehört bei Vater wie Tochter zur Liebe nicht nur Herz, sondern fast mehr noch Verstand. Sie sind beide abwägende Naturen, die sich ungern völlig ihren Gefühlen überlassen. Die idyllischen Sommertage geben ihnen Gelegenheit, den anderen auch kritisch zu beobachten. An der gegenseitigen Zuneigung ändert das nichts; es stärkt eher das Zusammengehörigkeitsgefühl.

So entdeckt Fontane, laut Tagebuch, daß seine Tochter zweifellos »Anlage und Vorliebe für absolutes Chaiselongue-Leben« besitzt, die ihre natürliche Aktivität hemmen. Der Tochter wird – wie wir aus einem vertrauensvollen Brief an Frau Witte wissen – zum erstenmal klar, wie sehr sich der Vater ein »künstliches Existenzgebäude« gezimmert hat, in dem er neben der Realität her lebt, ständig in der Gefahr, daß diese seine Welt wie ein Kartenhaus in sich zusammenfällt.

Vater und Tochter müssen sich ganz offen darüber ausgesprochen haben. Man kann es späteren Briefen entnehmen, in denen sie sich bisweilen mit Andeutungen, gleichsam zwischen den Zeilen, verständigen. Ihre Beziehung zueinander ist noch enger geworden. Sie wird bis zu Fontanes Tod andauern.

Das sommerliche Zusammensein und der offene Gedankenaustausch haben sogar ein praktisches Ergebnis: Mete beginnt – endlich! – ihr Berufsleben. Dabei spielt die Tatsache mit, die Fontane sehr wohl bemerkt und dementsprechend moniert, daß die stille Vater-Tochter-Zeit in der Potsdamer Straße ein Chaiselongue-Wesen wie Mete am Ende doch zu langweilen beginnt. So schön sich alles zwischen den beiden anläßt und so gut sie sich verstehen – die Idylle als Dauerzustand ist das Letzte, was der nervöse Vater und die womöglich noch nervösere Tochter ersehnen. Es drängt sie beide früher oder später aktiv zu werden.

Mete wird es, indem sie die Stelle einer Erzieherin in Klein-Dammer bei Schwiebus annimmt. Woher das Angebot so plötzlich kommt und wer es vermittelt haben mag, ist unbekannt geblieben. Schwiebus gehört damals zu Brandenburg, liegt aber östlich der Oder, auf einem Territorium also, das nach Ende des Zweiten Weltkriegs polnisch geworden ist.

Am 1. August 1880 trifft Mete im Gutshaus von Klein-Dammer bei der Familie von Mandel ein, nachdem sie sich vorher wochenlang bei den Wittes in Mecklenburg aufgehalten und dort wohl Mut geschöpft hat für ihren Sprung in die große, weite Welt. Es ist dies ihre erste Anstellung – sie ist zwanzigeinhalb, jung genug für einen Anfang, wenn auch schon fast zu alt für den Beginn einer normalen Laufbahn. Ihre Prüfung liegt nun über zwei Jahre zurück.

Beinahe zwei Jahre hält Mete es in Klein-Dammer bei den von Mandels aus. Ihre Briefe aus dieser Zeit, die Edgar R. Rosen 1973 in der damaligen Staatsbibliothek Preußischer Kulturbesitz mit Sitz in West-Berlin hervorgekramt und erstmals veröffentlicht hat, geben ein anschauliches Bild vom Leben des märkischen Kleinadels und von der »Obergeschoßexistenz«, die Mete dort führt. Wie sehr sie sich über ihre eigenen Vorzüge, aber auch ihre – von Fontane so genannten – *shortcomings* im klaren ist, geht aus ihnen immer wieder deutlich hervor. Sie analysiert die eigene Wesensart mit ungewöhnlichem Scharfblick: »...ist Besuch hier«, schreibt sie den Eltern einmal, »so bin ich immer sehr still, trotzdem man mich dann gerne... lebhaft sähe, aber aus lauter Hochmuth bin ich in meinem Auftreten zurückhaltend u. bescheiden«.

Ihre Stimmungen und Launen bleiben wechselhaft, und zu Gleichaltrigen findet sie nach wie vor kein Verhältnis. Aber sie versteht es, die Kinder für sich einzunehmen und die Erwachsenen dazu. Ihr ganzer Schwarm bleibt jedoch der Vater, denn der Schriftsteller Fontane scheint kein Unbekannter auf Klein-Dammer: »Und wie sprechen sie alle von meinem lieben Vater und wie innig dankbar war ich wieder und wieder, daß er unserm Namen einen Klang gegeben hat, den alle Grafen und Herren für recht aristokratisch und vornehm ansehen...«

»Aristokratisch« und »vornehm« sind zwei ihrer Lieblingsvokabeln. Darauf richtet sich ihre Hoffnung – und wenn dies nicht, dann doch wenigstens auf die »wundervolle Reichlichkeit«, die bei den Wittes herrscht.

Man muß ihr zugestehen, daß sie tatsächlich bei jüngeren Zeitgenossen weit weniger *fortune* hat. So geschieht ihr, was sicher nur ganz selten vorkommt, etwas absolut Ungewöhnliches: Sie verlobt sich – mehr oder weniger heimlich – mit einem jungen Mann, und der geht ihr verloren, das heißt, er löst sich, zu Vater Fontanes Ärger, gewissermaßen in Luft auf, ist plötzlich nicht mehr vorhanden, als habe es ihn nie gegeben.

Die Vorgeschichte: Mete, die es stets zur sogenannten guten Gesellschaft zieht, verkehrt seit Jahren im Haus des Regierungsrats Schreiner, zunächst am Anhalter Bahnhof, später in der Nähe des Matthaeikirchhofs, beides feudale Adressen nach ihrem Geschmack. Die gleichaltrige Tochter Marie ist eine Schulfreundin; die beiden haben sich schon mit zwölf kennengelernt.

Sie sei bei den Schreiners aus und ein gegangen, »weil ich anhänglich und dankbar... war, ohne jeden Nebengedanken«, erklärt Mete in einem Brief aus Warnemünde etwas später ihrem Vater. Aber der schreibt wütend »Nicht wahr!« an den Rand und mutmaßt »unbewußte Selbsttäuschung oder bewußte Verharmlosung«.

Denn Marie hat einen etwas älteren Bruder namens Rudolph, mit dem es kurz vor ihrer Abreise nach Klein-Dammer zu einer Annäherung gekommen sein muß. Zwar charakterisiert ihn Rosen nicht eben günstig, er sei ein »typischer Vertreter der von ihr mit Geringschätzung angesehenen Kategorie durchschnittlich unbedeutender – und in diesem Fall noch dazu verantwortungsscheuer – Lebensgefährten«.

Ganz so schlimm kann er Mete nicht erschienen sein, hat sie sich doch – wahrscheinlich während ihrer »Berlinferien« von der Gouvernantenstelle auf Klein-Dammer – mit ihm, wenn auch in etwas vager Weise, verlobt. Fontane spottet in seinem Antwortbrief über den »berühmten Händedruck, Korridorkuß und Fußspitzengruß«, kann aber nicht aus der Welt schaffen, daß seine Tochter sich für gebunden hält.

Sie stellt Rudolph sogar der Familie vor, was ihn nur eingeschüchtert haben dürfte, denn der Bräutigam läßt sich fortan weder blicken noch von sich hören, zieht sich in jene »charakterlose und folgenschwere Schweigsamkeit« zurück, für die Mete ebensowenig wie ihr Vater eine Erklärung hat. Rudolph Schreiner verharrt in seinem Schweigen, auch nachdem er die Juristische Staatsprüfung absolviert hat. Nach deren Bestehen, hat Mete vermutlich mit ihm abgesprochen, solle er um ihre Hand anhalten. Sie scheint ihn, obwohl Vater Fontane begreiflicherweise »die ganze Sache... nachgerade höchst sonderbar« findet, fest zu erwarten, aber vergeblich. Der Grund (durch den die Affäre fast possenhaft endet): Rudolph ist bei der Prüfung durchgefallen.

Natürlich flüchtet Mete sich nach Rostock in die Arme von Frau Anna Witte und läßt die Eltern einigermaßen besorgt zurück. »Ihnen wird Martha längst reinen Wein eingeschenkt haben«, schreibt ihr Fontane, »und *wenn* nicht, so wird sie's, denk ich, in dieser Veranlassung tun. Bitte, lassen Sie, hochverehrte Frau, uns wissen, wie's steht, wie sich Martha... auch ferner dazu stellen gedenkt... Liegt ihr daran, ihre Jugend aufs Dustre und Ungewisse hin zu ›verwarten‹, so mag sie's tun... *Uns* liegt's ob, ihr zu raten, *sie* aber mag sich entscheiden.«

Daß Mete ihm daraufhin brieflich erklärt, eine »lebhafte Neigung« für Rudolph Schreiner nie empfunden zu haben, macht die Sache nicht besser. Fontane, der ständig eine »Aussprache« der beiden angeblich Verlobten befürchtet, kann erst aufatmen, als Mete im Herbst von den Wittes nach Berlin zurückkehrt und vom Bräutigam kein Lebenszeichen mehr die Potsdamer Straße erreicht hat.

Nach der Aufgabe ihrer Gouvernantenstelle und – wie soll man's nennen? – dem merkwürdigen Versanden ihrer Verlobung, ergreift Mete wieder die übliche Ruhelosigkeit. Von der Suche nach einer neuen Unterrichtstätigkeit ist zunächst nicht die Rede. Ende März 1883 fährt sie wieder nach Mecklenburg, diesmal allerdings nach Schwiggerow. Ihre Freundin Lisa Witte hat dort den Rittergutsbesitzer Richard Mengel geheiratet und Mete – noch während der Flitterwochen – ins neue Heim eingeladen. Sie bleibt bis Anfang Mai beim jungvermählten Paar, kehrt dann kurz nach Berlin zurück, um anschließend gleich nach Schwiggerow zurückzukehren. Im Laufe des Sommers übersiedelt sie dann, wie gewohnt, zu den Wittes nach Warnemünde.

Was Fontane, wie er Emilie mitteilt, die in Thale kurt, erleichtert, wobei er nicht die Neuvermählten im Sinn hat, sondern die eigene Tochter: »Daß Martha nach Warnemünde geht und das junge Paar seinem muthmaßlich eigentlichsten Honey-moon... überläßt, kann ich nur sehr billigen. Daneben stehn und sich den Mund wischen, ist nicht sehr angenehm, wenn man 23 ist.«

Irgendwo, in Berlin, Rostock, Warnemünde, Klein-Dammer oder Schwiggerow, muß Mete sich unter dem Einfluß ihres Vaters in jüngster Vergangenheit an einen Schreibtisch gesetzt und eine Novelle geschrieben haben. Mete ist nicht unmusisch; sie spielt recht gut, wenn auch, wie die Mutter behauptet, uninspiriert, Klavier. Das Zeichnen und Malen hat sie beim Berliner Akademieprofessor Carl Gussow gelernt, beides allerdings längst wieder aufgegeben. Ihre Briefe sind flüssig geschrieben mit gut erzählten Anekdoten, strotzen aber vor Wortwiederholungen. Das hat sie vom Vater gelernt, der Wortwiederholungen liebt und zu einem Stilmerkmal seiner Feder gemacht hat. Eine schwer kopierbare Eigenwilligkeit, die Mete immerhin bemerkt und kopiert hat, was auf einiges literarisches Fingerspitzengefühl schließen läßt.

Wie auch immer: Sie versucht gerne mal etwas Neues, übt sich nun also im Metier des Vaters, der diesen ersten Versuch überschwenglich lobt. Er findet ihn wohl wirklich gelungen, denn er schickt die Geschichte dem Baron Lipperheide für dessen vielgelesene *Illustrierte Frauenzeitung*, obwohl er mit dem eigentlich gar nicht so gut steht. Einen Aufsatz Fontanes über seinen prominenten Kollegen Ludwig Pietsch, den Publizisten und Zeichner, hat er erst vor wenigen Wochen mit dem Vermerk zurückbekommen, er sei »nicht interessant genug«. Der Aufsatz fand allerdings dann doch noch Aufnahme in eine andere Zeitung des Lipperheideschen Verlages. Er hielte, schreibt Fontane dem Presse-Baron und Kostümfachmann, »das Geschichtchen« seiner Tochter für »schlicht, einfach, unsentimental (vielleicht zu sehr), aber klar ruhig und von einer gewissen Reife«.

Was Lipperheide vom Geschichtchen hält, faßt er in den Satz: »Die Novelle des Frl. Fontane ist, von anderen Mängeln abgesehen, ohne jegliche Handlung.« Das wäre heutzutage nicht unbedingt ein Ablehnungsgrund – Geschichten ohne jegliche Handlung gibt es mehr als genug –, aber für die *Illustrierte Frauenzeitung* oder die von der Frau Baronin redigierte *Modenwelt* ist das nichts. Fontane bekommt Metes Manuskript postwendend zurück.

Er ist empört und scheint betroffener als die junge Autorin, die nie wieder einen Versuch auf diesem Gebiet unternimmt. Noch im Juni 1883 schreibt er – wieder an seine Frau in Thale –: »Marthas Briefe und Karten sind wieder vorzüglich; sie hat ein ganz entschieden schriftstellerisches Talent, beobachtet scharf, ist geistvoll und hat für alles einen ganz natürlichen Ausdruck.«

Ihr fehlt, was Fontane fast im Übermaß besitzt: schriftstellerischer Ehrgeiz. Ihr Streben geht in eine andere Richtung. Mitte des Jahres 1883 lernt sie, wahrscheinlich durch Wittes, deren Rostocker pharmazeutische Fabrik Geschäftsbeziehungen nach Übersee unterhält, eine Mrs. Dooly kennen. Die reiche Amerikanerin aus San Francisco bereist mit ihrer vierzehnjährigen Tochter Europa. Sie sucht eine Gesellschafterin – Ende des Jahres tritt Mete in ihre Dienste: ihr »Amerikanisches Intermezzo«, wie Fontane es nennt, beginnt.

Es läßt sich für Mete gut an. Im Februar geht man auf eine viermonatige Italienreise, die ihr viel Spaß macht, vor allem weil die Doolys nur in den luxuriösesten Hotels absteigen. Man hat teil an einer Welt der Eleganz und des Wohllebens. Hat Mete ein

Jahr zuvor in der Familie verkündet, es fingen nun ihre »Wanderjahre« an, so möchte man jetzt hinzusetzen: Genau so hat sie sich diese in der Phantasie vorgestellt – immer nur mit dem Feinsten vom Feinen.

Weniger begeistert von dieser Art des Reisens ist Fontane. Sowieso kein Freund des Südens, bedauert er seiner Frau gegenüber die Tochter von Herzen, »denn«, schreibt er ihr aus eigener gemeinsamer Erfahrung, »4 Monate Italien ist kein Spaß!«

Daß sich die Eheleute im Sommer meist in verschiedenen Sommerfrischen aufhalten, hat für uns einen großen Vorteil: Dank den Briefen, die zum größten Teil erhalten blieben, sind wir über Gedanken und Gespräche informiert, die, mündlich geführt, wie es normal wäre, nicht überliefert worden wären. Emilie und ihr Gatte korrespondieren über Mete und ihre begonnenen »Wanderjahre«, was auch sie einander wieder näherbringt.

Der Vater weilt in diesem Jahr, 1884, im Riesengebirge, Emilie im Harz – umgekehrt wie eigentlich üblich bei ihnen. Mete verkehrt brieflich mit beiden Elternteilen. Fontane äußert unverblümt sein Mißfallen über die recht oberflächliche Art und Weise, in der Mrs. Dooly und die kleine Tochter »Mami« sie durch Italien schleppen. »Deine Reise mit der Dooly steht nicht höher als eine Reise nach Pichelsdorf«, schreibt er (freilich ein paar Jahre später) und fügt verallgemeinernd hinzu: »Du hast nie die richtigen Führer.«

Was ihm allerdings gefällt, ist eine gewisse Überlegenheit, die Mete aus Italien mit nach Hause bringt, eine unabhängige Natürlichkeit, wie man sie tatsächlich am besten bei Amerikanern lernt.

Paul Heyse berichtet er eine Szene zwischen seiner Tochter und dem Backfisch »Mami« in irgendeiner vornehmen Hotel-Lobby. »Nailbiting is not ladylike«, gibt Mete, die gelernte Gouvernante, zu bedenken (Nägelknabbern schickt sich nicht für eine Dame). Sie erhält darauf die patzige Antwort: »Never mind, I do« (Mir doch gleich, ich tu's trotzdem!). Das *Never mind, I do* wird eine Weile sprichwörtlich bei Mete und in der Familie Fontane.

Metes »Wanderjahre« könnten genauso luxuriös weitergehen, aber als es ernst wird, schreckt sie vor den Konsequenzen zurück. Mrs. Dooly macht ihr das Angebot, sie und Mami als Hausdame nach San Francisco zu begleiten. Der Vater, der schriftlich informiert wird, ist sogar einverstanden. »Man kann seine Kinder nicht lebenslang an der Schürze haben«, läßt er seine Frau wissen, und: »... was flügge ist, will fliegen...«

Er täuscht sich. Mete ist so flügge nicht, wie er denkt. An ein Leben fernab von Vater und Familie wagt sie nicht zu denken. Nach dem Motto *Never mind, I do* sagt sie Mrs. Dooly ab und hängt auch gleich ihren Traum vom Individualunterricht an den Nagel. Ihre Absage ist noch keine zehn Tage her, da tritt sie als Lehrerin in die höhere Privatschule von Fräulein A. Leyde in der Potsdamer Straße 64 ein, übernimmt die dritte Klasse und »avancierte schnell«, wie der Vater stolz im Tagebuch vermerkt.

Sie stürzt sich mit Feuereifer in die Schultätigkeit und am Nachmittag und des Abends in »die Gesellschaft«, das heißt in die Einladungen und Salonempfänge einer Gesellschaftsschicht, der sie zwar nicht angehört, in die sie aber erstaunlich leicht immer wieder – eine Stufe höher – Eingang findet.

Lange dauert es nicht, da zeigen sich erneut die gesundheitlichen Störungen, die sie so häufig heimsuchen und die wohl ebenso triftige psychische wie physische Gründe haben. Obwohl in seinem Tagebuch von »Milzaffektion« und »Milzanschwellung« die Rede ist, scheint Fontane ähnliches zu ahnen. Er konstatiert »Niedergeschlagenheit, Gleichgültigkeit, Verstimmung«, was nicht nur die Patientin belastet, sondern auch die Gesundheit beider Eltern. Eine weitere Verschlechterung tritt ein, als Mete wegen eines Rückschlags durch eine »besorgniserregende Stoffwechselstörung« die Lehrerinnenstellung kündigen muß.

Nichts scheint zu helfen. Vater und Tochter ziehen sich zusammen in die Einsamkeit zurück, nach »Hankels Ablage«. An der Wendischen Spree, bei Zeuthen, gar nicht weit entfernt von Berlin, wo Fontane ein Jahr zuvor *Irrungen Wirrungen* abgeschlossen hat, verbringen sie einen geruhsamen Erholungsurlaub. Dort ist die Mark noch fast unberührt. Aber: »Martha bleibt krank« verzeichnet das Tagebuch, und unter der »Trübsinns-Apathie« der Tochter leidet die Arbeitskraft des Vaters, der zwei Bücher Korrektur lesen müßte, die Aufzeichnungen mehrerer *Wanderungen* bearbeitet und an einer neuen Novelle (*Quitt*) schreibt.

Es mag kein Kompliment für die Eltern sein, daß sich erste Zeichen der Genesung erst in Rostock, im Mai 1885, bei den Wittes einstellen, und daß Mete, als sie sich den Eltern in Krummhübel anschließen soll, im August prompt erneut erkrankt. Die Eltern, die seit langem zum erstenmal die Sommerfrische gemeinsam verbringen, antworten gereizt und verärgert.

Als die Wittes (die wie üblich zu dieser Jahreszeit nach Warnemünde aufbrechen möchten) vorsichtig anfragen, wann Mete nach Berlin transportiert werden solle, kann man die Reaktion des nun gründlich verstimmten Fontane nur als herzlos bezeichnen. »Berlin oder nicht Berlin, elterliches Haus oder nicht elterliches Haus«, läßt er die Tochter wissen, »...wenn Dir noch wieder eine volle Gesundheit beschieden sein sollte, so werden wir froh und glücklich sein, Dich – wie das ja im vorigen Winter zu unser aller Freude der Fall war – wieder um uns zu haben, sollte aber, was Gott verhüten wolle, Milz- und Leberkrankheit... Dein Dir zugedachtes Theil sein, so... kann [es] sich nur darum handeln, Lebensformen und Lebenswege zu finden, die das harte Loos andauernder Krankheit Dir und uns so leicht ertragbar wie möglich machen... Der Kranke hat sein Recht, aber der Gesunde noch mehr, denn er hat (was bei dem Kranken wegfällt) zu arbeiten und Aufgaben zu erfüllen.«

»Herb« nennt Fontane selbst diese Worte, was erheblich untertrieben sein dürfte. Edgar R. Rosen verteidigt ihn in seiner Ausgabe der Mete-Briefe damit, daß Arbeitsfähigkeit und Verdienst, also die Existenz des fünfundsechzigjährigen Schriftstellers davon abhängen.

Verständlich, daß es Mete, sowie ihr eine Reise möglich wird, nicht ins Elternhaus nach Berlin zieht. Sie verbringt statt dessen den September bei Lisa und Richard Mengel in Schwiggerow und kommt erst im Oktober zur Zweihundertjahrfeier der französischen Kolonie nach Berlin, für die Fontane zusammen mit seinem Sohn Theo den literarischen Teil gestaltet. Den Winter verbringt sie wieder in Rostock bei den Wittes, wo sich ihr Gesundheitszustand zusehends verbessert. Der Vater schreibt der Tochter während der ganzen Zeit nur zwei Briefe: Die große Liebe scheint abgekühlt, aber sie ist, wie sich zeigen wird, nicht verrostet. Trotzdem befindet sich das familiäre Verhältnis auf einem Tiefpunkt. Es wird März, ehe Mete sich entschließt, in die Potsdamer Straße 134c zurückzukehren. Sie ist immer noch rekonvaleszent.

Am 12. Juni 1886 heiratet der älteste Bruder, George, der im Jahr zuvor als Militärlehrer an die Lichterfelder Kadettenanstalt nach Berlin zurückgekehrt ist, und im Oktober heiratet in Münster auch Theo. Mete ist jedesmal dabei, aber »halb krank«, wie es im Tagebuch heißt, »wirkte sie wie eine Fremde, so sehr, daß mir das Herz weh that...«

Ihr Zustand bleibt labil, obwohl sie frei scheint von akuten Beschwerden. Auf einem – seltenen – gemeinsamen Sommeraufenthalt mit beiden Eltern im Riesengebirge von Juni bis September 1886 sieht es sogar aus, als sei sie völlig gesundet. Doch gibt es hin und wieder »gastrische Störungen«, die Fontane so beunruhigen, daß er es gleich seinem neuen Brieffreund, dem Amtsgerichtsrat Dr. Georg Friedlaender, mitteilt, den er im vergangenen Sommer an gleicher Stelle kennengelernt hat.

Auf jeden Fall ist das seelische Gleichgewicht Metes wiederhergestellt – und sie hat sich auch mit dem Vater ausgesöhnt. Das Verhältnis zur Mutter bleibt gespannt; zwischen ihnen kommt es ständig zu kleinen, belanglosen Streitereien. In den folgenden zwei Jahren gewinnt die Endzwanzigerin sogar ihre vorige Aktivität wieder zurück, zumindest was das Reisen hin und her zwischen Berlin, Rostock, Warnemünde, Schwiggerow und – neuerdings – Münster angeht, wo sie ihren frischvermählten Bruder Theo besucht und sich 1887 bei ihm gleich zwei Monate einquartiert.

Ruheloser denn je, ist sie ständig unterwegs. Fontane beobachtet es mit gleichsam hochgezogenen Augenbrauen. Er greift nicht ein, traut aber dem Frieden nicht so recht, und hat dazu auch alle Ursache. Mete ist und bleibt sein »Verzug« – wie Mathilde von Rohr es einmal genannt hat –, aber zugleich sein Sorgenkind. Emilie gesteht er brieflich, er sei allmählich der Überzeugung, daß es »nur ganz kluge und nur ganz einfache, schlichte Menschen« auf die Dauer mit einem Wesen wie Mete aushalten könnten.

Das Jahr 1887 setzt einen tragischeren Akzent, als es die ständigen Beunruhigungen um Mete tun. George, der Älteste, der kaum je Sorgen gemacht hat, stirbt am 24. September überraschend erst sechsunddreißigjährig in Lichterfelde an einem Blinddarmdurchbruch. Fontanes Reaktion im Tagebuch ist lapidar: »...als ich eintrat, war er eben tot. Das Begräbnis war herrlich, 4 Uhr Nachmittag, schönster Herbsttag, Exzellenzen und Generale in Fülle...« Darin klingt nicht an, wie sehr ihn der Tod seines beruflich vielleicht aussichtsreichsten Sohnes getroffen hat. Den überlieferten Zeilen läßt sich kaum Erschütterung entnehmen, eher Genugtuung über das Aufsehen, das die Beerdigung des Hauptmanns hervorruft und die Teilnahme hoher Generalstabsoffiziere.

Trotzdem muß der Verlust des ältesten Sohnes für ihn eine Zäsur bedeutet haben. Es reicht, wie oft bei ihm, sehr viel tiefer als die Worte, die er findet. Er hat selbst bekannt, als Berliner »keinen Sinn für Feierlichkeit« zu haben, und manchmal scheint es, als könne er sich seine »Indifferenz« wie einen Mantel überstreifen. Ganz unbeschadet kommt er nicht davon, eher im Gegenteil. Er stellt vieles um nach Georges Tod, ändert sein Leben in einigen Aspekten, was die Arbeit betrifft und die Sommerfrischen. Sich gleichsam auf seinen inneren Kreis zurückziehend, schottet er sich mehr von der Außenwelt ab als zuvor. Erst jetzt wird er der, als den ihn die Nachwelt fast ausschließlich sieht: der Alte, der alte Fontane.

Das Jahr 1888, das Drei-Kaiser-Jahr, bringt weitere Verluste: es sterben Theodor Storm, der Dichterfreund, Mathilde von Rohr, die Vertraute, Stiftsdame in Dobbertin, und kurz darauf, Henriette von Merckel, die mit ihrem vor einem Vierteljahrhundert verstorbenen Mann früh eine helfende Hand über den noch jungen Fontane gehalten hat.

Kein leichtes, nicht einmal ein glattes Leben – eines mit vielen Widerständen, das dennoch, sieht man auf die rastlose Feder, sehr konsequent verläuft. Fontane war nahe der Sechzig, als er seinen ersten Roman schrieb. Was immer ihm das Schicksal bereitgehalten hat, inzwischen sind von ihm, allen Ehekrisen und Sorgen um Mete zum Trotz: *Ellernklipp*, *L'Adultera*, *Schach von Wuthenow*, *Graf Petöfy*, *Unterm Birnbaum*, *Cécile* und *Irrungen Wirrungen* erschienen. Außerdem hat er den letzten Band der Wanderungen, *Spreeland*, veröffentlicht, Gedichte, Balladen, Kritiken sowie eine Biographie des »Tunnel«-Autors Christian Friedrich Scherenberg geschrieben. Eine reiche Ernte sollte man meinen. Seit *Grete Minde* hat er jedes Jahr einen Roman oder eine Erzählung als Buch vorgelegt und wird Jahr für Jahr damit fortfahren. Die Reihenfolge richtet sich dabei keinesfalls nach der Chronologie, in der die Arbeiten entstanden sind, sondern nach der Möglichkeit eines Vorabdrucks in einer Zeitschrift, der – des Honorars wegen – einer Bucherscheinung vorangehen muß.

Aber nicht einmal bei seinem Fleiß bringt das immer genügend Mittel für den Erhalt der Familie. Denn Fontane gehört keinesfalls zu den Zugnummern der Zeit. Leute wie Friedrich Spielhagen, Max Kretzer und Paul Heyse, allen voran der Starautor unter ihnen, Julius Wolff, können spielend von ihrer Feder leben. Und sie sind beileibe nicht so fleißig wie Fontane, geschweige denn so gut wie er. Aber sie sind populär. Gemessen an ihrer heutigen Verbreitung, müßten sie alle verhungern, und Fontane wäre Millionär.

In diesem Jahr arbeitet er gleichzeitig an *Stine*, *Quitt* und einem weiteren Wanderungsband, *Fünf Schlösser*, für den er sich wiederum in märkischer Heimatliteratur vergraben muß. Damit nicht genug: sowie ihm eine Handlung einfällt, skizziert er sie und formt sie bei nächster Gelegenheit zu einem Exposé, aus dem er jederzeit, wenn ein Magazinredakteur anbeißt, eine Erzählung, Novelle, einen Roman machen kann. Im Nachlaß finden sich über fünfzig derartige Entwürfe. Natürlich treibt ihn eine innere Notwendigkeit zu solcher Schreibarbeit, und sie macht ihm selbstredend Spaß. Zugleich treibt ihn aber die Sorge um das tägliche Brot. Worum er nicht zu bangen brauchte (aber bangt), ist der Nachruhm.

Es ist Mete, die in einem Brief aus Klein-Dammer halb ironisch bei ihrem Vater anfragt: »Was denkst Du denn nun zu arbeiten? denn, das weiß ich, große Pausen machst und kannst Du ja leider nicht machen: – dabei sind es so nette Tage, wo Du nur ›pusselst‹ und die Tür zu Deinem Zimmer nicht wie der Eingang zur Unterwelt bewacht werden muß.«

## 32.
# Der liberale Realist
(1852–1898)

Worin unterscheidet sich ein Klassiker, der weiterhin gelesen wird, von einem, dessen Werke nur noch im Bücherschrank stehen, und auch das bald nicht mehr? Wer gelesen wird, verwandelt sich, scheint mit der Zeit zu gehen, oft sogar seine Meinung zu ändern, Betonungen anders zu setzen, langsam zu altern oder paradoxerweise plötzlich jünger zu werden, kurzum: er bleibt dem Wechsel unterworfen.

Eine Zeitlang wurde Fontane von Essayisten und Professoren als das Urbild eines verkappten Oppositionellen dargestellt, der Preußen im allgemeinen, Bismarck-Deutschland im besonderen äußerst kritisch, fast schon in einer Art innerer Emigration, gegenüberstand. Inzwischen hat der Wind gedreht. Dickleibige Bücher über *Fontanes preußische Welt* schildern ihn wieder als preußischen Patrioten, lassen ihn nationalbewußt, ganz rechts bei den Schwarz-Weiß-Roten, erscheinen. Zitate finden sich – das einzige, was er mit Goethe gemeinsam hat – bei Fontane für nahezu alles: Man muß ja nicht immer dazusagen, ob sie vom jungen oder vom alten Autor stammen.

Die Wahrheit liegt oft in der Mitte. Natürlich hat sich Fontane, wie wir alle, im Laufe seines Lebens durch Erfahrung gewandelt. Aber abgesehen von dieser natürlichen Wandlung durchzieht seine Lebensalter ein roter Faden, der alle Erfahrungen, Einsichten und sogar Launen einschließt. Ob links oder rechts: Fontane neigt immer zum Liberalen. Er nimmt, unabhängig von allen Grundsätzen, den jeweils vernünftigsten Standpunkt ein oder den, der ihm am vernünftigsten vorkommt.

Mit anderen Worten: Schon in der Jugend zeigt sich bei Fontane der Hang zum Konservativen, und im Alter noch bewahrt er sich den Sinn für das Neue, Fortschrittliche oder auch nur Fortschreitende. Daß Tradition gepflegt werden muß, hat er immer in jungen Jahren mit seinen auf alter Überlieferung beruhenden Balladen vertreten. Sein Eintreten für das aufregend Neue belegt er als Theaterkritiker noch im reifen Alter, indem er sich für Holz, Schlaf und den jungen Gerhart Hauptmann verwendet.

Hierbei beschränkt er sich nicht auf das Theater, auch die bildenden Künste interessieren Fontane, und an ihnen wetzt er von Zeit zu Zeit ebenfalls gern seine Feder. Während seines letzten England-Aufenthalts ist er als einer der ersten deutschen Kunstkritiker in seinen Berichten dem Maler William Turner gerecht geworden, der während seiner avantgardistischen Phase noch in seiner Heimat verlacht, beschimpft und verspottet wird. Nicht zuletzt übrigens von Thackeray, den der Romanautor Fontane zu einem seiner Vorbilder gewählt hat.

Als Kunstkritiker ist Fontane nicht weniger engagiert und nicht weniger sachverständig als auf dem Theater, ohne daß er wiederum zum »Insider« würde. Statt tiefsinniger Philosophismen liefert er Bildbeschreibungen, aus denen man die richtige Betrachtungsweise von Kunst lernen kann. Ein Jammer, daß er nicht häufiger Ausstellungen rezensiert und auf die deutsche Kunstkritik einen ähnlichen Einfluß ausgeübt hat wie auf die Theaterkritik.

Turners Bild »Frieden – Beisetzung auf See« sieht man geradezu vor sich, wenn man Fontanes Besprechung liest – der von Turner hochgeschätzte Freund und Malerkollege David Wilkie war 1841 auf See gestorben und beigesetzt worden:

»Alles grau, Himmel und Meer und die Felsen, die in der Ferne ragen; nur eine Signalrakete steigt mit weißem Lichtglanz in die Luft. Und durch das graue, stille Meer schaukelt der Steamer, schwarz der Rumpf, schwarz die Segel und schwarz der Dampf, der wie eine Trauerfahne weht. Das Ganze ein Riesensarg.« Fontane kann, wenn es ihn packt, Kunst gleichsam nacherzählen.

Es sei nicht verschwiegen, daß er Turner nur bis an eine gewisse

Grenze folgen kann, die von der vorherrschenden Tradition der Zeit bestimmt wird. An den Themse-Bildern, die er in Manchester gesehen hat, mißfällt ihm, daß es auf ihnen »glüht wie auf Chios oder Madeira, und so entstanden (auch) Ansichten von Venedig, auf denen der Markuslöwe aus einer Art Londoner Novembernebel ragt. Die Bilder wären, trotz aller Exzentrizitäten, ob ihrer *Stimmung* willen zu preisen gewesen, wenn ihre Stimmung nicht sozusagen in der Luft geschwebt und in dem gewählten Vorwurf aller Basis und Wahrheit entbehrt hätte. Die bloße Stimmung tut es nicht, ebensowenig wie das bloße Gefühl; beide bedürfen eines Gegenstandes, der sie *natürlich* trägt.«

Da spricht der konsequente Realist, der auch den Erzähler Fontane ausmacht. Es wäre zwar der Einwand möglich, daß es in Venedig – relativ häufig sogar – Nebel und an der Themse fast schönere und glutvollere Sonnenauf- und -untergänge gibt als am Mittelmeer. Aber die würde Fontane vermutlich als Ausnahmen von einer vorgefaßten ästhetischen Regel nicht gelten lassen. Stimmung und Gefühl kommen in seinen Romanen fast ausschließlich dann vor, wenn sie an Gegenstände (oder Personen) gebunden sind. Nie werden sie vom Erzähler selbst als literarisches Hilfsmittel in die Handlung getragen. Oder sagen wir vorsichtiger: mit wenigen Ausnahmen, wo Fontanes Prosa dann auch abrutscht und in Gefahr gerät, zur Kolportage zu werden.

Fontane wird kein Naturalist und erst recht kein Avantgardist. Auch als Erzähler wählt er einen Mittelweg. Der konsequente Realismus, den er pflegt, steht in schroffem Gegensatz zu jener Prosa – etwa Storms, Raabes, Heyses –, durch die noch ein letzter Hauch der Romantik weht. Denn Fontane verzichtet ganz konsequent auf jegliche Sentimentalität, die sich nicht einmal als Spurenelement in seinen Erzählungen findet. Gefühl und Stimmung ja – die gibt es schließlich in jedermanns Wirklichkeit, auch Mitleid darf anklingen, und Sehnsüchte dürfen ausgesprochen werden, was alles, mit einem Filter von Indifferenz und offener Ironie versehen, selten oder nie in den Vordergrund rükken kann. Stets ist etwas da, was Gefühl, Stimmung, Mitleid, Sehnsucht »natürlich trägt«. Der Markuslöwe ragt nicht im Nebel und Sonnenuntergänge bleiben auf Chios und Madeira beschränkt.

Seinen erzählerischen Standpunkt, der ja recht eigentlich ein künstlerischer ist, hat Fontane schon sehr früh, als er eben Anfang dreißig war, umrissen. 1852/53 schrieb er eine Abhandlung über »Unsere lyrische und epische Poesie seit 1848«, die anonym in den vom Leipziger Publizisten und Politiker Karl Biedermann herausgegebenen *Deutschen Annalen zur Kenntnis der Gegenwart und Erinnerung an die Vergangenheit* – ein Titel, der wie eine zweite Haut zu Fontane paßt – erschienen ist.

Darin wendet er sich gegen jene »neunmalweisen Leute«, die die deutsche Literatur mit Goethe für beendet halten. »Wir kennen dies Lied. Die goldenen Zeiten sind immer vergangen gewesen« und »Gerechtigkeit gegen Zeitgenossen... immer eine schwere Tugend«. Die neue Zeit werde durch den Realismus charakterisiert, mit dem die bildende Kunst vorangegangen sei. Genannt werden Johann Gottfried Schadow, der als erster »den Alten Dessauer statt im griechischen Gewand mit dem preußischen Zopf dargestellt« und damit der preußischen Bildhauerei den Zopf genommen habe, sowie Menzel, der »Tunnel«-Genosse, und der Amerikaner Emanuel Leutze, bekannt vor allem für sein Historiengemälde »Washington setzt über den Delaware«. Der – damals noch überzeugte – Republikaner wählte bestimmt mit voller Absicht ein provozierend republikanisches Bildthema.

Im Roman, schreibt Fontane damals, zeige Jeremias Gotthelf, im Drama Hebbel und in der Lyrik Freiligrath realistische Ansätze. Aber er nennt auch das, was er nicht an dieser Kunstrichtung mag, bei Namen: Christian Daniel Rauch, den Schadow-Schüler, der doch recht eigentlich die bildhauerischen Ideen seines Lehrers fortsetzt. Wahrscheinlich stört Fontane die Virtuosität des Bildhauers, die den Marmor manchmal aussehen läßt, als sei er aus Marzipan.

Für den jungen Fontane ist der Realismus also die »neue Kunst«, doch mit dem Hinweis, er sei im Grunde zugleich die alte Kunst, nämlich »so alt wie die Kunst selbst«, ja: »*Er ist die Kunst*«, für Fontane die einzig lohnende. Und: »Unsere moderne Richtung«, findet er, sei im Grunde »nichts als eine Rückkehr auf den einzig richtigen Weg«.

Das ist mehr als eine Theorie, nämlich ein Glaubensbekenntnis. Zu ihm steht noch nach über dreißig Jahren der Schriftsteller, der sich zum Erzähler gemausert hat.

Freilich bereitet es einige Schwierigkeiten, selbst eine noch so plausible Theorie immer in die Praxis umzusetzen. Erschwert wird dies durch eine für Autoren ungewöhnliche Methode Fontanes, nämlich immer an mehreren Romanen oder Erzählungen gleichzeitig zu schreiben, nicht nur an zweien oder dreien, sondern gleich an fünf bis sechs. So schreibt er beispielsweise 1881 nebeneinander an *Grete Minde*, *Ellernklipp*, *L'Adultera*, *Schach von Wuthenow* und *Stine*, 1884 an *Graf Petöfy*, *Unterm Birnbaum*, *Cécile*, *Irrungen Wirrungen*, immer noch *Stine* und *Unwiederbringlich*. Aber damit nicht genug. Während dieser Arbeit plagt er sich zusätzlich mit Stoffen, die er dann beiseite legen muß, etwa neben der *Grete Minde* an der Geschichte einer pommerschen »Bernsteinhexe« aus dem 17. Jahrhundert, »Sidonie von Borcke«, einem breit angelegten Roman der Gründerzeit mit dem Titel »Allerlei Glück«, den er abbricht und nie vollendet, weil *Westermanns Monatshefte* ihn ablehnen, und um den es besonders schade sein dürfte, sowie an einem politischen Stoff, »Storch von Adebar«.

Fontanes Erzählerdasein hat wenig von einer geruhsamen Dichteridylle. Seine Arbeitsweise wirkt sehr modern und gar nicht biedermeierlich. Wer mit dem Schreiben seinen Lebensunterhalt verdienen will, muß seine Feder rationell einsetzen.

Was Fontane sehr konsequent tut. Findet sich kein Zeitschriftenredakteur oder Buchverleger für einen Stoff, so wird dieser erbarmungslos in die Schublade verbannt, um einem anderen Platz zu machen, der mehr Erfolg verspricht. Den Eigensinn eines Genies, das alles besser weiß und notfalls mit dem Kopf durch die Wand das Ziel erreicht, hat sich Fontane nie erlauben können. Er stellt seine Feder in Dienst, wofür sich die meisten Möchtegerngenies viel zu schade halten.

Auch müssen lukrative Gelegenheitsaufträge, die sich bieten und den Arbeitsfluß erheblich stören, eingeschoben werden, wenn die finanzielle Lage es notwendig macht – und wann täte sie es nicht? »Diese vielen Pausen und Zwischenschiebereien sind schuld, daß sich manches wiederholt«, meint er selbst einmal beim Wiederlesen eigener Bellestristik und entschuldigt sich beim Leser: »Es ließ sich aber nicht mehr herausschaffen.«

Nun ist ihm das stückweise Arbeiten von der Zeitungstätigkeit und den *Wanderungen* her durchaus vertraut, entspricht wohl auch seinem Temperament. Dabei leidet er, wie er dem Verleger Hertz gesteht, ein Leben lang »an der Immer-besser-machen-wollen-Krankheit«. So flüchtig seine Romane wirken (beinahe, als seien sie diktiert), so sind sie doch mehrfach gehobelt und gefeilt und immer wieder durch die Mangel gedreht worden. Emilie, die seine Manuskripte abschreibt – sie hat die beste Handschrift in der Familie –, muß manche Romane (etwa den *Stechlin*) bis zu fünf-, sechsmal kopieren, weil die Korrekturen überhandnehmen. Wie bei Balzac besteht ein Großteil seines Schreibens aus dem fortgesetzten Korrigieren des bereits Geschriebenen.

Sein Hauptfehler, weiß er, liegt bei der meist viel zu langen Einleitung. Über den ersten Absatz von *Unwiederbringlich* lesen die meisten Leser nur deshalb hinaus, weil sie sich von Fontane weiterhin (zu Recht) einiges versprechen. Auch – um in der Chronologie zu bleiben – in den Anfang von *Ellernklipp* packt er viel zuviel hinein, das ganze Geschick von Baltzer Bocholt (auch Namen sind nicht immer seine Stärke), einer der Hauptfiguren. Am Ende liest es sich wie die Inhaltsangabe eines Heimatfilms. Was Wunder, daß er an den Anfängen ständig herumbessert, wodurch das Umständliche meist noch umständlicher wird. Und, sofern der Vorabdruck es erlaubt, versucht er dann, im letzten Augenblick weitere Änderungen durchzusetzen.

Eine aufregende Sache, die zudem nebenher und sehr rasch erledigt werden muß, ist ferner das Korrekturlesen der Zeitschriften- und Buchfahnen. Beides findet neben der eigentlich schöpferischen Arbeit am gleichen Schreibtisch statt, gewiß eine der Ursachen für jene leichte Gereiztheit, die manche Zeitgenossen an Fontane konstatiert haben. Er steht gleichsam ständig unter Hochspannung, die nicht aus dem Höhenflug des Dichters herrührt, sondern eher der hektischen Überarbeitung des Drehbuchschreibers gleicht.

Wäre der Stoff von *Grete Minde* weit mehr für eine zündende Ballade geeignet gewesen als für eine Novelle, so der von *Ellernklipp* eher für eine Moritat. Der Untertitel *Nach einem Harzer Kirchenbuch* verweist auf eine Eintragung, die Fontane im Ilsenburger Kirchenbuch unter dem 25. Februar 1752 gefunden haben will, das meiste geht jedoch, wie man von ihm selbst weiß, auf die Erzählung des Fräuleins Anna von Below zurück. Bei einem Kurzaufenthalt Fontanes im Harz müssen die beiden einen langen Spaziergang auf den Ilsenstein unternommen haben.

Schauplatz der Novelle ist der Nordharz, Dorf und Schloß Emmerode. Der Emporkömmlich Baltzer Bocholt, der sich höhere Stellung und Vermögen erheiratet hat, gilt als grausamer Heidereiter, wie man in friderizianischen Zeiten einen berittenen Forstaufseher nennt. Mit den Wilddieben, die im steilen Ellernklipp wildern, führt er einen erbitterten Kleinkrieg. In seinem Hause wächst die rothaarige Hilde auf, wahrscheinlich das uneheliche Kind des verstorbenen Grafen. Sein gleichaltriger Sohn Martin ist ihr Spielgefährte. Als dieser herangewachsen ist, will er sie heiraten – in einem Anfall von Eifersucht stürzt ihn der Vater von Ellernklipp herab. Er heiratet die Hilde selbst, wird aber von einem rachedurstigen Wilderer – wo? am Ellernklipp – in den Freitod getrieben, nicht weit von der Stelle, an der sein unbestatteter Sohn liegt. Das gemeinsame Kind stirbt an Auszehrung und Hilde rafft ein Fieber hinweg, »rascher noch als irgendwer geglaubt, sie selber ausgenommen«. Übrig bleiben nur die alte Mühle, die dahinter aufragende Felswand »und auf ihrer Höhe die weit vorgebeugte Tanne auf *Ellernklipp*«.

Um jemanden auf den Geschmack der Fontane-Lektüre zu bringen, sollte man auf gar keinen Fall *Ellernklipp* wählen. Wer eine deftig-balladeske Lektüre mit manchmal unfreiwilliger Komik schätzt, die unversehens in melodramatische Eindringlichkeit umschlägt, möge sie genießen. Er kann ja die etwas frömmelnden Gespräche zwischen Sörgel und dem Kuhhirten und »Konventikler« Melcher Herms über die Frage nach dem rechten Christentum auslassen. Da die Frage den Autor nicht sehr tangiert, wirken die Auseinandersetzungen aufgesetzt, auch wenn die Gegenüberstellung der strengen preußischen Staatsreligiosität mit einem ebenso selbstgerechten Sektierer kulturhistorisch durchaus interessant ist.

Der Vorabdruck läuft von Mai bis Juni 1881 in *Westermanns Monatsheften*, als Buch erscheint *Ellernklipp* noch im gleichen Jahr bei Hertz.

Der nächste Roman, *L'Adultera*, etwas länger als die beiden vorangegangenen Geschichten, aber gleichzeitig entstanden, wird 1880 in *Nord und Süd* vorabgedruckt, und die Erstausgabe kommt 1882 in Breslau bei Schottländer heraus. Ein weiteres Problem Fontanes, das sein Arbeitspensum ausweitet: Er hat keinen festen Verlag, weder für die Fortsetzungsrechte noch für die Buchausgabe. Selbst der mit ihm befreundete Wilhelm Hertz nimmt nicht alles unbesehen, was Fontane ihm – stets als erstem – anbietet.

Hertz ist ein angesehener Verlag, der später von Cotta aufgekauft werden wird, und der Inhaber sowie dessen Sohn schätzen Fontane sehr – können oder wollen aber wohl nicht mit seiner jetzt einsetzenden vollen Produktivität Schritt halten. Das Verhandeln sowohl mit einer Zeitschriftenredaktion als auch – notwendigerweise parallel – mit den Lektoren eines Buchverlags, ist kompliziert und verlangt dem Autor einen ausführlichen Briefwechsel ab.

Mit dem Roman, den Hertz ablehnt, beginnt für den Romancier Fontane ein neuer Abschnitt. *L'Adultera* markiert die Abkehr von den historischen Themen. Der Erzähler wendet sich der eigenen Gegenwart zu: *L'Adultera* (mit der Betonung auf dem *e* – es handelt sich um den italienischen Titel des Bildnisses einer Ehebrecherin von Tintoretto) ist Fontanes erster gesellschaftskritischer Eheroman, ein Vorläufer von *Effi Briest*, seinem zu Lebzeiten erfolgreichsten Werk.

Die Handlung beruht auf einer wahren Begebenheit, einem Skandal, der Berlin eine Weile in Atem hält. Da hat eine Frau der allerbesten Gesellschaft Mann und Kinder verlassen, um einem anderen, jüngeren, zu folgen. Von Männern ist man derartiges gewohnt, aber bei einer Frau wird es zum ungeheuerlichen Vorgang. Der Fall führt zu erregten Diskussionen, sogar im »Rütli«-Kreis, aus dem zwei Mitglieder, Wilhelm Lübke (»Irus«), der Kunstpublizist, und Richard Lucae (»Schlüter«), der Architekt, im Haus der Frau Simon verkehrt haben.

Trotzdem scheint Fontane nichts Näheres über die Affäre bekannt gewesen zu sein. Er nutzt, wie meist, nur deren äußere Merkmale und ist dann sehr erstaunt, als sich herausstellt, daß er mehr oder weniger die Wahrheit getroffen hat.

Eine Nachkommin der *L'Adultera*, Theresa Wagner-Simon, hat 1992 eine ausführliche Biographie über ihre Ahnin veröffentlicht. Fontane kam es, wie er Freunden gegenüber mehrfach zum Ausdruck gebracht hat, nicht auf den Skandal und nicht einmal die Ehegeschichte an, sondern – wörtlich – auf die »Ehrenrettung der Frau«.

So schreibt er, noch Jahre später, einem Leser, der sich kritisch geäußert hat: »Soll die Kunst den Moralzustand erhalten oder bessern, so haben *Sie* recht, soll die Kunst einfach das Leben widerspiegeln, so habe *ich* recht. Ich wollte nur das Letztere. Die Geschichte verlief so, und die Dame, um die sich's handelt, sitzt unter einer Menge von Bälgern, geliebt und geachtet, bis diesen Tag oben in Ostpreußen.«

Das konnte er während der Niederschrift des umstrittenen Romans 1879/80 noch nicht wissen – der Brief, aus dem das

Zitat stammt, wird erst 1891 geschrieben werden. Aber für Fontanes künstlerische Einstellung sind diese Zeilen aufschlußreich. Der Kunst mißt er keine erzieherische Aufgabe zu. Sie bleibt souverän beschränkt auf eines: die Wahrheit. So jedenfalls darf und muß man sein Bekenntnis zum Realismus verstehen.

Eine Richtschnur, der er nicht immer hundertprozentig folgen kann. Melanie van der Straaten, wie seine Heldin heißt, stammt aus der französischen Schweiz. Sie hat nach Berlin geheiratet, einen verwöhnten Kommerzienrat, »reicher Leute Kind« und »von Jugend auf daran gewöhnt, alles zu tun und zu sagen, was zu tun und zu sagen er lustig war«. Der Bildersammler und Obstzüchter, »Berliner im besten Sinne«, läßt für seine Kunstsammlung einen Tintoretto, eben jene Ehebrecherin *L'Adultera* kopieren, die Fontane als eine Art Leitmotiv – beinahe sogar im Wagnerschen Sinn – verwendet: Sie kehrt wieder, wenn es die Thematik erfordert oder gestattet.

Das »Paradiesvogeldasein«, das Melanie mit ihren beiden Töchtern führt, endet, als sie sich in Ebenezer Rubehn verliebt, den Sohn eines Geschäftsfreunds ihres Mannes. Sie flieht mit ihrem Liebhaber zunächst nach Italien, bis die Scheidung ausgesprochen ist und die beiden heiraten können.

Zurück in Berlin wird Melanie von der Gesellschaft geschnitten, sogar ihre Töchter wenden sich von ihr ab (»Wir haben keine Mutter mehr!«). Auf einer Bank am Kleinen Königsplatz klagt sie ihr Leid: »In welche Wirrnis geraten wir, sowie wir die Straße des Hergebrachten verlassen und abweichen von Regel und Gesetz. Es nützt nichts, daß wir uns selber freisprechen. Die Welt ist doch stärker als wir und besiegt uns schließlich in unserem eigenen Herzen.«

Mit dem Herzen verficht Fontane das Recht der Frau zur eigenen freien Entscheidung. Die Wahrheit zwingt ihn allerdings zum Eingeständnis, daß die »Welt«, in der sie lebt, ihr dieses Recht wieder streitig macht – und mächtiger bleibt. Fontane vertritt einen durchaus pessimistischen Realismus.

Trotzdem gewinnt er der Handlung ein Happy-End ab, dessen eher zaghafte Begründung nicht recht überzeugend wirkt. Melanie muß fürchten, auch Rubehn – den sie übrigens bei seinem richtigen jüdischen Namen: Ruben, nennt – entfremdet zu werden und ihn zu verlieren, als dieser gesteht, daß das Geschäft seines Vaters vor dem Zusammenbruch steht. Die Not vereint die beiden wieder: Melanie wird in ihrer bescheidenen Mansardenwohnung Französisch- und Musikstunden geben, Rubehn als ein kleiner Angestellter mit geringem Gehalt in einem Bankhaus arbeiten. Der endgültige Absturz gibt ihnen Auftrieb, denn »sie hatten an diesem Unglückstage wieder einen ersten glücklichen Tag«.

Sogar van der Straaten zeigt versöhnliche Züge. Er ist kein Unmensch und schickt der ungetreuen Melanie zum nächsten Weihnachtsfest ein Medaillon mit dem Abbild der L'Adultera.

Die zwiespältige Aufnahme des Romans beruht nicht allein, wie Fontane anscheinend glaubt, auf der Frage, ob Kunst moralisch sein sollte oder wahrheitsgemäß realistisch. Die Meinungen über seine Erzählung bleiben auch geteilt, nachdem der Skandal der Therese Simon, gesch. Ravené, geb. von Kusserow längst vergessen ist. Lob erteilen Kritik und Forschung durchweg der Darstellung der feinen Berliner Gesellschaft in flüssigen Dialogen, getadelt wird dagegen der gelegentliche Ausflug in die seichte Sentimentalität, den Fontane der Publikumsgunst schuldig zu sein glaubt. *L'Adultera* oder »Melanie van der Straaten«, wie der Titel ursprünglich lauten sollte, wird – von den Zeitgenossen naserümpfend aufgenommen – von der Nachwelt als eine Fingerübung für die gelungenere *Effi Briest* akzeptiert.

Die Leser der *Vossischen Zeitung* können noch im gleichen Jahr in den Spalten ihres Blattes das nächste Werk Theodor Fontanes begutachten, das man von vornherein als eines seiner Hauptwerke betrachtet. Es findet ein sehr viel günstigeres Echo, vielleicht wegen seiner neuen Einschätzung als Spezialisten für Fortsetzungsromane speziell in Tageszeitungen. Dieser Ruf bleibt fast sein ganzes restliches Leben an ihm hängen.

Kein Grund zur Abkehr: Dieser Schriftsteller strebt eine gewisse Volkstümlichkeit an, und das nicht nur, weil er Geld damit verdienen muß. Er will nicht in den Olymp gelangen, sondern in *Westermanns Monatshefte* und, liebend gern – aber es ist ihm zu Lebzeiten nicht vergönnt – in Cottas Buchverlag. Er wendet sich nicht an den High-Brow (er ist selbst keiner), sondern an den Durchschnittsleser. Hier kommt ihm entgegen, daß er, oft von ihm selbst beklagt, aufgrund seiner mangelhaften Schulbildung zu ständigem Eigenstudium gezwungen war. Er weiß am Ende mehr über ein Gebiet – etwa die brandenburgische Geschichte –, als selbst Fachleute, weil er gleichsam sein Leben lang auf der Schulbank sitzen bleibt. Hinzu kommt die Gabe, das hart Erarbeitete leicht – das heißt allgemeinverständlich – und amüsant weitergeben zu können.

*Schach von Wuthenow* – Untertitel: *Erzählung aus der Zeit des Regiments Gensdarmes* – ist, wenn man so will, ein Zwitter, nämlich *noch* historische Novelle (wie *Grete Minde* und *Ellernklipp*), aber *schon* mit jenem spezifisch Berliner Kolorit, das seine künftigen Erzählungen kennzeichnen wird. Ein letztes Mal kehrt er in die Welt seines ersten Erzählwerks, *Vor dem Sturm*, zurück, auch in die gleiche Zeit, denn er stellt dem Aufbruch zur Befreiung 1813 den Zusammenbruch von 1806 gegenüber, eine, wie Haffner es ausdrückt, »eigentümlich kalt-zärtliche Studie preußischer Dekadenz«.

Die Gegenüberstellung wird symptomatisch für die Haltung, die der Autor fortan Preußen gegenüber einnimmt, wo er zu Hause ist und das er mit kritischer Liebe beobachtet. Für Fontane gibt es zwei Preußen. Das eine, das alte und redliche, dem *Suum cuique* (Jedem das Seine) auf dem Koppelschloß verpflichtete Ur- und Kernpreußen, ist längst entschwunden und hat es so, wie es ihm vorschwebt, wahrscheinlich nie gegeben, das aber als Idealvorstellung, der es nachzueifern gilt, weiterbesteht. Dem späten Preußentum, dem der Dekadenz mit ihrer hohlen Arroganz, den falschen Schnarrtönen und überzogenen Ehrbegriffen, begegnet er jedoch mit Skepsis und immer heftigerer Abneigung.

Fontane sieht sich nach dem Sieg über Frankreich und nach der Reichsgründung in einer Spätphase preußischen Wesens. Schon einmal wären Staat und Land daran um ein Haar zugrunde gegangen, als Preußen sich 1806 anmaßte, Napoleon in seine Schranken zu verweisen und kläglich zusammengeschlagen wurde. In *Schach von Wuthenow* wirft eine der Figuren Preußen vor: »Statt der Ehre hat es nur noch den Dünkel und statt der Seele nur noch ein Uhrwerk, das bald abgelaufen sein wird«, und zielt, wiederum Haffner zufolge, »auch auf das Spätpreußen seiner eigenen Zeit, das ja Bismarck im bürgerlichen neuen Deutschland hatte aufgehen lassen.«

Der Vorabdruck erfolgt, wie gesagt, in Berlins Qualitätszeitung, der *Vossischen*. Für die Buchausgabe wird der Verlag Wilhelm Friedrich in Leipzig gewonnen – wieder ein neuer Verlag, obwohl ein Autor, wie Fachleute bis heute meinen, mit möglichst wenigen Verlegern, am besten immer mit ein und demselben arbeiten sollte.

Der gewisse Erfolg, den schon der Vorabdruck erzielt, beruht nicht zuletzt darauf, daß in dieser Novelle eine aufregende Zeit und mit allem Klatsch und Tratsch Spree-Athen, Preußens Hauptstadt, ersteht. Viele der Zeitgenossen Fontanes haben beides noch gekannt: eine nicht mehr ganz nahe, aber – durch die Schule und aus Erzählungen von Eltern und Großeltern – wohlvertraute Vergangenheit. Heutige Leser werden manche Details nur mit einem ausführlichen Anmerkungsteil verstehen; zum Beispiel sind viele der damals allgemein bekannten Namen inzwischen vergessen.

Vergessene und Unvergessene beleben die Handlung, in die auch politische, gesellschaftliche und kulturelle Ereignisse der Zeit einbezogen sind, so die »Haugkwitzsche Mission« (Napoleon ein Ultimatum zu stellen, von dem man weiß, daß der Kaiser es so nicht annehmen kann) oder die Eitelkeit des Königlichen Schauspieldirektors Iffland, der das Martin-Luther-Stück *Die Weihe der Kraft* von Zacharias Werner nur annimmt, weil er selbst die Rolle des Reformators spielen möchte.

Authentisch ist auch jene Schlittenfahrt, mit der Offiziere vom Musterregiment Gensdarmes (im August!) gegen dieses Stück protestieren wollen. Und hübsch hergerichtet im Stil der Vergangenheit sind die Kulissen: unter anderem sieht und erlebt man Gut Paretz, wo sich das Königspaar – Friedrich Wilhelm III. und seine Luise – allein wohl fühlen, das Schloß und den Garten Charlottenburg sowie eine Kutschfahrt am sandigen Kreuzberg vorbei zum Dorf Tempelhof. Auf karge Weise anheimelnd das Stammschloß des Titelhelden, Wuthenow, wohin Schach eines Nachts von Berlin aus flieht, dort aber wegen der vielen Nachtfalter keinen Schlaf finden kann. Er bekommt seine Nachtruhe erst, als er mit dem Boot auf den See hinausfährt, eine sehr zurückhaltende und doch zärtliche Schilderung märkischen Heimatgefühls, selbst wenn es den Ort der Handlung, einen »See, durch den der Rhin fließt«, ebensowenig gibt wie das Gut. »Wuthenow existiert nicht, hat auch nie existiert«, versichert Fontane seinem besorgten Leipziger Verleger, der womöglich eine Schadensersatzklage fürchtet, weil das Seeschloß an anderer Stelle als »halb Wurmfraß, halb Romantik« bezeichnet wird.

Schach ist Offizier der Gensdarmes und verkehrt im Haus Carayon, was bei manchem »Tante-Voss«-Leser ein »Aha!« ausgelöst haben dürfte, denn die Hausherrin trägt für die damalige Berliner Gesellschaft unverkennbar Züge der Frau Kammerrätin und Bankiersgattin Crayen. Als Madame Carayon tritt sie neben Schach in der weiblichen Hauptrolle auf.

Ob er die immer noch bildschöne Witwe liebt oder deren blatternnarbige junge Tochter Victoire, weiß Schach selbst nicht. Er schwankt zwischen beiden, verführt aber die Tochter. Anschließend bleibt er dem Haus Carayon fern – man erfährt nicht, ob demonstrativ oder aus Verlegenheit. Es ist die Mutter, die ihn zu einer Verlobung zwingt. Sie ersucht sogar den König Friedrich Wilhelm III., Schach persönlich die Leviten zu lesen und zur Heirat aufzufordern.

Fontane läßt durchblicken, daß sein Held einem falschen Ehr- und Pflichtgefühl anhängt, einem sklavischen Gehorsam, der in

Preußen gang und gäbe geworden ist. Schach heiratet Victoire. Inzwischen sind höhnende Karikaturen über die Affäre in der Öffentlichkeit aufgetaucht. Auf der Heimfahrt von der Trauung erschießt sich der Bräutigam in seiner Kutsche.

Ein Kritiker des 20. Jahrhunderts hat die Novelle eine »preußische Seelenkiste« genannt. Sie ist freilich psychologisch nicht immer plausibel, und der wahre Grund für Schachs Freitod wird ewig ein Rätsel bleiben. Interpretationen gibt es viele, von verdrängter Homosexualität bis hin zu der Vermutung, Fontane habe anderer Aufgaben wegen vorzeitig einen Schluß herbeiführen müssen. Wahrscheinlich hat er die Fäden bewußt verwirrt gelassen. Ob Schach doch die Mutter geliebt oder geglaubt hat, durch die »Schach-matt«-Karikaturen das Gesicht verloren zu haben, steht dahin.

Im nächsten Jahr, 1884, erfolgt der Vorabdruck eines neuen Romans, an dem Fontane drei Jahre geschrieben hat, in *Über Land und Meer* und anschließend die Buchausgabe, diesmal bei Steffens in Dresden. Der Schauplatz ist, wie schon der Titel andeutet, für Fontane ziemlich ungewöhnlich, Österreich und Ungarn: *Graf Petöfy*.

Die Handlung scheint von Eindrücken einer zurückliegenden Österreich-Reise sowie solchen aus Berlin-Kreuzberg angeregt. In Wien hat Fontane 1875 eine Aufführung von Adolf von Wilbrandts Drama *Arria und Messalina* mit der berühmten Burgtheater-Tragödin Charlotte Wolter als Messalina, einer ihrer Glanzrollen, gesehen. Es gibt ein Blatt der Wolter von der Hand des österreichischen Modemalers Hans Makart, das in jener »Collection of beauties« (Schönheitsgalerie) auftaucht, die Fontane dem Grafen Petöfy zuschreibt.

Im Roman wird daraus mit viel dichterischer Freiheit die Mesalliance eines k. u. k.-Aristokraten mit einer schönen Schauspielerin. Der andere Teil der Problematik ergibt sich aus der Tatsache, daß der Graf katholisch, die junge Gräfin jedoch evangelischen Glaubens ist. Was heute kaum Schwierigkeiten macht, hat damals neben konfessionellen auch allgemeine und familiäre

Komplikationen zur Folge, die Fontane wiederum von den Wangenheims bekannt sind, deren Töchter er ja eine Zeitlang unterrichtet. Die Wangenheims, inzwischen alte Freunde, haben 1877 eine Etage in einem Haus des Ursulinenordens in der Kreuzberger Lindenstraße gemietet, das im antikatholischen »Kulturkampf« Bismarcks umfunktioniert worden ist. Die Atmosphäre im ehemaligen Konventgebäude muß Fontane fasziniert haben – sie ist nahtlos in den *Graf Petöfy* eingeflossen, obwohl die Verhältnisse bei den Wangenheims umgekehrt sind: Karl Hermann Freiherr von Wangenheim ist evangelisch, Frau (nebst Töchtern) katholisch. Frau Marie dürfte das Vorbild für die Gräfin Judith, die Schwester des Grafen Petöfy, abgegeben haben. Die doppelte Herkunft des Stoffes aus Österreich und Preußen merkt man dem Roman nicht an. Er wird lockerer ausgebreitet als alle bisherigen erzählerischen Arbeiten.

Die beiden letzten Petöfys, Graf Adam (»der alte Graf«) und seine Schwester, eine seit vielen Jahren verwitwete Gräfin, bewohnen gemeinsam, wenn auch in getrennten Haushalten, ein Palais in Wien. Die Gräfin widmet sich hauptsächlich der Religion, der Graf »protektioniert« die Kunst, vor allem das Theater. Da verliebt er sich, obwohl bereits fortgeschrittenen Alters (Genaueres verrät Fontane nicht), in eine junge Schauspielerin. Sie ist zwar Norddeutsche und zudem evangelisch, aber weil die fromme Schwester, eine tolerante Gläubige nach der Art der Freiin von Wangenheim, keinen Einspruch erhebt, heiratet er sie.

Die Hochzeitsreise geht nach Italien, was Fontane wieder einmal Gelegenheit gibt, seine Abneigung gegen dieses schöne Mittelmeerland kundzutun. Eine enge Freundin der Franziska, dies der Name der Braut, über das Reiseziel: es solle »so wunderschön sein... daß man gar nicht weiß, wie man damit zuende kommt«, erhält zur Antwort: »Das ist es ja..., und eben deshalb ist es am besten, man fängt gar nicht erst an.«

Bei der Heimkehr, nun ins Schloß Arpa am Arpasee in Ungarn

(wohl einen fiktiven Ort), zerspringt zwar – schlechtes Omen – die Glocke im Eingangstor. Aber obwohl man im Land die neue Gräfin »nicht gräflich genug« findet, geht zunächst alles gut. Das Leben auf dem ungarischen Schloß und die mannigfachen nationalen Probleme werden erstaunlich sachkundig (und liebenswert) dargestellt.

Die Geschichte endet trotzdem – etwas zu dramatisch inszeniert – auf tragische Weise. Der junge Graf Egon, Husar und erzherzöglicher Adjutant in Wien, erscheint mit seiner Tante, Gräfin Judith, und bei der Suche nach einem verlorenen Kind gerät er mit Franziska in einen Sturm. Die Fischerjungen, die ihr Boot rudern, können sie nur mit Mühe auf eine Insel retten – ein Abenteuer, das nach bestandener Lebensgefahr in einem anderen, fast noch gefährlicheren Abenteuer endet. Als der »alte Graf« in Wien entdeckt, daß sein Neffe einen alten Ring seiner Frau am Finger trägt, erschießt er sich.

Fontane, obwohl selbst wenig abergläubisch, hat ein Faible für unheilträchtige Omen und schon in seinen *Wanderungen durch die Mark Brandenburg* in bemerkenswerter Fülle zitiert. Hier versperrt, als der Sarg des Grafen auf Arpa eintrifft, ein Lastwagen den Schloßeingang. Er bringt die neue Glocke, die das Trauergeläute um den Grafen Petöfy anstimmt.

Gräfin Franziska nimmt das Erbe auf sich. Sie hat gewählt und will nun in die Rolle einer Gräfin Petöfy hineinwachsen – sie wird Ungarisch lernen, katholisch werden und Graf Egon, sollte er um ihre Hand anhalten, abweisen.

Alles in allem gesehen handelt es sich hier um Fontanes gelungensten Ausflug in südliche Gefilde. Es wird auch der einzige bleiben.

## 33.

# Der vergessene Dichter
(1840–1884)

Hätte man damals eine Umfrage gemacht nach dem preußischsten aller Schriftsteller – welcher Name wäre am häufigsten gefallen? Wahrscheinlich nicht Kleist, Gleim oder Novalis und schon gar nicht Fontane. Den ersten Platz hätte sicher Christian Friedrich Scherenberg eingenommen. Er ist am preußischen Dichterhimmel aufgetaucht wie ein Komet und alsbald wieder verschwunden, auf Nimmerwiedersehen. Heute ist er so gut wie vergessen. Genannt wird er bestenfalls im Zusammenhang mit Fontane, denn der hat sogar ein ganzes Buch über Scherenberg geschrieben.

Eine Auftragsarbeit, wie Fontane sie, auch nachdem er sich auf das Erzählerische konzentriert, keineswegs verschmäht – sie bringt Geld ein und läßt sich leichter unterbrechen als eine fortlaufende Handlung. Das Werk dürfte heutzutage zu denjenigen Fontanes gehören, die – außer seinen Kriegsdarstellungen – am wenigsten gelesen werden. Dabei ist es durchaus nicht sein uninteressantestes. Den Auftrag wird er freudig angenommen haben, weil er sich im steigenden Alter gern an die Zeit seiner Anfänge und die große Zeit des »Tunnels« erinnert.

Ganz aus der Erinnerung und ohne fremde Quellen hinzuzuziehen, schreibt er dieses Kapitelchen deutscher Kulturgeschichte, das er miterlebt hat, in fröhlicher Schreiblaune nieder. Zwischen 1882 und dem Frühsommer 1884 entsteht, immer wieder durch die Novellen unterbrochen, an denen er gleichzeitig arbeitet, der »Aufsatz«, wie er ihn nennt: *Christian Friedrich Scherenberg und das literarische Berlin von 1840 bis 1860*. Da er alles Geschriebene in klingende Münze umsetzen muß, gibt er das Manuskript zunächst, geringfügig gekürzt, der *Vossischen Zeitung*, die es im Juni und Juli veröffentlicht. Noch im selben Jahr (es ist das gleiche, in dem *Graf Petöfy* erscheint) bringt Wilhelm Hertz den Erinnerungstext als Buch heraus.

Fontane an die Tochter Mete im März 1884: »Mein *Scherenberg-Aufsatz* ist endlich beendigt. Mama schrieb Dir neulich: ›Zu Weihnachten sollte es fertig sein.‹ Eine von den bekannten Angaben. Zu Weihnachten sollten sechs Kapitel fertig sein; es sind aber jetzt 24. Das vierfache Honorar zu empfangen, wird Mama schließlich nicht unwillig sein.«

Aus diesen wenigen Zeilen ist einiges zu erfahren. Zunächst, daß der Unmut zwischen den Ehepartnern wegen der kargen Lebensumstände weiterschwelt; ferner, daß mit Belletristik die Honorare nicht unbedingt besser fließen, und endlich auch, daß Fontane die Arbeit an diesem halb aus Literaturkritik und halb aus besonnter Vergangenheit bestehenden Buch Spaß gemacht hat. Man merkt es im übrigen dem Text an.

Wer war Christian Friedrich Scherenberg?

Kaufmann, Schauspieler, Geschäftsberater, Heereslieferant und Bibliothekar – um nur einige seiner Berufe zu nennen –, erinnert der geborene Stettiner, dessen Vater mit Fontanes Eltern in Swinemünde gut bekannt war, ein bißchen an Onkel August: ein zu den Musen tendierender Abenteurer, der auf keinen grünen Zweig kommt. Als er 1841 in den »Tunnel über der Spree« aufgenommen wird, hat er noch keine Zeile veröffentlicht, und Fontane befindet sich eben als Apothekergeselle in Leipzig. Protegiert wird Scherenberg, nicht nur im »Tunnel«, vom Hofschauspieler und Vorleser des Königs, Louis Schneider (»Campe der Caraibe«), der große Stücke auf ihn hält.

Äußerlich geht es ihm schlechter, als es Fontane jemals gegangen ist und gehen wird. Scherenberg hat sich in Magdeburg von seiner Frau getrennt und ihr sein gesamtes Vermögen überlassen. Jetzt haust er mit einem elfjährigen Sohn, einer sechzehnjährigen Tochter sowie dem kleinen Auguste, der noch im Babyalter ist, in zwei untapezierten, feuchten, dazu sehr kalten

Stuben, die er trockenwohnt, eine damals häufige Art und Weise, eine billige, allerdings nur vorübergehende Wohnung und eine dauerhafte Tuberkulose zu bekommen. Seine Familie erhält er durch Nachhilfestunden, das Abschreiben von Urkunden sowie die Abfassung von Bittschriften.

Nebenher läßt er sich von der Muse küssen. Dramenentwürfe, für die sich Schneider einsetzt, bleiben ohne Resonanz, doch vier Jahre nach seiner Aufnahme trägt Scherenberg (»Cook«) im »Tunnel« Auszüge aus einem epischen Gedicht vor, dem ersten seiner poetischen Schlachtgemälde, für die er eine Zeitlang berühmt wird: »Ligny«.

Der Erfolg spricht sich herum und setzt sich in einer Buchausgabe fort, die der unermüdliche Louis Schneider vermittelt. Weit in den Schatten gestellt wird er durch ein zweites Epos, »Waterloo«, dem wiederum in jeweils vierjährigem Abstand weitere Schlachtenepen folgen: »Leuthen«, »Abukir« und endlich »Hohenfriedberg«.

Scherenbergs Verse sind eine merkwürdige Mischung aus hochgestelztem Sprachpathos und blanker Naivität, die mitunter volksliedhaft, meist aber unfreiwillig komisch wirkt. Trotzdem werden die Endlosgedichte eine Weile populär, um so mehr, als Schneider dafür sorgt, daß Scherenberg sie auch bei Hofe und den Teegesellschaften im Schloß Charlottenburg vortragen darf. Er wird praktisch zum *Poeta laureatus* Preußens. König Friedrich Wilhelm IV. ist so begeistert von dieser, wie ihm scheint, echt preußischen Lyrik, daß er auf einer königlichen Rheinfahrt sämtlichen Generälen des rheinischen Armeekorps das Schlachtepos »Leuthen« vorlesen läßt. Über das Echo der Betroffenen ist nichts bekannt geworden, aber Scherenberg wird ein Honorar von zwanzig Friedrichsdor zuteil, das entspricht hundert Talern, sowie einer zunächst auf drei Jahre beschränkten jährlichen Pension von je dreihundert Talern: ein durchaus königliches Salär, von dem Fontane nur träumen kann.

Man versteht nicht ganz, was den Charme und die Überzeugungskraft der langatmigen und ungelenken Gedichte ausgemacht haben soll. »Leuthen« beginnt:

> In Nimburg am Brunnen, die Schatten über sich,
> Auf einem alten Röhrstamm sitzt König Friederich
> Von seiner Zeit schlechtweg der König tituliert,
> Wiewohl noch mancher König zu seiner Zeit regiert,
> Und malt mit seinem Krückstock, der aller Welt bekannt,
> Versunken in sich selber, Figuren in den Sand.

Viel gelobt werden vor allem die, wie es heißt, packenden Gefechtsschilderungen, die einem heute eher eintönig scheinen. In »Ligny«:

> Dreimal schon brandete der Feind heran,
> Doch dreimal brach sein ehernes Geflut
> Sich an dem Feuerdamm der Batterien.
> Geschütz vor auf Geschütz! – Und brüllend packen
> Die ehernen Löwen sich mit heißer Tatze,
> Und kahl und brandig wird's, wohin sie greifen...

Merkwürdig ist, daß diese schwulstige Kriegspoesie denselben Anklang wie bei Hofe und der hohen Generalität, auch bei der Gegenpartei, im Haus des erkrankten Gründers der Sozialdemokraten, Ferdinand Lassalle, findet. In seinem Salon in der Bellevuestraße trifft ein erlauchtes Publikum zusammen, dem unter anderem Fürst Pückler-Muskau, General Pfuel (der Freund Kleists und Ministerpräsident von 1848), der Literat Ludwig Pietsch und der Bildhauer Reinhold Begas angehören, um Scherenbergs Vortrag zu lauschen.

Lassalle, den Fontane einen »Antifürsten« nennt, liegt »krank an einer nicht ungefährlichen Knöchelentzündung, zu deren Heilung... gehörte, daß er sich ruhig verhalten und wochenlang bei sehr hohen Temperaturen auf einer Chaiselongue zubringen mußte«. Zu seiner Unterhaltung versammelt sich abends der

Freundeskreis bei ihm. Scherenberg liest allerdings kein neues Schlachtenstücklein, sondern aus »Franklin«, einem Epos über den britischen Polarforscher und Entdecker der Nordwest-Passage, Sir John Franklin, das er gerade begonnen (aber nie vollendet) hat.

In der glühenden Hitze des Krankenzimmers sind seine, wie Fontane schreibt, »grandiosen Schilderungen von Eis und wieder Eis mit glitzerndem Sternenhimmel darüber« recht am Platze, denn »allen war es, als ob es von Minute zu Minute frischer und kühler um sie her wurde. ›Köstlich!‹ rief Lassalle. ›Mein Scherenberg, wie schön, wie herrlich... Ein besseres Eis ist mir nie präsentiert worden, und keines hat mir je *so* geschmeckt.‹«

Fontane wäre nicht Fontane, wenn er seinen lieben Preußen nicht zugleich einen Spiegel vorhalten würde. Der vaterländische Sänger dient ihm als Vorbild für eine gewisse Zurückhaltung, die sich jeder seiner Heimat gegenüber auferlegen sollte. Denn: »Er hütete sich vor Überpatriotismus und tat klug und weise daran...«

Ob man Scherenberg tatsächlich ganz von diesem Übel freisprechen kann, steht zu bezweifeln. Sein Werdegang hat ihn freilich auch ein quasi antipreußisches Stück Weges geführt. Als Schauspieler am Magdeburger Stadttheater, noch im Fach eines jugendlichen Liebhabers, hat er in einem Wirtshaus einige sogenannte Donataires kennengelernt und ist in ihre Dienste getreten. »Donataires« nennt man Leute, die komplizierte ungeklärte Rechtsansprüche erheben konnten. In diesem Fall handelte es sich um frühere preußische Staatsgüter, die ihnen von der französischen Besatzungsmacht übereignet oder verkauft worden waren und deretwegen sie jetzt gegen den preußischen Staat, der sie nicht mehr als rechtmäßige Eigentümer anerkannte, klagen mußten. Scherenberg ist dreizehn Jahre lang ihr redegewandter Sekretär und advokatischer Fürsprecher gegen Preußen gewesen. Als »Überpatrioten« kann man ihn in dieser Hinsicht gewiß nicht bezeichnen.

Fontane hat im übrigen über den »pommerschen Shakespeare«, als welchen man Scherenberg mitunter apostrophiert, so gut sonst nicht gesprochen. Schon in einem frühen Brief – 1850 – an Merckel liest man: »Scherenberg hat viel gesündigt und dichtet mitunter wie ein konfus-betrunkener Nachtwächter...«

Daß er nun die Verse des betrunkenen Nachtwächters in aller Öffentlichkeit – wenn auch nicht ohne Einschränkung – lobt und sein Werk herausstellt, hat einen simplen Grund: Fontane verdankt Scherenberg einiges. Er hat ihn einst über seinen Freund Bernhard von Lepel in dessen Kasernenstube bei den Kaiser-Franz-Grenadieren kennengelernt und von ihm, dem bereits wohlbekannten Dichter, einen ehrenhaften Auftrag bekommen, nämlich seine Gesammelten Gedichte für eine zweite Auflage noch einmal durchzufeilen.

Fontane, unter anderem eine treue Seele, wird ihm das nie vergessen. Die Resonanz auf das Buch, die biographischen Erinnerungen, fällt allerdings »ziemlich zurückhaltend« aus. Diese Formulierung des Autors klingt noch beschönigend. In den achtziger Jahren ist Scherenbergs Ruhm nicht nur verblaßt, er ist so gut wie erloschen. Er hat, mehrere Pensionen, darunter sogar eine des bayerischen Königs, verzehrend, sich selbst überlebt. Sein Tod, 1881, wird, außer vom letzten Rest des »Tunnels«, kaum beachtet. So freut sich Fontane über jede Äußerung, die man über seinen *Scherenberg* macht. Als einer der ersten meldet sich, selbstredend, Lepel.

Er bekommt zur Antwort: »Für Deine freundlichen Worte... sei bestens bedankt, [der Aufsatz] hat im allgemeinen gefallen... sonst aber ist von Lob und Anerkennungseinstecken, wie in jungen Jahren, keine Rede mehr. Ignoriertwerden ist die Regel und wird etwas gesagt, ist es Tadel. Es wäre gleichgültig, wenn das Gesamt-Resultat nur günstiger wäre; mehr Geld oder mehr Reputation hätte herauskommen müssen, aber beides ist mediocer geblieben...«

Gemeldet hat sich auch der nur fünf Jahre jüngere Philosoph

Moritz Lazarus (»Leibniz«), der beklagt, nie etwas von diesem Dichter gelesen zu haben. Ihm antwortet Fontane offener: »Daß Sie von Scherenbergs Werken bewahrt geblieben sind«, teilt er dem »Tunnel«-Freund mit, »ist ein Glück. Ich habe mein kleines Buch über ihn mit großer Liebe und aufrichtiger Verehrung geschrieben, aber alles aus der Erinnerung von 1846 bis 1849 heraus, wo die Sachen entstanden und im Tunnel zum Vortrag kamen. Eine innere Stimme sagte mir: ›Liest du das alles noch mal durch, so bist du verloren und er erst recht.‹ Als das Buch fertig war, habe ich dann noch mal scheu in seine Dichtungen hineingeguckt. Nicht zu lesen, trotzdem er etwas, ja vielleicht viel von einem großen Dichter hatte und ein geistreicher Mann war... In grausamer Weise läßt er einen nach drei Seiten hin im Stich. Nichts hat Form (trotz meist sehr guter Komposition). Lyrischer Ton vakat und Geschmack erst recht. Er wiegt hundert Durchschnittspoeten auf und ist doch mehr eine höchst interessante Zeiterscheinung als ein erquicklicher Dichter. Ohne Wohllaut geht es nicht.«

In einem Brief an das Preußische Kultusministerium hat er es noch offener ausgesprochen: »...die ganze Sache, so famos und geistreich sie war, war eine Geschmacksverirrung«.

Um so imponierender die Freundestat, die freilich weder dem Autor noch dem Nachruhm Scherenbergs auch nur im geringsten nützt.

## 34.

## Der realistische Liberale
(1884–1888)

In der zweiten Hälfte der achtziger Jahre ereignet sich außer den sich häufenden Todesfällen nichts Dramatisches mehr. An die abgekühlte Ehe hat er sich genauso gewöhnt wie an die regelmäßigen Sommerfrischen, die er am liebsten in Krummhübel am Fuß der Schneekoppe in Schlesien verbringt. Dort lernt er 1884 Georg Friedlaender kennen, Amtsgerichtsrat in Schmiedeberg im Riesengebirge. Mit ihm schließt er eine enge Freundschaft und beginnt einen eifrigen Briefwechsel. Friedlaender wird einer der Hauptansprechpartner des alten Fontane – nach dem vor fast zwanzig Jahren verstorbenen Wolfsohn der zweite jüdischer Herkunft (dies, vorweggenommen, zu der Frage, ob Fontane Antisemit war).

Im September des Jahres bereist er, von Stralsund aus, die Ostseeinsel Rügen, besucht die Stubbenkammer, den sagenumwobenen Herthasee, Kap Arcona und auch das hübsche klassizistische Kleinstädtchen Putbus. Krummhübel – oder Thale im Harz – und Berlin sind abgesteckte Schreibtischziele, denn die Arbeit geht – Sommerfrische oder Großstadtwinter – immer weiter im altgewohnten Fleiß. 1887, zum Beispiel, arbeitet er im Winter in Berlin an *Cécile* und *Stine*, im Juli und August in Rüdersdorf an *Fünf Schlösser* und im August bis September wieder in Krummhübel an *Unwiederbringlich*.

Es ist das Jahr, in dem er seinen ältesten Sohn verlieren wird, im nächsten Storm und im übernächsten seine beiden mütterlichen Freundinnen Mathilde von Rohr und Henriette von Merckel. Bis zu seinem siebzigsten Geburtstag erscheinen in diesen Jahren noch *Unterm Birnbaum*, *Cécile* und *Irrungen Wirrun-*

*gen*, ein Kriminalfall, eine Ehegeschichte und ein Berliner Gesellschaftsroman.

*Unterm Birnbaum* sollte eigentlich »Es ist nichts so fein gesponnen« heißen. Ergänzt durch »'s kommt doch alles an die Sonnen«, bildet sie die Spruchweisheit, mit der die Erzählung dann endet, damit ihren Inhalt so gut wie umreißend. Geschrieben in den Jahren 1884 und 1885, wird sie in der *Gartenlaube* veröffentlicht und erscheint 1885 als Erstausgabe bei Müller-Grote in Berlin.

Unter »Kriminalfall« sollte man sich keinen Krimi nach Art des Sir Conan Doyle oder gar Agatha Christies vorstellen. Der (negative) Held der Handlung, Abel Hradscheck, ähnelt eher einer Dostojewski-Gestalt: nicht die Lösung des Mordfalls ist das Thema oder die Aufdeckung des Mörders, sondern der seelische Kampf des Schuldigen, seine Ängste, die seine Überführung mitverursachen.

Das liest sich durchaus spannend, zumal Fontane in die Handlung die Psyche der Bauern im »großen und reichen Oderbruchdorfe Tschechin« miteinbezieht. Hradscheck, Gastwirt und Kramladenbesitzer, steckt mit seiner Frau, einer ehemaligen »Springerin« (Seiltänzerin), in tiefen Schulden, er aus Spielleidenschaft, sie wegen ihrer Verschwendungssucht und Eitelkeit.

Als die Weingroßhandlung die Schulden eintreiben will, erhält ihr Vertreter Szulski falsche Wechsel und wird von Abel Hradscheck umgebracht. Am nächsten Morgen besteigt seine Frau in den Kleidern des Weinvertreters dessen Fuhrwerk und fährt davon. Pferd und Wagen werden später an einem unfallträchtigen Ort der Gegend aufgefunden. Szulski bleibt verschollen.

Da gibt es aber eine spökenkiekerische Nachbarin, Mutter Jeschke, und einen mißliebigen Dorfgendarmen namens Geelhaar. Die eine setzt unheimliche Gerüchte in die Welt, der andere geht ihnen offiziell nach. Abel wird verhaftet und auf die Festung Küstrin gebracht. Dann gräbt man unter einem Birnbaum, wo die Jeschke ihren Nachbarn mit Schaufel und Spaten hantieren gesehen haben will, nach. Man findet eine Leiche – aber es ist nicht die des Weinvertreters. Abel hatte sie schon früher entdeckt und in seinen Mordplan einbezogen: Vor über zwanzig Jahren wurde im Dorf ein französischer Soldat erschlagen und dort verscharrt. Es kommt am Ende – wiederum unter Mithilfe der abergläubischen Mutter Jeschke – dennoch »alles an die Sonnen«.

Eine sehr dicht gesponnene Erzählung mit viel Aberglauben, wie Fontane ihn liebt – ohne ihm selbst anzuhängen. Vielleicht gilt für ihn, was er von Hradscheck sagt, als Mutter Jeschke ihm einige schwarze Geheimnisse von Farnkrautsamen und ungeborenen Lämmern verrät: »Er glaubte nichts davon und auch wieder alles.«

*Unterm Birnbaum* wird gewöhnlich nicht zu Fontanes Bestem gerechnet. Dabei hat dieses dunkle Stück Qualitäten, die andere seiner Werke nicht aufweisen. Ein später Kollege Fontanes, Zeitungsredakteur und nebenher verantwortlich für den Fortsetzungsroman, der Verfasser dieser Zeilen, geriet vor zwei oder drei Jahrzehnten in eine Verlegenheit: Der laufende Roman war schneller zu Ende, als erwartet, und ein neuer noch nicht gefunden, so daß er kurzerhand *Unterm Birnbaum* in Satz gab. Nach anfänglicher Verblüffung und sogar einigen Protesten der Leser wurde er der größte Erfolg. Als ich zehn Jahre später in einer anderen Stadt in ähnliche Verlegenheit geriet, klappte es erneut – mag *Unterm Birnbaum* nicht Fontanes gelungenster Roman sein: er ist hautnäher erzählt als alle seine anderen mit Ausnahme vielleicht von *Effi Briest* und, selbstredend, wenn auch auf einem ganz anderen, kolportageferneren Sektor, dem unvergleichlichen *Stechlin*.

Die Mordgeschichte wird kein großer Publikumserfolg, weder im Romanmagazin noch als gebundenes Buch. Der Erzähler setzt sich genauso quälend langsam durch wie der Dichter, der Wanderer, Kriegsberichter, Theaterkritiker, Feuilletonist, kurzum, der ganze Fontane.

Für *Cécile* kann er – per Entwurfsskizze – die Zeitschrift *Universum* gewinnen, findet aber zunächst keinen Buchverlag. Ein Teil der Erzählung entsteht während der Sommerfrische in Thale im Harz, dem einen ihrer beiden Schauplätze; der andere ist Berlin.

In Thale, in der Sommerfrische lernt der ehemalige preußische Leutnant von Leslie-Gordon aus der preußisch-schottischen Gordon-Familie das Ehepaar St. Arnaud kennen. Sie ist eine mysteriöse Erscheinung, bildschön, aber ungebildet (womit sie ein bißchen kokettiert), er hat als Oberst vorzeitig seinen Abschied genommen.

Gordon, inzwischen Unterwasserkabelingenieur und als solcher gewissermaßen ein Globetrotter, verliebt sich in Cécile und verkehrt in ihrem Berliner Salon, in dem sich sonst nur Oppositionelle treffen, »Frondeurs... die sich gegen Armee und Ministerien, und gelegentlich auch gegen das Hohenzollertum selbst« aussprechen.

Der aus seiner Laufbahn geworfene St. Arnaud führt ein belangloses Leben und liebt das Spiel. Die Malerin Rosa, eine Art Frühemanzipierte, charakterisiert ihn: »Blieb er in der Armee, so war alles gut... Jetzt ist er verbittert; befehdet, was er früher vergöttert hat, und sitzt auf der Bank, auf der die Spötter sitzen... Er war ganz Soldat und ging darin auf. Nun hat er nichts mehr zu tun und steht im Tattersall umher oder besucht den Klub... Vor Tisch liest er Zeitungen, nach Tisch spielt er Whist oder Billiard.«

Von seiner Schwester erfährt Gordon Näheres über Cécile und den frühen Abschied des Obersten St. Arnaud. Cécile weist eine äußerst zweifelhafte Vergangenheit auf. Sie war nacheinander die Geliebte eines alten Fürsten und dessen Sohnes, der früh gestorben ist. Als »Vorleserin« angestellt, wird »dem schönen Teefräulein ein oberschlesisches Gut zuteil«. Es spukt noch ein Kammerherr hinein, ehe St. Arnaud sie kennenlernt und sich mit ihr verlobt. Als ein Oberst Dzialinski in einem Brief ausführt, »daß diese Verlobung nicht wohl angänglich sei«, fordert St. Arnaud ihn zum Duell, in dem Dzialinski getötet wird. Nach neunmonatiger Festungshaft nimmt St. Arnaud seinen Abschied und heiratet Cécile.

Gordon ist wie von Sinnen: »Fürstengeliebte, Favoritin in duplo, Erbschaftsstück von Onkel auf Neffe! Und dazwischen der Kammerherr...« In einer Mischung aus Eifersucht und Enttäuschung verfolgt er Cécile wie ein betrogener Liebhaber. In einem zweiten Duell, das St. Arnaud um seine Frau führt, fällt Gordon. Jetzt muß der Ehemann ins Ausland flüchten. Als er Cécile nachholen will, erfährt er, daß sie freiwillig aus dem Leben geschieden ist.

Die Geschichte einer Vergangenheit, die eine ehrgeizige Frau einholt, zeigt eine Anzahl ernsthafter gesellschaftskritischer Ansätze, die aber vage bleiben und im Sande verlaufen. Dabei liegen Fontanes Sympathien eindeutig auf seiten der Heldin, die zwar als »nervenkrank« geschildert wird – »hysterisch« wäre wiederum der korrektere Ausdruck –, aber die beiden selbstherrlichen Männer charakterlich weit in den Schatten stellt.

Fontane hat das Vorbild für diese Figur wiederum aus der Wirklichkeit bezogen. Die Geschichte einer Frau, die an ihrer Vergangenheit scheitert, hat er vom Grafen Philipp zu Eulenburg-Hertefeld erfahren, den er während der Recherchen zum »Liebenberg«-Kapitel der *Fünf Schlösser* kennengelernt hat. Dem St. Arnaud, der als »alter Garçon [Junggeselle] aus der Oberschicht« vorgestellt wird (»Es ist unmöglich, sich etwas Unverheirateteres vorzustellen als ihn«), scheint Fontane einige Züge seines Vaters verliehen zu haben. Wer will, kann in der Figur der übernervösen Cécile Ähnlichkeit mit Frau Emilies Verhalten in Krisenzeiten entdecken.

In Gordon endlich steckt ein bißchen von Fontane selbst – ein Mann, der seinen erlernten Beruf zugunsten eines anderen aufgegeben hat, der, im Grunde ein großes Kind, vieles aus Unerfahren- und Launenhaftigkeit falsch macht. Es fällt sogar ein Hinweis auf die langsam einsetzende Theatermüdigkeit des Rezensenten auf Parkettplatz 23. Gordon geht in Berlin aus

Langeweile ins Theater — »Aber er empfand wieder ganz die Wahrheit dessen, was ihm einst ein Freund über Theater und Theaterbesuch gesagt hatte: ›Man muß *oft* hingehen, um Vergnügen daran zu finden‹; wer selten hinkommt, leidet unter der Unwahrheit dessen, was er sieht!«

Dem Ganzen merkt man an, daß es sowohl mit vielen Unterbrechungen als auch während der Arbeit am Zusatzband der *Wanderungen* geschrieben worden ist. Die Erzählung zerflattert, und die Dialoge bestehen großenteils aus Geschichtsstunden, die Fontanes Vorliebe für die Askanier entsprungen scheinen, vor allem, wenn der Privatgelehrte mit dem seltsamen Namen Eginhard Aus dem Grunde zu dozieren beginnt.

Ist es ein Wunder, daß sich nur schwer ein Buchverlag für diese Arbeit findet? Fontanes Frau, im März 1887 an Mathilde von Rohr: »Eine Novelle meines Mannes ›Cécile‹ hat in einem in Dresden erscheinendem Journal ›Universum‹ gestanden u. mein Mann hoffte es Ihnen bereits zu Weihnachten überreichen zu können. Aber eine neue Kränkung wartete seiner. Hertz, aus unerklärlichen Gründen lehnte die Arbeit ab, die von Kennern eine der feinsten meines Mannes angesehen wird u. so liegt sie nun ruhig im Kasten. Natürlich ermutigen solche Erlebnisse meinen armen Mann nicht zu neuem Schaffen u. was er nie ausgesprochen hat, thut er jetzt: brauchte ich es nicht zum Lebensunterhalt, ich schriebe keine Zeile mehr.«

Lassen wir dahingestellt sein, ob es sich hier um ein authentisches Zitat oder eine Vorstellung Frau Emiliens handelt. Ein Fontane, der keine Zeile mehr schreibt, ist unvorstellbar.

Allerdings wird das Echo auf die nächste Veröffentlichung noch deprimierender. *Irrungen Wirrungen*, von Juli bis August 1887 in der *Vossischen Zeitung* vorabgedruckt, erregt fast einen Skandal. Obwohl Fontane wirklich mit aller Vorsicht erzählt und formuliert, empfindet ein Großteil der Leserschaft den Roman als anstößig, denn es hagelt Abbestellungen. Ein Mitinhaber des Blattes spricht ganz offen von einer »gräßlichen Hurengeschichte«.

Die Kritiken sind demgemäß. Fontane im September des Erscheinungsjahres an seinen Sohn Theo: »Wir stecken ja bis über die Ohren in allerhand konventioneller Lüge und sollten uns schämen über die Heuchelei, die wir treiben... Gibt es denn, außer ein paar solchen fragwürdigen Ausnahmen noch irgendeinen gebildeten und herzensanständigen Menschen, der sich über eine Schneidemamsell mit einem freien Liebesverhältnis *wirklich* moralisch entrüstet? *Ich* kenne keinen und setze hinzu, Gott sei Dank... Empörend ist die Haltung einiger Zeitungen, deren illegitimer Kinderbestand weit über ein Dutzend hinausgeht (der Chefredakteur immer mit dem Löwenanteil) und die sich nun darin gefallen, mir ›gute Sitte‹ beizubringen.«

Wie heißt es in *Cécile*, für die man im gleichen Jahr 1887 doch noch einen mutigen Buchverleger findet? »Die Bourgeoisie, die nie tief aus dem Becher der Humanität trank...« Fontane kennt seine Pappenheimer – er bleibt liberal, selbst wenn er realistisch folgert, eine liberale Geschichtsschreibung greife »in nichts so fehl als darin, daß sie den Bürger immer als Lamm und den Edelmann immer als Wolf schildert«.

An *Irrungen Wirrungen* hat Fontane seit 1884 geschrieben. Acht Kapitel sind in »Hankels Ablage« entstanden, einem damals populären Ausflugsort mit Anlegestelle am Westufer des Zeuthener Sees, den er auch zeitweilig zum Schauplatz seiner Handlung macht. Der längst sprichwörtlich gewordene Titel soll aus einem Goethe-Zitat stammen. Im Maskenzug zu Ehren der russischen Kaiserinmutter Maria Feodorowna in Weimar, spricht die Ilme:

> Weltverirrung zu betrachten;
> Herzensirrung zu beachten,
> Dazu ist der Freund berufen.

Wobei Goethe sich mit dem Freund selbst meinte.

Einmal mehr geht es um die Ehe und den preußischen Ehrenkodex. Erneut wird vor allem die Haltung des Altadels angeprangert, der Eheschließungen nur unter »Ebenbürtigen« anerkennt. Eine nahezu selbstmörderische Moral, die – nicht allein nach Fontanes Meinung – zu einer Schwächung der Erbsubstanz führt, zur Degeneration. Schon in seinem ersten Roman, *Vor dem Sturm*, hat er für eine Blutauffrischung plädiert, nämlich Einheirat des – gesünderen – Bürgertums in die preußischen Herrenfamilien.

Den Adel verkörpert hier Baron Botho von Rienäcker, der für den Maler Achenbach schwärmt (Andreas, den süßlicheren der beiden Künstlerbrüder) und Offizier ist, aber dennoch der Typ eines sympathischen Schwächlings, gewohnt, stets den Weg des geringsten Widerstands zu gehen.

Er lernt bei einem Beinahe-Unfall mit dem Kahn am Ostermontag in Stralau Lene kennen, die Pflegetochter der Frau Nimptsch, deren Namen sie auch angenommen hat. Die beiden wohnen beim Gärtnerehepaar Dörr – der Name ist bei Fontanes Abneigung gegen diesen Beruf wohl mit Bedacht gewählt – »an dem Schnittpunkt von Kurfürstendamm und Kurfürstenstraße, schräg gegenüber dem ›Zoologischen‹«.

Botho geht dort bald ein und aus, wobei Frau Dörr zuweilen als Anstandswauwau fungiert. Dem angehenden Verhältnis steht sie freundlich gegenüber, weil sie, ehe sie ihren Gärtner geheiratet hat, »mit einem Grafen ein Verhältnis« eingegangen war, das ihr »statt... schädlich zu sein, gerad umgekehrt den Ausschlag zum Guten« gab.

Sie wird der gute Geist der Geschichte. Als böser tritt jener Onkel auf, der bei einem Berlin-Besuch seinen Neffen zum Essen bei Hiller, dem Prominentenrestaurant, einlädt und von dem wir erfahren, daß Botho beim Tod seiner Mutter zusammen mit einem Bruder nur eine »Sandbüchse« erben wird, »eigentlich nichts als eine Kiefernschonung«. Man erfährt ferner, daß Botho einer reichen Erbin namens Käthe von Sellenthin so gut wie versprochen ist, einer »Flachsblondine zum Küssen«, und der Onkel auf einer baldigen Eheschließung besteht.

Lene und Botho machen mit Frau Dörr einen Spaziergang

über die Felder nach Wilmersdorf, dem Drachen entkommen sie aber erst auf einer Land- oder Wasserpartie nach »Hankels Ablage«, dem idyllischen Ausflugsort in der Einsamkeit, der sich aber unversehens mit Herden sangesfreudiger Berliner Ausflügler füllen kann. Hier passiert, was sittenstrenge Leser die *Vossische* abbestellen läßt, obwohl Fontane es kaum nur andeutet: »Und sie schmiegte sich an ihn und blickte, während sie die Augen schloß, mit einem Ausdruck höchsten Glückes zu ihm auf.« Wobei das Verwerfliche vielleicht darin liegt, daß es einer Frau gelingt, mit geschlossenen Augen zu ihrem Geliebten aufzusehen.

Unter den deftigen Berliner Typen, die man besser in der Erinnerung behält als manche Hauptperson, ist die dicke Isabeau eine der psychologisch überzeugendsten. Sie möchte sich eine »Dest'lation«, also eine Kneipe, kaufen und »einen Witmann« heiraten – und sie »weiß auch schon wen«. Denn: »Ich bin für Ordnung und Anständigkeit«, sagt sie, »und die Kinder orntlich erziehn, und ob es seine sind oder meine, is janz egal...«

Als sie bemerkt, daß Lene zurückzuckt, schließt sie aus Erfahrung: »Sie sind wohl am Ende mit *hier* dabei«, wobei sie auf ihr Herz weist, »und tun alles aus Liebe? Ja, Kind, *denn* is es schlimm, denn gibt es 'nen Kladderadatsch.«

Tatsächlich stellen Mutter, Onkel und Bruder dem Botho alsbald ein Ultimatum. Die Kündigung von Kapital hat sie in eine Zwangslage gebracht, und Botho leistet keinen großen Widerstand, obwohl er Lene wirklich liebt.

»Wer bin ich? Durchschnittsmensch aus der sogenannten Obersphäre der Gesellschaft. Und was kann ich? Ich kann ein Pferd stallmeistern, einen Kapaun tranchieren und einen Jeu [ein Spiel] machen. Das ist alles, und so hab' ich die Wahl zwischen Kunstreiter, Oberkellner und Croupier.« Folgerichtig bricht er mit Lene, die alles einsieht, während die Nimptsch die Lösung sogar richtig findet und daher gut.

Auch Bothos innere Rechtfertigungen scheinen nicht eben ehrenhaft preußisch. »War mein Leben in Ordnung? Nein. Ordnung ist Ehe. Will ich heiraten? Nein. Erwartet sie's? Nein. Oder wird uns die Trennung leichter, wenn ich sie hinausschiebe? Nein... Und weshalb säume ich?... Törichte Frage. Weil ich sie liebe.« So heiratet der Premierleutnant Botho Freiherr von Rienäcker auf dem Sellenthinschen Gut Rothenmoor seine Käthe, ein »unterhaltliches« und »wohl leidlich vernünftiges« Wesen, wenn auch immer nur zum Lachen aufgelegt, »aber durchaus kein ernstes Wort« mit ihr zu reden ist.

Als sie eben in Schlangenbad kurt, meldet sich bei Botho ein Herr Franke, ein fünfzigjähriger Witwer, der Lene heiraten möchte. Botho rät zu und verbrennt die Briefe von ihr, die er immer noch aufgehoben hat.

Er benutzt Käthes Abwesenheit auch, um ein halb scherzhaft gegebenes Versprechen einzulösen, nämlich am Grabkreuz der Frau Nimptsch einen Immortellenkranz zu befestigen. Auf dem Weg zum Friedhof trifft er einen Offizierskameraden, der Sorgen hat und gesteht, daß er eine Bürgerliche liebt und sich überlegt, ob es recht sei, mit ihr »eine Ehe ohne Ehe« zu führen.

Da rät Botho dringend ab: »Lieber Rexin... Sie haben vorhin von Verhältnissen gesprochen, ›wo knüpfen und lösen in dieselbe Stunde fällt‹, aber diese Verhältnisse, die keine sind, sind nicht die schlimmsten, die schlimmsten sind die, die, um Sie selbst zu zitieren, ›den Mittelkurs‹ halten. Ich warne Sie, hüten Sie sich vor diesem Mittelkurs, hüten Sie sich vor dem Halben. Was Ihnen Gewinn dünkt, ist Bankrott, und was Ihnen Hafen scheint, ist Scheiterung. Es führt *nie* zum Guten, auch wenn äußerlich alles glatt abläuft...«

Die Schlußszene – eine der besten Fontanes – ist schon beinahe filmisch, wie überhaupt die meisten seiner Novellen Filmtreatments gleichen. Wahrscheinlich hätte Fontane heutzutage statt für Romanzeitschriften, die es ja nicht mehr gibt, fürs Fernsehen geschrieben.

Am Frühstückstisch lacht Käthe Freifrau von Rienäcker sich kaputt über eine Heiratsanzeige in der Zeitung – als Eheleute empfehlen sich ein Fabrikmeister Gideon Franke und seine Frau

Magdalene Franke, geb. Nimptsch – »Nimptsch. Kannst du dir was Komischeres vorstellen? Und dann Gideon!«

Botho antwortet: »Was hast du nur gegen Gideon, Käthe? Gideon ist besser als Botho«, und trifft dabei mit einer Zweideutigkeit, die nur er versteht, den Nagel auf den Kopf.

## 35.
## Potsdamer Straße 134c
(1888–1894)

Fontane steht jetzt kurz vor seinem siebzigsten Geburtstag. Er ist ein beliebter märkischer Schriftsteller und Kritiker, aber als Erzähler bleibt ihm der richtige Erfolg noch versagt. Und auch die häuslichen Probleme halten an. Das Ehepaar lebt nebeneinander her und streitet sich oft ungeniert, sogar in der Öffentlichkeit. Trotzdem halten sie – bei vielen getrennt unternommenen Reisen – zusammen, die Gefahr einer Trennung besteht nicht mehr.

Tochter Mete bleibt ein Sorgenkind. Sie hat ihre Tätigkeit als diplomierte Lehrerin nicht wieder aufgenommen, sondern kümmert sich um die Eltern. Das ist auch notwendig, denn die Mutter kränkelt, und der Vater ist Tag für Tag an seinem Schreibtisch voll beschäftigt. Den Haushalt oder, wie Fontane es ausdrückt, die »Hausrepräsentation« liegt allein in ihren Händen, und es ist vielleicht ungerecht, daß der Vater in manchen Briefen an die Freunde Metes Zurückgezogenheit bedauert, obwohl er sie in der Potsdamer Straße 134c dringend braucht.

Das heißt, ihre Reisemanie hat eher zu- als abgenommen. Nach wie vor ist sie viel unterwegs und immer – ob zu Hause oder sonstwo – an der Grenze ihrer Leistungsfähigkeit. Ihre nervöse Unruhe scheint chronisch geworden. So beißt der Vater häufig in den sauren Apfel und begleitet – oft sogar samt Gattin – die Tochter oder nimmt sie mit in die Sommerfrische.

Was – wie immer bei den Fontanes – alles denkbar kompliziert macht. Im Juni 1888 besucht man zu dritt die Familie Witte in Rostock, und anschließend fahren alle gemeinsam mit Anna Witte und deren Kinder sechs Wochen nach Krummhübel. Das heißt, Frau Emilie teilt die Zeit zwischen Familie und Freundin in der Nähe und überläßt die Organisation der Ferien ihrer ohnehin überforderten Tochter Mete. Der Vater informiert die Mutter brieflich: »...es liegt zu viel auf ihr. Sie soll die Wirthschaft führen, alles anordnen, berechnen, aufschreiben; sie soll die verschiedenen Parteien bei guter Laune halten... sie soll Einkäufe machen... soll Briefe schreiben und bei der Stickerei helfen. Das alles bringt sie in solche Nerven-Überreizung, daß sie höchstens 3 Stunden Schlaf hat...«

Ein erholsamer Urlaub ist das nicht, aber zu Hause geht es kaum anders zu. »Wir können«, heißt es in einem Brief Fontanes an Georg Friedlaender, »Martha kaum missen, da sie, so sauer es ihr oft werden mag, doch immer noch die Einzige ist, die die Hausrepräsentation leisten kann.« Er und seine Frau, schreibt er weiter, könnten nicht »mal einen Menschen und wenn es auch nur eine Schauspielerin wäre«, empfangen: »Da brauchen wir denn Martha wie der Blinde seinen Stab.«

Die Last der häuslichen Verantwortung verschlimmert noch die chronische Schlaflosigkeit, an der sie leidet. Wieder sucht sie Zuflucht fern von den Eltern, die angeblich nicht ohne sie auskommen. Auch dies vergeblich: Anfang April 1889 verschlechtert sich ihr Zustand auf dem Mengelschen Gut bei Güstrow so sehr, daß sie ihren Aufenthalt abbrechen und nach Berlin zurückkehren muß. Die quälenden Angstzustände, die sie befallen, bleiben ihr jedoch auch dort – man möchte hinzufügen: erst recht nicht – erspart. Sie entschließt sich zu einer Kur im Haus eines erfahrenen, ja: berühmten Gynäkologen, Dr. Gustav Veit in Bonn, der vor zwei Jahren Metes Jugendfreundin Marie Bancard, geheiratet hat.

Ab 1890 muß Fontane sogar seine Lieblingssommerfrische im hohen Riesengebirge, in Krummhübel, aufgeben, weil der Tochter der Aufenthalt in solchen Höhen ärztlich untersagt wird. Dafür korrespondieren Vater und Tochter miteinander eifriger – und zärtlicher – denn je in dieser Zeit. Mete ist länger von zu Hause fort als jemals zuvor, zumal die Veits sich ihrer annehmen wie früher die Wittes in Rostock und Warnemünde.

Die Wittes kommen nicht zu kurz, obwohl Mete immer häufiger nach Bonn fährt und später, als der Doktor pensioniert ist, nach Deyelsdorf in Pommern, wohin die Veits sich zurückziehen.

Nicht weit von Deyelsdorf liegt Zansebuhr; dort besitzt eine Tochter Veits aus erster Ehe ein Gut. Da die erst sechsundzwanzigjährige Gräfin Wachmeister schon verwitwet ist, schließen sich die beiden jungen Frauen aneinander an: auch Zansebuhr wird zum Anlaufpunkt für die nervenschwache Mete, die eine große Begabung zur Freundschaft besitzt. Fontane 1891 an Friedlaender: »Meine Tochter hat vor, bis in den Herbst in Pommern, in der Nähe von Stralsund zu bleiben, sie erhofft sich davon Genesung, ich glaube nicht daran.«

Dabei hält er auf die Veits große Stücke. Sie scheinen ihm unter allen ihren Freunden als »richtig gewachsene Personen«. Er hat insgeheim, das lassen seine Briefe gelegentlich durchblicken, gegen alle etwas, sogar gegen die Wittes. Von den Veits verspricht er sich auf die Dauer einen heilenden Einfluß auf die Tochter, einen Einfluß, den alle seine Briefe an sie zu unterstützen trachten.

Immer wieder sucht Fontane seine Tochter davon zu überzeugen, daß ihr Leiden psychischer Natur ist, auf Nervosität beruht. Er selbst sei, versichert er ihr, »zeitlebens ein nervenkranker Mann gewesen«. Man könne so etwas mit einigem festen Willen »von sich abschütteln« und damit leben. Mete beharrt allerdings bockig darauf, im physischen Sinn krank zu sein.

»Es wird schon alles wieder werden«, tröstet sie dann der Vater, »nicht zum Heldisch-Gesundheitlichen aber doch zum momentan Glücklichen hin. Und viel mehr darf keiner verlangen.«

Bei den Veits bleibt Mete 1891 nicht nur »bis zum Herbst«, sondern, alles in allem, zehn Monate. Das ist selbst bei ihr ein Rekord, der eine besondere Art von Gastgebern voraussetzt.

Ob Mete den Bogen damit nicht etwas überspannt hat, steht dahin. Das familiäre Verhältnis zu Anna Witte, deren Mann

1893 stirbt, bleibt unverändert erhalten – Mete ist ihr adoptiertes Kind oder Patenkind. Anders das Verhältnis zur Familie Veit und der Gräfin Wachmeister. Mete besucht die Veits 1892 noch dreimal je zwei Monate. 1893 geht es ihr so schlecht, daß sie überhaupt nicht verreisen kann, aber 1894 begeht man Dr. Veits Siebzigsten nicht ohne sie, und 1895 ist sie im August bei den Veits, bei der Gräfin im September zu Gast.
Danach scheint die Freundschaft plötzlich versandet, wie abgeschnitten. Der genaue Grund ist nie bekanntgeworden. Aus einigen Briefen Fontanes läßt sich herauslesen, daß es zwischen der Gräfin Wachmeister und ihrer Stiefmutter, Metes Schulfreundin, zu unerfreulichen Eifersüchteleien gekommen sei, zum Schmerz der Nervenkranken, die sich solcher Belastung nicht gewachsen gefühlt habe. Die Gräfin taucht noch einmal, für Emilie und Theodor Fontane aufregend genug, ohne Voranmeldung bei ihnen zu Hause auf und wird wohl etwas kopflos empfangen, weil Mete eben bei Anna Witte in Rostock zu Besuch ist. Doch darf man annehmen, daß Mete und die Gräfin Wachmeister später ungehindert freundschaftlich miteinander verkehrt haben: Metes Alterssitz wird nicht weit von Zansebuhr entfernt liegen.

Sie fehlt zu Lebzeiten des Vaters viel zu oft in der Potsdamer Straße 134c. Die Wohnung im dritten Stock des Hauses ist eng, ungünstig geschnitten und, ihrer luftigen Mansardenlage zum Trotz, dunkel. Nur zwei Kinder sind in ihr unterzubringen – Mete und Friedel haben kleine Kammern. Aber Fontane, der die Wohnung über ein Vierteljahrhundert bewohnt, liebt sie sehr. In seinem Gedicht »Meine Reiselust« hat er sie als »Dreitreppenklause« besungen:

> Schon seh' ich sie grüßen, schon hör ich rufen –
> Aber noch fünfundsechzig Stufen.

Von Friedrich Fontane gibt es eine hübsche Beschreibung aller Räume, die allerdings erst viel später, 1938, verfaßt worden ist und daher nicht hundertprozentig korrekt sein mag. Es sei, schreibt der jüngste Sohn, nichts von Bohème oder lustigem Künstlervölkchen um Emilie und Theodor Fontane gewesen: »Meine Eltern wirkten hausbacken, mitunter geradezu etwas spießig.« Es empört ihn daher, was sein Freund Paul Lindenberg über die Wohnungseinrichtung geschrieben habe – »die Mobiliar-Einrichtung in meines Vaters Arbeitszimmer sei auffallend dürftig gewesen: ein altes verschlissenes Sofa, Stühle mit durchgesessenem Rohrgeflecht usw., so weiß ich bis auf den Tag nicht, wo er das gesehen haben will«.

Das Gegenteil sei der Fall gewesen. Die Möbel waren, Friedrich Fontane zufolge, eher zu pompös geraten für den Arbeitsraum mit den beiden Fenstern zur Straße hin, vor allem der ausladende Schreibtisch, den Fontane von seinem Freund Wilhelm Lübke erworben hatte, als dieser nach Zürich berufen wurde. Die offenbar immer penibel aufgeräumte Tischplatte zierte ein Bronzeabguß der Hand Moltkes, und in den vielen Fächern des Schreibtischaufsatzes befand sich der berühmte blaue Hundert-Mark-Schein, der nur in dringenden Notfällen ausgegeben wurde und schleunigst wieder ersetzt werden mußte. Das Möbelstück hat Frau Emilie, wie Friedrich Fontane betont, später dem Märkischen Museum geschenkt (und nicht etwa verkauft).

Frau Emilie, berichtet Friedrich Fontane weiter, »war eine weise Kämmerin und wußte mit dem ihr anvertrauten Geld, d. h. mit allen eingehenden Einnahmen sehr ökonomisch umzugehen«. In den Wirtschaftsbüchern fänden sich jedoch häufig Eintragungen des Mädchens wie »dem Herren 1 oder 2 Mark«, da Fontane die dienstbaren Geister um kleine Summen anzupumpen pflegte. Ein Sofa zum Ausruhen und eine Standuhr (die man im Heimatmuseum Neuruppin noch so ticken hören kann, wie sie es in sechs oder sieben Generationen der Familie getan hat) gehörten zur weiteren Einrichtung des Arbeitszimmers sowie, nicht zu vergessen, jene beiden Bücherschränke, die, der eine groß, der andere kleiner, den Schreibtisch flankierten. Der eine enthielt eine Nachschlagebibliothek, der andere diente der Aufbewahrung der un- oder halbfertigen Manuskripte, die nicht durcheinandergeraten durften. Darin – und nicht nur darin – war Fontane von beinahe pedantischer Ordentlichkeit.

In einem Aufsatz über »Die Bibliothek Fontanes« von Joachim Schobeß erfahren wir ergänzend: »Von ihm nicht bekannten Schriftstellern und von den Verlegern dem Dichter zur Kenntnisnahme übersandte Neuerscheinungen wanderten in der Regel auf den Hängeboden, wo sie in einer riesigen Kiste neben Holz und Kohlen ein geruhsames Dasein führten, wenn nicht der eine oder andere Freund des Hauses in den ungenutzten Schätzen herumstöberte.«

Eine Tür führte ins Nachbarzimmer, dasjenige Emilies, das genauso geschnitten war wie der Arbeitsraum, übrigens die beiden einzigen geräumigen Zimmer der Wohnung. Rechts und links neben der Tür zu Emilie standen zwei Spieltische noch aus dem Besitz des Vaters, jetzt verfremdet als Ablage für Bücher, Zeitschriften, Kleinplastiken und Kuriosa. Da sein Vater ein Vermögen verspielt hatte, rührte Fontane grundsätzlich keine Karten an – »nur ein harmloses ›66‹ mit Emilie ausgenommen«, wie Sohn Friedrich versichert.

Obwohl selbst kein Raucher, gehörte Fontane keineswegs zu den intoleranten Nichtrauchern. Im Empfangs- und Wohnzimmer befand sich ein Rauchtisch mit allen Utensilien für paffende Besucher. Und auf den Spieltischen des Vaters sammelten sich persönliche Erinnerungsstücke wie zum Beispiel die blecherne Kanne, in der Fontane sich auf der Insel Oléron als Kriegsgefangener seinen Kaffee gebraut hatte.

Ungewöhnlich für einen Dichterhaushalt schienen zwei Gegenstände, auf die der Herr des Hauses großen Wert legte. Zum einen die sorgsam gepflegte und wohlassortierte Hausapotheke, zum anderen ein ausladendes Regal, auf dem Karten, Pläne und Zeitungen ungeknickt aufbewahrt werden konnten, was besonders bei der Arbeit an den drei Kriegsbüchern notwendig gewesen sein dürfte.

In der ganzen Wohnung muß man sich die Wände mit Bildern

und Stichen übersät vorstellen. Es handelte sich vor allem um Darstellungen aus der preußischen Geschichte, schottische Landschaften und Porträts historischer Persönlichkeiten, aber auch einiger Freunde wie Heyse oder Storm. »Voll war es schon«, gesteht der Sohn, aber nicht vollgestopft und museal, sondern, wie er sich ausdrückt, »urgemütlich«.

Platz zum An- und Auskleiden scheint dagegen nur unzureichend vorhanden gewesen zu sein, denn Friedrich erzählt, sein Vater habe sich hinter der geöffneten Tür des Kleiderschranks im Speisezimmer umgezogen, wenn er mittags nach Hause kam und »Milachen«, ein dienstbarer Geist, mit ein oder zwei Kindern ihn zum Essen erwarteten. Dann wurden die Stiefel mit den »Kamelhaarschen« vertauscht und das vornehme »Taghemd« mit einem bequemen Arbeitskittel. Der Anblick: »oben den Kopf und unten die Kamelhaarschen« sei den Kindern wohlvertraut gewesen. Ansonsten hinter der Tür verborgen, pflegte er zu erzählen, was ihm und wem er auf dem langen Spaziergang, den er gewöhnlich morgens unternahm, begegnet war.

Was die Kleidung betraf, berichtet Friedrich in diesem Zusammenhang, sei sein Vater nicht uneitel gewesen. Er besaß nicht weniger als sechs »Sommerüberzieher«, also leichte Staubmäntel – »der beste natürlich aus Seide. Die alten Herren von damals, wenn sie Besuche machten oder auf die Reise gingen, hielten große Stücke auf Garderobe und auch mein Vater, der während der letzten Jahre nur in Karlsbad arbeiten ließ...«

Eine uralte Hose – weitere Erinnerung des jüngsten Sohns – liebte Fontane allerdings so sehr, daß sowohl Emilie als auch Mete diese vor ihm versteckt hielten, wenngleich sie lange nicht wagten, sie einfach wegzuwerfen. »Papa sucht schon wieder nach seiner Hose. Es ist entsetzlich«, soll Emilie gestöhnt haben, »es muß etwas geschehen!« Es geschieht auch etwas, denn die beiden Damen nehmen ihr Herz in die Hand, und an einem dunklen Sturmabend werfen sie die mit einem Stein beschwerten Beinkleider in den Landwehrkanal. Fontane habe herzlich gelacht, berichtet der Sohn, als man es Jahre später eingestand.

Friedrich, der Buchhändler, hat damals, Ende der achtziger Jahre, noch große Rosinen im Kopf. Er gründet einen eigenen Verlag, was dem Vater zunächst imponiert, der das mutige Wagnis mit einer Wippe vergleicht, von der man unsanft auf den Boden gesetzt, aber auch hoch in die Lüfte erhoben werden könne. Ob er ahnt, daß seine Prophezeiung, falls es eine solche ist, eintreten wird, wenn auch in umgekehrter Reihenfolge?

So stolz Fontane eine Weile auf seinen Jüngsten ist, so barsch wird er, als Friedrich – auf dem Umweg über Frau Emilie – von ihm die Rechte seiner künftigen Werke und möglichst auch der früheren erbittet. Seine Antwort vom 27. Januar 1891: »Mein lieber Friedel... Mama erzählt mir eben von Eurem Gespräch. Es tut mir leid, daß ich diese Dinge, vor denen ich endlich Ruhe zu haben glaubte, immer wieder durchzabbern muß. Ich begreife, daß Du den Wunsch hast, meine Bücher zu verlegen. Du mußt aber auch begreifen, daß *ich* den Wunsch habe, bei meinem alten Verleger zu bleiben.« Nach dieser kategorischen Absage macht er zwar einen leichten Rückzieher: »Ich hatte Dir noch eine Berliner Geschichte zugedacht, aber dies ist auch das Äußerste, was ich leisten kann und will. Im übrigen nur das noch: Es wäre ja fürchterlich, wenn die gesunde Basis eines Verlegergeschäfts immer ein bücherschreibender Vater sein müßte...«

Das ist nicht ganz korrekt, gibt es doch mitnichten nur einen »alten Verleger«, bei dem Fontane bleiben möchte, sondern mehrere. Sein Hauptverlag ist inzwischen zwar der von Wilhelm Hertz, der aber, wie wir gesehen haben, auch schon Arbeiten seines Autors wie *Cécile* glatt abgelehnt hat.

So dürfte wohl eher die Furcht bestimmend sein, das Unternehmen des Sohnes könne der Öffentlichkeit wie ein Eigenverlag erscheinen, für einen professionellen Schriftsteller seit jeher ein Makel. Vielleicht sind auch bereits erste Verhandlungen wegen einer Gesamtausgabe seiner Romane im Gange, und Fontane hofft nun, endlich in einem einzigen – und professionell geführten – Verlag alles, was er geschrieben hat und in Zukunft schreiben wird, unterzubringen.

Die Verhandlungen führen sogar zu einem, wenn man so will, glücklichen, für den Dichter letztlich jedoch höchst bedauernswerten Ergebnis. 1890 erscheint der erste Band von Theodor Fontanes Gesammelten Romanen und Novellen in zwölf Bänden bei Emil Dominik in Berlin. Ein Unglück, weil das Ganze rasch zusammengezimmert scheint, wobei eine Unmenge Setzfehler übersehen und stehengeblieben ist. Daß es bis dato keine kritische Gesamtausgabe der Erzählwerke Fontanes, dafür eine Masse fehlerhafter Einzelausgaben gibt, dürfte nicht zuletzt Schuld dieser verlegerischen Fehlgeburt sein. Da die Rechte zugleich bei mehreren anderen Verlagen liegen, die noch Vorräte haben oder Neuausgaben planen, muß Dominik manche der Romane und Novellen in Fortsetzungen auf zwei oder mehrere Bände verteilen. Die Folge ist ein heilloses Durcheinander, nicht zuletzt deshalb, damit die einzelnen Bände in der Gesamtausgabe nicht separat gekauft werden können.

Das mag den Ausschlag für einen Sinneswandel gegeben haben. 1888 hat der Sohn seinen Verlag Friedrich Fontane & Co. gegründet; 1892 erscheint dort als erstes Werk des Vaters *Stine* – vielleicht die von ihm versprochene »Berliner Geschichte«? Zwei Jahre später bringt Friedrich auch *Cécile* neu heraus, und die nächsten Bücher, die sein Vater schreibt, bekommt er ebenso wie die Rechte fast aller alten – mit Ausnahme jener bei Hertz, der sich beharrlich weigert, die seinen herzugeben. Die erste sorgfältige Gesamtausgabe wird ebenfalls im Verlag des Sohnes zwischen 1905 und 1910 in zwei Serien von insgesamt einundzwanzig Bänden erscheinen.

Den Hertz-Verlag kauft Cotta in Stuttgart, nachdem der Sohn und Erbe Hans schon vor dem Vater gestorben ist. So werden die *Wanderungen* bis zum Erlöschen der Rechte allein von einem süddeutschen Verlag betreut – merkwürdig, weil Fontane zu Lebzeiten immer wieder versucht hat, beim altehrwürdigen Cotta-Verlag zu publizieren, was ihm – außer im *Morgenblatt* – nie gelang.

Friedrich Fontane wird – neben der Gesamtausgabe der erzählerischen Werke des Vaters – eine zweite verlegerische Glanzleistung vollbringen, von der Fontane noch profitiert. Er gibt die Literatur- und Kunstzeitschrift *Pan* heraus, die, von einer Dichter- und Künstlergesellschaft gleichen Namens gegründet, kurze Zeit zu einem wichtigen ästhetischen Organ wird, das vor allem auf den beginnenden Jugendstil einwirkt. Der Gesellschaft, mit Dichtern wie Bierbaum, Dehmel, Hartleben, Fontane, Liliencron und Malern wie Liebermann und Stuck prominenter besetzt als »Tunnel« oder »Rütli«, gehören auch die namhaftesten Theoretiker der Zeit an, neben Harry Graf Keßler, Lichtwark, Meier-Graefe viele andere. Im *Pan* veröffentlicht Fontane hinfort seine Gedichte, die er immer noch, wie er selbst einmal sagt, bastelt. Darunter das problematische »Zu meinem Fünfundsiebzigsten«, auf das wir gleich zu sprechen kommen.

Die Ehrungen beginnen. Sie sind eine Alterserscheinung, und Fontane nimmt sie als solche. Der preußische Staat hat sich bislang in dieser Hinsicht als äußerst zurückhaltend erwiesen. Einige Medaillen – mehr oder weniger Erinnerungsstücke – sind ihm wegen seiner Beteiligung als Korrespondent an drei Kriegen zuteil geworden und dann, 1867, der Kronenorden vierter Klasse, geringer geht's nicht – eine fast kränkende Geste.

Wie Fontane darüber und generell über Ehrungen solcher Art denkt, schreibt er voller Zorn seinem Freund Friedlaender, als 1890 seinem Kollegen Ludwig Pietsch die gleiche Auszeichnung zuteil wird: »Ich habe mich darüber geärgert und dabei so recht das Dürftige dieser Quincaillerie [Eisenwarenhandlung] empfunden. Es ist nicht nöthig, daß ein Schriftsteller oder Journalist einen Orden kriegt, wenn der Betreffende aber ein so großes Genie ist, so vielen Millionen Menschen im Laufe von 30 Jahren Freude, Genuß, Belehrung verschafft hat, so muß man ihn durch ›was Besseres auszuzeichnen wissen...‹« Und an Hans Hertz zum gleichen Thema: »Dafür sind wir das Volk der Denker und Dichter. In Wahrheit sind wir das Volk für zweieinhalb Silbergroschen.«

Um die gesellschaftliche Stellung des Schriftstellers hat sich Fontane sein Leben lang in Aufsätzen und Zeitungsartikeln gesorgt, ein aktuelles Engagement, das man nicht unterschätzen sollte. »Die Stellung des Schriftstellers ist miserabel«, stellt er trocken 1891 im *Magazin für Litteratur* (damals noch mit zwei »t«) fest. Ironisch fügt er hinzu: »Welchem Land nach dieser Elendsseite hin der Vortritt gebührt, mag schwer festzustellen sein, doch wird sich vielleicht sagen lassen, daß Preußen-Deutschland immer mit in erster Reihe figuriert hat und erfolgreich bemüht ist, sich auf dieser alten Höhe zu halten.«

Eine Ausnahme stellt allerdings der derzeitige Preußische Kultusminister Gustav von Goßler dar, der Fontane überhaupt besonders wohl will. Goßler macht dem Vorkämpfer für eine gesellschaftliche Achtung des Schriftstellers das vielleicht beste Geschenk zum siebzigsten Geburtstag, dem Fontane mit einigem Bangen entgegengesehen hat.

Zum 30. Dezember sind viele ehrende Artikel über ihn erschienen, und er muß rund vierhundert Gratulationen, die ihm zugehen, mit Dankesbriefen beantworten. Das Festbankett, gemeinsam vom Presseklub, der *Vossischen Zeitung* und dem »Rütli«-Klub, dem einzig noch aktiven Zweig des »Tunnels« ausgerichtet, findet erst am 4. Januar 1890 im Englischen Haus in der Mohrenstraße statt. Fontane, stets pessimistisch gesinnt, wird angenehm überrascht. An nichts hat man gespart. Das Essen, zu dem dreihundert Personen geladen sind, »gleichsam der Extrakt des literarischen und zur Litteratur in nahen Beziehungen stehenden Berlin«, wie Pietsch in seinem Bericht in der *Voss* schreibt, dauert wegen der vielen Reden – eine rechte Strapaze – vier Stunden. Zum Vortrag kommt ferner Fontanes Ballade »Archibald Douglas« in der Vertonung von Carl Loewe, und in der Orchesternische des dekorierten Festsaals steht, Pietsch zufolge, Fontanes Gipsbüste in einem »durch rothgefärbtes Licht mysteriös erhellten Lorbeerhain«.

Pietsch verdanken wir auch die Liste der Ehrengäste, die mit dem Geburtstagskind am Tisch unter dem Kaiserbildnis sitzen.

Es sind dies Kultusminister Goßler, der Schriftsteller und Vorsitzende des Festkomitees, Friedrich Spielhagen (der den Toast auf den Kaiser ausbringt), der Schriftsteller und Theaterkritiker der *National-Zeitung*, Karl Frenzel, der Haupteigentümer der *Vossischen Zeitung*, Carl Robert Lessing, und dessen Chefredakteur Friedrich Stephany, der Vorsitzende des Vereins Berliner Presse, Ernst Wichert, der auch als Lustspieldichter hervorgetreten ist, der Ägyptologe Heinrich Brugsch-Pascha und endlich der Erfolgsschriftsteller Julius Wolff (*Der Sülfmeister*), den Fontane häufig mit beißender Ironie kritisiert hat.

»Der eigentliche Sieger des Abends aber war Goßler«, schreibt er Paul Heyse. »Solche Rede hat den ›catilinarischen Existenzen‹ gegenüber noch niemals ein preußischer Minister gehalten. Der Jubel war groß.«

»Catilinarische Existenzen« war ein geflügeltes Wort in Preußen, seit Bismarck 1862 im Abgeordnetenhaus sich besorgt geäußert hatte, es gebe im Lande zu viele derartige Existenzen, die ein Interesse an revolutionären Umwälzungen hätten. Goßler, der seine Rede anscheinend improvisierte, befaßte sich in ihr mit der Einstellung des Staates zur modernen Literatur und setzte sich – in seiner Position ungemein mutig – für die Rechte der Andersdenkenden ein.

Lob erntet auch Frenzel, der ein Huldigungsgedicht vortrug, wenngleich weniger enthusiastisch als Goßler: »Ich kann nur sagen, was Beethoven (ein etwas anmaßlicher Vergleich meinerseits) nach Aufführungen des ›Freischütz‹ gesagt haben soll: ›Hätt's dem Männel nicht zugetraut!‹«

Trotzdem bleibt ein bitterer Nachgeschmack zurück. Dem Prediger Heinrich Jacobi, Pfarrer in Kriele bei Friesack, der ihn beim Bredow-Kapitel der *Wanderungen* geholfen hat, gesteht er ein: »Man hat mich kolossal gefeiert und – auch wieder gar nicht. Das moderne Berlin hat einen Götzen aus mir gemacht, aber das alte *Preußen*, das ich durch mehr als 40 Jahre hin in Kriegsbüchern, Biographien, Land-und-Leute-Schilderungen und volkstümlichen Gedichten verherrlicht habe, dies ›alte

Preußen‹ hat sich kaum gerührt und alles (wie in so vielen Stükken) den Juden überlassen. Minister von Goßler, mein alter Gönner, riß die Sache zwar persönlich heraus, aber ›ich sah doch viele, die nicht da waren‹. Nun, ›es muß auch so gehen‹, sagte der alte Yorck bei Laon, als die Russen nicht anrücken wollten.«
Das also nimmt Fontane übel: daß ihn die Junker als Repräsentanten dessen, was ihm das »alte Preußen« dünkt, achselzuckend übersehen und die kulturelle Repräsentanz den jüdischen Mitbürgern überlassen, diese dadurch weit in den Vordergrund schiebend. Später wird man ihnen vorwerfen, sie hätten sich vorgedrängt. Daß jüdische Intelligenz im Deutschen Reich des spätesten aller Hohenzollern vielleicht eher einen letzten Rest altpreußischen Geistes verkörpert als die Zitze- und Vitzewitze, die in Fontane – wie er selbst mutmaßt – »einen Abtrünnigen« sehen, kommt ihm wohl nicht in den Sinn. Tatsache ist, daß unter den Männern am Ehrentisch zwar einige Juden sind, aber kein einziger Angehöriger einer alten preußischen (oder hugenottischen) Familie.

Freilich: Fürst Bismarck läßt sich den Jubilar bei einem Empfang in einem Hotel Unter den Linden vorstellen, aber es bleibt zwischen beiden (die einander nie vorher persönlich begegnet sind) bei einem gespannten Verhältnis. Dabei hat Bismarck dem Lobredner und Kritiker Preußens immerhin einmal – wenn nicht alles täuscht – das Leben gerettet. Eine Versöhnung über den Tod hinaus stellt Fontanes letztes Gedicht, »Wo Bismarck liegen soll«, dar, kurz nach dem Tod des »Eisernen Kanzlers« und kurz vor dem eigenen geschrieben. Es wird im *Pan* veröffentlicht.

Auch zum Fünfundsiebzigsten gratuliert kein altpreußischer Name. Die Berliner Universität verleiht Fontane zwar die Ehrendoktorwürde und, wahrscheinlich noch willkommener, gewährt ihm der Preußische Kultusminister eine lebenslange Pension – Mete an Tante Anna Witte: »Das [wird] mit unserm andern Fixum geradezu ein sorgenfreies Alter für meine Eltern bedeuten« –, aber keine Ehrung, durch die er sich nicht zugleich ein bißchen gekränkt fühlte.

Als man ihm 1891 den Schiller-Preis überreicht, der eine große Ehre bedeutet, wird die Freude darüber erheblich geschmälert, weil es sich nur um eine Hälfte des Preises handelt. Die andere bekommt der gleichaltrige plattdeutsche Lyriker und Erzähler Klaus Groth, Professor in Kiel, von dem keine abfällige Bemerkung über die Teilung bekanntgeworden ist. Und beim Fünfundsiebzigsten fehlen wieder die Lochows, Stechows, Bredows, Quitzows, Rochows, indes die Pollacks, Abrams, Isacks, Israels pünktlich zur Stelle sind. Die Aufzählung ist wörtlich dem schon erwähnten umstrittenen Gedicht »An meinem Fünfundsiebzigsten« entnommen, dem man nicht selten eine antisemitische Tendenz nachgesagt hat.

Ich dachte, von Eitelkeit eingesungen:
Du bist der Mann der »Wanderungen«,
Du bist der Mann der märk'schen Gedichte,
Du bist der Mann der märk'schen Geschichte...
Du bist der Mann der Jagow und Lochow,
Der Stechow und Bredow, der Quitzow und Rochow...

Aber die zum Jubeltag kamen,
Das waren doch sehr, sehr andre Namen,
Auch »sans peur et reproche«, ohne Furcht und Tadel,
Aber schon fast von prähistorischem Adel...
Meyers kommen in Bataillonen,
Auch Pollacks, und die noch östlicher wohnen;

Abram, Isack, Israel,
Alle Patriarchen sind zur Stell,
Stellen mich freundlich an ihre Spitze,
Was sollen mir da noch die Itzenplitze!
Jedem bin ich was gewesen,
Alle haben sie mich gelesen,
Alle kannten mich lange schon,
Und das ist die Hauptsache... »kommen Sie, Cohn«.

## 36.

## Der Antisemit
(1894, 1936)

War Fontane Antisemit?«
Der diese Frage stellt, heißt Meyer, ist Justizrat, des Dichters Testamentvollstrecker und jüdischer Herkunft. Er kennt Fontane gut.» Mit einer seiner beliebten, oft angewandten Formeln«, fährt er fort,» würde er auf diese Frage geantwortet haben: ›Ja und Nein‹.«
Er ist dabei, als es am fünfundsiebzigsten Geburtstag zu jener mißverständlichen Aufforderung kommt, die Fontane in seinem Gedicht wiederholt. Paul Meyer schildert den Vorgang so: Der Großteil der Gratulanten hat sich schon entfernt; es sind nur einige Nahestehende zurückgeblieben, die sich im Berliner Zimmer der Wohnung dem Kalten Büffet widmen. Meyer sitzt allein mit einem Gesprächspartner in Fontanes Arbeitszimmer, unschlüssig, ob er sein Gegenüber ganz einfach zum Büffet einladen darf. Der Herr neben ihm ist der Gatte der Schriftstellerin Clara Viebig und Verlagskompagnon des jüngsten Sohnes Friedrich. Sein Name, eindeutig jüdisch, fällt, als der alte Herr plötzlich in der Tür steht und dem jungen Mann seinen Arm reicht:» Kommen Sie, Cohn!«
»Einige Tage später«, so Meyer,» las er uns das Gedicht vor. Es lag auf der Hand, daß zwei Momente besonders zur Entstehung des Gedichtes mitgewirkt hatten: das Erlebnis und der Klang.« Der Justizrat, ursprünglich ein Freund und Studienkamerad des zweitjüngsten Sohnes Theo, verweist auf Fontanes Vorliebe für Klangvariationen und zitiert unter anderem:» Von Ribbeck auf Ribbeck im Havelland«, sowie die Zeilen» Bamme, Damme, Kriele, Krielow« und» Die Duncan kommen, die

Donalds kommen, die Collins kommen, die Ronalds kommen, und Jack und Tom und Bobby kommen.«

Unter den Gästen des Vorleseabends sind prominente Leute, so Erich Schmidt, der Germanist, Paul Schlenther, Fontanes Nachfolger als Theaterkritiker, und Otto Brahm, der Leiter der Freien Bühne. Alle sind hell begeistert von diesem Gedicht und einem gleichzeitig entstandenen, »Veränderungen in der Mark«. In dieser Humoreske gibt Odin einigen Semnonen, Burgunden und Vandalen Urlaub von Walhall, um die Mark Brandenburg wiederzusehen. Sie kehren mit dem Stoßseufzer zurück: »Gott, ist die Gegend runtergekommen!«

Ganz so harmlos findet Meyer den Scherz zum Fünfundsiebzigsten nicht. Fontane sieht es ihm an und fragt nach. Dringen alle anderen auf sofortige Publikation, so rät Meyer zur Zurückhaltung. Man könne aus der letzten Zeile eine Herabsetzung der Juden herauslesen, »die eine schwere Kränkung vieler Verehrer zur Folge hätte«.

Fontanes Gegenargumente sind rasch zur Hand. Er beruft sich auf die Tatsache, daß er in den Schlußzeilen die Itzenplitze geradezu ablehne »und sich an die Spitze der Meyers stelle«.

Meyer lenkt ein: »Gut. Wir werden hoffentlich noch den Achtzigsten erleben. Die Itzenplitze, Bredows und die anderen von Adel haben inzwischen ihr Unrecht gegen Sie eingesehen und erscheinen in Massen. Sind dagegen Ihre jüdischen Verehrer weniger zahlreich angetreten, so werden Sie ein Gedicht machen, das die Enttäuschung zum Ausdruck bringt... Vielleicht mit der Schlußpointe: »Kommen Sie, Itzenplitz!«

Beide Gedichte sind erst nach Fontanes Tod veröffentlicht worden.

Die Zitate stammen aus einem Privatdruck, *Erinnerungen an Theodor Fontane*, der »mit Genehmigung der Erben Paul Meyers« 1936 erschienen ist, mitten im Dritten Reich, wenn auch im Jahr der Berliner Olympiade, in dem sich die Nazis merklich toleranter und milder gaben als gewöhnlich vorher und nachher. Das Kapitel mit der Vorlesung des Gedichts vom fünfundsiebzigsten Geburtstag trägt die Überschrift: »Fontane – der Antisemit«, die wohl absichtlich irreführend gewählt wurde, um eventuelle Zensoren zu täuschen, denn Meyer kommt zum gegenteiligen Ergebnis. Er verweist auf die vielen jüdischen Freunde Fontanes, »unter ihnen Berthold Auerbach und der Philosoph Prof. Lazarus« – man könnte weit mehr aufzählen, die Brieffreunde Wolfsohn und Friedlaender zum Beispiel und nicht zuletzt Paul Heyse.

Auf einem Spaziergang gesteht Fontane dem jungen Freund, daß er mit seinen jüdischen Freunden nie über die »Judenfrage« selbst sprechen könne, und zeigt sich erstaunt »über diese große Empfindlichkeit einer Kritik gegenüber, die doch nicht von feindlicher Seite und in feindlicher Absicht geübt würde«. Meyer scheint vorbereitet. Er berührt Fontanes Arm mit seinem Spazierstock: »Das fühlen Sie überhaupt nicht, wenn ich Sie jetzt nicht darauf aufmerksam machte. Ist aber die Stelle wund, würden Sie wohl schmerzlich zucken. Ähnlich ist es mit den Juden, welche durch die ungerechten und unwürdigen Angriffe schwer verletzt sind und Kritik nur ungern vertragen, auch wenn sie von Gutgesinnten kommt.«

Fontane, berichtet Meyer, habe der Vergleich zugesagt – »und er erklärte, solche Erörterungen künftig zu unterlassen«.

Es gehörte einiger Mut dazu, im Braunen Reich eine Broschüre herauszubringen, in der von ungerechten und unwürdigen Angriffen auf die Juden die Rede war. Im Impressum heißt es: »Dem Andenken des Dichters und Paten gewidmet von H. St.«, dahinter sich ein Sternheim verbergen dürfte, ein Sohn Marie Sternheims, geb. Meyer, der Gattin eines Berliner Bankiers, mit der Fontane, absolut kein Antisemit, sehr befreundet war.

Freilich finden sich in seinem Briefwechsel – weniger in seinem Werk – Stellen, die sich, wie das »Kommen Sie, Cohn!«, mehr oder weniger antisemitisch anhören. Eine gewisse Art von jüdischen Mitbürgern schätzt Fontane wirklich nicht und macht aus seiner Abneigung kein Hehl. Man muß im gleichen Atemzug hinzufügen: Er schätzt auch eine gewisse Art von Märkern nicht, ganz zu schweigen von Berlinern, die er unliebenswürdig zu kritisieren pflegt. Vor allem in den Urlaubsorten stört ihn, was er insbesondere beim Bürgertum verabscheut: jenes parvenühafte, protzige Auftreten, das er unter der heute unbekannten Bezeichnung »pratschig« zusammenfaßt. »Feine Juden«, läßt er seinen getauften jüdischen Freund Friedlaender wissen, »liebe ich, aber wenn sie gewöhnlich sind, sind sie furchtbar.«

Wir befinden uns lange vor Auschwitz, das darf man nicht vergessen. Daß der Antisemitismus keine läßliche Sünde ist, sondern eine mörderische, hat man noch nicht in aller Kraßheit erfahren. Auch Fontane hätte vermutlich nach dem Holocaust die meisten seiner Einwände als läppisch zurückgezogen. Er war, wie gesagt, kein Antisemit, obwohl er bisweilen Äußerungen getan hat, die beinahe antisemitisch anmuten. Vor allem wenn er, von den Nazis gern zitiert, sich brieflich über eine, wie ihm schien, allgemeine »Verjüdelung« beklagte.

Dabei mußte man ihm aber ein wenig das Wort im Munde verdrehen. Oft nachgedruckt im Dritten Reich wurde zum Beispiel Fontanes Satz: »Immer wieder erschrecke ich vor der totalen Verjüdelung der sogenannten heiligsten Güter.«

Purer Antisemitismus? Keineswegs. Man muß nur den Satz nicht, wie die Nazis, demagogisch abbrechen, sondern ihn zu Ende lesen: »...um im selben Augenblick ein Dankgebet zu sprechen, daß die Juden überhaupt da sind. Wie sähe es denn aus, wenn die Pflege der ›heiligsten Güter‹ auf den Adel deutscher Nation angewiesen wäre, Fuchsjagd, getünchte Kirche, Sonntagsnachmittagpredigt, und jeu.«

Der Gerechtigkeit halber sei aber ausdrücklich vermerkt, daß er es umgekehrt ähnlich hält. Ein uneingeschränktes Lob gibt es bei ihm ebenso selten (oder nie) wie einen uneingeschränkten Tadel. Da findet sich etwa ein Kernsatz, der einen glauben machen könnte, mit ihm könne man Fontane ein für allemal von jederlei Antisemitismus freisprechen. Er lautet: »Judenfeindschaft ist, von allem Moralischen abgesehen, ein Unsinn.« Beifall wäre jedoch voreilig, denn es kann nur einem Fontane gelingen, auch diese fraglos richtige Maxime noch ins Gegenteil zu verkehren: »...sie ist einfach undurchführbar; alle Menschen, die ich hier kenne, ganz besonders aus Militär und Adel, sind in eminentem Grade von den Juden abhängig und werden es mit jedem Tag mehr. Ich halte es für ganz unmöglich, diesen Zustand zu ändern. 61 Prozent aller Berliner Häuser sind in Judenhänden, und in zehn oder zwanzig Jahren werden es wohl 80 Prozent sein; wie will man da heraus? Es gibt kein andres Mittel als Stillhalten und sich mit der allmählichen Christianisierung zufriedenzugeben.«

Er bekennt nach solchen Wutausbrüchen gern, er sei »von Kindesbeinen an ein Judenfreund gewesen und habe persönlich nur Gutes von den Juden erfahren« (an Mathilde von Rohr), um erneut cholerisch loszulegen (an Friedrich Paulsen): »Überall stören sie..., alles vermanschen sie, hindern die Betrachtung jeder Frage als solcher... Es ist trotz all seiner Begabungen ein schreckliches Volk.«

Hier schwimmt Fontane in einer Zeitströmung mit, von der er später bewußt abgerückt ist. Es zeigt sich der unheilvolle Einfluß Treitschkes, der, so Ernst Ludwig Ehrlich, »antisemitische Regungen in seinen Artikeln in den Preußischen Jahrbüchern universitätsfähig gemacht« hat. Das Unheil wirft weite Schatten voraus.

Um 1890 setzt bei Fontane ein plötzliches Bedauern über manche ungerechte Urteile ein, die er in Jugend- oder Mannesjahren von sich gegeben hat. Mete schildert er in einem Brief eine Gesellschaft, an der er unter »Christen« – bei seinem »Tunnel«-Freund Zöllner – teilgenommen hat, und vergleicht sie mit einer unter Juden, von der er nicht verrät, wo sie stattgefunden haben mag: »...so muß ich mit Trauer gestehn, daß das alles an Bildung, Angeregtheit, Interesse hinter solcher Judengesellschaft zurückbleibt«. Seine Quintessenz: »Unter Thränen wachse ich immer mehr aus meinem Antisemitismus heraus, nicht weil ich will, sondern weil ich muß.«

Kenneth Attwood hat das Gesamtwerk Fontanes durchforstet und gefunden, daß in ihm Juden keineswegs so negativ gezeichnet werden, wie es manche Stellen in seinen Briefen vermuten lassen. Baruch Hirschfeld ist im *Stechlin* zwar ein zwielichtiger Typ, aber dann heißt es: »... die Juden sind nicht so schlimm, wie manche meinen...« In *Die Poggenpuhls* werden die Jüdinnen hübscher geschildert als »die paar Christenmädchen«. Dem charmanten Leichtfuß Leo sind sie zwar nur gut genug, um ihm aus der Geldmisere zu helfen, aber darin liegt mehr Kritik am preußischen Adel als an den Juden. Ehrenthal und Silberstein in *Mathilde Möhring* haben gewiß etwas Karikaturenhaftes, doch wird auch Positives über sie gesagt. Und der sich als »Urgermane« fühlende Willibald Schmidt in *Frau Jenny Treibel* läßt an anderer Stelle wissen: »Die Juden... haben ein Gesetz oder einen Spruch, wonach es als ganz besonders strafwürdig gilt, ›einen Mitmenschen zu beschämen‹, und ich finde, das ist ein kolossal feines Gesetz und beinahe schon christlich.«

Nach 1933 haben viele jüdische Emigranten – »Kommen Sie, Fontane!« – seine Werke mit ins Exil genommen.

# 37.
# Leichter Schnupfen der Seele
## (1890–1898)

Im Alter bemerkt Fontane, daß der Antisemitismus seine Achillesferse ist. Doch sollte man, seiner eigenen Niederschrift zum Trotz, angesichts der kommenden Ereignisse, von denen er nichts ahnen kann, das Wort »Antisemitismus« lieber in Anführungszeichen setzen. Er ist kein Antisemit, ebensowenig wie er Antipreuße, Antimärker, Antiberliner ist, selbst wenn er sich zuweilen über Preußen, die Mark, Berlin (alles Dinge, die er liebt) böse und hart geäußert hat. Ohne Kritik ist bei ihm nichts zu denken, nicht einmal Liebe.

Er sieht jetzt so aus, wie man sich ihn meist vorstellt. Sein jüdischer Freund Paul Meyer, der sein Sohn sein könnte, beschreibt ihn: »Ich sehe ihn vor mir, den hohen Mann mit den wundervoll blauen Augen, der edlen, leicht gekrümmten Nase über dem dichten, weißen Schnurrbart, dem silbernen, langen Haar und den weichen, schönen Händen, mit denen er so liebevoll anfaßte, dem er wohlwollte.«

Ähnlich sieht ihn einer jener jüdischen Verehrer, die Meyer nicht gekränkt wissen wollte. Theodor Wolff, der Chefredakteur des *Berliner Tageblatts*, erinnert sich im südfranzösischen Exil an Fontane, dessen Enkel er nun bald sein könnte: »Der Kopf mit dem von der Schädelhöhe lockig rückwärts fallenden weißen Haar, dem die Lippen verdeckenden Schnurrbart, den klugen und schönen Augen... Sein ganzes Wesen war durchwoben von einer feinen Anmut, und wie in vielem, was er dichtete und schrieb, hatte auch in seinem Umgang die Ironie diese Feinheit und Anmut, dieses leichte Antupfen, dieses verstehende Lächeln, dieser Widerschein eines Herzens, ohne Verhärtung und Bitterkeit...« Ein Idealbild, im nachhinein gezeichnet in unwegsamen Zeiten. Immerhin gesteht Wolff, Fontane sei gleichwohl »nicht gefeit gegen leichten Schnupfen der Seele«. Eine hübsche, beinahe zärtliche Formulierung. Obwohl Theodor Wolff, ein kluger Kopf, gewußt haben dürfte, daß sich der Schnupfen der Seele bei Fontane nur allzuleicht zu einer umfassenden Erkältung auswächst. Der Mann, der als unmittelbarer Kollege des Dichters, als Theaterkritiker, begann und das *Berliner Tageblatt* zur ernsthaften Konkurrenz für die *Vossische Zeitung* machte, stellt am ehesten ein Bindeglied dar zu jenen Zeiten, in denen aus Gesinnung reine Barbarei wuchs. Wolff ist, als Nizza von italienischen Truppen besetzt wurde, der Gestapo ausgeliefert worden und im KZ Sachsenhausen umgekommen. Schwer vorstellbar, welches Maß an Mitschuld (oder Indifferenz) Fontane sich zumessen würde. Um das fatale Spielchen mit abgebrochenen Zitaten nicht endlos fortzusetzen, sei bekannt, daß auch auf das bereits erwähnte Geständnis, das er Mathilde von Rohr macht, er sei ein alter Judenfreund und habe von diesen nur Gutes erfahren, noch folgt: »Dennoch habe ich so sehr das Gefühl ihrer Schuld, ihres grenzenlosen Übermuts, daß ich ihnen eine ernsthafte Niederlage nicht nur gönne, sondern wünsche. Und das steht mir fest, wenn sie sie jetzt nicht erleiden und sich jetzt auch nicht ändern, so bricht in Zeiten, die wir beide freilich nicht mehr erleben werden, eine schwere Heimsuchung über sie herein.« Prophetische Sätze, ohne Ironie, ohne Feinheit und Anmut, noch in den Gründerzeitjahren ausgesprochen, 1880. Der Siebzig- und Fünfundsiebzigjährige hat seine schroffsten Äußerungen, wie wir gehört haben, »unter Thränen« bedauert und zurückgenommen.

Er wird im Alter milder auf der einen Seite, auf der anderen jedoch womöglich noch intoleranter, wie er auch als Greis noch gertenschlank bleibt und ungekrümmt. Nur der am Ende schlohweiße und immer fülliger werdende Schnurrbart, der unwillkürlich an einen Seehund erinnert, zeigt das wahre Alter an.

Es häufen sich die Krankheiten, die ihn länger von seinem

Schreibtisch fernhalten, als ihm lieb ist und ihm, um des Geldes willen, recht sein kann.

Die Produktion muß weitergehen, und sie geht weiter. Auf *Irrungen Wirrungen* folgt *Stine*, die im Grunde das gleiche Thema in einem anderen Milieu noch einmal abhandelt, wenn auch weitaus melodramatischer. Interessant bleibt die Novelle wegen mancher Schilderungen des kaiserlichen Berlins und der Invalidenstraße, in der sie spielt.

In der Invalidenstraße, die im Nordwesten der Stadt den Stettiner mit dem Lehrter Bahnhof verbindet und durch die die Pferdebahnen klingeln, hat Stine ein möbliertes Zimmer. Im gleichen Haus, in der Wohnung einen Stock tiefer, lebt ihre verwitwete ältere Schwester Pauline Pittelkow. Sie besitzt – »eine gewöhnliche Verführungsgeschichte« – eine Tochter namens Olga und wird von einem alten Grafen mit dem Spitznamen »Sarastro« ausgehalten.

An einer – unglaublich zahmen, weil nur aus Gesang, Likör und anzüglichen Reden bestehenden – Orgie nimmt auch Sarastros kranker Neffe, der »junge Graf« teil. Er heißt Waldemar von Haldern, ist als Fähnrich schon am dritten Tag des Krieges aus dem Sattel geschossen worden und seither »ohne Sinn für das, was die Glücklichen und Gesunden ihre Zerstreuung nennen«.

Jetzt schließt er sich an die naive Stine an, die er aus dem Bannkreis ihrer Schwester und seines Onkels Sarastro, den er für schädlich hält, herausreißen möchte. Zu seinem Erstaunen entdeckt er, daß sie so gut wie unverdorben in Berlin lebt. Die große Stadt ist für ihre kleinen Leute keineswegs der »Moloch«, als der sie so gern bezeichnet wird. Stine arbeitet für ein Woll- und Stickereigeschäft. Es würde, sagt sie, »soviel von Aussaugen und Quälen und von Bedrückung gesprochen«, aber ihre Erfahrungen sind besser. Ihr Chef ist wohlwollend, veranstaltet im Winter für seine Leute Maskenbälle und im Sommer Landpartien; es gibt daher nur wenig Wechsel des Personals. Ihr gefällt es in Berlin, wo sie, im Gegensatz zu Waldemar, nur wenig »Sittenlosigkeit und Roheit« sieht und er nun »aus Stines Munde hören« muß, »daß dieses Babel eine Vorliebe für Lagern im Grünen, für Zeck und Anschlag [Fangenspiele]« habe.

Natürlich verliebt sich Waldemar in Stine, will sie heiraten, auf sein Erbe verzichten, mit ihr nach Amerika auswandern. »Es ist ein Unglück für meine Stine«, gesteht Pauline ihrem Liebhaber. »Ja, Graf. Oder denken Sie, daß ich so dumm bin, so was für'n Glück zu halten.« Sie hat schon vorher ihr Verhältnis verteidigt: »Brav sein und sich rechtschaffen halten, das ist alles sehr gut und schön, aber doch eigentlich nur was Feines für die Vornehmen und Reichen.«

Die beiden beschließen, die künftige Heirat zwischen Stine und dem »jungen Grafen« zu hintertreiben, aber Stine kommt ihnen zuvor. Sie gibt, Bürgerstolz, Waldemar einen Korb, der sich daraufhin vergiftet. An seinem Begräbnis auf dem Stammsitz der Familie nimmt Stine heimlich teil und kehrt fiebrig nach Berlin zurück. Ihre Schwester begrüßt sie: »Stine, Kind, wie siehst du denn aus? Dir sitzt ja der Dod um die Nase.«

Wieder geht es Fontane um das Problem der Einheirat des Bürgertums in die Adelsfamilien, die solche Blutauffrischung nötig haben, aber »unebenbürtige Ehen« trotzdem entrüstet ablehnen. Trockener und durchsichtiger geraten als in *Irrungen Wirrungen*, wirkt die Handlung jedoch weit weniger überzeugend. Und wären nicht einige gut gelungene und blutvolle Nebenfiguren wie die nahezu sprichwörtlich gewordene Witwe Pittelkow, hätte der Redakteur Fritz Mauthner die Roman-Novelle in seiner anspruchsvollen Zeitschrift *Deutschland* gewiß nicht abgedruckt. Sie erscheint noch im gleichen Jahr 1890 als erstes Buch Fontanes im Verlag seines Sohnes Friedrich.

Daß *Stine* kein Hauptwerk geworden ist, räumt Fontane selbst ein. Es steht schon damals – wie noch heute – im Schatten von *Irrungen Wirrungen* und deren Hauptfigur Lene. Fontane – übrigens an Theodor Wolff –: »Auf die Frage ›Lene‹ oder ›Stine‹ hin angeschen, kann Stine nicht bestehen, darüber habe ich mir selber keine Illusionen gemacht, das Beiwerk aber – mir die

Hauptsache – hat in ›Stine‹ vielleicht noch mehr Kolorit. Mir sind die Pittelkow und der alte Graf die Hauptpersonen, und ihre Porträtierung war mir wichtiger als die Geschichte.«
In ein Geschenkexemplar schreibt er die Widmung:

> Will dir unter den Puppen allen
> Grade »Stine« nicht recht gefallen,
> Wisse, ich finde sie selber nur soso,
> Aber die Witwe Pittelkow!
>
> Graf, Baron und andere Gäste,
> Nebenfiguren sind immer das Beste,
> Kartoffelkomödie, Puppenspiel,
> und der Seiten nicht allzuviel.
> Was auch deine Fehler sind,
> Finde Nachsicht, armes Kind!

Fast größere Nachsicht verdient das nächste Opus, an dem er seit vier Jahren arbeitet. Selbst die *Gartenlaube*, die den Vorabdruck bringt, kürzt die Novelle bis zur Unkenntlichkeit und läßt das letzte Kapitel ganz aus. Niemand wird je *Quitt* – die letzte Fontane-Arbeit, die 1890/91 bei Hertz erscheint – als seine Lieblingserzählung angeben. Sie wird allgemein unterschätzt und gehört dennoch zu seinen konsequentesten, geschlossensten und von der Moral her zeitgeschichtlich mutigsten Werken. Man könnte sie sogar als Parabel für das Thema unseres Antisemitismus-Kapitels nehmen, denn es geht hier um nichts Geringeres als den Haß unter Menschen.

Die Handlung verlegt Fontane nach Krummhübel, das er so gut von seinen Sommerfrischen kennt, wie er auch die Gebirgslandschaft Schlesiens mit spürbarer Zuneigung beschreibt. Eigentlich eine Wilderergeschichte; er wählt ja gern herkömmliche Erzählformen für seine gleichnishaft ins Moderne zielenden Themen.

Voller Haß stehen Lehnert Menz, von Beruf Stellmacher, und

ein Mann namens Opitz, der im Krieg 70/71 sein Vorgesetzter war, einander gegenüber. Menz hat sich an der Front als Soldat vorzüglich bewährt, ist aber in der Etappe von Opitz schikaniert worden, der auch dafür gesorgt hat, daß er das Eiserne Kreuz nicht bekam. Zum alten Groll gesellt sich nach dem Krieg ein neuer. Der wohlhabende Opitz wird nach dem Krieg Förster in Wolfshau außerhalb von Krummhübel, Menz ein Wilderer, was aus der Feindschaft unwiderruflich eine Todfeindschaft macht. Es kommt zu einer nächtlichen Begegnung. Das Gewehr des Försters versagt – Opitz stirbt auf einer einsamen Höhe qualvoll und einsam, obwohl der Wildgänger die Behörden über Hilferufe und Notschüsse informiert, die er gehört haben will. Die Behörden reagieren jedoch nicht. Als man die Leiche findet, ist Lehnert Menz verschwunden.

Wir begegnen ihm sechs Jahre später in Kalifornien wieder, nachdem er zunächst ziemlich reich und kurz darauf durch falsche Spekulationen wieder arm geworden ist. Er schließt sich einem reichen Farmer, dem Mennoniten Obadja Bornborstel, an, der auf seinem Gut ein christliches Regiment führt, das aber Toleranz gegenüber Andersgläubigen übt. Als Bornborstels Sohn sich im Gebirge verirrt, begibt sich Menz auf die Suche, verunglückt und stirbt in der Einöde auf die gleiche Weise wie der von ihm ermordete Opitz.

Von Mord ist allerdings nicht die Rede, nur davon, daß durch das Schwert umkommt, wer ein Schwert zieht. Fontane argumentiert beinahe anarchistisch: »Förster und Wilddieb«, heißt es in einem Brief, »leben in einem Kampf und stehen sich bewaffnet, Mann gegen Mann, gegenüber; der ganze Unterschied ist, daß der eine auf dem Boden des Gesetzes steht, der andere nicht.«

Eine grimmige Geschichte, die als schlesische Heimaterzählung beginnt (Fontane soll sie am Denkmal eines von Wilderern getöteten Jägers eingefallen sein) und als Mischung aus Bret Harte und Pestalozzi endet, dessen Dorfgeschichte *Lienhard und Gertrud* von den Mennoniten eifrig gelesen wird.

Mennoniten sind eine vom friesischen Priester Menno Simonis gegründete Sekte, eine Abart der Wiedertäufer, die zahlreich, der freieren Glaubensverhältnisse wegen, nach Rußland oder Amerika auswanderten. Fontane nutzt sie für eine Fülle von Randfiguren, die die Erzählung mitbestimmen, einen französischen Atheisten, der in der Revolution für den Tod des Königs gestimmt haben soll, eine katholische Magd, einen bigotten Deutschen, vor allem aber jenen Monsieur L'Hermite, der als Advocatus diaboli auftritt. Im ersten, schlesischen Teil der Novelle ist dies ein Hofrat namens Espe, ein »Kakerlak«, das heißt, ein Albino, ein Mensch mit weißem Haar und roten Augen. Fontane läßt ihn überdies Reserveleutnant im »2. Garde-Grenadier-Regiment Kaiser Franz« sein, seiner eigenen Truppe; seltsam, denn keiner hat besser als Fontane gewußt, daß Albinos damals als dienstuntauglich angesehen und nicht zum Militär eingezogen wurden.

Aber das Ganze liest sich, geschickt komponiert, durchaus spannend und dazu authentisch, selbst in der amerikanischen Atmosphäre. Handlung und moralische Argumentation sind gut auf- und gegeneinander abgewogen. Die Quintessenz der Fabel ist die Erkenntnis, daß Haß so etwas wie eine Erzsünde ist, der keiner ungestraft verfällt.

Die folgende erzählerische Publikation Fontanes spielt wieder nicht in den gewohnten Bereichen, Berlin oder der Mark. Ganz so weit wie nach Kalifornien verlegt er den Schauplatz von *Unwiederbringlich* allerdings nicht. Diesmal wählt er Gegenden, die er kennt, zumindest schon einmal aufgesucht hat, das nördliche Schleswig-Holstein und Dänemark. Um historische und geographische Fehler zu vermeiden, bittet er den dänischen Autor und Literaturkritiker Georg Brandes – eigentlich Morris Cohen –, das Manuskript zu überprüfen. Brandes hatte als theoretischer Mentor des skandinavischen Naturalismus fünf Jahre – von 1877 bis 1882 – in Berlin gelebt und Kontakt zum Theaterkritiker und Ibsen-Verehrer Fontane gewonnen.

Graf Holk auf Holkenäs, »eine Meile südlich von Glücksburg«, wäre, seiner Frau Christine zufolge,»das Ideal von einem Manne, wenn er überhaupt Ideale hätte«. Tatsächlich ist er, ein »Augenblicksmensch«, leichtlebig, ein wenig oberflächlich, doch nicht ohne Güte. Er tendiert, obwohl ein aufrechter Schleswig-Holsteiner, nach Dänemark, ist dort auch Kammerherr der Prinzessin Maria Eleonore, einer Schwester des dänischen Königs.

Holks Frau Christine kommt aus dem nahen Arnewiek, wo ihr Bruder das Familiengut verwaltet. Arne liebt die Schwester, ist aber auch mit dem Schwager eng befreundet, dem er Verständnis entgegenbringt, selbst wenn es Einwände gegen seine Schwester gibt:»... immer Harmonium, immer Kirchenleuchter, immer Altardecke mit Kreuz... nicht auszuhalten!«

Christine ist klug, klüger als ihr Mann, und ebenso fromm (oder frömmelnd) wie schön und melancholisch – ein schwerblütiger norddeutscher Charakter, dem Deutschen folglich zugeneigter als dem Dänischen. Die Handlung beginnt sieben Jahre nach Vollendung eines Neubaus,»Schloß am Meer«, gegen das sich Christine lange gewehrt hat. Holk, trotz der beiden Kinder seiner Frau längst entfremdet, wird nicht ungern nach Kopenhagen gerufen, wo er für einen erkrankten Kammerherrn der Prinzessin einspringen muß. Dänemarks Hauptstadt streift er sich über wie eine zweite Haut.

Eine Stadt, erklärt Baron Pentz, ein ältlicher Lebemann, wie »Tanzsaal, Musik, Feuerwerk. Es ist eine Stadt für Schiffskapitäne, die sechs Monate lang umhergeschwommen und nun beflissen sind, alles Ersparte zu vertun und alles Versäumte nachzuholen. Alles in Kopenhagen ist Taverne, Vergnügungslokal.«

Obwohl Holk dies sehr entgegenkommt, ist er es, der Einwände erhebt und darauf aufmerksam macht, daß es in Kopenhagen auch »Thorwaldsen-Museum, nordische Altertümer und Olafkreuz und dazu die Frauenkirche mit Christus und zwölf Aposteln...« gibt. Aber:»Kopenhagen ist nicht der Ort, einen schwachen Charakter fest zu machen«, wie Christine ihrer Freundin Julie von Dobschütz gesteht.

Graf Holk, tatsächlich ein schwacher Charakter, verliebt sich in die schöne Ebba von Rosenberg, eine Schwedin jüdischer Herkunft und Kammerfrau bei der Prinzessin. Als das Schloß Fredericksborg brennt (ein Ereignis, das sich am 17. Dezember 1859 wirklich zugetragen hat), gelingt es Holk, Ebba auf abenteuerliche Weise zu retten. Eine Eskapade vorher auf dem zugefrorenen Arresee hat nicht weniger Aufsehen erregt: Das Paar gleitet auf Schlittschuhen hart an der Eiskante zum Meer, ebenso liebes- wie, anscheinend, todessüchtig.

Nach dem Brand verlangt Holk von Christine die Trennung, um Ebba heiraten zu können. Es kommt zu einer scharfen Auseinandersetzung mit der Konsequenz, daß Christine das Schloß, begleitet nur von ihrer Freundin, augenblicklich verläßt. Zu Fuß begibt sie sich zurück zu ihrem Bruder nach Arnewiek. Holk erfährt darauf in Kopenhagen, daß Ebba die Sache nicht so ernst genommen hat wie er. Sie wird ihn nicht heiraten.

Er flieht in die weite Welt, da er »mit einer Demütigung... zum Überfluß auch noch den Fluch der Lächerlichkeit« ertragen muß. Er hält sich in Brüssel, Paris, Rom, Sorrent, am längsten aber in London an Fontanes alter Adresse am Tavistock Square auf. Dort liest er in der *Times*, daß Ebba einen reichen Lord geheiratet hat. Er schließt zudem Freundschaft mit dem benachbarten Charles Dickens (was bei dem jungen Fontane ein bloßer Wunschtraum blieb).

Sein ehemaliger Schwager Arne leitet die Versöhnung ein. Nach neunzehn Jahren heiraten Christine und Holk ein zweites Mal, und wieder erwächst nichts Gutes daraus: »Friede herrschte, aber kein Glück.« Christine nimmt sich das Leben, ihrer Glaubensfestigkeit zum Trotz.

Das Ende ist überraschend bei einer derart überzeugten Christin. Es wirkt um so melodramatischer, als vor ihrem Sprung vom Bootssteg jenes – von Fontane übersetzte – englische Volkslied mit den Schlußzeilen: »Wer haßt, ist zu bedauern, / Und mehr noch fast, wer liebt« erklingt. Der zweite große Eheroman des Erzählers nach *L'Adultera* enthält einige Sentimentalitäten, wie sie sonst gottlob nur selten in seinem Romanwerk vorkommen.

Der Leser wird Christines Freitod unwillkürlich als unlogisch empfinden. In der Erzählung selbst verweist Julie von Dobschütz auf »den christlichen Sinn, der das Leben trägt, solange Gott es will«. Und mit christlichem Sinn hat Fontane seine Figur wirklich zur Genüge versehen.

»Theodor Fontane – Ein Kierkegaard-Leser?« hat Erwin Kobel seinen Beitrag in einem Jahrbuch überschrieben, der den Selbstmord Christines neu interpretiert und des Rätsels Lösung sein könnte. Kobel verweist darauf, daß Fontane verschlüsselt und unverschlüsselt Hinweise auf den dänischen Philosophen untergebracht hat, am deutlichsten bei jenem Reeder, der sogar dessen Namen trägt. Kierkegaard zufolge – dies die Argumentation – seien Glaube und Frömmigkeit zwei grundverschiedene Dinge. In diesem Sinne wäre Christine, deren Dogmatismus selbst ihr Pfarrer bedenklich findet, nicht als »gläubig« anzusehen. Sie fühlt sich bezeichnenderweise von dem Theologen Grundtvig angezogen, den strengsten aller Lutheraner, den Kierkegaard einen »jodelnden Heiligen« genannt hat. Der Freitod nach der Wiederheirat wäre demnach nicht trotz, sondern geradezu aus Frömmigkeit vollzogen worden.

Das klingt kompliziert und ein bißchen um die Ecke gedacht, ist aber nicht ganz von der Hand zu weisen. Eine klaftertiefe Unterscheidung zwischen äußerer Frömmigkeit und Glauben dürfte Fontane entgegengekommen sein und seiner eigenen Einstellung entsprechen. Ohne das Problem an- oder direkt auszusprechen, weisen fast alle seine geistlichen Personen einen ähnlichen Gegensatz auf – sie sind alle nur halbe, bestenfalls dreiviertel Heilige, nur zum Teil gläubig und ansonsten fromm. Daß Fontane derartigen Gedanken Kierkegaards schon begegnet ist, klingt ebenfalls wahrscheinlich. Das *Literarische Charakterbild* Sören Kierkegaards von Georg Brandes, das 1879 auf deutsch erschienen ist, dürfte er bestimmt gelesen haben – als Randfiguren treten in *Unwiederbringlich* ein Gärtner namens

Olsen und eine Schauspielerin Adda Nielsen auf: Ohlsen – mit »h« – hieß Kierkegaards Braut Regine, und bewundert hat er die Schauspielerin Anna Nielsen.

Man könnte allerdings einwenden, daß Fontane, alles andere als ein Esoteriker, in seinem übrigen Werk nichts geheimnisvoll verschlüsselt hat. Das Thema Glauben und Frömmigkeit in eine erzählerische Handlung zu fassen hätte ihn, ist zu vermuten, durchaus gereizt. Aber hätte er das nicht offener ausgesprochen und dann direkter auf Kierkegaard verwiesen?

Er hat sich ja zeit seines Lebens auch mit philosophischen – weniger mit theologischen – Problemen befaßt, sein steter Nachholbedarf gleicht oft einem Studium generale. Vor allem mit Zöllner, dem »Tunnel«-Freund (»Chevalier«) und Nachfolger in der Akademie der Künste, übt er sich gern in fremden Wissenschaften. Paul Meyer hat die beiden alten Herren einmal bei einem geographischen Spiel überrascht. Fontane sagt, auf dem Sofa liegend, einen Namen, und Zöllner knallt mit einem Rohrstock auf die betreffende Stelle der Landkarte. Es muß sich um die Landkarte von Afrika gehandelt haben, denn Meyer erwähnte: »Togo«, Knall, »Tanganjika«, Knall et cetera.

Der Vorabdruck erscheint in der anspruchsvollen *Deutschen Rundschau*. Wer es – mitunter faustdick – sentimental mag, für den ist *Unwiederbringlich* die richtige Lektüre, sozusagen Sentimentalität auf höchstem Niveau. Was dem Roman fast ganz fehlt, ist Ironie, sonst bei Fontane das Salz in der Suppe.

Der nächste Roman im nächsten Jahr, 1892, erscheint wieder in der *Deutschen Rundschau* als Vorabdruck und im Verlag des Sohnes, auf 1893 vordatiert, als Buch. *Frau Jenny Treibel* wäre ohne ironische Untertöne, die die Handlung ständig begleiten, undenkbar. Sentimentales gibt es auch, aber weniger ausgiebig als im Vorjahr, obgleich Fontanes Titel ursprünglich »Wenn sich Herz zum Herzen find't« hieß. Julius Rodenberg, der Herausgeber der *Rundschau*, wird ihn dem Autor ausgeredet haben; er ist noch als Untertitel stehengeblieben und wird in modernen Ausgaben meist weggelassen.

Es fängt – leise ironisch – damit an, daß Frau Jenny Treibel, Tochter eines Altwarenhändlers, jetzt aber etwas Feineres, in der Adlerstraße eine steile Holztreppe hochsteigt. Sie ist, eine noch gut aussehende Mittfünfzigerin, schon ein bißchen asthmatisch. Hier, in ihrer nicht sehr vornehmen Geburtsstraße, wohnt wie ehedem ihr Jugendfreund Willibald Schmidt, der es nur zum Gymnasialprofessor gebracht hat. Sie will dessen Tochter Corinna zum Osteressen einladen, an dem ein englischer Geschäftsfreund teilnehmen wird, der ausgerechnet Nelson heißt, wenn auch nicht Horatio mit Vornamen.

Abgesehen davon, daß die junge Tochter des Jugendfreunds sich in ihrem großbürgerlichen Haushalt wohl fühlt und dort ein häufiger Gast ist, scheint Corinna in den Augen der Kommerzienrätin für den Besuch aus London geradezu prädestiniert: »Du sprichst Englisch und hast alles gelesen«, erklärt sie, »und hast auch vorigen Winter Mr. Booth als Hamlet gesehen.« Der Roman spielt 1883, denn 1882 hat der amerikanische Schauspieler, der in New York ein eigenes Theater besitzt, mit großem Erfolg in Berlin als Hamlet, Othello, Jago und in anderen Shakespeare-Rollen gastiert.

Die Kommerzienrätin Treibel soll Fontane seiner jüngsten Schwester Jenny nachempfunden haben. Sie personifiziert sozusagen das Verhältnis der Berlinerin zu Geld und Gut, welche sie beide überschätzt. Frau Jenny Treibel ist das Urbild einer Bourgeois: eingebildet, aber sentimental, geldgierig, aber wehleidig. Sie hat durchaus Charme, besitzt sogar Herzensgüte und bleibt dennoch hoffnungslos borniert und engstirnig. Sollte sich die Schwester, die ja Jenny heißt und mit dem Apotheker Hermann Sommerfeld verheiratet ist, in diesem Porträt wiedererkennen, wird sie darum ihrem Bruder nicht böse sein. Fontane legt zwar ihre schlechtesten Eigenschaften bloß, aber nie gerät sie ihm zur Karikatur, augenzwinkernd läßt er auch ihre Qualitäten nicht unerwähnt. Da erscheint ein ganzer Mensch, blutvoll und trotz aller Schwächen nicht einmal unsympathisch.

Das gilt auch für die Figur der Corinna, die aufs Haar einem anderen lebenden Vorbild gleicht, das Fontane gut kennt, nämlich Mete. Daß sie für diese Figur Modell gestanden hat, wird daraus ersichtlich, daß der Vater in manchen Briefen die Namen – absichtlich oder aus Versehen – verwechselt. So teilt er einmal Paul Schlenther mit, ein Gast habe in der Potsdamer Straße »nur Corinna angetroffen«, und meint natürlich Mete.

Corinna verkörpert den unbedingten Freiheitswillen der Berlinerin, wie Fontane sie versteht. »Ich erfreue mich, dank meiner Erziehung, eines guten Teils von Freiheit«, sagt sie im Roman, »einige werden vielleicht sagen, von Emanzipation, aber trotzdem bin ich durchaus kein emanzipiertes Frauenzimmer. Im Gegenteil, ich habe gar keine Lust, das alte Herkommen umzustoßen…«

Das, möchte man hinzufügen, hat sie auch nicht nötig, denn die Berlinerin dieses Typs pflegt neben ihrem Angetrauten ihren Mann zu stehen und hat die Emanzipation mit der Muttermilch eingesogen. Die Gestalt der Corinna Schmidt ist eigentlich eine Liebeserklärung Fontanes an die Berlinerin im allgemeinen und die eigene Tochter im besonderen. Was ihn freilich nicht daran hindert, ihre Schattenseiten hervorzukehren. Sie ist eitel, hochmütig und weiß immer alles besser.

»Aber ein Hang nach Wohlleben«, sagt Corinna, »der jetzt alle Welt so beherrscht, hat mich auch in der Gewalt, ganz so wie alle anderen… ich halt es mehr mit Sonwitt & Littauer [einem feinen Berliner Modehaus] als mit einer kleinen Schneiderin… Ich find es ungemein reizend, wenn so die kleinen Brillanten im Ohre blitzen, etwa wie bei meiner Schwiegermutter in spe…«

Damit ist Frau Jenny Treibel gemeint. Die beiden verstehen sich gut, man könnte beinahe sagen: zu gut, denn schon ganz am Anfang – eine berühmte Stelle –, als die Kommerzienrätin von der Jugend schwärmt, antwortet Corinna: »Ja… die Jugend ist gut. Aber ›Kommerzienrätin‹ ist auch gut und eigentlich noch besser. Ich bin für einen Landauer [eleganter viersitziger Pferdewagen] und einen Garten um die Villa herum… Ich bin durchaus für Jugend, aber für Jugend mit Wohlleben und hübschen Gesellschaften.«

Und am Schluß des ersten Kapitels, als Frau Kommerzienrätin Treibel auf die Frage, was Mr. Nelson wohl alles sagen möge, antwortet: »Viel Gescheites wird es wohl nicht sein«, meint Corinna: »Das tut nichts. Ich sehne mich manchmal nach Ungescheitheiten.« Womit sie Jenny Treibel aus der Seele spricht: »Da hast du recht, Corinna«, sagt sie.

Das ebenso kluge wie selbstbewußte Mädchen nimmt sich vor, den zweiten Treibel-Sohn zu erobern. Was ihr sozusagen spielend gelingt, denn Leopold ist das Gegenteil seiner Mutter, weichlich und absolut rückgratlos. Dabei findet Corinna zunächst die Unterstützung der Kommerzienrätin. Als es aber zur Verlobung kommt und diese eine andere, reichere Heirat gefährdet, zuckt sie zurück. Sie findet weder Unterstützung beim gelehrten Jugendfreund Professor Schmidt – in manchem sicher ein versuchtes Selbstporträt Fontanes – noch bei ihrem Mann, dem grundvernünftigen und keineswegs überheblichen Kommerzienrat Treibel, der übrigens eben bei einer Wahl in Teuplitz-Zossen als Politiker durchgefallen ist.

Trotzdem gelingt es ihr, das Verhältnis ihres Sohnes zu Corinna zu hintertreiben, weil diese es von sich aus löst. »In eine Herzogsfamilie kann man allenfalls hineinkommen«, kommentiert es Vater Schmidt, »in eine Bourgeoisfamilie nicht.« Gemünzt auf jene, die mit der Fabrikation von ausgerechnet preußisch-blauem Farbstoff reich und groß geworden ist, macht das den Sachverhalt noch lächerlicher.

Leopold heiratet brav die reiche Hamburgerin, und auch Corinna geht nicht leer aus, denn der von ihr schlecht behandelte, aber bessere Ehepartner in spe kehrt zurück. »Manchen gibt es der liebe Gott im Schlaf«, sagt ihr Schmolke, die Wirtschafterin des Vaters. »Du hast ganz unverantwortlich und beinahe schauderös gehandelt und kriegst ihn doch. Du bist ein Glückskind.«

Eigentlich müßte der Roman »Corinna« heißen, obwohl Frau Jenny am Ende doch siegt. In den Abschlußsatz, den Schmidt spricht, also eventuell Fontane, ist viel hineingeheimnist worden. Er lautet:»...wir wollen nach Hause gehen.« Hervorragend wiederum die Milieuzeichnung, die in dieser Erzählung nichts Maniriertes mehr hat. *Frau Jenny Treibel* ist sein erstes erzählerisches Meisterwerk. Seinem Sohn Theo erläutert Fontane den »Zweck der Geschichte« folgendermaßen: »das Hohle, Phrasenhafte, Lügnerische, Hochmütige, Hartherzige des Bourgeois-Standpunktes zu zeigen, der von Schiller spricht und Gerson meint«. Das trifft alles zu, trotzdem ist ihm weit mehr gelungen als eine Satire auf das Klein- und Großbürgertum. Die Parabel reicht tiefer; was der Autor, vielleicht aus Bescheidenheit, übersieht oder wenigstens nicht erwähnt. Man übersehe nicht den erneuten leichten Hieb, den man aber nicht unbedingt als einen antisemitischen verstehen sollte. Juden gehören zu Fontanes Zeiten ganz selbstverständlich zum Klein- und Großbürgertum. Gerson ist ein Berliner Modebasar am Werderschen Markt, in dem die vornehme Gesellschaft Berlins ein und aus geht, Hoflieferant auch der Kaiserin (Inhaber: S. Levi und L. Levin). Man kann auch dies als einen leichten Schnupfen der Seele bezeichnen.

## 38.
## Die Krankheit zum Erfolg
(1892–1896)

Das Jahr 1892 ist von Fontane – wie jedes Jahr – als ein arbeitsreiches geplant. Während er noch an der Fertigstellung einer Novelle arbeitet, mit der er seit zwei Jahren regelrecht ringt, beschäftigt ihn schon der »Brouillon« (Entwurf) zu einem dritten Eheroman – *Die Poggenpuhls* befinden sich im Endstadium, *Effi Briest* in statu nascendi.

Damit nicht genug: Geplant wird ferner ein zweiter großer historischer Roman im Maßstab von *Vor dem Sturm* mit dem Seeräuber Klaus Störtebeker als Haupthelden, außerdem gilt es, sich durch die Korrekturbögen zu wühlen, diejenigen für den Vorabdruck von *Frau Jenny Treibel* und die für die nun vierte und erweiterte Auflage der *Gedichte*. Es fehlt auch nicht am täglichen Kram: Für den letzten Aufsatz über eine Wanderung durch die Mark Brandenburg benutzt er ältere Notizen (die sich sorgfältig geordnet in den Regalen stapeln), aber es muß darüber hinaus noch recherchiert, nachgelesen, vor allem aber geschrieben werden.

Der alte Fontane leidet in jedem Winter an fortgesetzten Erkältungen. Im Frühjahr 1892 tritt eine schwere Grippe hinzu, die eine ernsthaftere Erkrankung zur Folge hat. Sie ist unterschiedlich diagnostiziert worden, zeigt aber alle Symptome eines totalen Nervenzusammenbruchs. Die quälende Schlaflosigkeit, die dem Kranken so gut wie keine Ruhe gönnt, bekämpft sein Hausarzt, Dr. Delhaes, mit Morphium. Wahrscheinlich nimmt er mehr davon, als vom Arzt verschrieben, denn es stellen sich zusätzlich Symptome einer Vergiftung ein. Dies alles stürzt Fontane in tiefe Depressionen. Dr. Delhaes schickt ihn und seine beiden Damen zur Kur. Er befürchtet, wie er Emilie und Mete verrät, die Möglichkeit einer dauerhaften geistigen Umnachtung des Dichters.

Die letzte Sommerfrische im Leben Fontanes tritt die Familie am 24. Mai in Zillerthal-Erdmannsdorf im Riesengebirge an, wo sie dreieinhalb grauenvolle Monate in der Villa Gottschalk verbringt. Frau Emilie erkrankt ebenfalls, Mete bekommt nervöse Angstzustände, und der Zustand Fontanes verschlechtert sich weiter.

Aus der Villa Gottschalk teilt Fontane dem Landgerichtsdirektor Karl Friedrich Lessing, dem Haupteigentümer der *Vossischen Zeitung*, mit, er sei »eine ganz gebrochene Kraft, zur Zeit kaum fähig, ein paar Briefzeilen zu schreiben, und so schrumpfen denn meine Einnahmen auf weniger als die Hälfte zusammen«. Er müsse daher Berlin aufgeben und versuchen, in Zukunft damit in Schmiedeberg zu leben. Ihrem Sohn Friedrich klagt Emilie: »Es ist nicht zu beschreiben, wie schwer es ist, mit dem armen Kranken zu leben, die Tage sowohl wie die Nächte. Wir erwarten den Arzt, der immer dringender von einer Nervenheilanstalt spricht. Papa, der erst damit einverstanden schien, zeigt jetzt ein rechtes Grauen... Diesen klaren, verständigen Mann so zu sehen, ist herzzerreißend.«

Mete bleibt es überlassen, mit dem Vater in Breslau einen Psychiater aufzusuchen. Er stellt eine hochgradige Gehirnanämie fest. In Berlin, wohin man schließlich zurückkehrt, schlägt eine »elektrische Kur« fehl. Fontane scheint, ein Nervenbündel und unfähig zur Arbeit, am Ende.

Der kluge und psychologisch geschickte Hausarzt, Dr. Wilhelm Delhaes, entschließt sich nun zu einem gewagten Schritt. Er setzt seinen Patienten von fast allen Mitteln ab, suggeriert ihm, er sei überhaupt nicht krank, ihm fehle nur die gewohnte Arbeit, und beginnt, ihn mit der wohl einzigen Medizin zu behandeln, die bei Fontane anschlägt: mit Schriftstellerei. Allerdings verlangt er eine Abkehr von der sonst üblichen hektischen Arbeitswut. Es müsse etwas Leichtes sein, etwas, das keine Anstrengung erfordert, sich sozusagen von allein schreibe wie zum Beispiel Lebenserinnerungen. Fontane kommt diese Art Heilmittel entgegen – es entspricht seiner Lebenseinstellung. Im Oktober dieses schrecklichen Jahres macht er sich gehorsam an die Arbeit. Er erzählt aus seinen Kinderjahren, keine vollständigen Memoiren, sondern nur wenige ausgewählte Jahre, atmosphärisch dicht und aus einer Art eidetischem Gedächtnis wieder ans Tageslicht gebracht. Das Wunder geschieht: Fontane schreibt sich gesund und ist im Dezember so gut wie über den Berg. Aber handelt es sich wirklich um ein Wunder? Es hat nicht zuletzt damit zu tun, daß der Geburtstag am 30. Dezember vorbeigeht und Fontane besessen von dem Gedanken war, wie sein Vater mit zweiundsiebzig sterben zu müssen.

*Meine Kinderjahre,* im Untertitel als »biographischer Roman« bezeichnet (»für etwaige Zweifler«), wird im April 1893 beendet. Die Krise ist überstanden. Der Gesündeste wird Fontane nicht wieder, aber sein Allgemeinbefinden hat sich, den vergangenen Jahren gegenüber, entschieden verbessert; auch ist die alte Schaffenskraft wieder vorhanden. In der Mitte des Jahres kann er sogar die Arbeit an *Effi Briest* und den *Poggenpuhls* fortsetzen.

Mit den *Kinderjahren* besiegt Fontane nicht nur seine Nervenkrankheit, er erringt auch seinen ersten wirklichen Erfolg als Erzähler. Als das Buch im November 1894 im Verlag seines Sohnes erscheint, muß dieser gleich eine weitere Auflage in Satz geben. Das Rezept des Dr. Delhaes zahlt sich für Vater und Sohn in zweierlei Hinsicht aus.

Noch vor Jahresende wird Fontane ein zweites Kapitel seiner Erinnerungen beginnen. *Von Zwanzig bis Dreißig* erreicht nicht die künstlerische Geschlossenheit der *Kinderjahre*; es ist eher wie ein erzählerisches Mosaik zusammengesetzt. Beide zusammen gehören jedoch zum Besten seiner Feder – wir haben zu Anfang viel daraus zitiert. *Von Zwanzig bis Dreißig* hat jenen Memoirencharakter, der sich rein biographisch ausrichtet;

*Meine Kinderjahre* ist eine Prosadichtung, von der man einen Geruch nach Salzwasser, Teer und Fernweh in der Nase behält. Ein Erfolg kommt selten allein. Noch ehe Fontane sich an den zweiten autobiographischen Band macht, fällt ihm ein weiterer Verkaufserfolg zu. 1894 kommt – jetzt wie alles weitere bei Friedrich Fontane – sein Buch *Von, vor und nach der Reise* heraus, eine Sammlung von Feuilletons, die, seit 1873 entstanden, in verschiedenen Zeitungen, Zeitschriften, Almanachen erschienen sind, ergänzt durch einige wenige, die schon im Manuskript vorlagen oder eigens für die Sammlung verfaßt worden sind.

Voreilig schreibt Fontane Anfang Mai, das Buch liegt eben vor, in sein Tagebuch: »Kein Mensch kümmert sich darum... Natürlich sind solche Geschichten nicht angetan, hunderttausend Herzen oder auch nur eintausend im Fluge zu erobern, aber es müßte doch ein paar Menschen geben, die hervorhöben: ja, wenn das auch nicht sehr interessant ist, so ist es doch fein und gut; man hat es mit einem Manne zu tun, der sein Metier versteht... Aber – eine sehr liebenswürdige Plauderei meines Freundes Paul Schlenther abgerechnet – habe ich nur das fürchterliche Blech, das sich ›Kritik‹ nennt, zu sehen gekriegt.«

Trotzdem gibt es noch einige Resonanz und sogar eine Übersetzung zumindest einiger der Geschichten. Und mögen die Kritiker Blech schreiben, die Leser muß es angeregt haben zuzugreifen, denn der beglückte Friedel kann noch im gleichen Jahr zwei weitere Auflagen herausbringen. Fontane hat seine Feder nur selten so locker gehandhabt wie in diesen Causerien – geistvolle, komische, oft brillante feuilletonistische Erzählungen finden sich hier wie auf einer Perlenschnur aufgereiht.

In einem dieser Feuilletons, »Eine Frau in meinen Jahren«, 1886 geschrieben und im Blatt *Zur guten Stunde* veröffentlicht, zerstört eine Granate ein Grab. Was in der Erzählung im Krieg 1870/71 geschieht, wird im Zweiten Weltkrieg – die Anekdote als Vorahnung – dem Grab des Ehepaars Fontane geschehen. Übrigens ist es nicht übertrieben, »Eine Frau in meinen Jahren« für eine der besten Kurzgeschichten in deutscher Sprache zu halten. Sie kreist um Liebe und Tod: Ein Sechzigjähriger trifft auf Kur in Kissingen eine Gleichaltrige. Beide haben – erleichtert und aufgrund nicht allzuguter Erfahrungen – die Liebe aufgegeben. Bei einem Spaziergang über den Friedhof erzählen sie von den Toten und vom Lebensende. Am Ende verloben sie sich. Ein kleines Meisterwerk – neben etlichem Schwachen, zugegeben – ist auch »Eine Nacht auf der Koppe« (1890 für die *Deutsche Rundschau* geschrieben). Der Wirt auf der Schneekoppe, dem höchsten Berg des Riesengebirges, liegt im Hochsommer im Sterben. Er verbietet den Seinen, den fröhlich singenden Touristen Einhalt zu gebieten: »Das könnten wir der Koppe nicht antun.« Als er tot ist, wird seine Leiche nachts im Sessel zu Tal nach Krummhübel getragen und den Feriengästen gesagt, ein alter Herr lasse sich auf diese Weise rechtzeitig zum Frühzug bringen.

Es finden sich Plaudereien über die Sommerfrische, dazwischen ein hübsches Feuilleton über einen Spaziergang, den Fontane durch das alte Berliner Diplomatenviertel auf der Suche nach der Chinesischen Botschaft macht. Statt Chinesen sieht er nur Berliner Lausbuben, die zum Teil denkbar unartige Sprüche an die Wand kritzeln. Als er nach anderthalb Stunden endlich einiger zudem bezopfter Chinesen ansichtig wird, interessieren sie ihn nicht mehr. Eine Art »Wanderung«, diesmal jedoch in Schlesien angetreten, stellt mit belehrendem kulturhistorischen Zeigefinger den Arzt und Apotheker Joseph Hieronymus Hampel vor, den »Letzten Laboranten«, der durch den Ausspruch König Friedrich Wilhelms IV. über dessen Heilmittel »Schlagwasser«: »Hampel hat recht!« eine Weile sprichwörtlich wurde. Der bunte Reigen schließt mit einem Kabinettstück, einer erst 1892 geschriebenen Satire, »Professor Lazius oder Wieder daheim«. Hinter Professor Lazius dürfte sich der Ägyptologe Karl Richard Lepsius verbergen – die überlegen skizzierte Porträtkarikatur beschreibt einen Gelehrten, der regelmäßig in Schlesien die Enziangewächse studiert und sich, zurück in Berlin, nur sehr schwer wieder in seinem Haus und bei seiner Familie zurechtfin-

det. Aber wie heißt es im Text?«...der Sperling ist wie der richtige Berliner, immer pickt er sich was weg und bleibt Sieger.«
Weniger gut hat Mete die Krisenzeit ihres Vaters überstanden. Der Tod Friedrich Wittes 1893 belastet sie sehr, denn sie befürchtet, dadurch ihr »zweites Vaterhaus« zu verlieren. Zu Fontanes Beruhigung hat »Onkel Witte« sie zwar mit einer Erbschaft von 12 000 Mark abgesichert (»...sehr respektabel«, berichtet er Friedlaender, »ich glaube, daß sie noch mehr erbt, von zwei, vielleicht drei Seiten her«); aber es tröstet die Tochter nicht.

Mete fährt wie immer nach Warnemünde, kommt aber schon nach einer Woche in höchst elendem Zustand zurück in die Potsdamer Straße. Sie hütet das Haus von Mitte August bis Mitte September, während ihre Eltern in Karlsbad kuren. Die Kur, jetzt meist in Karlsbad oder Kissingen abgehalten, tritt an die Stelle der bisherigen Sommerfrische. Emilie hat sie ebenso notwendig wie der Hausherr, und dank den beiden Bucherfolgen ist auch etwas mehr Geld vorhanden, so daß man zusammen ins Bad fahren kann. Die beiden verbringen dieses Jahr sogar »sehr angenehme Wochen«, die ihnen guttun, obwohl in Metes Briefen viel von »extra Schmerzen und Beängstigungen« sowie »gelegentlich schlechtem Befinden« die Rede ist.

Bei der Heimkehr sind die Eltern entsetzt, in welchem Zustand sie ihre Tochter vorfinden. Der sofort herbeigerufene Arzt, ein Dr. Salomon, den Fontane als »sehr verständig« bezeichnet, konstatiert, das Mädchen sei halb verhungert. Daher rührten auch die fortwährenden Verängstigungen, die sich bis zu Todesängsten steigern. Tatsächlich bessert sich ihr Zustand, nachdem die Eltern sie aufgepäppelt haben, aber die Fortschritte bleiben mäßig, selbst als man einen Spezialisten, einen Professor Mendel, zu Rate zieht. So behält man Mete im Hause und versucht nicht mehr, sie zur Wiederaufnahme ihres alten Berufs zu überreden. »Meine Tochter lebt mit uns und sorgt, soweit sie nicht durch Krankheit gehindert wird, für unsere Unterhaltung«, vertraut Fontane seinem Tagebuch an.

Ganz allmählich gesundet Mete wieder, wenn auch auf gänzlich andere, beinahe entgegengesetzte Weise wie ihr Vater. Sie erhält das ihr – jedenfalls nach Fontanes Ansicht – mangelnde Selbstvertrauen durch das, was Berlinerinnen, wiederum laut Fontane, am meisten schätzen: Geld. Auf Onkel Wittes Erbschaft folgt, wie vom Vater vorausgesehen, eine zweite. Und außerdem gewinnt sie in der Lotterie, »sogar einer italienischen«, wie ihr Vater in einem Glückwunschbrief anmerkt.

Der Brief geht an die Adresse Anna Wittes, denn nach wie vor bleibt Mete in Rostock und Warnemünde ein gerngesehener Gast. Als neues Reiseziel tritt jetzt Elsenau hinzu, ein von den Mengels übernommenes Gut in der Provinz Posen. Und zweimal begleitet sie Anna Witte in den kommenden Jahren auf weite Reisen nach Österreich, der Schweiz und Norditalien.

»Wir sind glücklich darüber, daß Dich alles so erfreut und beglückt«, schreibt Fontane ihr nach Lugano. Der Herausgeber der Briefe an Mete, Edgar R. Rosen, fügt hinzu, was der Vater wahrscheinlich verschweigt, aber in einem ähnlichen Zusammenhang an einen anderen Adressaten äußert: »Entschädige [Dich] dies… Glück für das, was fehlt. Etwas, weil wir Menschen sind, fehlt immer.«

## 39.
## Effi Briest
(1889–1895)

Das Buch des Jahres 1895 bricht – jedenfalls was Fontane anlangt – alle Rekorde. Von ihm verkaufen sich gleich nach Erscheinen mehr Exemplare als von allen seinen anderen Büchern. Es ist bis heute sein meistverkauftes, bekanntestes, meistgelesenes Buch, dasjenige, auf dem sein Weltruhm beruht. *Effi Briest* ist auch der meistübersetzte Roman Fontanes. Außerhalb Deutschlands wird allein dieser Titel mit Fontane in Zusammenhang gebracht, und auch deutsche Leser dürften ihn impulsiv immer als ersten nennen.

Fontane hat lange an ihm gearbeitet, fast fünf ganze Jahre. In einem Brief an Paul Schlenther, dem er für eine gute Besprechung des Buchs dankt, behauptet er zwar, er habe es »wie mit dem Psychographen geschrieben«. (Ein Psychograph ist, laut Fremdwörter-Duden, ein »Gerät zum automatischen Buchstabieren und Niederschreiben angeblich aus dem Unbewußten stammender Aussagen«.) Das trifft jedoch, wie Fontane zugibt, nur für den ersten Entwurf zu – »der alte Witz, daß man Mundstück sei, in das von irgendwoher hineingetutet wird, hat doch was für sich«. Aber »beim Korrigieren hat es mir viel Arbeit gemacht«, mehr als Fontane dem Freund und Rezensenten, vielleicht auch sich selbst eingestehen will. Dr. Delhaes führt Fontanes Zusammenbruch von 1892 auf sein erbittertes und lange Zeit vergebliches Ringen mit diesem Stoff zurück.

Er stammt aus der *chronique scandaleuse* der Stadt Berlin, will sagen aus dem Gesellschaftsklatsch, für den sich Fontane als Schriftsteller wohl ebenso wie als Mensch brennend interessiert. Die Quelle war Emma Lessing, die Frau des Haupteigentümers der *Vossischen Zeitung*, die er seine »Gönnerin« nennt. Fontane will sie ganz einfach nach einem Offizier gefragt haben, der früher viel bei den Lessings verkehrt hat, und daraufhin von Frau Lessing »die ganze Effi-Briest-Geschichte« erfahren haben. Sein sofortiger Gedanke – alles einem Brief an Hans Hertz zufolge –: »*Das* mußt du schreiben!«

Über den »Fall« der Elisabeth Baronin von Ardenne, einer geborenen Freiin von Plotho, haben sich nicht nur die zeitgenössischen Berliner die Mäuler zerrissen, sondern nachträglich auch die Fontane-Forscher, um so mehr, als das Urbild der Effi fast hundert Jahre alt geworden ist und bis 1952 gelebt hat. Der Autor selbst schreibt einer Leserin: »Ja, Effi! Alle Leute sympathisieren mit ihr... Vielleicht interessiert es Sie, daß die *wirkliche* Effi... noch lebt, als ausgezeichnete Pflegerin in einer großen Heilanstalt.« Aber auch über ihren Mann, im Roman Landrat, in Wirklichkeit Offizier, kann er berichten: »Innstetten, in natura, wird mit nächstem General werden. Ich habe ihn seine Militärkarriere nur aufgeben lassen, um die wirklichen Personen nicht zu deutlich hervortreten zu lassen.«

Die ersten drei Sätze des Romans – Anfänge liegen Fontane nicht – könnten jeden Leser dazu veranlassen, die Lektüre sofort wieder einzustellen. Bandwurmlang, wie ziemlich fade Regieanweisungen für ein Bühnenbild liest sich die langatmige Beschreibung des Landsitzes Hohen-Cremmen, Effis Geburtsort. Aber die aufzählende Nüchternheit täuscht und soll vielleicht täuschen. Schon beim ersten Auftreten handelnder Personen bekommt die Szene etwas Poetisch-Impressionistisches und könnte von Liebermann gemalt worden sein.

Die Handlung verläuft relativ unkompliziert und bis auf den einen großen Überraschungseffekt mit den alten Liebesbriefen vorhersehbar. Die Spannung, die den Leser ergreift, ist eine psychische, und ihre Faszinationskraft wird eher vom Atmosphärischen als vom Hergang der Handlung bestimmt. Fontanes dritter Eheroman ist sein gelungenster, größter, weil direktester.

Baron Innstetten, ein etwas schulmeisterlicher, ehrgeiziger, aber sehr liebenswürdiger pommerscher Landrat Ende Dreißig, heiratet die blutjunge, noch fast kindliche Effi Briest. Die Ehe läßt sich gut und glücklich an, und bald wird ein Kind geboren, Annie. Es gibt allerdings auch unheilvolle Vorzeichen. So bewohnt man in Kessin (einem Städtchen, das es in Hinterpommern nicht gibt, wohl aber nahe Rostock) ein Spukhaus. Effi ängstigt sich vor einem Chinesen, der dort umgeht und ihr im Traum erscheint; es hat ihn einst an die Ostseeküste verschlagen; er liegt auf dem Dünenfriedhof des Ortes begraben. Mit dem Chinesenspuk setzt Fontane die nicht eben kurze Reihe seiner abergläubischen Omen fort. Aber auch der Realist läßt kommendes Unglück ahnen. Wie von ihm gern geübt, führt er die Ursachen des tragischen Niedergangs komisch oder karikierend in die Handlung ein. Hier schildert Effi in Briefen an ihre Eltern amüsiert die Pedanterie, mit der ihr Mann sie auf der Hochzeitsreise mit pädagogischem Eifer von Sehenswürdigkeit zu Sehenswürdigkeit führt.

Geert von Innstetten ist überkorrekt und, wie sein Freund Crampas erklärt, der ihn genau kennt, immer bemüht, die anderen zu gleicher Korrektheit anzuhalten. Von ihm erfährt Effi, daß Innstetten mit dem Chinesenspuk, der sie ängstigt, ein pädagogisches Spiel betreibt und eine erzieherische Absicht verfolgt. Der Spuk als Erziehungsmittel – »Also Spuk aus Berechnung, Spuk, um dich in Ordnung zu halten« – wird bei Effi zum Ausgangspunkt einer tiefen Verbitterung, Innstetten erscheint ihr ohne »Herzensgüte«, seine Haltung ihr gegenüber »grenzt schon an Grausamkeit«. Und obwohl sie Crampas gegenüber skeptisch ist (»unzuverlässig und ein bloßer Haselant, der schließlich Innstetten nicht das Wasser reicht«), gibt sie sich ihm hin.

Das ist längst vergessen, als Innstetten Karriere macht und nach Berlin ins Ministerium berufen wird. Dort verunglückt eines Tages Annie, als Effi eben zur Kur ist. Zwei Bedienstete, die nach Verbandszeug suchen, brechen in höchster Not ihren

Nähtisch auf. Dort finden sie keinen Verband, aber Innstetten »das kleine, mit einem roten Faden zusammengebundene Paket, das mehr aus einer Anzahl zusammengelegter Zettel als aus Briefen zu bestehen schien«.

Es handelt sich um die Briefe, die Crampas vor sechs Jahren an Effi geschrieben hat. Aus ihnen geht hervor, was damals geschehen ist – Generationen von Leserinnen und Lesern haben halb bedauernd, halb wütend die Köpfe über soviel Dummheit geschüttelt, derart verfängliche Indizien noch so lange nach Abschluß einer Affäre aufzubewahren.

Obwohl das Ganze inzwischen als verjährt gelten muß, was Innstetten durchaus bewußt ist, zwingt ihn der Ehrenkodex seiner Gesellschaftsschicht zum Handeln. Er tut es ungern, trotzdem fordert er den Freund zum Duell, in dem Crampas fällt – der Skandal ist perfekt; Effi wird – es klingt nach alttestamentarischen oder mittelalterlichen Gebräuchen – verstoßen. Sie wohnt zunächst in Berlin, kehrt aber nach einem enttäuschenden Wiedersehen mit der planvoll entfremdeten Annie, einer der ergreifendsten Szenen des Romans, zu ihren Eltern zurück nach Hohen-Cremmen. An der Trennung und Scheidung geht sie zugrunde.

An ihrem Grab fällt aus dem Mund ihres Vaters noch einmal das Wort, das man unwillkürlich mit *Effi Briest* verbindet, obwohl es auch in anderen Werken Fontanes vorkommt: »Ach, Luise, das ist ein zu weites Feld.«

»Eine entsetzliche Geschichte« nennt sie Sebastian Haffner. Das ist sie tatsächlich, weil es Fontane gelingt, die völlige Sinnlosigkeit solcher Ehrbegriffe vor aller Augen zu führen. Der Ehebruch geschieht aus weiblicher Enttäuschung und – aus bloßer Langeweile. Er wird rein zufällig entdeckt, als alles längst vorbei ist. Auch führt Innstetten das Duell ohne Zorn, weil er glaubt, es seiner gesellschaftlichen Stellung schuldig zu sein. Aus dem gleichen Grund verbannt er seine Frau aus seinem Leben und dem seiner Tochter. »Menschenopfer unerhört, dargebracht für nichts als tote Konvention, an die schon niemand mehr glaubt«, lautet Haffners Fazit.

Das schlimmste ist, daß es dabei äußerlich so ungemein zivil zugeht. Doch hinter der Moral und den guten Sitten verbirgt sich äußerste Grausamkeit, die im Grunde sogar den Täter trifft. Innstetten, dessen Ansehen Fontane übrigens in vielen Briefen an Leser seines Romans verteidigt hat, wird selbst zum Opfer. Er hat zwei Menschen auf dem Gewissen, obwohl »doch in jedem Anbetracht ein ganz ausgezeichnetes Menschenexemplar, dem es an dem, was man lieben muß, durchaus nicht fehlt. Aber sonderbar, alle korrekten Leute werden schon bloß um ihrer Korrektheit willen mit Mißtrauen, oft mit Abneigung betrachtet.«

Das wird ausgesprochen, als sei *Effi Briest* tatsächlich mit dem Psychographen geschrieben, als habe nicht er, Fontane, die Gewichte verteilt, sondern das Schicksal oder der liebe Gott. Auf jeden Fall hat er eine Wunde getroffen, an der die Gesellschaft – und nicht nur die preußische – leidet. Das Buch, das, damals ungewöhnlich und so etwas wie eine emanzipatorische Tat, den Mädchennamen der Heldin als Titel trägt, erregt noch heute, unter gründlich veränderten gesellschaftlichen Bedingungen, in allen Weltsprachen Furcht und Mitleid, wie sie – zur Verbesserung des Menschengeschlechts – schon die antiken Tragödien zu übermitteln versuchten. Leider vergeblich; darüber macht sich auch Fontane keine falschen Hoffnungen. Er weiß sehr wohl, das teilt er seinem Sohn Theo in einem Verteidigungsversuch Innstettens mit, wie schlimm es mit den »Moralitäten« auf dieser Welt steht.

Eindeutig bleibt der Lese- und Verkaufserfolg. Nach *Effi Briest* gilt Fontane in seinem Metier als bekannt bis berühmt. Der Ruhm zieht sogar ältere Bücher mit, selbst *Vor dem Sturm*, von Hertz verlegt, wird trotz seiner oft monierten Länge mitgerissen und erlebt binnen kurzer Zeit zwei weitere Auflagen.

Aber der Fleiß, Fontanes eigentliches Kapital, das er ohne Einschränkung immer wieder auf den Markt wirft, zahlt sich auch qualitativ aus. Quantitativ ohnehin, denn kurz nachdem die *Deutsche Rundschau* den Vorabdruck beendet und Friedrich das Buch zur Rezension an die Zeitungs- und Zeitschriftenredaktionen verschicken kann, erscheint schon wieder, noch im gleichen Jahr, ein Werk von ihm in Fortsetzungen, diesmal in der Zeitschrift *Vom Fels zum Meer.*

Literarisch kann die nicht sehr umfangreiche Novelle mit *Effi Briest* durchaus Schritt halten, ein kleines Meisterwerk. Fontane beschreibt eine verarmte Adelsfamilie – *Die Poggenpuhls* –, die sich in der Gefahr befindet, aus Geldmangel ins Elend abzurutschen. Christiane Wandel (1938): »Thema ist hier, wie die Mitglieder dieser Familie sich in ihrer ärmlichen Lage zurechtfinden. Hier gibt es bereits kein Hauptthema mehr... und dementsprechend auch keine Haupt- und Nebenpersonen, sondern alles ist – im Fontaneschen Sinne – gleich wichtig oder unwichtig geworden.«

Es zeigen sich – fast möchte man sagen: endlich – auch einmal die Früchte der jahrelangen Thackeray-Lektüre. Denn zuerst entdeckt und bewundert hat Fontane die Geschichte ohne Hauptfigur in *Vanity Fair* (Jahrmarkt der Eitelkeiten). Da ist, über fast tausend Seiten hinweg, die Gesellschaft selbst im Spiegel ihrer Lebensverhältnisse bei Arm, Mittelschicht und Reich der Mittelpunkt der Handlung. So auch jetzt bei den *Poggenpuhls.*

Die Handlung: In der Berliner Großgörschenstraße, mit Blick auf den Matthaeifriedhof (auf dem unter anderem die Brüder Grimm begraben liegen), wohnt die Witwe eines bei Gravelotte gefallenen Majors von Poggenpuhl mit ihren drei Töchtern und der treuen Dienstfrau Friederike in denkbar beschränkten Verhältnissen. Die zwei Söhne, die beide Offizier geworden sind, befinden sich in einer Garnison in Westpreußen: Wendelin steht kurz vor der Berufung in den Generalstab, Leo, ein charmanter Leichtfuß, hat zur Verbesserung seiner Lebensumstände ein Auge auf ein reiches Bankierstöchterlein namens Esther in Thorn geworfen. Das Brüderpaar charakterisiert die beiden Erztypen eines preußischen Offiziers aus dem Kleinadel.

Auch ihre Schwestern bilden so etwas wie einen Querschnitt durch die absteigende Oberschicht. Theres ist stolz auf ihre Herkunft und voller Hochmut sogar ihrer bürgerlichen Mutter gegenüber. Sie möchte dem großen Ahnherrn der Familie, dem Rittmeister von Poggenpuhl nacheifern, der sich in den Napoleonischen Kriegen bei Großgörschen ausgezeichnet hat (daher auch der bedachtsam gewählte Wohnsitz oder dessen Adresse). Sophie besitzt etwas, »was die Poggenpuhls bis dahin nicht ausgezeichnet hatte: Talent«. Sie dichtet, malt und zeichnet und gehört zu denen, die man in Berlin als »patent« bezeichnet. Manon, erst 17, das Nesthäkchen, verkehrt fast ausschließlich in Bankiershäusern, »unter denen sie die nichtchristlichen bevorzugt«. In eines der Häuser möchte sie einheiraten.

Viel passiert nicht. Alles dreht sich im Grunde um die Art und Weise, in der die einzelnen Mitglieder die finanzielle Misere ihrer Familie verkraften. Es tritt ein reicher Onkel auf, der es bis zum General gebracht hat, andererseits ein Kadettenfreund Leos, der Schauspieler geworden ist. Sophie malt die Dorfkirche ihres Onkels aus, von dem wir erfahren, daß – typische Konstruktion im damaligen Preußen – ihm das Schloß, das er bewohnt, gar nicht gehört, sondern seiner verstorbenen ersten Frau, an deren Familie es nach seinem Tod zurückfallen wird.

Er stirbt bald darauf an Typhus und vererbt den Poggenpuhls immerhin so viel, daß sie allesamt saniert sind. »Sein Tod erspart der Nichte (Manon) die jüdische Heirat«, wie Sebastian Haffner es formuliert und ironisch hinzufügt: »Sie wird statt dessen nun wohl eine alte Jungfer werden.«

Die Figuren, knapp skizziert, stehen dem Leser trotzdem (oder eben deshalb) plastisch vor Augen, plastischer noch als die in *Effi Briest*. Fontane hat sie, sagt Haffner: »geradezu gestreichelt. Aber im Streicheln und wie aus Versehen wird ihnen ein ganz kleiner Riß zugefügt, der nie mehr heilt – auch beim Leser nicht.«

Da ist ein Stichwort gefallen. Es sind die Risse, die Fontanes Gestalten von denen seiner Zeitgenossen und Kollegen abheben. Fast alle, nein: alle haben sie jenen Riß, eine Gespaltenheit ihrer Existenz, die sie so modern erscheinen läßt. Und unvergeßlich macht. Der kränkelnde Fontane hat erreicht, was ihm nicht an der Wiege gesungen worden ist und was lange Jahre, in purer Fron erstickt, unmöglich schien. Was anderen nicht einmal mit genialem Furor gelingt, hat er mit Beharrlichkeit erreicht: Genie – und damit bewahrheitet er ein Wort seines »Tunnel«-Freunds Menzel – ist eben doch Fleiß oder, wie es besser der Maler Joshua Reynolds ausgedrückt hat: Genie ist gut angewandter Fleiß.

Mit unermüdlichem Fleiß, hervorragend angewandt, setzt sich Fontane, ohne daß es seine Zeitgenossen bemerken, an die Spitze der Literatur seiner Zeit. In den neunziger Jahren tritt auch ein erster internationaler Erfolg ein. Schon im Krankheitsjahr 1892 ist in Frankreich sein Erlebnisbericht *Kriegsgefangen* unter dem Titel *Souvenirs d'un Prisonnier de Guerre Allemand en 1870* herausgekommen. Übersetzt hat das Werk Théodore de Wyzewa, ein junger Musikkritiker polnischer Herkunft, der zum Kreis der Pariser Symbolisten gehört und der sich auch in Berlin auskennt.

Er kennt Fontane nur von Ansehen, man scheint ihm den Dichter auf der Straße gezeigt zu haben. Wyzewa schildert ihn als grauhaarigen älteren Herrn, stets korrekt gekleidet, der aussehe wie ein pensionierter Offizier.

Das steht in einem biographischen Nachwort, das er seiner Übersetzung beigegeben hat. Dort heißt es, von den vielen Büchern, die über den Deutsch-Französischen Krieg erschienen sind, sei Fontanes eines der schönsten. Erwähnt werden auch die *Wanderungen* und die bis dahin erschienenen Romane, also *L'Adultera, Graf Petöfy, Irrungen Wirrungen* und *Stine*.

Im Gegensatz zu den französischen Naturalisten besitze Fontane eine Bindung zu den von ihm beschriebenen Menschen: »Er liebt sie, ihre Banalität rührt ihn, und er wirft auf sie ein sanftes und sich gleichbleibendes Licht...«, schreibt er. Seine Romane hätten *la chaleur d'une été de Berlin*, die Wärme eines Berliner Sommers.

Dem deutschen Publikum liest Wyzewa die Leviten. Man

beachte Fontane in seiner Heimat wenig: »... aber Gott weiß, wen das große Publikum in Deutschland liest.« Er moniert auch, daß man bei der Verleihung des Schiller-Preises dem Schriftsteller *un obscur poète de province* (einen unbedeutenden Poeten aus der Provinz) und nicht als einzig würdiges Gegenstück Friedrich Nietzsche an die Seite gestellt habe.

Mit dem »großen Lesepublikum«, vor allem der Deutschen, würde Wyzewa heute zufrieden sein. Es ist dem Rat des weitsichtigen polnisch-französischen Kritikers gefolgt. Im Gegensatz zu den meisten Klassikern steht Fontane nicht nur im Bücherschrank; er wird nach wie vor gelesen.

## 40.

## Der Reiter über den Bodensee
(1891 und Rückblende)

Ein Augusttag in Wyk auf Föhr. Es ist regnerisch, stürmisch und viel zu kalt für die Jahreszeit. In England, dem Land seiner nie erlöschenden Sehnsucht, könnte Fontane gar nicht leben. Er ist dauernd erkältet, sobald der Wind mal ein bißchen weht. In Wyk auf Föhr, wo er sich zu erholen hoffte, geht es ihm besonders schlecht. Er hat Schnupfen – das ist er gewohnt, dazu Husten, der ist lästig. Das von ihm bevorzugte Bekämpfungsmittel, das er in England gelernt hat, *to stuff a cold and to starve a cough* (einen Schnupfen zu stopfen und einen Husten auszuhungern), nutzt ihm nichts. Beides kann man schlecht gleichzeitig bewerkstelligen.

So sitzt er da, denkt eine Weile über das merkwürdige Leben nach, das er geführt hat und das vorbeigerauscht ist wie nichts. Dann schneidet er sich die Feder zurecht und schreibt einen Brief, besonders schwungvoll, wie immer, die Überschrift: »Meine liebe Frau«. Kalligraphie ist ihm der Anfang allen Schreibens.

Er geht zunächst auf eine Karte ein, die Emilie ihm geschrieben haben muß. Dr. Delhaes hat – nach der Rückkehr aus seinem Urlaub – bei ihr eine »Hautneurose« diagnostiziert. »Ich habe nie bezweifelt«, schreibt er, »daß es das und nichts andres sein werde, ein Nervenleiden, das die Haut empfindlich macht und allerlei Erscheinungen hervorruft; es ist unbequem genug, aber doch vergleichsweise nicht was Schlimmes. Am meisten beklage ich, daß Du Dich tagelang, eh Delhaes zurückkam, so geängstigt hast; Todesangst ist Todesangst, auch wenn man mal leben bleibt.«

Er wendet sich dann seinem eigenen Zustand zu: »Alles Arbeiten habe ich einstellen müssen, und glücklicherweise habe ich auch nichts zu lesen – damit verdirbt man sich immer bei Schnupfenzuständen. Ich beschäftige mich damit, mein Leben zu überblicken... Das Endresultat ist immer eine Art dankbares Staunen darüber, daß man, von so schwachen wirtschaftlichen Fundamenten aus, überhaupt hat leben, 4 Kinder großziehn, in der Welt herumkutschieren und stellenweise (z. B. in England) eine kleine Rolle spielen können. Alles auf nichts andres hin als auf die Fähigkeit, ein mittleres lyrisches Gedicht und eine etwas bessere Ballade schreiben zu können. Es ist alles leidlich geglückt, und man hat ein mehr als nach einer Seite hin bevorzugtes und namentlich im kleinen künstlerisch abgerundetes Leben geführt, aber, zurückblickend; komme ich mir doch vor wie der ›Reiter über den Bodensee‹ in dem gleichnamigen Schwabschen Gedicht, und ein leises Grauen packt einen noch nachträglich. Personen von solcher Ausrüstung, wie die meine war, kein Vermögen, kein Wissen, keine Stellung, keine starken Nerven, das Leben zu zwingen – solche Menschen sind überhaupt keine richtigen Menschen, und wenn sie mit ihrem Talent und ihrem eingewickelten 50-Pfennig-Stück ihres Weges ziehn wollen (und das muß man ihnen schließlich gestatten), so sollen sie sich wenigstens nicht verheiraten. Sie ziehen dadurch Unschuldige in ihr eigenes fragwürdiges Dasein hinein, und ich kann alle Deine Verwandten... nicht genug bewundern, daß sie mich von Anfang an mit Vertrauen, Herzlichkeit und beinah Liebe behandelt haben. Ich wäre gegen mich selber viel flauer gewesen, denn ein Apotheker, der anstatt von einer Apotheke von der Dichtkunst leben will, ist so ziemlich das Tollste, was es gibt.«

Der letzte Satz steht als Motto über dieser Biographie. Er ist nicht von ungefähr gewählt, denn er enthält nur scheinbar eine von Fontane sonst selten geübte Bescheidenheit als vielmehr Stolz, berechtigten sogar. Mag der Reiter immer noch erstaunt sein, daß das Eis auf dem Bodensee gehalten hat, er wird doch sich selbst und seinem Mut zu Recht das Verdienst der Überquerung zusprechen. Mit anderen Worten: Fontane ist manchmal auch mit sich zufrieden, selbst wenn er es nur selten merken läßt und vielleicht nur, wenn er Schnupfen *und* Husten hat.

Zufriedenheit, haben wir gesehen, gehört keineswegs zu Fontanes hervorstechendsten Eigenschaften, und Zufriedenheit mit sich selbst schon gar nicht. Das hängt mit dem zusammen, was ihn geformt und gebildet, was er von den Eltern mitbekommen und was er sich selbst erobert hat: mehr und anderes, als er Emilie in seinem Brief – bewußt demagogisch – aufzählt.

Ohne den Fleiß und den Ordnungssinn, Erbteil seiner Mutter, wäre er auf dem eingeschlagenen Weg einer Dichter- und Schriftstellerexistenz nicht weit gekommen. Ebensowenig ohne die Betriebsamkeit seines Vaters und dessen Launenhaftigkeit, mal himmelhoch jauchzend, mal zu Tode betrübt. Das eine ist seinem Fleiß entgegengekommen, das andere jener Nervosität, die lediglich eine unangenehme Kehrseite der Begabung ist. Ständig zufriedene Leute (wie Fontanes Vater) schreiben nicht viel und gewöhnlich auch nicht gut.

Andererseits: Aus der Verbindlichkeit und vermutlich dem Selbstmitleid, beides von Vaters Seite übernommen, ist jene große Toleranz erwachsen, die ihn als Schriftsteller auszeichnet, selbst wenn sie manchmal etwas Wetterfahnenmäßiges bekommt.

Für einen Schriftsteller sind das alles keine schlechten Voraussetzungen, im Gegenteil. Selbst die gewisse Indifferenz den Menschen gegenüber, die er sich selber zuschreibt, mag ihm jenen Abstand ermöglicht haben, den ein Erzähler von seinen Figuren und auch wohl deren Vorbildern bewahren muß, gerade wenn er ihnen auf Leib und Seele rücken will. Nein, mit den Gaben, die ihm in die Wiege gelegt worden sind, kann Fontane durchaus zufrieden sein. Ohne sie wäre seinen Romanen und Novellen kein dauernder Erfolg beschieden gewesen.

Zur interessierten und exakten Menschenbeobachtung, die ebenfalls dazugehört, hat ihm wohl ein weiteres Erbteil seines kommunikativen Vaters ebenso verholfen wie die journalistische Tätigkeit, deren Einfluß auf das erzählerische Werk kaum überschätzt werden kann. Der Bericht ist ihm auch in der Erzählung schon beinahe alles.

Was ihm fehlt, ist menschliche Wärme oder Nähe, die den Schriftsteller erst zum Erzähler macht. Fontane ist eher scheu, hält Abstand auch, wenn er sich kommunikativ gibt. Er schreibt mit viel Ironie, die manchmal in Spott umschlägt, was ihn der Herzlosigkeit verdächtig macht. Daß man auch lachend ganz ernsthaft sein kann, haben die Deutschen ihrem Lessing nie geglaubt.

Über diese Hürde hinweg hilft Fontane, daß er aus seinem Herzen keine Mördergrube macht. Er schreibt, obwohl alles sorgfältig gefeilt wird, durchweg impulsiv, läßt das Impulsive aber erst nach reiflicher Überlegung stehen. Er spricht aus, was er meint und denkt, poltert drauflos wie in den eigenen vier Wänden, im »Tunnel« oder am Stammtisch (was in diesem Fall fast auf dasselbe herauskommt). Das verschafft ihm Freiraum, obwohl oder weil er, jähzornig und schnell mit dem Wort, wie er ist, seine Meinungen häufig wechselt, heute kritisiert und morgen fünfe gerade sein läßt. Er zeigt ohne Scheu seine Launen, und das macht ihn menschlich. Da predigt kein Dichter vom Olymp herab, sondern scheint einem jemand, ein gewandter Plauderer, in der Eisenbahn gegenüberzusitzen.

Auch pflegt er, wie wir alle, seine Vorlieben und Abneigungen einschließlich der in langjähriger Erfahrung gefaßten Vorurteile. Sie geben seiner Erzählung Reiz und Würze, die man bei anderen Erzählern vermißt. Manches zieht sich wie ein roter Faden durch die Romane und Novellen. Wer viel Fontane liest, lernt, ohne daß es immer definitiv ausgesprochen würde, das ganze seelische Gepäck kennen, das er mit sich herumschleppt.

Man weiß bald, daß er »alles modern Patente« verabscheut, während »alles Krumme und Schiefe, alles Schmustrige, alles grotesk Durcheinandergeworfene von Jugend auf einen großen Reiz« auf ihn ausgeübt hat, wie es in *Von Zwanzig bis Dreißig* heißt. »Nur keine linearen Korrektheiten, nur nichts Symmetrisches oder Blankpoliertes... Ich habe eine grenzenlose Verachtung gegen das, was man ›hübsch‹ nennt, und eine womöglich noch größere gegen sogenannten ›Komfort‹.« Geschrieben wurde das »beim Ausblick aus dem dritten Stock in Leipzig« auf graue, steile, regenverwaschene Dächer – »der gekräuselte Rauch, der aus den Schornsteinen aufstieg, und das Plätschern des Wassers, das aus den Röhren in die Kübel fiel, alles gewann mir ein Interesse ab«.

Bei Menschen gilt sein Hauptinteresse, wie er Mete im Februar 1892 schreibt, der »originalen Individualität« – wo das Individuelle fehlt, findet er, fehlt alles. Leider ist individuelle Eigenart schon damals Mangelware, denn Fontane schimpft: »Die verfluchte Bildung hat alles natürliche Urteil verdorben; jeder quatscht nach.«

Er liebt jedoch nicht nur individuelle, sondern besonders auch schöne Menschen beiderlei Geschlechts. In fast allen seinen Werken tauchen sie auf, notwendige Dekorationsstücke, so Kapitän Brödstedt mit seiner bildschönen Frau vom Bornholmer Leuchtturm in *Unwiederbringlich*, Helene, die Schwiegertochter der *Frau Jenny Treibel* in ihrer »ganz aparten Appetitlichkeit«, aber auch in natura Hermann Maron, der »bildhübsche Junge«, in den (*Zwischen Zwanzig und Dreißig*) alle im »Lenau«-Verein verliebt sind. Andererseits sagt, in *Unwiederbringlich*, Ebba vom Grafen Holk: »... er ist bloß ein schöner Mann, was meist soviel bedeutet wie gar keiner«.

Inbegriff heimatlicher Delikatessen sind für ihn die ganz einfachen Semmeln. Immer wieder beklagt er in seinen Briefen aus England, daß man dort beim Bäcker keine Semmeln bekommt, und nach seiner Flucht aus Berlin an den Ruppiner See genießt Schach von Wuthenow mit Wollust die besten Fontane bekannten, nämlich die »Herzberger Semmeln«.

Da wir bei den Vorlieben sind, die den Menschen prägen – sie reichen auf sehr individuelle Art bei Fontane bis hinein in seinen Stil. Seine Vorliebe für Wortwiederholungen sind keine sprachlichen Schlampereien, sondern bewußt gewählt aus Gründen der literarischen Eindringlichkeit. Man kann darüber verschiedener Meinung sein. Ein guter Deutschlehrer würde in Aufsätzen seiner Schüler und Schülerinnen gewiß rot anstreichen, wenn sie schrieben: »Lepel hatte den großen Treffer, es zu treffen« (*Von Zwanzig bis Dreißig*), »Ganz besonders schlimm sind die, die die sogenannte heilige Musik machen« (*Der Stechlin*), oder »Die Hoftür, die hinter dem alten Nußbaum stand, stand weit auf«.

Gerne benutzt er auch französische Wörter, obwohl er in England, als er sich während seines zweiten Aufenthalts in seinem Londoner Hotel französisch unterhalten soll, laut Tagebuch, »dasitzt wie ein Schuljunge«. Er spricht seinen Namen französisch aus, aber die Sprache selbst nur unvollkommen. Häufig ist die Rede von Soupçon statt Mißtrauen, affrontieren statt beleidigen, man tut etwas mit Aplomb statt mit Nachdruck, trägt keinen Spitzbart, sondern einen Henriquatre, und nicht nur der alte Briest nennt die Aussteuer Trousseau.

Fast noch zahlreicher als seine Vorlieben sind Fontanes Abneigungen. Zu ihnen gehört, wie bereits früher erzählt, die Ironie, die er so gut beherrscht und so souverän in seinen Werken handhabt. Er nennt sie (in *Von Zwanzig bis Dreißig*) eine »hochmütige Gesprächsform«, die ihm »von Jugend auf zuwider« sei.

Plausibler erscheint die Tatsache, daß er von Grund auf unmusikalisch ist und sich selbst sogar zu den »Musikbotokuden« rechnet. In *Frau Jenny Treibel* läßt er den jungen Nelson bekennen: »Music is nonsense«, wahrscheinlich seine eigene Meinung, denn ihm wird (*Von Zwanzig bis Dreißig*) »das angenehme Geräusch sehr bald langweilig«. Und: »Daran, daß ich anfange, an Musik Gefallen zu finden«, schreibt er seiner Frau, schon im August 1856, »merk' ich deutlich, daß ich alt werde.«

Henriette von Merckel gesteht er im gleichen Jahr: »Mit *Gespenstern*, *Hunden* und *Truthähnen* habe ich noch bis diesen Tag nicht gerne was zu tun.« Er ist nämlich, wie er in den autobiographischen Büchern verrät, »von Natur aus ängstlich«, werde jedoch »sofort unängstlich..., wenn Personen oder Verhältnisse mich ängstlich machen wollen«.

Abschätzig beschrieben werden ferner die »Bummler«, worunter er Menschen versteht, die zuerst an ihr Vergnügen denken, zum Beispiel seinen Vater und seinen Onkel August, die Dienstmädchen (an Mathilde von Rohr: »...die gesunden waren eitel, lüderlich und dumm, die brauchbaren waren krank. Was soll man da machen?«) und Kellner (etwa den, »der immer so still vor sich hinlacht oder wenigstens in sich hinein, den kann ich nicht aushalten, der verdirbt mir die Freude« – *Irrungen Wirrungen*). Auch die Gärtner gehören nicht gerade zu Fontanes Lieblingen. Da ist Kagelmann in *L'Adultera*: »Er war eine typische Gärtnerfigur; unfreundlich, grob und habsüchtig, vor allem auch seinem Wohltäter... gegenüber.« In *Unwiederbringlich* ist es Olsen, »der Gärtner, ein Muffel, wie die meisten seines Zeichens«.

Für die Berliner und die Märker, seine unmittelbaren Landsleute, empfindet er dagegen so etwas wie Haßliebe. Er kann, wenn von ihnen die Rede ist, voller Lob und Bewunderung sein, aber auch Gift und Galle spucken. Das reicht bis hinein in die Theaterkritik. Im November 1884 beschreibt er in einer *Wallenstein*-Rezension »den märkischen Typus« in der Person des Illo, der ja, *von* Ihlow, märkischer Herkunft ist, als »tapfer und zäh ausharrend, ebenso bei der Sache wie bei der Flasche«.

Das »Berlinertum« kennzeichnet Fontane in seinem Aufsatz »Die Märker und das Berlinertum«: »Der Grundzug ist ein krasser Egoismus, ein naives, vollkommen aufrichtiges Durchdrungensein von der Überlegenheit und besonderen Berechtigung der eigenen Person und des Orts, an dem die Person das Glück hatte, geboren zu werden. Um diese beiden Eitelkeiten dreht sich alles.«

Es kommt noch schlimmer: In einem Brief an Friedlaender: »Wie unsere Junker unausrottbar dieselben bleiben, ...so bleibt der Berliner ein egoistischer, enger Kleinstädter. Die Stadt wächst und wächst, die Millionäre verzehnfachen sich, aber eine

gewisse Schusterhaftigkeit bleibt, die sich vor allem in dem Glauben ausspricht: ›Mutters Kloß sei der beste.‹ Dabei gibt es hier... überhaupt nichts Bestes.«
Nicht einmal die Berlinerin kommt bei dem sonst gern galanten Mann sehr gut weg.»Solange sie noch reden konnte, redete sie immerzu. Es war 'ne richtige Berlinsche«, heißt es in *Effi Briest*. Und in *Irrungen Wirrungen*:»Sie sprach dann, nach Art aller Berliner Ehefrauen, ausschließlich von ihrem Manne, dabei regelmäßig einen Ton anschlagend, als ob die Verheiratung mit ihm eine der schwersten Mesalliancen und eigentlich etwas halb Unerklärliches gewesen wäre.«

Und wie steht der »Wanderer« zur Mark, die er in fünf dicken Bänden beschrieben hat?»Am liebsten bliebe ich in der Mark, deren Sandplateau ich für besonders gesund halte«, schreibt er im März 1889 in einem Brief,»aber mir, dem Verherrlicher des Märkischen ist alles Märkische so schrecklich. Diese eigenthümlich anspruchsvolle Ruppigkeit, immer der Nickelgroschen mit Talerallüren, ist mir unerträglich. Es beobachten und schildern ist interessant, aber mit drunterstecken ist furchtbar.«

Diese Briefstelle, viel zitiert, könnte im Zorn gesprochen sein, was Fontane nicht selten tut und später bereut oder abschwächt. Aber wer sein Gesamtwerk durchforstet, samt Briefwechsel, muß wahrlich zugestehen: So bleibt es. Vier Jahre später:»Es ist schade, daß unsere Mark sowenig Acceptables bietet; die Natur würde mir schon gefallen, aber die miserable Verpflegung und das wenig Liebenswürdige der Bevölkerung schrecken ab.« Noch in seinem letzten Lebensjahr an den Philosophieprofessor Friedrich Paulsen:»Wer mir, in unserer Mark, eine Käsestulle vorgesetzt hat, dem bleibe ich auf Lebenszeit verpflichtet. Und das nennt sich Kultur.«

Immerhin gibt es einige Grundüberzeugungen, die weniger kraß den Standpunkt des Autors kennzeichnen und die immer wieder in seinem Werk auftauchen.

Die wichtigste ist die, daß der Mensch stirbt, wie er geboren wird. Bildung, Erziehung, Ideen und Ideale sind alle nichts:

»Wie der Mensch in die Wiege gelegt wird, so ins Grab« (*Von Zwanzig bis Dreißig*) oder, ähnlich formuliert: »Wie man in die Wiege gelegt wird, wird man auch in den Sarg gelegt« (*Unwiederbringlich*). »Man hat es oder hat es nicht«, heißt es in einem Gedicht oder in einem Brief an Mathilde von Rohr: »Solange wir leben, werden wir dieselben sein.«

Fontane ist zu dieser Weisheit – falls es eine ist – in seiner Jugend durch die Erfahrungen mit Tante Pinchen und Onkel August gelangt. 1875 hat er mit Emilie Pinchen noch einmal in Freiburg besucht, wo sie damals wohnt. »Alles ist Blech«, beschreibt er sie, »klappert indes so geschickt, daß man es, bei einiger Unaufmerksamkeit, für Musik halten kann... So war sie vor 50 Jahren, und so wird sie aus der Zeitlichkeit scheiden.« Er fügt, wie eine Entschuldigung, hinzu: »...ihr Wesen ist nicht ganz ohne matronenhafte Würde, soweit ein Sperling Würde haben kann.«

Immerhin: Wenn Tante Pinchen beweist, daß man sich nicht ändern kann, gilt das gleiche für ihren Neffen. Auch Fontane ist als Märker geboren und bleibt einer bis zuletzt, doch, zugegeben, ein Märker mit französischem Witz. Und am Ende gibt es eine Weisheit, für Fontane sogar die Quintessenz aller Weisheiten; er wird sie dem alten Stechlin in den Mund legen: »Aber«, lautet sie, »etwas ganz Richtiges gibt es nicht.«

Für einen vorzeitigen Existentialisten mag das nur zu richtig sein; für einen Journalisten oder einstigen Journalisten bleibt die These erstaunlich. Leider nimmt Fontane sie sogar dort wörtlich, wo es auf Exaktheit ankommt, nämlich bei den Namen von Dörfern, Städten, Menschen und bei Jahreszahlen. Selbst in den *Wanderungen* kann man sich in dieser Hinsicht nicht auf ihn verlassen. Er macht anscheinend nur flüchtig Notizen und verläßt sich auf sein Gedächtnis, ohne später in Fachbüchern nachzuschlagen.

Im Band *Havelland* wird die Familie des Günstlings Friedrich Wilhelms II., General Bischoffwerder auf Marquardt, konsequent und durchgehend »Bischofswerder« geschrieben, obwohl

Fontane das Grabkreuz, auf dem der Name richtig erscheint, ausführlich beschreibt. Sein Nachbar in der Dorotheenstraße (*Von Zwanzig bis Dreißig*) war nicht der Feinschmecker und spätere Justizminister Bornemann, sondern dessen Sohn. Sein Freund, der Zeichner Mr. Dinkel, den er in London kennenlernt, ist Münchner, nicht Wiener, und wenn er im *Grafen Petöfy* dessen Frau einen Vers von Chamisso zitieren läßt: »Der Regen regnet immer noch«, dann lautete der korrekt: »Ihr seht, der Regen regnet ewig fort.«

Das sind alles läßliche Sünden, von denen wir nur eine minimale Anzahl zitiert haben. Aber auch diese Art von Indifferenz gehört zu Fontane. Mag sein, daß es nicht darauf ankommt, ob der umstrittene Hofprediger Stoecker »ein kleines Bauerngut irgendwo in Franken« besitzt, wie es im *Stechlin* heißt, sondern, korrekt, im finstersten Bayern, nämlich in Partenkirchen. In Romanen bleibt so etwas irrelevant. Trotzdem wundert man sich, daß in *Quitt* der Hauptmann von Goerschen im deutschdänischen Krieg mit seiner Kompanie die Schanze drei erstürmt haben soll – in seinem eigenen kriegsgeschichtlichen Werk hätte er nachschlagen können, daß es die Schanze fünf war.

Mit faktischen Angaben steht Fontane auf dem Kriegsfuß. Nicht einmal den Geburtstag seiner Mutter gibt er in *Meine Kinderjahre* richtig an. Der Ritt über den Bodensee führt auch im Hinblick auf reale Tatsachen über knisterndes Eis. Da es weniger auf äußere als auf innere Korrektheit ankommt, wird auf dieser mit Nachdruck – oder: Aplomb – bestanden. Trotz allem bleibt Fontane einer der besten Journalisten unter den deutschen Schriftstellern und bestimmt der beste Schriftsteller unter den deutschen Journalisten.

# 41.
# Selbstporträt eines liebenswürdigen Egoisten
(1895–1898)

Wenn Corinna nachgewiesenermaßen Mete darstellt, so fragen die Fontane-Freunde seit über hundert Jahren, warum sollte dann Corinnas Vater nicht auch den Vater Metes darstellen, also Fontane selbst? In *Frau Jenny Treibel* heißt er Professor Schmidt, und die Titelheldin beschreibt ihn folgendermaßen: »... er war ein liebenswürdiger Egoist, wie die meisten seines Zeichens, und kümmerte sich nicht sonderlich um die Stimmung seiner Umgebung, solange nichts passierte, was dazu angetan war, *ihm* die Laune direkt zu stören.«

Das paßt haargenau auf unseren Erzähler. Für ein komplettes Selbstporträt darf man den Professor Schmidt trotzdem nicht nehmen. Fontane pflegt auch wichtige Nebenfiguren exakt zu umreißen, ganz nahe jedoch tritt man bei der relativen Kürze seiner Erzählungen nur den jeweiligen Hauptpersonen. Zu ihnen zählt zwar Corinna, nicht aber ihr Vater. Das wahre Selbstbildnis, sozusagen mit voller Palette gemalt, entsteht erst jetzt.

Den *Stechlin* hat er schon lange im Sinn, doch erst 1895 begonnen. Im Gegensatz zu den meisten anderen Werken schreibt ihn Fontane rasch und so gut wie in einem Zug herunter, wenn man die Unterbrechungen durch das erneute Einsetzen seiner »Nervenkrankheit« nicht rechnet. Er steckt selbstredend tief drin in diesem Stoff, verschmäht daher alle Skizzen und Handlungsentwürfe, die er an Zeitschriften schickt oder sich im bewußten Manuskriptregal »ablagern« läßt. Er ahnt wohl auch, daß ihm sehr viel Zeit nicht mehr bleibt.

Der erste, dem er etwas davon berichtet, ist sein neuer Brieffreund Friedrich Paulsen, Professor der Philosophie und Pädagogik in Berlin. Paulsen hat Fontane sein Buch über Kant und seine Auswahl der Briefe Friedrichs des Großen für Reclams Universal-Bibliothek geschickt. An letzterer schätzt er ihre gute Auswahl, während er den Druck als »Augenpulver« empfindet; den Kant hat er zur Lektüre auf einen Erholungsurlaub in den Weißen Hirschen bei Dresden mitgenommen. Weit scheint er mit der Lektüre nicht gekommen, denn er gesteht: »König Max von Bayern, der wohl sein lebelang in ähnlich trauriger Lage war wie ich, soll, seinen Philosophen gegenüber, immer den Wunsch geäußert haben: ›Ich hätte diese Sache samt ihrer Lösung gern in einem Distichon (einem zweiteiligen Vers).‹ So ruf ich echt dilettantisch auch in meiner Sehnsucht nach einem die letzten Dinge bequem aufschließenden Schlüssel.«

Paulsen hat Humor und geht auf Fontanes Selbstironie nur zu gern ein. Er scheint jetzt erst auf dessen Werk gekommen, denn im November 1897 schreibt er dem fast dreißig Jahre älteren Dichter ein paar lobende Zeilen über *Vor dem Sturm*. Dafür ist Fontane immer empfänglich und bedankt sich für die freundlichen Worte über den vaterländischen Roman. »In Jahresfrist«, schreibt er weiter, »hoffe ich Ihnen einen Roman von beinah gleicher Dicke, der, statt im Oderbruch in einem Ostwinkel der Grafschaft Ruppin spielt, schicken zu können. Er ist auch patriotisch, aber schneidet die Wurst von der andern Seite an und neigt sich mehr einem veredelten Bebel- und Stöckerthum, als einem alten Zieten- und Blücherthum zu.«

Es dürfte dies das erstemal sein, daß ein Urpreuße zwei Persönlichkeiten der Arbeiterbewegung den zwei berühmtesten preußischen Feldherren an die Seite stellt. Im Alter kehrt der konservativ gewordene Fontane ein bißchen zur oppositionellen Achtundvierziger-Einstellung seiner Jungend zurück. Allerdings hat er das Gespann, das im Grunde keines ist, mit Bedacht gewählt. Bebel, der Mitbegründer der Sozialdemokratie, ist sozial engagiert, Stoecker dagegen, ein erzkonservativer Mann, Hof- und Domprediger zu Berlin, versucht, die Bewegung gewissermaßen christlich auszurichten und gleichzeitig in vaterländisch-kaisertreue Bahnen zu lenken. Seine zu diesem Zweck gegründete Christlich-Soziale Partei hat stark antisemitische Züge. Als Fontane sich in seinem Brief an Paulsen auf ihn beruft, ist Stoecker allerdings schon seit über einem Jahrzehnt Führer der reaktionären »Kreuzzeitungs-Partei«.

Vom Volksmund so benannt nach jenem konservativen Blatt, dem Fontane zehn Jahre lang als falscher London-Korrespondent mehr oder weniger treu gedient hat, ist ihre Ideologie laut seinem eigenen Bekenntnis nie die seine gewesen. Fontane und sein zweites Ich, Dubslav von Stechlin, sieht man daher gar nicht gern in einem Schritt und Tritt ausgerechnet mit jenem Stoecker, der von Kanzel und parlamentarischem Rednerpult gegen die Juden wettert.

Aber es ist falsch, von heute aus zu richten – jede Zeit hat ihre eigenen Maßstäbe, die andere Voraussetzungen schaffen. Fontane pocht hier auf das soziale, wenn nicht schon sozialistische Engagement, das Bebel gewiß und – jedenfalls nach Fontanes Ansicht – sicher auch Stoecker treibt. Daß er sich da in einen Zwiespalt begibt, kann durchaus Absicht sein – Zwiespalte passen besser zu ihm als ideologische Einigkeit.

Im übrigen geht es in dem Roman mit Selbstporträt nicht in erster Linie um Politik, sondern um Preußen und die Mark. Die Handlung rankt sich um jenen berühmtem See, den Fontane schon in der *Grafschaft Ruppin* seiner *Wanderungen* in dem Kapitel »Die Menzer Forst und der Große Stechlin« seinen Lesern vorgestellt hat.

»Ich kenne zwei kleine Seen in unserer Mark«, schreibt er dem Schweizer Essayisten Joseph Viktor Widmann, der das Feuilleton der Berner Zeitung *Der Bund* redigiert, »in denen sich Springflut und Trichter bilden, wenn in Italien und Island die Vulkane losgehen.« Im *Stechlin*: »Und wenn es in Java oder auf Island rumort oder der Geiser mal in Doppelhöhe dampft und springt, dann springt auch in unserm Stechlin ein Wasserstrahl auf, und einige (wenn es auch niemand gesehen hat), einige behaupten sogar, in ganz schweren Fällen erscheine zwischen den Strudeln ein roter Hahn und krähe hell und weckend in die Ruppiner Grafschaft hinein.«

Im Mittelpunkt der acht Abteilungen mit sechsundvierzig Kapiteln, in die Fontane das Ganze einteilt, steht der sechsundsechzigjährige Major a. D. Dubslav von Stechlin, »eines jener erquicklichen Originale, bei denen sich selbst die Schwächen in Vorzüge verwandeln«. Seit dreißig Jahren Witwer, lebt der ehemalige Nikolaus-Kürassier mit dem Bismarck-Schädel auf seinem »Schloß«, das der – etwas zynisch veranlagte – Superintendent Koseleger eine »Riesenkate mit Glaskugel davor« nennt.

Im nahegelegenen Kloster Wutz steht Dubslavs ältere Schwester Adelheid dem Stift als Domina vor. »Halb Königin Elisabeth und halb Kaffeeschwester« nennt sie der ungeliebte Bruder Dubslav, dessen seltener Vorname übrigens pommerscher Herkunft ist. Adelheid unterstützt den Bruder zwar aus ihrem reichen mütterlichen Vermögen, versteht sich sonst aber wenig mit ihm. Um so besser kommt Woldemar mit ihr aus, Dubslavs einziger Sohn, der als Rittmeister bei den Nikolaus-Kürassieren in Berlin dient und dermaleinst beider Erbe sein wird. Er hängt allerdings auch sehr am Vater, der ihn einigermaßen liberal erzogen hat.

Neben Dubslav, Adelheid und Woldemar ist Graf Barby die vierte Hauptperson, ein preußischer Junker, der genau das Gegenteil Dubslavs verkörpert. Ist Dubslav kaum je aus Preußen und der Mark herausgekommen, sind Barbys beide Töchter in London geboren. Er selbst hat dem Land in England und Italien als Diplomat gedient, ein weltaufgeschlossener Preuße. Woldemar verkehrt in seinem Berliner Haus, übrigens einem Miethaus, dem die Eigentümerin, eine typische Fontane-Berlinerin namens Frau Hagelversicherungssekretär Schickedanz (genannt »Riekchen«), als eine Art Verwalterin vorsteht.

Die Töchter des Hauses Barby heißen Melusine und Armgard. Melusine, eine früh geschiedene Gräfin Ghiberti, ist an die dreißig Jahre alt, geistreich, frech, welterfahren und klug. Ihre sehr viel jüngere Schwester, Komteß Armgard, gibt sich gefühlvoller und mädchenhafter. Wenn der Roman, der seine Faszinationskraft aus der Atmosphäre und den intelligenten Dialogen bezieht, so etwas wie übliche Spannungselemente besitzt, dann aus der Frage heraus, welche der beiden Woldemar heiraten wird. Der vergleicht den alten Barby häufig mit seinem Vater und kommt zu dem Schluß: »Papa ist aber ausgiebiger und auch wohl origineller.« Gemeinsam ist den beiden Alten »die gesamte Hausatmosphäre, das Liberale«.

Woldemar wählt die Jüngere, was Fontane Gelegenheit gibt, aus Anlaß der weihnachtlichen Verlobungsfeier die Welt Stechlins eingehend und mit Liebe zum Detail zu schildern. Dasselbe gilt für einen Ausflug in Berlin zum »Eierhäuschen«, einem bürgerlichen Lokal an der Oberspree, wie es in fast allen Fontane-Romanen ja die bürgerlichen Ausflüge und Kutschenfahrten von Berlin aus ins Umland sind, die man am frischesten und ehesten erinnert. Was vom *Stechlin* unvergeßlich bleibt, ist ferner ein Besuch im Kloster Wutz bei den verbliebenen vier senilen Stiftsdamen, die der Erzähler liebevoll, wenn auch nicht ganz ohne Häme umreißt.

Geheiratet wird in der Berliner Garnisonkirche, so hat es sich Armgard ausbedungen, um den Stechlins zu gefallen und das Preußische in ihr herauszukehren. Das Paar geht anschließend auf eine lange Hochzeitsreise nach Italien. Als Dubslav erkrankt, erscheint ungerufen aus dem Kloster seine resolute Schwester Adelheid, um ihn zu pflegen. Sie übernimmt, wie zu erwarten, sofort das Regiment im »Schloß« und wird von Dubslav mit Hilfe einer Kräuterhexe und deren kleiner Enkelin aus dem Haus gegrault.

Stechlin stirbt im beginnenden Frühjahr. Pastor Lorenzen, der ehemalige Erzieher des Sohnes, ein überzeugter Demokrat, hält die Totenrede: »War er kein Alter, freilich auch kein Neuer... Er war recht eigentlich frei.«

Armgard und Woldemar erreicht die Nachricht in Italien zu spät, um noch am Begräbnis teilnehmen zu können. Nach ihrer

Heimkehr besuchen sie das Grab und beziehen dann eine Berliner Stadtwohnung am Belle-Alliance-Platz, einer abermals bewußt preußisch ausgewählten Adresse. Bald jedoch fühlen sie sich verpflichtet, Dubslavs Erbe anzutreten, und setzen sich, eine junge Herrschaft, aufs »Schloß« mit der berühmten Glaskugel, in der sich, wie es scheint, das ganze vergangene Preußen widerspiegelt.

Mehr noch als durch die Handlung besticht der Roman durch einen erzählerischen Charme, der seinesgleichen sucht, auch bei Fontane. Er liest sich wie eine unverblaßte Erinnerung an eine schöne Vergangenheit, von der man genau weiß, daß sie nur nachträglich besser scheint als die Gegenwart, friedlich-freundliche Erinnerungsstücke mit unverhohlener Nostalgie und doch nicht ohne jene altersweise Alles-verstehen-heißt-alles-verzeihen-Ironie, die Fontanes späten Stil auszeichnet. Ein elegischer Nachruf auf das alte, bessere Preußen, ehe es im Deutschen Reich auf- und unterging.

Märkisches ersteht in einem umfangreichen Panorama, einer Fülle eingängiger und sorgfältig nach ihrem Symbolgehalt ausgewählter, charaktervoller Nebenfiguren. Da ist der Oberförster und ehemalige Feldjäger Wladimir Katzler, vor allem seine bigotte Frau, eine geborene Prinzessin – warum muß sie ausgerechnet Ermyntrud geb. von Ippe-Büchsenstein heißen? –, die sich etwas darauf zugute tut, einen einfachen Oberförster geheiratet zu haben. Sie haben sieben Kinder – ausschließlich Töchter. Der Berliner Portier Hartwig hat nur eine, Hedwig, ein tüchtiges Mädchen, das jedoch jede Stellung nach kurzer Zeit wieder aufgibt – sie wird am Ende Kammerzofe bei Armgard, der Gattin Woldemars. Ein Faktotum für sich ist der alte Engelke, Dubslavs gleichaltriger Kammerdiener; weitere Charaktere sind die Kräuterhexe Buschen, der gescheiterte Intellektuelle, Lehrer Krippenstand, und die beiden flotten Berliner Freunde Rex und Czako, der eine Ministerialassessor im Kultusministerium, der andere Hauptmann in einem nicht übermäßig vornehmen Regiment.

Fontane ist nach Preußen zurückgekehrt und an seine eigenen erzählerischen Anfänge. Helmuth Nürnberger hat auf die »stofflich-formale Parallelität« zwischen dem *Stechlin* und *Vor dem Sturm* hingewiesen. »Stechlin und Kloster Wutz erinnern an Hohen-Vietz und Gusow, der alte Dubslav und die Domina an Berndt von Vitzewitz und Tante Amelie. Beide Romane beginnen mit einem Besuch der Söhne auf dem väterlichen Schloß.«

Die Gestalt des Dubslav erinnert sofort an den Autor, Fontane. Ein Selbstporträt? Ganz gewiß, wenngleich keines von fotografischer Exaktheit, eher ein Seelenporträt, wobei hinzuzufügen wäre, daß auch in der Figur des Woldemar einiges von Fontane selbst stecken dürfte. Die freund-feindliche Auseinandersetzung mit Preußen, die im *Stechlin* fortwährend geführt wird, ist jedenfalls Fontanes ureigene Sache.

So warnt Dubslav nach der Hochzeit seines Sohnes geradezu vor den »Junkern«, dem preußischen Altadel: »Das Junkertum... hat... kolossal zugenommen, mehr als irgendeine andre Partei, die Sozialdemokratie kaum ausgeschlossen, und mitunter ist mirs, als stiegen die seligen Quitzows wieder aus dem Grabe herauf.« Die seligen Quitzows waren Raubritter und mächtige Unruhestifter, die die Mark tyrannisierten, ehe sie von den Hohenzollern in die Schranken verwiesen wurden.

»An dieser Quitzow-Ecke wäre Kaiser Friedrich gescheitert?«, fragt Graf Barby im Gespräch, und Dubslav antwortet: »Ich glaub es.« Hier zeigt sich Fontanes Einstellung Preußen gegenüber besonders deutlich. Nicht die besten Seiten des Staates werden vom Junkertum repräsentiert, sondern, wie man befürchten muß, die schlechtesten, rauhesten, Quitzowschen. Und auch in bezug auf die Liberalität, die man vom Kaiser Friedrich erwartet hat, bleibt er skeptisch. Am Widerstand des Altadels wäre alles gescheitert, selbst wenn Kaiser Friedrich länger gelebt und nicht nur neunundneunzig Tage regiert hätte.

Fontane spricht wahrscheinlich sogar aus dem Superintendenten Koseleger und seinem hintersinnigen Zynismus. Über Preußens Baukunst äußert er sich: »Das Haus hier vor uns ist wohl Ihr Schulhaus? Weißgestrichen und kein Fetzchen Gardine, das ist immer 'ne preußische Schule... Mitunter wundert's mich nur, daß sie die Bauten aus der Zeit Friedrich Wilhelms I. nicht besser konservieren. Eigentlich war *das* doch das Ideal. Graue Wand, hundert Löcher drin und unten großes Hauptloch. Und natürlich ein Schilderhaus daneben. Letzteres das Wichtigste. Schade, daß so was verlorengeht.«

Andererseits werden auch die guten oder, sagen wir: die besseren Seiten hervorgekehrt: »das ist das, was mir imponiert; immer da sein, wenn Not am Mann ist. Die Kleinen von hier, trotz der ›Loyalität bis auf die Knochen‹, die mucken immer bloß auf, aber die wirklich Vornehmen, die gehorchen, nicht einem Machthaber, sondern dem Gefühl ihrer Pflicht.«

Es ist Dubslavs Schwester, die Domina des Klosters Wutz, die das vielzitierte Wort vom märkischen Land ausspricht, »drin es nie Heilige gegeben, drin man aber auch keine Ketzer verbrannt« habe.

Sie sagt es ihrem Neffen Woldemar und fügt hinzu: »Sieh, das ist das, worauf es ankommt, Mittelzustand – darauf baut sich das Glück auf.« Was sie als Wunsch an ihn richtet, treibt ihn aber in die Opposition: »Heirate heimisch und heirate lutherisch. Und nicht nach Geld. Geld erniedrigt...«

»Das hör ich schon seit Jahren«, erwidert Woldemar, der eine in London geborene Tochter einer Schweizerin (und eines preußischen Adligen) heiraten will. »Und auch das dritte höre ich immer wieder: ›Geld erniedrigt‹. Aber das kenn ich. Wenns nur recht viel ist, kann es schließlich auch eine Chinesin sein. In der Mark ist alles Geldfrage. Geld – weil keins da ist – spricht Person und Sache heilig und, was noch mehr sagen will, beschwichtigt zuletzt auch den Eigensinn einer alten Tante.«

Wer jemals behauptet hat, Fontane habe die Mark und den Märker verherrlicht, sollte es zurücknehmen (er war es übrigens selbst, der es behauptete). Aber gerade weil er die Schattenseiten nicht retuschiert, entsteht ein plastisches Bild, das man – bei allen Schwächen – liebgewinnt oder einen wenigstens die

Menschen näherbringt, die es lieben. Eine geschicktere und gerechtere Verherrlichung läßt sich schwer vorstellen.

*Der Stechlin* ist Fontanes einsames Meisterwerk und gehört zum Besten, was es in der deutschen Literatur gibt. Daß es trotzdem Fontanes Weltruhm nicht begründet hat und nur selten zur Weltliteratur gerechnet wird, steht auf einem anderen Blatt. *Effi Briest* ist wohl tatsächlich international verständlicher als diese Spätidylle aus einem Land, das es nicht mehr gibt. Preußen ist schon damals im Deutschen Kaiserreich aufgegangen.

Als der Vorabdruck im September 1897 in der Zeitschrift *Über Land und Meer* beginnt, kurt Fontane wieder in Karlsbad. Eine kleine Autobiographie, die er zu seinem Bild (»dasselbe, wo ich an meinem Schreibtisch sitze«) schreiben sollte, hat er, wie er seinem Sohn Friedrich verrät, »wegen meines Nervenzustands« ablehnen müssen: »Außerdem widersteht mir die sonderbare Form der Selbstberäucherung.«

Immerhin schickt ihm die Redaktion der Zeitschrift ein begeistertes Telegramm, das einen Autor nicht alle Tage erreicht: »Hochverehrter Herr Doktor«, liest Fontane in Karlsbad, »intensiv mit allen Ihren Menschen mitlebend, vor allem dem alten Freiherrn, am Schluße im Innersten erschüttert, danken wir Ihnen dafür, daß ›Über Land und Meer‹ ein solches Werk veröffentlichen darf.«

## 42.
## Greisenschönheit und Tod
(1896–1898)

Wie Dubslav von Stechlin im Alter in Graf Barby einen späten Freund findet, mit dem er ein Resümee aus der von beiden durchlebten Zeit ziehen kann, so auch Fontane. Es handelt sich um einen Briefpartner, einen alten Freund, der nach vierzig Jahren, in denen man sich weder gesehen noch gesprochen, nicht einmal geschrieben hat, wieder auftaucht: Dr. James Morris. Dem Londoner Arzt ist Fontane bei seinem zweiten England-Aufenthalt begegnet, genau gesagt, am 12. September 1855, als der junge Korrespondent eine dreiviertel Meile zu Fuß zurücklegen mußte, um sich bei Morris nach einem Drucker zu erkundigen. Wer immer ihm im Ernst oder aus Spaß die Adresse genannt haben mag: der Weg brachte ihn nicht ans Ziel, denn der Mediziner kannte keinen.

Er wurde aber so etwas wie ein Beinahefreund; anscheinend traf man sich ziemlich regelmäßig Sonnabend abends zum Politisieren am Kaminfeuer. Sehr intim wurde man nicht, denn Fontane nennt Dr. Morris in einem Brief an seine Mutter fein, lieb, artig und sehr unterrichtet: »aber wir stehen zueinander wie am Ersten Tag unserer Freundschaft, freundlich und – fremd«.

Im Alter und bei einiger Entfernung ist das anders. Die beiden alten Herren kommen sich brieflich rascher näher als früher in persona. Morris schickt interessante Artikel aus Zeitungen und Zeitschriften, und Fontane antwortet prompt – den letzten Brief an seinen Jugend- und Altersfreund in England wird er drei Wochen vor seinem Tode schreiben. Die Korrespondenz ist zwar nur einseitig überliefert, aber Fontanes spontane Stellungnahmen zu aktuellen Themen darf man als eine Art Vermächtnis auffassen, als seiner Erfahrung letzter Schluß.

In den Jahren von 1896 bis 1898 geht es um Fragen nach Krieg oder Frieden. Sensible Gemüter spüren schon damals, wie jenes Unwetter sich zusammenbraut, das sich 1914 über Europa entladen wird. Manche Stellungnahmen Fontanes klingen geradezu prophetisch.

»Die Schicksale nehmen ihren Lauf, und etwa am Säkulartage von Trafalgar (Oktober 1805) oder nicht sehr viel später werden wir einen großen Krach haben. England wird dann noch einmal glänzend siegen, aber es wird sein Höhepunkt sein. Verzeihen Sie mir diese Gastrolle als second-sight-highlander.«

Was der hellsichtige Hochländer da voraussagt, wird alles eintreten: der »große Krach« mit nur neunjähriger Verspätung, der Niedergang des Britischen Empire im zweiten, nicht vorauszusehendem Unwetter des folgenden Jahrhunderts.

»Die englische Herrschaft in Indien«, heißt es in einem weiteren Brief, »*muß* zusammenbrechen, und es ist ein Wunder, daß sie sich bis auf den heutigen Tag gehalten hat. Sie stürzt nicht, weil sie Fehler oder Verbrechen begangen hätte (all das bedeutet wenig in der Politik), nein, sie stürzt, weil ihre Uhr abgelaufen ist...« Als Quintessenz heißt es dann später: »Die ganze Kolonisationspolitik ist ein Blödsinn; ›bleibe zu Hause und nähre dich redlich‹. Jeder hat sich *da* zu bewähren, wohin Gott ihn gestellt hat, nicht in einem fremden Nest.«

Beide schreiben sie in ihrer Muttersprache, die sie ja vor vierzig Jahren sich gegenseitig beizubringen vorübergehend versucht haben. Da gibt es zwangsläufig einige Mißverständnisse; die Sprachkenntnisse scheinen auf beiden Seiten eingerostet. »Ich glaube, daß eine Stelle meines letzten Briefes – allerdings wohl durch meine Schuld – mißverstanden worden ist«, schreibt Fontane einmal. »Die letzte Rolle, die zu spielen ich geneigt sein könnte, ist die eines Kriegsberserkers. Abgesehen von dem Entsetzlichen jedes Krieges, stehe ich außerdem noch allem Heldentum sehr kritisch gegenüber. Es gibt ein ganz *stilles* Heldentum,

das mir imponiert. Was aber meist für Heldentum gehalten wird, ist fable convenue [Ammenmärchen], Renommisterei, Grog-Resultat.«
Die damals noch nicht weit zurückliegenden deutschen Kriegserfolge gegen Dänemark, Österreich und Frankreich erklärt der auf allen diesen Kriegsschauplätzen erfahrene Berichterstatter übrigens:»Nicht durch große Gaben, auch nicht durch Mut und Kraft sind in den letzten großen Kriegen unsere Siege errungen worden, sondern durch etwas ganz Prosaisches und Inferiores, durch unseren *Ordnungssinn*: dadurch, daß jeder und jedes im richtigen Moment immer an der richtigen Stelle steht...«
»Mit Schrecken« verfolgt er die »englischen Rüstungen« und daß »das so weit- und lebenskluge England schließlich auch in diesen modernen Unsinn verfällt. Die Kultur, die dadurch geschützt werden soll, geht darin unter.«
Sogar die bitteren Erfahrungen des Zweiten Weltkriegs scheint er vorwegzunehmen: »Alle Staaten«, findet Fontane, »müssen erst wieder den Mut kriegen, vor dem Besiegtwerden nicht zu erschrecken. Es schadet einem Volke nicht, weder in seiner Ehre noch in seinem Glück, mal besiegt zu werden – oft trifft das Gegenteil zu. Das niedergeworfene Volk muß nur die Kraft haben, sich aus sich selbst wieder aufzurichten. Dann ist es hinterher glücklicher, reicher, mächtiger als zuvor.«
Fontanes Gesundheit läßt in dieser Zeit, der vielen Kuraufenthalte in Karlsbad zum Trotz, weiter zu wünschen übrig. Was die Arbeit betrifft, das Schreiben, schont er sich allerdings nicht. Er legt letzte Hand an den *Stechlin*, den er für die Buchausgabe erneut überarbeitet, schreibt nebenher an einem weitläufigen historischen Roman, eben jenen »Likedeelern«, sowie einer Novelle, die *Mathilde Möhring* heißen soll. Im übrigen überrascht er Freunde und Verehrer mit dem Beschluß, nach »zwanzigjährigem Abschwenken in Roman und Novelle« noch einmal zu den »alten Göttern« zurückzukehren. Er will ein heimatgeschichtliches Buch nach Art der *Wanderungen* schreiben: »Das Länd-

chen Friesack und die Bredows«, ein uraltes und mehrfach in Angriff genommenes, aber immer wieder aufgegebenes Vorhaben. Er kündigt es in Briefen an Freunde an, greift schon zur Spezialliteratur, schimpft darüber, daß diese ledern ist, umständlich, unlesbar – und fängt an, den Inhalt zu skizzieren.

Sein Testament hat er 1892 gemacht und sich dafür an den jungen Paul Meyer gewandt. Meyer berichtet, Fontane habe seinen letzten Willen wie eine »Kunstschöpfung« behandelt: »Jede einzelne Bestimmung interessierte ihn besonders.« Er wird da ebenso an den Sätzen gefeilt haben wie in den Erzählungen.

Das Amtsgericht, in dem es hinterlegt werden muß, befindet sich in der Neuen Friedrichstraße, in der ehemaligen, noch von Friedrich dem Großen erbauten Kadettenanstalt, die inzwischen nach Lichterfelde verlegt worden ist. Hier, in diesem Gebäude, hat sein verstorbener Sohn George mehrere Jahre als Lehrer verbracht. Fontane kennt es daher gut und ist erstaunt über den Publikumsverkehr, der jetzt darin herrscht, und über die langen Schlangen wartender Menschen. Meyer will sich mit seinem Mandanten durch einen befreundeten Gerichtsdiener an ihnen vorbeimogeln und heimlich ins Amtszimmer führen lassen. »Aber da kam ich schön an. Das gab der alte Herr nicht zu. Er wollte warten, wollte das Zimmer sehen, das ihm aus alten Zeiten bekannt war, wollte die Leute beobachten, die in gleicher Lage waren wie er.«

Sie werden nicht, wie Meyer hofft, vom amtierenden Richter empfangen, dem Geheimrat Jordan, sondern von einem Assessor oder Referendar. Als Meyer das Ehepaar legitimiert, bittet der kurz und schnoddrig, den Namen gefälligst zu buchstabieren. Das geschieht, ohne daß der Mensch hinter dem Schreibtische irgendwelche Zeichen des Erkennens gibt. Er fragt vielmehr, wiederum kurz und bündig, nach dem Vornamen; und selbst als Fontane »Theodor« sagt, erfolgt nichts weiter.

»Auch jetzt«, erzählt Meyer, »blickte der Amtierende ernst aufs Protokoll und schrieb, und selbst der Beruf ›Schriftsteller‹ änderte nichts an seiner Haltung. Es war klar – er kannte Fontane nicht... Halb wehmütig, halb erheitert durch diesen Beweis für seine Popularität sah mich der Dichter an. Er nahm es aber nicht tragisch.«

Fontane wollte ursprünglich den ausdrücklichen Wunsch in sein Testament aufnehmen, alle nicht veröffentlichten Manuskripte nach seinem Tode zu verbrennen. Die Nachwelt verdankt es Meyer, daß es dazu nicht kam. Zum Glück fällt ihm sofort ein Beispiel ein, das Fontane, den schwer zu überzeugenden, umstimmt. *Effi Briest* ist eben fertiggestellt und wird vom Autor noch einmal im gesamten überarbeitet. Bei seinem plötzlichen Tod heute oder morgen müßte auch dieses Manuskript verbrannt werden, was für Frau und Tochter einen erheblichen finanziellen Verlust bedeutete. Zu seinen Testamentsvollstreckern ernennt Fontane Mete, Paul Schlenther, den Mitbegründer der *Freien Bühne*, und den getreuen Meyer.

Das liegt nun schon eine Weile zurück. Vier Jahre später, 1896, erhält das Ehepaar, das wieder einmal gemeinsam in Karlsbad kurt, eine Postkarte von Mete aus Berlin, in der sie sich begeistert über einen Abend im Haus des Architekten Karl E. O. Fritsch ausläßt. Die Fontanes kennen den prominenten Mann, den Begründer der *Deutschen Bauzeitung*. Die Bekanntschaft Metes mit ihm dürfte sogar von Fontane veranlaßt worden sein, denn es gibt einen Brief des Vaters an die Tochter, daß er – bei Abwesenheit Emilies – mit Fritsch und Wallot, dem Baumeister des Reichstags, »die Shawltänzerin Miß Poy gesehn« und großartig gefunden habe.

Professor Fritsch, weitgereist, literarisch gebildet und wohlhabend, ist achtundfünfzig Jahre alt, seine zweite Frau, eine Schwester der verstorbenen ersten, jedoch erheblich jünger, in Metes Alter. Da die Tochter vor allem von der Wohnung schwärmt, läßt der Vater sie wissen: »Aber es ist traurig, wie es ist« – er dürfte sich dabei auf die etwas verworrenen Familienverhältnisse beziehen. »Ach, Geld, Geld, Portieren und elektrisches Licht... was kommt dabei heraus?«

Der Besuch wird jedoch nicht wiederholt, wie Mete überhaupt, zum großen Erstaunen der Eltern, im nächsten Jahr die ganzen mehrwöchigen Sommerferien mit ihnen im mecklenburgischen Waren am Müritzsee verbringt. Im November 1897 stirbt Frau Fritsch an einem Krebsleiden. Zwei Monate später verloben sich »der Witwer neuesten Datums« (wie Fontane ihn in einem Brief an Anna Witte nennt) und Mete, der Sechzigjährige mit der Vierzigjährigen.

Der Öffentlichkeit wagt man dies allerdings, wegen der kurzen Zeitspanne zwischen Verlobung und Todestag, noch nicht mitzuteilen. So verbringt Mete in gewohnter Weise den Februar in Rostock, den März in Elsenau, den Mai und den Juni mit den Eltern im Elbsandsteingebirge, indes Fritsch sich in Italien umtut. Aus Karlsbad, wo die Eltern anschließend kuren, schreibt Fontane an Anna Witte: »Martha, wie sich's geziemt, ist sehr glücklich und hat, glaub ich, auch alle Ursach dazu.« An eine Verheiratung der Tochter haben wohl weder er noch Emilie mehr glauben können, noch dazu mit einem Mann, der nicht nur das ist, was man eine gute Partie nennt, sondern auch eine Persönlichkeit, die die Eltern akzeptieren.

Daß er seine Tücken und Nücken hat, weiß halb Berlin durch die beiden ersten Ehen. Aber Illusionen hat Mete nicht mehr. Schon vor einigen Jahren hat Fontane seinem Freund Friedlaender erstaunt mitgeteilt: »Meine Tochter sagte gestern, nach meinen Beobachtungen nenne ich jede Ehe, die sich nicht in Furchtbarkeiten ergeht, eine glückliche Ehe.«

Am 16. September 1898, knapp ein Jahr nach dem Tod der zweiten Frau Fritsch, begeht man in der Potsdamer Straße 134c die Verlobung der zukünftigen dritten. Fontane und Mete sind mit »der treuen und klugen Hausgehilfin Anna Fischer« allein im Hause. Denn Emilie nimmt an der Verlobung nicht teil, wohl weil das übliche Trauerjahr noch nicht verstrichen ist. Sie hat sich, wie so oft, wenn in ihrer Familie etwas schiefläuft, zu einer Freundin, Johanna Treutler, nach Dresden zurückgezogen. Fritsch und der kleinen geladenen Gesellschaft gegenüber spricht man von einer Nachkur.

Es sind nur die ganz engen Freunde zusammengekommen, aber es geht heiter und ungezwungen zu. Paul Schlenther sieht Fontane an diesem Abend »voller Entwürfe, voll regsten Interesses für alles und jedes, in seiner herrlichen, lieben Greisesschönheit Mittelpunkt und Seele der Unterhaltung«.

Man macht früh Schluß, denn man merkt Fontane die rasche Ermüdung an. Seiner Frau schreibt er drei Tage später über seinen Gesundheitszustand: »Aber Du vergißt meine 34 Pulsschläge. Wenn ich beim Tee sitze, geht es, und wenn ich meine gute Frau Sternheim sehe, geht es noch besser.«

Frau Sternheim, die Frau eines Berliner Bankiers, ist mit beiden Fontanes befreundet und gehört zu den »schönen Menschen«, die er so gerne um sich sieht.

Davon ist auch, zwei Tage später, noch gutgelaunt im letzten Brief die Rede, den Fontane schreiben wird. Der eben verwitwete Verleger Paul Parey hat mit zwei seiner englischen Nichten eine Reise nach Schottland gemacht: »Ich glaube, er war ganz aufrichtig in seiner Trauer, und doch habe ich nie so stark den Eindruck gehabt: ›dieser Trauernde wartet das Trauerjahr nicht ab‹; eine der beiden Nichten muß es werden... So geht es. Und die Witwen sind noch flinker als die Witwer!«

Ein Meister des ironischen Hintersinns scheint Fontane nicht nur beim Schreiben, sondern auch im Alltag. Hat er im Zitat mit dem erbarmungsvoll geringen Pulsschlag versucht, Emilie durch ein Lob der schönen Frau Sternheim eifersüchtig zu machen (oder spaßhaft so getan, als wolle er's), so wird er beim zweiten Zitat deutlicher, wenn auch wiederum mit Augenzwinkern. Wo vom Trauerjahr die Rede ist, bezieht es sich ganz direkt auf Emilie und, es kann sein, der Hinweis auf die Witwen ebenfalls. Da sie am übernächsten Tag zurück nach Berlin kommen soll, heißt es im gleichen Brief: »Dies sind nun die letzten Zeilen...«

Die letzten Zeilen, die Fontane an seine Frau richtet, werden es tatsächlich bleiben. Nichts, so versichern alle Augenzeugen, habe darauf hingedeutet, daß der alte Herr seinen nahen Tod befürchtet oder vorausgeahnt hätte. Er sei im Gegenteil, nach Auskunft von Mete, den ganzen Tag über besser aufgelegt gewesen als in den vergangenen Tagen, wenn auch noch deutlich erschöpft von der Verlobungsfeier, die ihn psychisch und physisch mehr angestrengt habe, als er zeigen wollte. Wie immer wurde pünktlich um halb neun das Abendessen serviert.

»Er hatte sich mit der Tochter lebhaft unterhalten«, berichtet Paul Meyer. »Verlangte von ihr einen Likör, den er, wenn auch selten, gern trank. Während sie das Glas holte, ging er in sein Schlafzimmer. Sein langes Verweilen dort beunruhigte sie. Und als sie die Tür öffnete, fand sie den Vater über dem Bett liegend.« Ein schmerzloser, sanfter Tod.

Meyer besucht, von Mete gerufen, das Trauerhaus am nächsten Morgen. Die Tür öffnet ihm Frau Zöllner, die zur Hilfe geeilt ist und Mete unterstützt, bis am folgenden Tag ihre Mutter zurückkehrt. Der Schreibtisch bietet, wie immer, »ein Bild größter Ordnung«. Auf ihm liegt nur ein einziges beschriebenes Blatt Papier, eine Liste derjenigen, die ein Exemplar des *Stechlin* bekommen sollen. Das Buch ist eben, an seinem Sterbetag, ausgedruckt worden.

Ruhm, Ehrungen und auch Geld hat Fontane in seinen letzten Lebensjahren noch bekommen und genießen dürfen. Sein Werk wird erst nach seinem Tod jene große Wertschätzung erfahren, die bis in die Gegenwart reicht. Von der Nachwelt wird es höher eingeschätzt als von den Zeitgenossen.

Eine Ähnlichkeit besteht darin nicht nur zum alten Dubslav, sondern auch zu jenem Herrn von Ribbeck auf Ribbeck im Havelland, dem »Stechlin« seiner Gedichte und Balladen. Der alte Gutsherr läßt sich eine Birne in den Sarg legen, was zur Folge hat, daß ein Birnbaum aus seinem Grab wächst und Früchte trägt, mit denen weiterhin die Kinder und Kindeskinder beschenkt werden können:

So spendet Segen noch immer die Hand
des von Ribbeck auf Ribbeck im Havelland.

## 43.
## Das Nachleben

Und wiewohl ich gern gelebt habe«, lesen wir in Fontanes Handschrift, »jetzt, am Ende meiner Tage, bin ich doch tief davon durchdrungen, daß dies alles eine Welt der Mängel ist, viel, viel mehr noch, als man in jungen und mittleren Jahren annahm, und daß es nicht schlimm ist, die Unruhe mit der Ruhe zu vertauschen.« Die Zeilen aus dem Jahr 1888 sind an Mathilde von Rohr gerichtet, die alte Freundin. – Sie ruht seit 1889 auf dem Friedhof des Stifts Dobbertin in Mecklenburg. Das Weitere klingt sehr pessimistisch. Fontane versichert, daß er nicht erst seit dem Tod seines Sohnes George solche Gedanken habe: »Denn man kann den Tod eines geliebten Menschen tief und innig beklagen und doch in Hoffnung und selbst in Heiterkeit weiterleben. Aber dieser Hoffnung und Heiterkeit – was nicht ausschließt, daß man mal herzlich lacht – entbehre ich seit geraumer Zeit schon, und zwar deshalb, weil so wenig geschieht, dem man aus vollem Herzen zustimmen kann. Unsinn und Ungerechtigkeit und überall Selbstsucht und der Neid in allen Formen. Im kleinen geschieht um einen her vieles, was einen wieder aussöhnt (sonst wäre es auch nicht auszuhalten), und unbefangene, nichts wollende Herzensgüte lacht einem hier und da entgegen, aber das politische Treiben, das finanzielle, das wissenschaftliche, das künstlerische – wie tief unerfreulich.«

Am 20. September 1898, abends neun Uhr hat Fontane diese Welt der Mängel verlassen. Vier Tage darauf bewegt sich, wie es in der *Vossischen* heißt, »eine unübersehliche Trauergemeinde« zum Friedhof der Französisch-Reformierten Gemeinde an der Liesenstraße. Pastor Eugene Deravanne hält die Trauerrede.

In der Zeit nach dem Zweiten Weltkrieg liegt der Friedhof im Sperrgebiet zwischen West- und Ost-Berlin; nur selten erteilt die sowjetische Besatzungsmacht und später die DDR Ausnahmegenehmigungen zum Besuch des Grabes.

Nicht einmal das Nachleben Fontanes bleibt von Mängeln verschont. Unmittelbar nach dem Begräbnis scheint Frau Emilie erhebliche Teile der Korrespondenz, vor allem den kompletten Briefwechsel während der Brautzeit, verbrannt zu haben. Auch steht zu befürchten, daß einiges Mißliebige der unveröffentlichten Manuskripte ihr zum Opfer gefallen ist. Im übrigen hat sie viele handschriftliche Entwürfe und sogar abgeschlossene Handschriften an Freunde und Bekannte verschenkt, die mit ihnen nicht immer so umgegangen sind, wie es wünschenswert gewesen wäre. Die Kommission, die den Nachlaß verwaltet und der Emilie ja angehört, hat dem, wie es scheint, kaum Widerstand entgegengesetzt.

Paul Schlenther wird noch im Todesjahr Fontanes nach Wien als Direktor des Burgtheaters berufen, und im nächsten Jahr, 1899, nach Ende der Trauerzeit heiratet Mete ihren Karl Emil Otto Fritsch. Die beiden ziehen, um der Witwe nahe zu sein, in die Potsdamer Straße, weniger Häuser nur von der Nummer 134c entfernt.

Dem Ehepaar Fritsch ist eines gemeinsam: Ruhelosigkeit, die Fontane ja schon bisweilen an Tochter Mete moniert. Fritsch hat die impulsive Idee, seiner Frau jene Villa in Waren (Mecklenburg) zu schenken, in der sie mit ihren Eltern die letzten Ferien im Sommer 1896 verbracht hat, von denen sie ihm häufig erzählt haben muß. Er kauft die »Villa Meta« tatsächlich, und fortan hält es die beiden nicht mehr lange in Berlin.

Emilie Fontane stirbt dreieinhalb Jahre nach ihrem Mann, am 10. Februar 1902, und wird neben ihm – mit einem eigenen Grabstein – an der Liesenstraße beigesetzt. Das alte Johanniterhaus, in dem das Ehepaar über ein Vierteljahrhundert gewohnt hat, ist bald darauf abgerissen und durch ein Geschäftshaus der Modezeitschrift *Bazar* ersetzt worden.

Die Kommission, die Fontane zur Pflege seines Werks eingesetzt hat, kann erst nach dem Tod Emilies aktiv werden. Es sei hier nicht der Grund dafür untersucht. In der angewachsenen Fontane-Literatur ist Emilie Fontane nicht immer allzugut weggekommen, wofür es sicher einige Anhaltspunkte gibt. Andererseits hat auch sie es mit Fontane gewiß nicht einfach gehabt. Ohne sie – ohne ihr Organisations- und Sparsamkeitstalent, ihre handfeste Tatkraft und Vernunft – hätte er die Familie kaum durchbringen können. Und selbst sein Werk verdankt ihr viel – fast alle Manuskripte, selbst die der umfangreichsten Romane sind in ihrer Abschrift an die Zeitschriftenredaktionen und die Verlage gegangen.

Trotzdem scheint sie für die Nachlaßkommission eher ein Hemmschuh gewesen zu sein. Als sehr effektiv kann man diese nicht bezeichnen. Unter den wenigen Publikationen ragen nur drei hervor, weil sie zum Teil bislang unveröffentlichte Arbeiten enthalten: 1904 erscheinen ausgewählte Theaterkritiken, von Paul Schlenther und dem Kritiker und späteren Direktor des Märkischen Museums, Otto Pniower, ediert, unter dem populär gewordenen Titel *Causerien über Theater*. Die beiden Herausgeber zeichnen auch 1909 für eine zweite Sammlung von *Briefen an die Familie* verantwortlich. Die erste hat Fritsch, Metes Mann, schon 1905 herausgebracht – beide erfolgten unter erheblichen Familien-Querelen, und daher ist manches ungemein verstümmelt.

Im Grunde ist es nur eine einzige Veröffentlichung, auf die die Kommission stolz sein kann, wenn auch nicht ohne Einschränkungen. Sie erscheint 1908: *Aus dem Nachlaß Theodor Fontanes*, ist von Joseph Ettlinger, dem Gründer der Zeitschrift *Literarisches Echo* zusammengestellt und enthält eine Novelle, die als unvollendet gilt und an der Fontane sicher noch gearbeitet hätte; trotzdem gehört sie psychologisch zu seinen reifsten Werken. Auch formal besitzt sie eine Straffheit, die Fontanes Erzählweise durchaus bekommt und die man sich keinesfalls gelockert wünschte: *Mathilde Möhring*.

Die kleinbürgerliche Heroine, bei Beginn der Geschichte dreiundzwanzig Jahre alt, lebt bei ihrer Mutter in Berlin nahe der Friedrichstraße. Der Vater ist vor sieben Jahren gestorben; die beiden fristen ihr Dasein vom Vermieten eines Zimmers ihrer ohnedies kärglichen Wohnung. Mathilde hat ein »Gemmengesicht«, das heißt, sie kann im Profil ganz hübsch aussehen, wirkt aber ansonsten reizlos. Sie ist auch, ganz wie ihre ewig wehklagende Mutter, berechnend.

Ein neuer Untermieter, Hugo Großmann, ein schöner Mensch mit Vollbart, wird ihr erkorenes Opfer. Er sieht aus wie ein Seebär, ist aber in Wirklichkeit, wie Mathilde richtig erkennt, ein »Schlappier«. Sie manövriert den schwachen, doch nicht unbegabten Mann mit Willenskraft und unter Einsatz all ihrer Ersparnisse durch eine böse Krankheit und das juristische Staatsexamen sowie in die Ehe. Fontane charakterisiert Hugo Großmann als einen der – ganz wie er selbst – »die gleiche Schwärmerei für Lenau wie für Zola« besitzt. Mathilde ist es auch, die ihn in die Bürgermeisterstelle einer westpreußischen Kleinstadt zu dirigieren versteht.

Seine Frau wird ihm zur unentbehrlichen Antriebskraft: der Mann hat den Posten, sie den notwendigen Ehrgeiz. Fontane läßt Mathilde die Reden ihres Mannes entwerfen; von ihr stammen die Pläne für neue Straßen, die angelegt werden sollten, und sie sorgt dafür, daß er sowohl den Konservativen als auch den Fortschrittlichen jeweils zum Munde redet. Dabei läßt Fontane durchblicken, daß er letzteres für eine lässliche Sünde hält. Er hat sie am Ende selbst oft genug begangen.

Hugo tut, von seiner Frau angespornt, alsbald des Guten zuviel. Aus Rücksichtnahme und um die Honoratioren nicht zu kränken, nimmt er trotz seiner hartnäckigen Erkältung an einer Schlittenpartie teil und stirbt kurz darauf an der Lungenentzündung, die er sich dabei zugezogen hat. Mathilde kehrt, mit einer kümmerlichen Pension versehen, nach Berlin zu ihrer Mutter zurück, deren Ersparnisse ebenfalls für die Karriere des Schwiegersohns draufgegangen sind. Sie rät der Tochter, sich wieder zu verheiraten.

Aber Mathilde scheint verwandelt. Sie widmet sich jetzt mit der gleichen Energie, die sie bislang für ihren Mann verwendet hat, ihrer eigenen Fortbildung und wird eine in ihren Kreisen durchaus angesehene Lehrerin. Heiraten will sie nicht wieder: »Ich dachte wunder, was ich aus ihm gemacht hatte, und nun empfinde ich, daß er mehr Einfluß auf mich gehabt hat wie ich auf ihn.« Es gibt weder einen Sieger noch eine Besiegte. Mathilde Möhring wie auch Hugo Großmann sind letztlich beides. Eine wohl abgerundete Erzählung. Kein Wunder, daß die *Gartenlaube* im Dezember 1906 den Vorabdruck bringt. Sie gilt als eine der qualitätvollsten damaligen Unterhaltungs- und Romanzeitschriften.

Ettlinger hat sich einige Eingriffe in *Mathilde Möhring* erlaubt, die Gotthard Erler erst 1969 anhand der Originalhandschrift tilgen konnte, wie er später auch die Briefe ungekürzt und unverändert herausgegeben hat.

Paul Schlenther stirbt 1916; nun sind von der Kommission nur noch Mete und ihre Brüder Theo und Friedrich am Leben. Mete ist im Fontane-Verlag nur ein einzigesmal 1905 hervorgetreten, als sie die Lebenserinnerungen ihres Großvaters Jean Pierre Barthélemy Rouanet, *Von Toulouse bis Beeskow*, mit einem kurzen Vorwort versah.

Fritsch, dessen siebzigster Geburtstag 1908 von vielen öffentlichen Ehrungen begleitet wird, bei denen auch seine Frau Martha Erwähnung findet, stirbt 1915. Mete überlebt ihn nur anderthalb Jahre, die sie, wie es in einem Nachruf heißt, »in tiefer Schwermut versunken«, verbringt. Am 10. Januar 1917 findet man sie tot auf. Ob sie, ein Unfall, vom Balkon ihres Hauses in Waren gestürzt oder in den Freitod gegangen ist, konnte nie ganz aufgeklärt werden. Sie stirbt mit sechsundfünfzig Jahren.

In den *Mecklenburger Nachrichten* erscheint ein Nachruf, ungezeichnet, aber besser informiert als die trockenen Notizen in den Berliner Blättern. In ihm heißt es zum Schluß, Martha Fritsch sei das Lieblingskind Fontanes gewesen, »weil sie, ihre Brüder an Bedeutung überragend, dem Vater das geistig am meisten ebenbürtige Kind war. Sie hatte das feinste Verständnis für seine dichterische und menschliche Eigenart, sie wußte in jeder Hinsicht ihn am besten zu nehmen. Leider war es ihr nicht vergönnt, die ihr innewohnenden Gaben schöpferisch zu verwerten. Sie hatte aber auch die Künstlernerven geerbt, deren feine Empfindsamkeit von früh an ihr körperliches Wohlbefinden stark beeinträchtigte. In großen Augenblicken groß und die körperliche Schwäche durch geistige Kraft niederzwingend, war sie für das ermüdende Gleichmaß der Tage nicht geschaffen. Eine treue opferwillige Genossin und Pflegerin erst des Vaters, später des Gatten, sah sie nach deren Hinscheiden ihren Pflichtenkreis geschlossen.«

Die Nachlaßkommission gilt mit Metes Tod als erloschen. Das geistige Erbe des Vaters liegt fortan praktisch allein bei Friedrich, denn Theo zeigt nur wenig Interesse daran. Das literarische Werk ist bei ihm in durchaus guten Händen. Zwischen 1905 und 1910 erscheinen in seinem Verlag die *Gesammelten Werke* in zwei Serien zu insgesamt einundzwanzig Bänden. Für den Umgang mit dem Nachlaß hat er jedoch von der Mit- und Nachwelt nicht weniger Kritik erfahren als seine Mutter.

In gewisser Weise ist Friedrich Fontane ein Opfer der Zeit. Sein Verlag, der eine Weile zu den angesehensten und auch wohl lukrativsten Berlins gehörte, übersteht den Ersten Weltkrieg und die nachfolgende Inflation nicht. Es fehlt die schriftstellerische Pranke des Vaters, selbst wenn eine Unzahl von – nicht immer gut edierten – Bänden aus dem Nachlaß herausgegeben werden können.

Nach dem Konkurs seines Unternehmens zieht sich Friedrich in den Geburtsort seines Vaters, nach Neuruppin, zurück. Sein Haus macht er zu einer wichtigen Anlaufstelle für Wissenschaftler und Freunde des Fontaneschen Werks. Dort befindet sich der gesamte Nachlaß, soweit nicht von Frau Emilie anderweitig verschenkt.

Fontanes Bedeutung ist spätestens seit der Jahrhundertwende Eingeweihten und Laien bekannt – darin sind sich Professoren und Lesepublikum – bis heute übrigens – einig. Trotzdem gibt es bislang keine kritische Gesamtausgabe seiner Werke und der erhaltenen Tagebücher, geschweige denn der Briefe. Es liegen zwar drei vorzüglich zubereitete Gesamtausgaben vor, zwei davon – ungewöhnlich für solch einen Erzpreußen – in München, bei Nymphenburger und Hanser; aber noch immer ist nicht alles erschlossen und durchforscht. Ein Trost mag sein, daß sein Hauptwerk, seit 1928 die Schutzfrist ablief, stets in diversen Ausgaben auf dem Markt präsent war.

Friedrich, der sich in Neuruppin um den Nachlaß kümmert, und sogar versucht, den einen oder anderen Briefwechsel von den Adressaten oder deren Erben zurückzukaufen, gerät durch die Weltwirtschaftskrise erneut in Schwierigkeiten. 1933 sehen sich die Erben gezwungen, einen Großteil der Bestände aus dem zur Fontane-Pilgerstätte gewordenen Haus in der Neuruppiner Kurfürstenstraße zu verkaufen. Angeboten werden der Berliner Staatsbibliothek nahezu 2000 Seiten unveröffentlichter Manuskripte, 1800 Briefe von Fontane und rund 500 an ihn. Die Erben fordern dafür 30000 Reichsmark, selbst damals wenig genug für solch einen Schatz. Geboten werden von der Staatsbibliothek kümmerliche 8000 Reichsmark, die überdies noch in zehn Jahresraten gezahlt werden sollen.

Darauf können sich der mittlerweile siebenundsiebzigjährige Theo und sein Bruder Friedrich, der eben siebzig geworden ist, nicht einlassen. Als sich die Verhandlungen zäh über Jahre hinziehen, verlieren sie die Geduld und beschließen, das Konvolut einem Auktionshaus zu übergeben. Am 9. Oktober 1933 kommen auf diese Weise im Berliner Autographenhaus Meyer & Ernst gewichtige Teile von Fontanes Nachlaß unter den Hammer – unpassenderweise zusammen mit dem Nachlaß des in Fontanes Geburtsjahr 1819 ermordeten Schriftstellers und Dramatikers August von Kotzebue.

Das enttäuschende Ergebnis: Nur etwa fünfundzwanzig Prozent der angebotenen Fontane-Originale werden verkauft und damit in alle Welt verstreut. Die Erben erhalten 8300 Reichsmark, also nur dreihundert Mark mehr, als von der Staatsbibliothek angeboten. Gegen die heftigen Angriffe, die von allen Seiten auf ihn einhageln, versucht Friedrich sich – vergeblich – mit einer Flugschrift zu verteidigen. Die Vorwürfe treffen ihn schwer. Viele der Manuskripte, die in Privatbesitz übergingen, sind bis heute nicht wieder aufgetaucht und werden auch wohl kaum wieder auftauchen.

Die immer noch eindrucksvollen Restbestände verkauft er zwei Jahre nach dem Tod Theos, der noch 1933 stirbt, für eine lebenslange Leibrente an die Brandenburgische Provinzialverwaltung. Sie bilden den Grundstock des Potsdamer Fontane-Archivs, dessen erster Leiter Hermann Fricke 1937 eine Biographie *Emilie Fontane* und 1938 den Textentwurf der »Likedeeler« veröffentlicht.

Friedrich Fontane, der letzte direkte Nachkomme des Dichters, stirbt in den ersten Kriegsjahren, am 22. September 1941 in Neuruppin. Der Krieg geht am Fontane-Archiv nicht spurlos vorüber. Durch Plünderung und Brandschatzung der nach Münchsberg und Buckow ausgelagerten Originalhandschriften bleiben von 1859 nur 425 erhalten. Das meiste dürfte endgültig verloren sein, auch wenn man schon zu DDR-Zeiten im Handel erscheinende Teile des Nachlasses zurückzukaufen bemüht war. Der unersetzliche Verlust läßt bedauern, daß nicht viel mehr Unveröffentlichtes in den über vier Jahrzehnten zwischen Fontanes Tod und dem Ausbruch des Zweiten Weltkriegs wissenschaftlich bearbeitet und publiziert worden ist. Eine traurige Geschichte, der auch die aktive, 1990 gegründete »Theodor Fontane Gesellschaft« kein spätes Happy-End mehr hinzufügen kann.

Fontanes Zukunftsskepsis hat sich als ungemein angebracht erwiesen, was sogar für seine letzte Ruhestätte gilt. Der Friedhof der Französichen Gemeinde gehörte, wie erwähnt, jahrzehntelang zum Sperrgebiet zwischen West und Ost. So ebnete ausgerechnet die DDR das Grab jenes linksliberalen Berliner Richters Benedikt Waldeck ein, den Marx hochschätzte, weil er sich

1848 auf die Seite des Volkes und nicht die der Regierung schlug. Er überstand jahrelange Haft und eine Gerichtsverhandlung, deren Ende der junge Korrespondent der *Dresdner Zeitung*, Theodor Fontane, in seiner Zeitung mit dem Ausruf: »Waldeck ist frei!« bejubelt hat.

Eine Weile lagen sie also auf dem gleichen Friedhof. Gestört wurde beider Ruhe. Heinz Knobloch, Fontanes märkischer Landsmann, hat noch zu DDR-Zeiten darauf aufmerksam gemacht: »...das Grab Fontanes ist gar nicht sein Grab. Bei Kriegsende 1945 hat hier ein Artillerievolltreffer das Grab der Fontanes unwiederbringlich umgepflügt. Das, was heute als Fontanes Grab auf Kosten des Magistrats gepflegt wird, ist ein Kunststück der Friedhofsgärtner und der ersten kulturell bewußten Nachkriegsgeneration.«

Eine Aufnahme von 1946, die in der Ausstellung »Theodor Fontane – Märkische Region und Europäische Welt« 1993 in Bonn zu sehen war, zeigt die Sache weniger dramatisch. Da liegt Fontanes Grabstein total zertrümmert da, während der Emilies nur etwas angekratzt scheint. Aber weshalb hat man alles so verändert und statt der zwei Grabsteine nur einen einzigen gesetzt?

»Ein sonderbares Gefühl des totalen Überflüssigseins beherrscht mich«, schreibt Fontane 1892 an Georg Friedlaender, »und wiewohl ich eigentlich nie ›eine Zeit‹ gehabt habe, fühle ich doch, meine Zeit liegt zurück.«

Das tat sie nicht. Seine Zeit lag vor ihm und liegt es immer noch, mag sein Grab auch zertrümmert sein.

# Zeittafel

1819  am 24. März heiraten Louis Henri Fontane und Emilie Labry, am 30. Dezember wird ihr erster Sohn Henri Théodore (Theodor) in Neuruppin geboren

1823  wird Fontanes Schwester Jenny geboren, die später den Apotheker Hermann Sommerfeld heiratet (gest. 1904)

1826  wird Fontanes Bruder Max geboren, der später Apotheker wird (gest. 1860). Am 8. Juli verkauft Vater Fontane die Neuruppiner Löwenapotheke

1827  im Juni zieht die Familie Fontane nach Swinemünde, in die Adlerapotheke

1832  zu Ostern tritt Theodor in die Quarta des Neuruppiner Gymnasiums ein; wohnt bei Rektor Thormeyer

1833  wechselt er über nach Berlin in die Friedrichswerdersche Gewerbeschule. Logis: Wallstraße 73

1834  zieht er zu Onkel August, einem Halbbruder des Vaters, und Tante Pinchen in die Burgstraße, später die Große Hamburger Straße. Angeregt durch Chamisso-Lektüre entsteht ein erstes Gedicht (über die Schlacht bei Hochkirch)

1835  erste Bekanntschaft mit Emilie Rouanet-Kummer

1836  geht er mit dem »Einjährigen«-Zeugnis von der Gewerbeschule ab und beginnt am 1. April bei Wilhelm Rose im »Weißen Schwan« in der Spandauer Straße zu Berlin eine Apothekerlehre. Am 20. Mai

|      | Einzel-Konfirmation zusammen mit seinem Bruder Rudolf (1821–1845) durch Pastor Fournier in der Französisch-Reformierten Kirche |
|------|---|
| 1837 | erste lyrische Gedichte |
| 1838 | wird seine Schwester Elise geboren, die 1875 den Kaufmann Hermann Weber heiratet – »Lise« oder »Lischen« lebt bis 1923. Am 26. August erwirbt der Vater eine Apotheke in Letschin im Oderbruch |
| 1839 | im Dezember erscheint im *Berliner Figaro* Fontanes erstes gedrucktes Werk, *Geschwisterliebe* |
| 1840 | erhält Fontane am 8. Januar das Zeugnis zum Apothekergehilfen und scheidet am 30. September aus Roses Apotheke aus. Im *Berliner Figaro* erscheinen einige Gedichte. Eine Novelle und der Roman *Du hast recht getan* sind nicht erhalten. Am 1. Oktober tritt Fontane als Gehilfe in die Apotheke des Dr. Kannenberg in Burg bei Magdeburg ein, wo das satirische Epos »Burg« entsteht. Am 30. Dezember, seinem 21. Geburtstag, kehrt er nach Berlin zurück |
| 1841 | Von Januar bis März krank in Berlin, danach zur Erholung bei den Eltern in Letschin. Beginnt am 1. April als Gehilfe in der Apotheke Zum Weißen Adler in Leipzig, nimmt Kontakte mit dem »Herwegh-Klub« auf und schreibt Gedichte für die Unterhaltungszeitschrift *Eisenbahn*. Schließt Freundschaft mit Wilhelm Wolfsohn |
| 1842 | übersiedelt Fontane nach Dresden in die Salomonisapotheke, arbeitet als Korrespondent für die Leipziger *Eisenbahn* |
| 1843 | »Defektar« (i. e. derjenige Apotheker, der dafür sorgt, daß die gängigen Medikamente immer in größeren Mengen vorrätig sind) beim Vater in Letschin, wo er den *Hamlet* sowie englische Arbeiterdichtung übersetzt. Am 23. Juli führt ihn Bernhard |

|      |                                                                 |
| ---- | --------------------------------------------------------------- |
|      | von Lepel in den Dichterklub »Tunnel über der Spree« ein |
| 1844 | tritt am 1. April als Einjährig-Freiwilliger in das Gardegrenadierregiment »Kaiser Franz« ein und erhält Urlaub für die erste Reise nach London vom 25. Mai bis 10. Juni, die sein Neuruppiner Jugendfreund Hermann Scherz finanziert. Am 29. September wird er als Mitglied im »Tunnel« aufgenommen |
| 1845 | am 1. April Beendigung des Militärdienstes. Fontane wird wieder Rezeptar bei seinem Vater, später in der Berliner Apotheke des Dr. Julius Eduard Schacht (Polnische Apotheke). Am 8. Dezember überraschende Verlobung mit Emilie Rouanet-Kummer |
| 1846 | scheidet er am 30. Juni bei Dr. Schacht aus, um sich für das Pharmazeutische Staatsexamen in Letschin, dann auch durch Kursteilnahme in Berlin vorzubereiten |
| 1847 | besteht Fontane am 2. März das Examen und erhält die Approbation zum »Apotheker erster Klasse«. Im Sommer trennen sich die Eltern ohne Scheidung. Die Mutter zieht mit Tochter Elise zurück nach Neuruppin. Am 1. Oktober tritt Fontane in die Apotheke Zum Schwarzen Adler in Berlin ein, wo er bald als »Linker« gilt |
| 1848 | nimmt er an den Barrikadenkämpfen auf seiten der Revolutionäre teil. Vier radikale Artikel von ihm erscheinen von August bis November in der Zeitschrift *Berliner Zeitungshalle*, einem freisinnigen Blatt, das auch Gedichte von Fontane bringt. Dafür bleibt die Arbeit an seinem einzigen Dramen-Versuch, »Karl Stuart«, unvollendet. Schert am 15. September aus der Revolution aus, um im Krankenhaus Bethanien zwei Diakonissinnen pharmazeutisch auszubilden |

| | |
|---|---|
| 1849 | geht am 30. September der Stelle in Bethanien verlustig und gibt den Apothekerberuf ganz auf. Versuch, als »freier Schriftsteller«, hauptsächlich von Korrespondenz-Artikeln für die *Dresdner Zeitung*, leben zu können, mißlingt. Zieht in die Luisenstraße 12. Im Dezember erscheinen seine ersten Buchveröffentlichungen: *Männer und Helden. Acht Preußenlieder* und der Romanzenzyklus *Von der schönen Rosamunde* |
| 1850 | Abreise nach Schleswig-Holstein, um in die Befreiungsarmee einzutreten. Kommt nur bis Altona. Kehrt im August nach Berlin zurück, wo er eine Stelle als Lektor im »Literarischen Kabinett« annimmt. Heiratet am 18. Oktober Emilie Rouanet-Kummer |
| 1851 | sorgenvolles Jahr durch wirtschaftliche Schwierigkeiten. Im Mai erste Buchausgabe der *Gedichte*, am 14. August Geburt des ersten Sohnes George Emile. Am 1. November Übernahme in die »Centralstelle für Preßangelegenheiten«, die das »Literarische Kabinett« ersetzt, aus dem Fontane entlassen wurde |
| 1852 | über Köln, Aachen, Brüssel, Antwerpen, Gent und Ostende zum zweiten Aufenthalt nach London. In Berlin wird am 2. September der zweite Sohn, Rudolf, geboren, der am 15. September stirbt. Am 25. September kehrt Fontane nach Berlin zurück |
| 1853 | am 1. Oktober Wiedereintritt in die »Centralstelle«, muß trotzdem noch jahrelang nebenher Privatunterricht geben. Im Oktober wird der dritte Sohn, Peter Paul, geboren, der 1854 stirbt |
| 1854 | im Juli kommt sein erstes Reisebuch heraus, *Ein Sommer in London*. Fontane fungiert mit Franz Kugler als Herausgeber von *Argo* (erscheint 4 mal bis 1857) und trägt am 3. September zum erstenmal |

|      | seine Ballade »Archibald Douglas« im »Tunnel« vor |
|------|---|
| 1855 | Geburt des vierten Sohns, Ulrich, der nach wenigen Tagen stirbt. Am 10. September trifft Fontane zum dritten Aufenthalt in London ein, diesmal zur Gründung einer halboffiziellen »Deutsch-Englischen Pressekorrespondenz« im Auftrag der Preußischen Regierung. Wohnung zunächst im German coffee-house der 1848er Emigranten, dann u. a. am Tavistock Square. Entdeckt Thackerays *Vanity Fair*, ein Vorbild für seine späteren Romane, und schreibt Londoner Theaterberichte für deutsche Zeitungen |
| 1856 | am 1. April wird der Pressedienst eingestellt. Fontane bleibt als Presse-Attachée der Gesandtschaft in London. Ausflüge führen ihn unter anderem nach Canterbury, Stratford-upon-Avon, Oxford und Warwick Castle. Macht von August bis Oktober Urlaub in Berlin, die Rückreise führt über Paris. Am 3. November wird in Berlin der fünfte Sohn, Theodor (Theo), geboren |
| 1857 | am 27. Juli übersiedelt Emilie mit beiden Söhnen zum Mann nach London. Mieten ein Haus im Vorort Camden Town, Augustine Road 52. Besuch einer Kunstausstellung in Manchester, über die Fontane seine erste Kunstkritik verfaßt |
| 1858 | macht er vom 9.–24. August mit Lepel die »wichtigste Reise seines Lebens« durch Schottland. Es melden sich die ersten gesundheitlichen Beschwerden (vergeblicher Antrag auf eine Kur in Salzbrunn). Nach dem Sturz des – ungeliebten – Ministers Manteuffel, der ihn berufen hat, kündigt Fontane am 2. Dezember seinen Posten bei der Gesandtschaft |
| 1859 | am 17. Januar Ankunft in Berlin. Emilie kehrt nach |

Wohnungsabwicklung in London mit den Söhnen am 5. Februar zurück. Vom 24. Februar bis 28. März ist er in München, wo er mit Paul Heyses Hilfe einen Posten als Bibliothekar zu bekommen versucht. Wieder in Berlin, unternimmt er von der Wohnung Potsdamer Straße 33 im Juli erste »Wanderung« ins »Ruppinsche« mit Lepel. Der erste Wanderungsbericht erscheint vom 31. August bis zum 3. September in der *Vossischen Zeitung*: »In den Spreewald« – allererster Bericht »Ein Stündchen vorm Potsdamer Tor« (*Voss* am 2. Juli) nicht in die Buchausgabe aufgenommen. Am 20. September wieder Adressenwechsel: Tempelhofer Str. 51. Am 29. Oktober aus dem Kreis der »Vertrauenskorrespondenten« aufgrund einer angeblichen Verfehlung ausgeschlossen

1860 erscheinen zwei Reisebücher: *Aus England* und *Jenseit des Tweed*. Am 21. März wird die einzige Tochter Martha (»Mete«) geboren. Ab 1. Juni ist Fontane als (unechter) Korrespondent und Redakteur des »Englischen Artikels« an der Berliner »Kreuz-Zeitung« tätig. Ende des Jahres erscheinen die *Balladen* in einem Band

1861 als erster Band der *Wanderungen* kommt *Die Grafschaft Ruppin* (Fontanes »preußischstes Buch«) heraus. Am 27. Dezember Tod des langjährigen Freundes und Gönners Wilhelm von Merckel

1862 weitere Wanderungen in die Mark Brandenburg

1863 neuerliche Umzüge des ruhelosen Ehepaars: im April in die Alte Jakobstraße 171, am 1. Oktober in die Hirschelstraße 14. Sommerreise an die Ostsee mit einem Wiedersehen Swinemündes

1864 am 5. Februar Geburt des jüngsten Sohnes Friedrich (»Friedel«). Im Mai und September reist Fontane zum dänischen Kriegsschauplatz bis Kopenha-

| | |
|---|---|
| | gen, besucht Storm in Husum. Als Buch erscheinen die *Briefe aus Jütland*. Irgendwann in dieser Zeit Beginn der Arbeit an *Vor dem Sturm* |
| 1865 | am 13. August stirbt der Brieffreund Wilhelm Wolfsohn. Vom 26. August bis 21. September reist das Ehepaar an den Rhein und in die Schweiz. Ende des Jahres erscheint Fontanes erstes Kriegsbuch: *Der Schleswig-Holsteinische Krieg im Jahre 1864* |
| 1866 | im August und September Reise zu den Kriegsschauplätzen in Böhmen (Prag, Kolin, Königgrätz, Brünn) |
| 1867 | am 5. Oktober Tod des Vaters in Schiffmühle bei Freienwalde. Im August erneut gemeinsame Reise des Ehepaars durch Thüringen (Schulpforta, Naumburg, Weimar, Erfurt, Eisenach) und erste Kur in Kissingen |
| 1868 | zum erstenmal in Thale (Harz) und Erdmannsdorf (Schlesien) in der Sommerfrische |
| 1869 | gemeinsame Reise mit der Familie Wangenheim nach Schlesien. Am 13. Dezember stirbt die Mutter in Neuruppin |
| 1870 | erscheint der erste Band *Der deutsche Krieg von 1866*, als wieder ein Krieg vor der Tür steht. Am 20. April kündigt Fontane bei der »Kreuz-Zeitung« und schließt im Juni einen Vertrag mit der *Vossischen* für Theaterkritik. Anfang Juli erster Besuch bei der Brieffreundin Mathilde von Rohr im Kloster Dobbertin. Am 17. August sitzt Fontane zum erstenmal als Kritiker auf dem Eckplatz 23 des Königlichen Schauspielhauses am Gendarmenmarkt (*Wilhelm Tell*). Nimmt Urlaub von dieser Tätigkeit, um den neuen Kriegsschauplatz aufzusuchen. Abreise am 27. September, Festnahme hinter den feindlichen Linien am 5. Oktober in Domrémy, dem Geburtsort der Johanna von Orléans. Entgeht |

| | |
|---|---|
| | mit knapper Not und dank Einspruch Bismarcks der Füsilierung, Kriegsgefangenschaft und Internierung in Neufchâteau, Langres, Besançon und auf der Atlantikinsel Oléron. Am 5. Dezember wieder in Berlin, wo ab 25. Dezember der Vorabdruck für *Kriegsgefangen* erscheint |
| 1871 | Serie läuft bis 26. Februar, erscheint unmittelbar danach als Buch. Vom 9. April bis Mitte Mai geht Fontane auf »Osterreise« nach Frankreich (Reims, St. Denis, Rouen, Dieppe, Neuville). Ende November kommt das Buch darüber (*Aus den Tagen der Okkupation*) heraus |
| 1872 | am 3. Oktober zieht die Familie in Fontanes letzte Adresse Potsdamer Straße 134 c |
| 1873 | *Der Krieg gegen Frankreich*, Band 1 erscheint. Der 2. Band wird erst 1875–1876 herauskommen |
| 1874 | vom 29. September bis 20. November Reise mit Emilie nach Italien. Im November erscheint eine 2., neu geordnete und ergänzte Auflage der *Gedichte* |
| 1875 | bereist Fontane vom 3. August bis 7. September erneut Italien; die Reise verläuft enttäuschend. Trifft auf dem Heimweg mit Frau Emilie in München wieder zusammen |
| 1876 | am 6. März Einführung als Ständiger Sekretär der Akademie der Künste in Berlin. Nach einem handfesten Krach im Senat Rücktrittsgesuch, das am 2. August von Kaiser Wilhelm I. genehmigt wird. Lebt von nun an bis zu seinem Tod als freier Schriftsteller. Entfremdung von Emilie. Im Herbst Wiederaufnahme der Arbeit an *Vor dem Sturm* |
| 1877 | Arbeit an *Vor dem Sturm*, dazu Lokalstudien in Frankfurt/Oder |
| 1878 | im Juli und August Sommerfrische in Wernigerode (Harz), dazwischen Lokalstudien in Tangermünde für *Grete Minde*. Pläne für *Schach von Wuthenow*. |

|      | Im Oktober erscheint die Buchausgabe von *Vor dem Sturm* |
|------|---|
| 1879 | wieder in Wernigerode, Arbeit an *Schach von Wuthenow* |
| 1880 | Reise nach Bremen und Emden, im August und September erneut in Wernigerode. Erste Arbeiten an *Graf Petöfy*, Buchausgabe von *Grete Minde* |
| 1881 | erscheint im November *Spreeland*, der letzte Band der *Wanderungen* |
| 1882 | *Ellernklipp* in Buchausgabe. Sommerfrische in Thale |
| 1883 | Buchausgabe *Schach von Wuthenow*. Sommerfrische auf Norderney |
| 1884 | Arbeit an *Irrungen Wirrungen*, im Mai in »Hankels Ablage«, Zeuthen bei Berlin. Sommerfrische in Krummhübel, Riesengebirge, wo er Georg Friedlaender kennenlernt, mit dem er bis zu seinem Tode in enger brieflicher Verbindung bleibt. Im September bereist Fontane von Stralsund aus Rügen. Als Buch kommt *Graf Petöfy* heraus |
| 1885 | erster Erinnerungsband *Christian Friedrich Scherenberg von 1840 bis 1860* erscheint. Sommerfrische in Krummhübel, dort Arbeit an *Cécile* |
| 1886 | Buchausgabe *Unterm Birnbaum* |
| 1887 | im April erscheint *Cécile* als Buch. Überarbeitet wird *Stine*. Am 24. Juli beginnt der Vorabdruck von *Irrungen Wirrungen* (bis 23. August). In Arbeit befinden sich *Fünf Schlösser* und, in Krummhübel, *Unwiederbringlich*. Am 24. September stirbt George an Blinddarmdurchbruch in der Kadettenschule Lichterfelde, wo er lehrte |
| 1888 | Ende Januar erscheint *Irrungen Wirrungen* als Buch. *Frau Jenny Treibel* wird »im Brouillon« abgeschlossen. Am 4. Juli stirbt Theodor Storm. Sommerfrische im Juli und August wieder in Krummhü- |

bel. Im Oktober gründet Friedrich Fontane in Berlin einen eigenen Verlag. In diesem Jahr oder dem nächsten erzählt Emma Lessing Fontane den Skandal um Elisabeth von Ardenne, aus dem *Effi Briest* entsteht

1889 Die *Gedichte* erleben eine – wiederum vermehrte – 3. Auflage. *Fünf Schlösser* erscheint, wie alle *Wanderungen*, als Zusatzband bei Hertz, nicht in Friedrich Fontanes Verlag. Juni bis August Kur in Kissingen mit Abstecher im Juli nach Bayreuth. Besuch bei der Freundin Mathilde von Rohr in Dobbertin, die am 16. September stirbt. Übernahme der Kritiken der *Freien Bühne* für die *Vossische Zeitung*. Positive Besprechung der Uraufführung von Gerhart Hauptmanns *Vor Sonnenaufgang*. Mitte November Verlust einer weiteren engen Freundin durch den Tod Henriette von Merckels. Am 31. Dezember endet Fontanes Rezensionstätigkeit für die *Vossische Zeitung*

1890 erscheinen *Stine* und *Quitt*. Am 4. Januar Feier des 70. Geburtstags im Englischen Haus in der Mohrenstraße. Am 2. Juni letzte Theaterkritik der Uraufführung von Hauptmanns *Friedensfest* in der *Freien Bühne*. Im Juni und Juli kuren beide Fontanes in Kissingen und weilen im August und September zur Sommerfrische in Krummhübel. *Unwiederbringlich* fertiggestellt

1891 im April erhält Fontane zusammen mit Klaus Groth den Schiller-Preis. Aufenthalt in Kissingen und in Wyk auf Föhr. *Unwiederbringlich* erscheint, *Frau Jenny Treibel* wird im November abgeschlossen. Am 26. Dezember wird der Aufsatz »Die gesellschaftliche Stellung der Schriftsteller« veröffentlicht

1892 Weiterarbeit an *Effi Briest* und den *Poggenpuhls*.

Von Januar bis April Vorabdruck von *Frau Jenny Treibel* und dazwischen, im März, der letzte »Wanderungs«-Artikel (über die verstorbene Mathilde von Rohr). Von März bis September schwere Erkrankung mit der Gefahr geistiger Umnachtung, als »Gehirnanämie« diagnostiziert. Von Mai bis September gestörte letzte Sommerfrische im Riesengebirge, in Zillerthal-Erdmannsdorf mit vergeblicher Kur in Breslau. Fontane verzweifelt, da weiteres Schaffen ausgeschlossen scheint. Im Oktober erscheint *Frau Jenny Treibel* als Buch. Ab Oktober allmähliche Gesundung durch die vom Arzt empfohlene Arbeit an *Meine Kinderjahre*

1893 im April Abschluß des Manuskripts – *Meine Kinderjahre* erscheinen im November als Buch. Im August und September Kur in Karlsbad mit Arbeit an *Effi Briest*

1894 es erscheinen als Buch *Von, vor und nach der Reise* und im Vorabdruck ab Oktober *Effi Briest*. Wieder zweimonatige Kur in Karlsbad. Am 8. November Ehrendoktor der Berliner Universität auf Vorschlag von Erich Schmidt und Theodor Mommsen. Am 30. Dezember entsteht das Gedicht »An meinem Fünfundsiebzigsten« mit der mißverständlichen Schlußzeile »Kommen Sie, Cohn!«

1895 Beginn der Arbeit am *Stechlin*, im Oktober Buchausgabe *Effi Briest*. Wieder Kur in Karlsbad. Weihnachten der erste Brief an Dr. Morris in London, Korrespondenzpartner bis zu Fontanes Tod. Arbeit am Roman »Die Likedeeler«, der unvollendet bleibt

1896 nach dem Abschluß des zweiten Autobiographie-Bandes *Von Zwanzig bis Dreißig* im Mai und Juni wieder zur Kur in Karlsbad. Als Buch erscheinen *Die Poggenpuhls*. Im August und September mit Emilie und Mete Sommerfrische in Waren an der

|      | Müritz. Im Herbst wird die erste Fassung des *Stechlin* beendet |
|------|---|
| 1897 | Sommerfrische im Augusta-Bad bei Neubrandenburg, dort Abschluß des *Stechlin* in der endgültigen Fassung; allerdings noch Korrekturen während der Kur in Karlsbad im August und September. Der Vorabdruck beginnt im Oktober und endet im Dezember in *Über Land und Meer* (Buch erscheint 1899 bei Friedrich Fontane) |
| 1898 | *Gedichte* kommen in 5. ergänzter Auflage heraus. Es erscheint: *Von Zwanzig bis Dreißig* (im Juni). 12. August bis 10. September wieder in Karlsbad zur Kur. Am 16. September findet – ohne Emilie – eine kleine Feier zu Metes Verlobung statt: Fontanes letzte Geselligkeit. Tod am 20. September in der Potsdamer Straße 134 c – nur Mete ist anwesend. Beisetzung am 24. September auf dem Friedhof der Französischen Reformierten Gemeinde an der Liesenstraße |

# Bibliographie
(Auswahl)

*Werkausgaben*

Sämtliche Werke in 24 Bänden (30 Teilbände). Hg. von Edgar Groß und Einzelbände von Rainer Bachmann, Peter Bramböck, Charlotte Jolles, Jutta Neuendorff-Fürstenau, Kurt Schreinert. München ab 1959 (»Nymphenburger Ausgabe«)

Werke, Schriften und Briefe (ursprünglich: Sämtliche Werke) in 20 Bänden (22 Teilbände in vier Abteilungen). Hg. von Walter Keitel und Helmuth Nürnberger. München ab 1962 (»Hanser-Ausgabe« – als Taschenbuch bei Ullstein unter dem Titel »Werke und Schriften«, ab 1987)

Neben diesen beiden Münchner Ausgaben sind in Berlin (Ost) und Weimar erschienen:

Romane und Erzählungen in acht Bänden. Hg. von Peter Goldammer, Gotthard Erler, Anita Golz und Jürgen Jahn. (»Aufbau-Ausgabe«) 1969

Wanderungen durch die Mark Brandenburg in sieben Bänden. Hg. von Gotthard Erler und Rudolf Minhau, Band 6 und 7 auch Therese Erler. Ab 1976

Autobiographische Schriften in drei Bänden. Hg. von Gotthard Erler, Peter Goldammer und Joachim Krueger. 1982

Gedichte in drei Bänden. Hg. von Joachim Krueger und Anita Golz. 1989

Da eine Kritische Gesamtausgabe noch nicht vorliegt, wurde aus diversen Ausgaben zitiert. Geplant ist eine Große Brandenburger Ausgabe, die Gotthard Erler übertragen wurde (voraussichtlich 50 Bände)

Das *Briefwerk* ist weit verstreut und fast immer nur getrennt nach Adressaten erschienen. Erwähnt seien drei biographisch besonders interessante Zusammenstellungen:

Briefe in zwei Bänden. Hg. von Gotthard Erler. Berlin und Weimar. 3. Auflage 1989

Mete Fontane: Briefe an die Eltern 1880–1882. Hg. von Edgar R. Rosen. Berlin 1974
Reisebriefe vom Kriegsschauplatz Böhmen 1866. Hg. von Christian Andree. Berlin 1973

### Einzelausgaben

*Frühe Erzählungen.* Werksausgabe Band 25 von Walter Keitel und Helmuth Nürnberger unter Mitwirkung von Hans-Joachim Simm. Berlin (»Fontane Bibliothek«) 1986
*Tuch und Locke.* Erzählungen aus dem Nachlaß. Nachwort von Walter Keitel. Stuttgart 1966
*Prosafragmente und Entwürfe.* Zusatzband zur »Hanser-Ausgabe«, für »Fontane-Bibliothek« (Taschenbuch) zubereitet von Helmuth Nürnberger. Mitarbeit: Hans-Joachim Simm. Berlin 1986
*Kriegsgefangen – Erlebtes 1870.* Hg. von Otto Drude. Frankfurt am Main und Leipzig 1993
*Christan Friedrich Scherenberg. Aufsätze und Aufzeichnungen*, Berlin 1979
*Von, vor und nach der Reise.* Eingerichtet von Helmuth Nürnberger. Berlin 1986
*Zwei Post-Stationen.* Faksimile der Handschrift. Hg. von Jochen Meyer. Marbach 1991
William Shakespeare: *Hamlet*, übersetzt von Theodor Fontane. Nachwort von Joachim Krueger. Zürich 1989
Da Fontane sich vorzüglich dazu eignet, gab und gibt es unzählige *Blütenlesen* aus seinem Werk unterschiedlicher Qualität in der Auswahl. Empfohlen seien eine klassische alte und eine neue:
Olga und Heinrich Spiero: *Fontane-Brevier.* Berlin (Verlag Fontane & Co.) 1905
Bettina Plett: *Fontane-Brevier.* Stuttgart 1990

### Biographien

Hermann Fricke: *Theodor Fontane. Chronik seines Lebens.* Berlin 1960
Sebastian Haffner: »Theodor Fontane« in: *Preußische Profile* von Haffner und Wolfgang Venohr. Berlin 1988
Franz Herre: *Bismarck.* Köln 1991
Franz Herre: *Kaiser Wilhelm I.* Köln 1980, 1993
Charlotte Jolles: *Lebensstationen eines großen Realisten.* München 1986

Paul Meyer: *Erinnerungen an Theodor Fontane.* Privatdruck. Berlin 1936

Helmuth Nürnberger: *Der frühe Fontane 1840–1860.* Hamburg 1964

Helmuth Nürnberger: *Fontane.* Reinbek 1968, 101. Tausend 1991

Hans Heinrich Reuter (Hg.): *Von Dreißig bis Achtzig. Sein Leben in seinen Briefen.* Leipzig 1959, München 1970

Hans Heinrich Reuter: *Fontane.* 2 Bände, Berlin (DDR) 1968

Herbert Roch: *Fontane, Berlin und das 19. Jahrhundert.* Berlin 1962

Hans-Jürgen Schmelzer: *Der junge Fontane, »Preußische Köpfe«.* Berlin 1987

Hans-Jürgen Schmelzer: *Der alte Fontane.* Ebd. 1992

Hans Scholz: *Theodor Fontane.* München 1978

A. M. Uhlmann: *Theodor Fontane. Sein Leben in Bildern.* Leipzig 1961

Ekkehard Verchau: *Theodor Fontane, Individuum und Gesellschaft.* 1983

## Spezialthemen

Kenneth Attwood: *Fontane und das Preußentum.* Berlin 1970

Gerhard Friedrich: *Fontanes preußische Welt.* Herford 1988

Conrad Höfer (Hg.): *Theodor Fontane und die Famlie von Wangenheim.* Eisenach o. J. (= um 1939)

Charlotte Jolles: *Fontane und die Politik.* Diss. Berlin 1936

Klaus M. Rarisch: »Rede zur Einweihung einer Gedenktafel für Arno Holz in Berlin-Wedding«, gekürzt nachgedruckt in *Text und Kritik* Nr. 121, Band 1/94, München/Göttingen 1994

Hans Heinrich Reuter (Hg.): *Wanderungen durch England und Schottland.* 2 Bände. Berlin 1991

Therese Wagner-Simon: *Das Urbild von Theodor Fontanes L'Adultera.* Berlin 1993

Ehm Welk (Hg.): *Parkettplatz 23 – Theodor Fontane über Theaterkunst, Dichtung und Wahrheit.* Berlin (Ost) 1949

Ursula Wiskott: *Französische Wesenszüge in Fontanes Persönlichkeit und Werk.* Diss. phil. Berlin 1938

## Allgemeines

Fritz Behrend: *Geschichte des »Tunnels über der Spree«.* Berlin 1938

Margrit Bröhan (Hg.): *Theodor Wolff: Erlebnisse, Erinnerungen, Gedanken im Südfranzösischen Exil.* Boppard am Rhein 1993

Büchmann: *Geflügelte Worte – Der Zitatenschatz des deutschen Volkes.* Ausgabe Berlin 1912 (»Irrungen Wirrungen«)
Gustav Dahms (Hg.): *Das Litterarische Berlin.* Handbuch der Presse der Reichshauptstadt. Berlin 1895
Paul Fechter: *Geschichte der deutschen Literatur.* Neu bearbeitet von Kurt Lothar Tank und Wilhelm Jacobs. Gütersloh 1960
J. G. Robertson: *A History of German Literature.* Edinburgh und London 1903. Neuauflage 1953
Manfred Schlenke (Hg.): *Preußen-Ploetz.* Freiburg–Würzburg 1983
Jürgen Schütte und Peter Sprengel (Hg.): *Die Berliner Moderne 1885–1914.* Stuttgart 1987
Heinrich Spiero (Hg.): *Christian Friedrich Scherenberg: Ausgewählte Dichtungen.* Leipzig–Wien 1914

## Aufsätze

Fritz Behrend: Theodor Fontane und die »Neue Ära«. In: *Archiv für Politik und Geschichte.* Berlin 1924
Friedrich Fontane: Fontane und seine Eltern. In: *Litterarisches Echo.* Berlin 1923
Friedrich Fontane: Potsdamer Straße 134 c. *Brandenburgische Jahrbücher.* Potsdam und Berlin – Jhg. 1938
Hermann Fricke: Theodor Fontanes Schülerjahre. In: *Brandenburger Beiträge.* Uelzen 1955
Walter Huder: Theodor Fontane und die Preußische Akademie der Künste. In: *Der Bär von Berlin.* Jahrbuch des Vereins für die Geschichte Berlins. Berlin 1971
Charlotte Jolles: Der junge Fontane. In: *Brandenburger Jahrbücher* Nr. 9 (Theodor Fontane zum Gedächtnis) hg. von Hermann Fricke. Potsdam 1938
Charlotte Jolles: Zu Fontanes literarischer Entwicklung (seine Beiträge in Zeitschriften). *Jahrbuch der Deutschen Schiller-Gesellschaft.* Stuttgart 1960
Erwin Kobel: Theodor Fontane – ein Kierkegaard-Leser? *Jahrbuch der Deutschen Schiller-Gesellschaft.* Stuttgart 1992
Ernst Köhler: Fontane im »Tunnel über der Spree«. In: *Brandenburger Jahrbücher* Nr. 9. Potsdam 1938
Edith Krauß: »Hier muß ich einen Irrthum beseitigen«. Ein Brief Rainer Maria Rilkes an Theodor Fontane. *Mitteilungen der Fontanegesellschaft* Nr. 6., Potsdam 1994
Joachim Krüger: Neues vom »Tunnel über der Spree«. In: *Marginalien* – Mitteilungen der Pirckheimergesellschaft. Berlin 1960

Thomas Mann: Der alte Fontane. In: *Adel des Geistes*. Frankfurt am Main 1956

Thomas Mann: Noch einmal der alte Fontane. In: *Nachlese*. Frankfurt am Main 1956

Theodor Storm: *Theodor Fontane*. Werke in einem Band, hg. von Peter Goldammer. München 1988

Christiane Wandel: Theodor Fontanes Arbeitsweise am Roman. Brandenburgische Jahrbücher. Potsdam und Berlin – Jhg. 1938

## Kataloge

Theodor Fontane. Zum 150. Geburtstag von Hans Werner Klünner und Dr. Liselott Ziegert-Hackbarth. Ausstellung der Landesgeschichtlichen Vereinigung für die Mark Brandenburg im Foyer der Amerika-Gedenkbibliothek. Berlin 1969/70

Ausstellung Archiv der Akademie der Künste zum 150. Geburtstag Theodor Fontanes. Akademie der Künste, Berlin 1969/70

Cécile Lowenthal-Hensel: Preußische Bildnisse des 19. Jahrhunderts. Zeichnungen von Wilhelm Hensel. Nationalgalerie Berlin (West) 1981

Theodor Fontane: Dichtung und Wirklichkeit. Kunstamt Kreuzberg. Berlin 1981

Irina Rockel: Heimatmuseum Neuruppin. München 1992

Theodor Fontane – Märkische Region und Europäische Welt von Helmuth Nürnberger. Bonn 1993

Ein besonderer Dank geht an Dr. Ekhard Haack, der mir sein gesamtes Fontane-Bücherbrett zur Verfügung stellte, Dr. Nino Erné (†), den Paul-Heyse-, und Klaus M. Rarisch, den Arno-Holz-Fachmann. Vielleicht ungewollt leistete Prof. Dr. Wolfgang Schuller Hilfe durch die gesammelten Fontane-Zitate zu ausgefallenen Themen, die er eine Zeitlang als Weihnachtsgruß verschickte (so: »De Professoribus« und »Über Chefredakteure«). Herr Dr. Max Scherenberg, Freiburg im Breisgau, gab Auskunft über seinen Ahnherrn. Renate Reifferscheid sei gedankt für ihre sorgfältige Redaktion.

# Personenregister

Ackermann, Ursula (Archivarin) 93
Adler, Dr. (Arzt in Leipzig, Daten unbek.) 80
Albert, Prinzgemahl der Königin Victoria (1819–1861) 15, 143, 156, 197
Alexis, Willibald (1798–1871) 255, 284
Ardenne, Elisabeth Baronin, geb. Freiin v. Plotho (1853–1952) 392
Attwood, Kenneth (Fontaneforscher) 10, 108, 129, 147, 368
Auerbach, Berthold (1812–1882) 365
Auerswald, Rudolf v. (1795–1866) 197f

Bandello, Matteo (um 1485–1562) 172
Bauer, Bruno, Theologe (1809–1882) 69
Baumann, Otto 250
Bebel, August (1840–1913) 411f
Begas, Reinhold (1831–1911) 334
Bernstorff, Albrecht Graf (1809–1873) 183, 186
Beta, Heinrich, eig. Johann Heinrich Bettziech (1813–1876) 70f, 199
Beutner, Dr. Tuiscon (1816–1882) 189, 207, 217
Biedermann, Karl (1812–1901) 317
Bierbaum, Otto Julius (1865–1910) 358
Binder, Robert, Verleger (1808–1870) 81ff, 89
Bismarck, Fürst Otto (1815–1898) 144, 179, 181, 220, 229, 242ff, 248f, 314, 326, 329, 362f
Blomeyer 153, 156
Blum, Robert (1804–1848) 82, 84
Boccaccio, Giovanni (1313–1375) 172
Böckmann, Paul, Germanist 21
Booth, Edwin Thomas (1833–1893) 380
Börne, Ludwig (1786–1837) 58, 64
Brahm, Otto (1856–1912) 271f, 364
Brandes, Georg (1842–1927) 375, 378
Brecht, Bertolt (1898–1956) 62
Brugsch-Pascha, Heinrich (1827–1894) 360

Brunel, Isambard Kingdom (1806–1859) 103
Bucher, Lothar (1817–1892) 179, 184
Bunsen, Christian Freiherr v. (1791–1860) 156f
Bunsen, Georg (1824–1896) 158
Burckhardt, Jacob (1818–1897) 201
Byron, George Gordon Noel Lord (1788–1824) 92, 99, 277

Campe, Johann Heinrich (1746–1818) 118
Canning, George (1770–1827) 15
Casper, Johann Ludwig (1796–1864) 273
Castlereagh, Robert Steward, Viscount (1769–1822) 15
Cicero, Marcus Tullius (106–43 v. Chr.) 92
Coleridge, Samuel Taylor (1772–1834) 92
Cook, Thomas (1808–1892) 16, 193
Craig, Gordon A. (geb. 1913) 230
Cromwell, Oliver (1599–1658) 133

Dahn, Felix (1834–1912) 104, 202, 284
Dankwerts, Emmy – Schwester (1812–1865) 135f
Decker, Rudolf Ludwig v. (1804–1877) 229, 231f, 235, 241f, 246f, 249, 251, 254, 257
Dehmel, Richard (1863–1920) 358

Delhaes, Dr. Wilhelm (1843–1912) 384ff, 391, 400
Devrient, Emil (1803–1872) 89, 159
Devrient, Ludwig (1784–1832) 159
Dickens, Charles (1812–1870) 92, 160, 276f
Döring, Theodor (1803–1878) 89, 269
Dominik, Emil (1844–1896) 357
Dortu, Maximilian (1826–1849) 101
Drake, Friedrich (1805–1882) 104
Droste-Hülshoff, Annette v. (1779–1848) 169

Eggers, Friedrich Hartwig (1819–1884) 141, 146, 149, 159, 163, 171, 176, 187, 201, 203, 223
Eggers, Karl (1826–1900) 200
Ehlert, Louis (1825–1872) 169
Eichendorff, Joseph Freiherr v. (1788–1857) 111
Elisabeth Christine, Frau Friedrichs d. Gr. (1715–1797) 25
Elliot, Ebenezer (1781–1849) 89
Engels, Friedrich (1820–1895) 69
Erné, Nino (1921–1994) 201
Esselbach, Fritz 67, 77
Ettlinger, Joseph (1869–1912) 429, 431
Eulenberg-Hertefeld, Philipp Graf zu (1847–1921) 342

Faucher, Julius (1820–1848) 68, 199

Favre, Jules Claude Gabriel (1809–1880) 243
Ferdinand, Prinz v. Preußen (1730–1813) 289
Fichte, Johann Gottlieb (1762–1814) 289
Flender, Adam und Gertrud – Freunde (Daten unbek.) 168, 173
Fontane, August – Onkel (1804–1870) 45 f, 47–54, 57, 87 f, 113 f, 126, 332, 406, 408
Fontane, Elise – Schwester (1838–1923) 121, 185, 245
Fontane, Emilie geb. Rouanet-Kummer (1824–1902) 114 f, 118, 136, 144, 161, 170, 181, 185 ff, 189, 191, 208, 210, 214 ff, 218, 220, 226, 233, 236, 240 ff, 245, 249, 255, 258, 261, 263 ff, 266 f, 281 f, 295 f, 298 f, 305, 307, 311, 319, 342 f, 350, 352 f, 355 f, 389, 402, 408, 423, 425, 428, 432, 435
Fontane, Emilie geb. Labry – Mutter (1797–1869) 20, 22, 24, 26, 30, 35, 37, 41, 45, 52, 97, 121, 187, 209
Fontane, Friedrich (»Friedel«) – Sohn (1864–1941) 178, 209, 215, 226 f, 251, 352 ff, 355 ff, 363, 372, 387, 395, 418, 431 ff, 434
Fontane, George Emile – Sohn (1851–1887) 161, 185 f, 197, 215, 227, 233, 235, 244 f, 251, 254, 310 f, 422
Fontane, Jenny – Schwester (1823–1904) 27, 380

Fontane, Louis Henri – Vater (1796–1867) 20, 22, 25 f, 29 f, 34–38, 40, 44 ff, 78, 97, 121, 130, 152, 168 f, 209, 342, 406
Fontane, Martha (»Mete«) – Tochter (1860–1917) 209, 215 ff, 226, 233, 258, 263 f, 267, 279, 282, 294 f, 297–313, 332, 349–352, 361, 367, 381, 389 f, 404, 410, 423 ff, 428, 431 f
Fontane, Max – Bruder (1826–1860) 27
Fontane, Peter Paul – Sohn (1853–1854) 161, 216
Fontane, Philippine (»Tante Pinchen«) geb. Sohm (1810–1882) 45 f, 87 f, 113, 408
Fontane, Pierre Barthélemy – Großvater (1757–1820) 24 ff, 30, 46
Fontane, Rudolf – Bruder (1821–1904) 27
Fontane, Rudolf – Sohn (2.–15. 9. 1852) 161, 215
Fontane, Theodore Henry (»Theo«) – Sohn (1856–1938) 189, 215, 310, 344, 363, 383, 395, 431 ff, 434
Fontane, Ulrich – Sohn (1855) 162, 216
Fontanes, Louis Marquis de (1757–1821) 21
Fournier, Auguste (1800–1874) 145
Franklin, Sir John (1780–1847) 335
Franzos, Karl Emil (1848–1904) 52

Freiligrath, Ferdinand
(1820–1876) 9, 64, 80, 118,
136, 317
Frenzel, Karl (1827–1914) 360
Freytag, Gustav (1816–1895)
166, 277, 284
Friedlaender, Dr. Georg
(1843–1914) 205, 310, 338,
350f, 358, 365f, 389, 406,
424, 435
Friedrich II., der Große
(1712–1786) 25, 28, 33, 115,
180, 289, 411
Friedrich Wilhelm III., König v.
Preußen (1770–1840) 25, 73,
180, 289, 327
Friedrich Wilhelm IV., König v.
Preußen (1795–1861) 18, 74,
118, 128, 134, 190, 197, 333
Fritsch, Karl Emil Otto
(1838–1915) 423, 428f, 431

Gaetke, Heinrich – Vetter
(1814–1897) 49
Gambetta, Léon (1838–1882)
237
Geibel, Emanuel (1815–1884)
104, 175, 202
Gentz, Wilhelm – Orient-Maler
(1822–1890) 28
Gerlach, Ernst Ludwig v.
(1795–1877) 112, 190, 197
Glaßbrenner, Adolf
(1810–1876) 269
Gleim, Johann Wilhelm Ludwig
(1719–1803) 123, 331
Goebbels, Joseph (1897–1945)
142
Goethe, Johann Wolfgang v.
(1759–1832) 22, 78, 80, 201,
213, 314, 317, 344

Gore, Catherine Grace
(1799–1861) 62
Goßler, Gustav v. (1838–1902)
317, 359ff
Grimm, Jacob (1785–1863) 132
Grosser, Julius (1828–1902)
296
Groth, Klaus (1819–1899) 362
Grün, Anastasius, eig. Auersperg, Graf Anton Alexander
(1806–1876) 76
Gruppe, Prof. Otto Friedrich
(1804–1876) 260
Gubitz, Friedrich Wilhelm
(1786–1870) 227f, 234,
272
Günther, Dr. Georg
(1808–1872) 82f, 84
Gussow, Carl (1843–1907)
305
Gutzkow, Karl Ferdinand
(1811–1878) 57f, 252f

Haffner, Sebastian (geb. 1907)
125, 214, 221f, 265, 325f,
394, 397
Hahn, Dr. Werner – »Edda-
Hahn« (1816–1890) 73, 211
Hallberger, Verlag in Stuttgart
237
Hanisch, Egbert 71ff
Hardenberg, Fürst Karl August
(1750–1822) 219, 228, 289
Harte, Bret (1839–1902) 374
Hartleben, Otto Erich
(1864–1905) 358
Hauff, Hermann – Bruder Wilhelm Hauffs 93
Hauff, Wilhelm (1802–1827) 93
Hauptmann, Gerhart
(1862–1946) 271ff, 315

Haxthausen-Abbenburg, Franz Ludwig August Maria (1792–1866) 169
Hegel, Immanuel (1814–1891) 198
Heine, Heinrich (1797–1856) 58, 63f, 76, 162f, 175, 277, 280, 332
Heinrich, Prinz v. Preußen (1781–1846) 289
Herre, Franz – Historiker (geb. 1926) 181
Hertz, Hans (1848–1895) 22, 357f, 373, 392
Hertz, Wilhelm – Verleger (1822–1901) 40, 196, 218ff, 223, 231f, 247, 250ff, 263, 267, 285f, 292, 296, 319, 321, 343, 356f, 395
Herwegh, Georg (1817–1875) 9, 58, 64, 82f, 91, 106, 108, 118
Hesekiel, Georg Ludwig (1819–1874) 139f, 201, 204f, 207, 210, 217, 223, 286
Heyden, August v. (1827–1897) 255, 259
Heym, W. – Verleger (Daten unbek.) 138
Heyse, Margarete geb. Kugler (1831–1862) 202
Heyse, Paul Johann (1830–1914) 104, 109, 110, 146, 171, 173, 196, 201f, 294, 307, 312, 316, 355, 360, 365
Hoffmann, E. T. A. (1776–1822) 66, 159
Hohenzollern-Sigmaringen, Karl Anton Fürst v. (1811–1885) 197
Holz, Arno (1863–1920) 271, 276, 315

Horaz, Quintus (65–8 v. Chr.) 92
Horn, Ernst – Arzt (1774–1848) 31
Hosemann, Theodor (1807–1875) 171
Humboldt, Alexander v. (1797–1859) 56, 131, 152

Jacobi, Heinrich (1839–1907) 360
Jacoby, Alexandre – Bekannter in London (1852) 160
Jäger, Gustav (1832–1917) 273
Jähns, Max – Oberleutnant (Daten unbek.) 10
Jasmund. Dr. v. – Nachfolger Metzels (Daten unbek.) 200
Jellinek, Hermann (1822–1848) 84
Johann Sigismund, Kurfürst v. Brandenburg (1572–1619) 292
Jolles, Charlotte (Fontane-Expertin) 111, 129
Jordan, Max – Geheimrat (1837–1906) 422
Jung, Jean Auguste Ferdinand (1818–nach 1865) 123

Kant, Immanuel (1724–1804) 411
Katz, Moritz, Verleger in Dessau (Daten unbek.) 138, 171
Kauffmann – Londoner Korrespondent (Daten unbek.) 179, 184
Keil, Ernst (1816–1878) 86
Keller, Gottfried (1819–1890) 105, 111
Kersting, Friedrich Georg (1785–1847) 89f, 109

Keßler, Harry Graf
(1868–1937) 358
Kierkegaard, Sören
(1813–1855) 378f
Kind, Dr. – Hofrat, Arzt in Swinemünde (Daten unbek.)
35
Kletke, Dr. Hermann
(1813–1886) 241, 251ff
Knesebeck, Karl Friedrich v.
(1768–1848) 219f
Knoop – Predigtamtskandidat, Hauslehrer (Daten unbek.)
40
Kohler, Ernst (Daten unbek.)
105, 109
Kotzebue, August v.
(1761–1819) 433
Krause, Wilhelm jr. (?–1842) 39
Kretzer, Max (1854–1941) 312
Krueger, Joachim 94
Kühne, Gustav (1806–1888)
28
Kugler, Franz (1808–1858) 104, 141, 170f, 174, 176, 202, 262
Kummer, Ernst Eduard – Mathematiker (1810–1893) 67, 114

Labry, Fritz – Onkel (Daten unbek.) 153
Lassalle, Ferdinand
(1825–1864) 334f
Lau, Johann Friedrich Dr. – Hauslehrer (1806–1871) 39f
Lauchert, Amalie geb. Prinzessin Hohenlohe-Schillingsfürst
(1821–1902) 169
Lazarus, Moritz (1824–1903)
104, 240, 242, 337, 365
Lenau, Nikolaus (1802–1850)
66, 68

Lenné, Peter Joseph
(1789–1866) 74, 161
Lepel, Bernhard v. (1818–1885)
85, 96f, 102, 106, 114, 121, 132f, 136f, 140f, 143, 147, 149, 169, 171, 177, 192ff, 195, 198, 201, 210ff, 223f, 232, 240ff, 336
Lepsius, Karl Richard
(1810–1871) 388
Lessing, Emma (?–1895) 391f
Lessing, Carl Robert
(1827–1911) 360
Leutze, Emanuel (1816–1868)
317
Lichtenau, Wilhelmine Gräfin
(1752/53–1820) 289
Lichtwark, Alfred (1852–1914)
358
Liebermann, Max (1847–1935)
358, 392
Liliencron, Detlev Freiherr v.
(1844–1909) 358
Link, Heinrich Friedrich
(1767–1850) 121
Lipperheide, Franz Joseph Freiherr v. (1838–1906) 305f
Livius, Titus (um 10 v.–17 n. Chr.) 92
Loewe, Carl (1796–1869) 359
Löwenstein, Rudolf
(1819–1891) 107
Louis Philippe – »Bürgerkönig«
(1773–1850) 124
Lübke, Wilhelm (1817–1893)
171, 322, 353
Lucae, Richard (1829–1877)
171, 261, 282, 322
Luise, Königin v. Preußen
(1776–1810) 228, 289, 327

Makart, Hans (1840–1884) 328
Mann, Thomas (1875–1955) 277
Manteuffel, Otto Theodor Freiherr v. (1805–1882) 142, 147 ff, 150 f, 157, 181, 197 f, 208
Maron, Hermann (?–1883) 67 f, 71, 404
Martineau, Harriet (1802–1876) 15
Marwitz, Friedrich August Ludwig v. d. (1777–1837) 219 ff
Marx, Karl (1815–1883) 64, 69, 434
Mathieu, Césaire – Kardinal-Erzbischof (1796–1875) 241 f, 251
Matkowsky, Adalbert (1857–1909) 269
Mauthner, Fritz (1849–1923) 372
Maximilian II., König v. Bayern (1811–1864) 201 f, 411
Meier-Graefe, Julius (1867–1935) 358
Mendelssohn, Ottilie (?–1848) 67
Mengel, Lisa – s. Witte
Mengel, Richard (1852–1910) 305, 310, 390
Menzel, Adolph v. (1815–1905) 104, 171, 201, 317, 398
Merckel, Henriette v. (1811–1889) 189, 191, 194, 210, 219, 312, 338, 405
Merckel, Wilhelm v. (1803–1861) 102, 106, 107, 109, 111, 112, 141, 147 ff, 171, 176, 183, 191, 198, 336
Metternich, Klemens Wenzel Fürst v. (1773–1859) 15, 76, 124
Metzel, Dr. Ludwig (1815–1895) 166 f, 177, 183 ff, 186, 189
Meyer, Paul – Justizrat (1857–1935) 363 ff, 369, 379, 422 f, 426
Moltke, Helmut Graf (1800–1891) 229, 353
Mommsen, Theodor (1817–1903) 290
Moore, Thomas (1797–1852) 80, 92
Mörike, Eduard (1804–1875) 175, 280
Moritz, Karl Philipp (1756–1793) 177
Morris, Dr. James (1826–1900) 158, 182 f, 187 f, 419
Müller, Friedrich Max v. (1823–1900) 86 f, 182
Müller, Wilhelm (1794–1824) 86
Mundt, Theodor (1808–1861) 58

Napoleon Bonaparte (1760–1821) 21 f, 38, 48, 180, 289, 326
Napoleon III. (1808–1873) 229, 233, 237
Neubert, Dr. Ludwig August – Apotheker (1799–1880) 77, 79, 88
Nicoll, Robert (1814–1837) 89
Nietzsche, Friedrich (1844–1900) 399
Nikolaus I., Zar v. Rußland (1796–1855) 180
Novalis (1772–1801) 331

Nürnberger, Helmuth – Fontane-
forscher (geb. 1930) 20, 50, 83,
84, 129, 136, 193, 203, 268,
291, 416

Palmerston, Henry John Temple,
Viscount (1784–1865) 15,
143 f, 179
Parey, Paul (1842–1900) 425
Parisius, Ludolf (1827–1900)
294
Paulsen, Friedrich (1846–1908)
367, 407, 411 f
Percy, Thomas – Bischof
(1729–1811) 125, 132
Pestalozzi, Johann Heinrich
(1796–1824) 374
Petersen, Julius (1848–1941) 137
Pfuel, Ernst v. (1797–1866) 334
Pietsch, Ludwig (1824–1911)
306, 334, 359
Platen, August Graf
(1796–1835) 66
Platen, Schwester Aurelie v.
(1824–1904) 135
Pniower, Otto (1859–1932) 429
Pries, Robert – Londonkorre-
spondent, (Daten unbek.) 159
Prince, John Chritchley – Arbeiter-
dichter (1808–1866) 82, 89
Proust, Marcel (1871–1922)
278
Pückler-Muskau, Hermann
Graf, später Fürst v.
(1785–1871) 63, 72, 177, 334

Quehl, Rhyno v. (?–1864) 147,
150, 163

Raabe, Wilhelm (1831–1910)
294, 316

Rantzau, Marianne Gräfin
(1811–1855) 134 f
Rarisch, Klaus M. (geb. 1936)
272
Rauch, Christian Daniel
(1777–1857) 317
Reuter, Hans Heinrich – Biograph 30, 177, 224
Reynolds, Joshua (1723–1792)
398
Rilke, Rainer Maria
(1875–1926) 275
Ring, Dr. Max (1817–1901)
253
Rodenberg, Julius (1831–1914)
125, 255, 290, 379
Rohr, Mathilde v. (1810–1889)
195, 216, 232, 263, 265, 299,
311 f, 338, 343, 367, 370,
406, 408, 427
Roquette, Otto (1824–1879) 171
Rose, Gustav – Prof. d. Mineralogie (1798–1873) 56 f
Rose, Heinrich – Prof. d. Chemie
(1795–1864) 56
Rose, Valentin – Apotheker
(1762–1807) 56
Rosen, Edgar R. – Hg. v. Martha
Fontanes Briefen 299, 302 f,
309, 390
Rouanet, Georgina Emilie Caro-
line – s. Fontane, Emilie
Rouanet, Jean Pierre Barthélemy
(1747–1837) 114 f, 431
Rückert, Friedrich (1789–1866)
87

Saphir, Moritz Gottlieb
(1795–1858) 102 f, 107
Savigny, Friedrich Karl v.
(1779–1861) 289

Schacht, Dr. Julius Eduard
(1804–1871) 113, 120,
208
Schadow, Johann Gottfried
(1764–1850) 24, 317
Scheffel, Josef Victor v.
(1826–1886) 284
Scherenberg, Christian Friedrich
(1798–1881) 105, 106, 119,
139, 312, 331–337
Scherz, Hermann (1818–1888)
12, 16, 53, 115
Schinkel, Karl Friedrich
(1781–1841) 28, 35, 56, 74
Schlaf, Johannes (1862–1941)
271, 276, 315
Schlegel, August Wilhelm v.
(1767–1845) 94
Schlenther, Paul (1854–1916)
93, 272, 364, 381, 387, 391,
423, 425, 428 f, 431
Schlesinger, Max, London-Korrespondent (Daten unbek.)
179, 184
Schmidt, Erich – Germanist
(1853–1913) 364
Schneider, Louis (1805–1878)
106, 118 f, 132, 134 f, 139 f,
145 f, 332 f
Schultz, Ferdinand – Pastor
(1811–1875) 97
Schurz, Carl (1829–1906) 155
Schwab, Gustav (1792–1850)
55, 401
Schweitzer, Hermann (Daten unbek.) 183, 187
Scott, Sir Walter (1771–1832)
92, 125, 140, 172, 194, 208,
219, 255, 276
Seidel, Heinrich (1842–1906)
104

Shakespeare, William
(1564–1616) 63, 89, 92, 277
Simon, Therese, gesch. Ravené
(1823–1879) 322, 324
Simonis, Menno (1492–1559)
375
Smidt, Heinrich (1798–1867)
364
Sommerfeldt, Hermann
(1820–1902) 209, 380
Sommerfeldt, Jenny – s. Fontane,
Jenny
Spielhagen, Friedrich
(1829–1911) 312, 360
Springer, Julius (1817–1877) 196
Springer, Robert – Chronist
(1816–1885) 65 f, 69, 103
Stephany, Friedrich
(1830–1912) 360
Sternheim, Marie (Daten unbek.)
365, 425
Stirner, Max (1806–1856) 69
Stockhausen, Clara
(1842–1908) 298
Stockhausen, Julius
(1826–1906) 297 f
Stoecker, Adolf (1835–1909)
411 f
Storm, Theodor (1817–1888)
59, 104, 171, 173 ff, 176, 231,
245, 293 f, 312, 316, 338, 355
Strachwitz, Moritz Karl Wilhelm
Graf (1822–1847) 105, 106,
119
Struve, Gustav Adolf – Apotheker (1812–1889) 89, 91
Süßmilch, Otto – Vergolder (Daten unbek.) 88

Tacitus, Cornelius (um 55–115)
92

Techow, Gustav Adolf (1812–1892) 70
Telford, Thomas – Ingenieur (1757–1834) 193
Thackeray, William Makepeace (1811–1863) 160, 182, 276f, 315, 396
Thormeyer – Rektor (Daten unbek.) 44, 57
Tieck, Johann Ludwig (1773–1853) 289
Tolstoi, Leo Nikolajewitsch Graf (1828–1910) 284
Treitschke, Heinrich v. (1834–1896) 367
Treutler, Johanna (Daten unbek.) 424
Tucholsky, Kurt (1890–1935) 116
Turner, William (JMW) – (1775–1851) 315

Varnhagen von Ense, August (1785–1858) 19, 124, 190
Veit, Dr. Gustav (1829–1903) 350ff
Victoria, Königin v. Großbritannien (1819–1903) 156, 197
Viebig, Clara (1860–1952) 363
Vischer, Friedrich Theodor (1807–1887) 254
Voß, Sophie Marie Gräfin (1729–1814) 289

Wach, Karl Wilhelm (1787–1845) 48
Wachmeister, Margarete Gräfin (1865–1928) 351f
Wackernagel, Philipp – Lehrer Fontanes (Daten unbek.) 52

Waldeck, Franz Leo Benedikt (1802–1870) 434f
Wallot, Paul (1841–1912) 169, 423
Wangenheim, Karl Hermann Freiherr v. (1865–1928) 167ff, 329
Wangenheim, Elsy v. (1839–1924) 168
Wangenheim, Ida v. (1839–1921) 168
Wangenheim, Marie v. (1814–1891) 240, 329
Washburne, Elihu B. – US-Gesandter 242f
Wentzel, Dr. Rudolf – Mitarbeiter in London (Daten unbek.) 184f
Werner, Anton v. (1843–1915) 263
Werner, Zacharias (1786–1823) 326
Wesendonck, Hugo – Parlamentarier (1817–1898) 84
Westphalen, Ferdinand Wilhelm v. (1799–1876) 147f
Wichert, Ernst (1831–1902) 360
Widmann, Joseph Viktor (1842–1911) 412
Wienbarg, Ludolf Christian (1802–1872) 58
Wight, Jane – Bekannte in London, (Daten unbek.) 159
Wilbrandt, Adolf v. (1837–1911) 328
Wilhelm, Prinz v. Preußen, später Kaiser Wilhelm I. (1797–1888) 101, 197, 204, 229, 248, 261, 265
Wilkie, Sir David (1785–1890) 315

Windel, Dr. Karl (1840–1890) 169
Windthorst, Ludwig (1812–1891) 169
Wiskott, Ursula (Daten unbek.) 21
Witte, Anna geb. Schacht (1834–1893) 264, 282, 295, 301, 304, 349, 351 f, 361, 390, 424
Witte, Friedrich (1829–1893) 149, 165, 205, 208, 264, 295, 351, 389
Witte, Lisa, später verh. Mengel 282, 305, 310
Wolff, Julius (1834–1910) 312, 360
Wolff, Theodor (1861–1943) 369 f, 372
Wolfsohn, Wilhelm (1820–1865) 84 ff, 88, 91 f, 95, 109, 114, 117, 125, 149, 365
Wolter, Charlotte (1834–1897) 328
Wrangel, Friedrich Graf (1784–1877) 112, 131, 134, 136
Wyzewa, Théodore de (1862–1917) 398 f

Yorck von Wartenburg, Johann David v. (1759–1830) 289

Zieten, Hans Joachim v. (1699–1786) 411
Zöllner, Karl (1821–1897) 258 ff, 262, 265, 367, 379, 426
Zola, Emile (1840–1902) 276